W0403539

1 kg Kartoffeln
4 Artischocken
Schnittlauch
Butter
6 Eier
100 g Schinken

Marianne Kaltenbach

KREATIV KOCHEN

Die neue Art besser, leichter und abwechslungsreicher zu kochen

Hallwag Verlag
Bern und Stuttgart

MARIANNE KALTENBACH hat sich als gastronomische Journalistin, als kulinarische Expertin in vielen Fachfragen und als Autorin einer Reihe von Kochbüchern mit speziellen Themenbereichen wie ÄCHTI SCHWIZER CHUCHI (1977), KREATIV KOCHEN (1978), AUS ITALIENS KÜCHE (1982), TESSINER KÜCHE (1983), SEELÄNDER KÜCHE (1984), MEINE FISCHKÜCHE (1985) und VEGETARISCH FÜR GOURMETS (1988) weit über die Grenzen der Schweiz hinaus einen Namen gemacht. So wurde ihr Fischbuch von der Gastronomischen Akademie Deutschlands mit der begehrten Goldenen Feder ausgezeichnet.
Ihre stets persönlich und klar abgefaßten und in ihrer Versuchsküche getesteten Rezepte sind bei allen Kochbegeisterten überaus beliebt. Sie erlauben es auch Ungeübten, eine anspruchsvolle Küche zu führen. Und — das ist sicher das beste Werturteil — die Bücher von Marianne Kaltenbach werden nach dem Lesen nicht ins Bücherregal gestellt, sondern finden ihren Platz in der Küche.

Zeichnungen und Farbbilder auf den Seiten 2, 19, 26/27, 71, 102/103, 169, 228, 239, 253, 280, 294, 317, 359, 394/395: Ernst Schätti

Farbbilder auf den Seiten 34, 43, 82/83, 120/121, 123, 150/151, 162/163, 186/187, 288, 299, 329, 378/379: Edition Willsberger AG/GOURMET

Umschlag und Gestaltung: Robert Buchmüller
5., verbesserte und erweiterte Auflage, 1988
© 1978 Hallwag AG Bern
Satz: Filmsatz Lehmann + Co. Thun
Druck: Hallwag AG Bern
ISBN 3 444 10350 6

Hallwag

ÜBER DAS KREATIVE KOCHEN

Wer sich mit Essen und Trinken befaßt und darüber schreibt, interessiert sich für alles, was damit zusammenhängt. Man läßt es nicht einfach bewenden beim Alten, Wohlbekannten und schon lange Bewährten, sondern sucht neue Wege, einfachere, aber oft auch exklusivere Zubereitungsarten, abstrahiert sozusagen, geht mit der Zeit. Die Liste der Zutaten wird kürzer, mit kleinerem Aufwand wird versucht, die größte Wirkung zu erzielen, kurz: man wird kreativ, läßt sich etwas einfallen oder versucht Bestehendes zu erneuern.

Nicht immer aber sind sogenannte Neukreationen, wenn man überhaupt beim Kochen dieses Wort gebrauchen darf, glücklicher oder besser als das, was es bereits gibt. Auch da gilt die eiserne Regel des guten Geschmacks. Nicht alles, was auf dieser Erde wächst, läßt sich miteinander kombinieren, und manches, was originell scheint, würde man besser unterlassen. Sehr oft aber kann man ein klassisches, aber mitunter etwas zu üppiges oder überladenes Gericht so vereinfachen und vielleicht mit einem kleinen, pikanten Detail versehen, daß es wieder neu aufersteht.

Diese Versuche der letzten Zeit sind in diesem Buch zusammengefaßt. Das in einer «schwachen Stunde» abgegebene Versprechen, innerhalb der letzten zwei Jahre einen Zyklus anspruchsvoller Kochkurse durchzuführen, hat mich außerdem dazu angespornt, meinen «Jüngern» nicht alltägliche und vor allem neue Rezepte vorzuführen und als Kursunterlagen auszuarbeiten. Der große Erfolg dieser meiner neuen, persönlichen Art des Kochens und das außerordentlich positive Echo, das ich damit ernten durfte, haben mich dazu bewogen, einiges daraus zu veröffentlichen. Solche Rezepte und besonders attraktive Gerichte und Menüs, die ich für meine Freunde zubereitet habe, bilden die Grundlage dieses neuen Buches. Ergänzt habe ich sie durch beliebte «Evergreens», die so gestaltet sind, daß auch Ungeübte sie ohne Schwierigkeiten kochen können.

An Ihnen, verehrte Leserinnen und Leser, liegt es nun, sich davon anregen zu lassen und mit frischem Mut und beflügelter Phantasie Ihre eigenen, persönlichen Kochschöpfungen zu vollbringen. Es ist ganz einfach: benützen Sie meine Rezepte als Grundlage und wandeln Sie sie je nach Jahreszeit und Angebot individuell ab. Bei den meisten Basisrezepten werden Sie Varianten finden, daraus lassen sich immer wieder neue, überraschende Gerichte komponieren. Die Grundzubereitung ist in der Regel so einfach, daß es kinderleicht ist, sie weiterzuentwickeln.

Viele Gerichte dieses Buches sind jenen gewidmet, die gerne gut essen und dabei schlank bleiben möchten – was ja kein Widerspruch sein muß. Der Trend, leichter zu kochen, ist heute nicht mehr zu übersehen. Auch legt man wieder großen Wert auf qualitativ gute Zutaten und bemüht sich um einfache Zubereitungsarten. So finden Sie in diesem Buch eine zeitgemäße, schmackhafte, aber anspruchsvolle Küche, auch für den Alltag.

In diesem Sinne wünsche ich allen, die dieses Buch zur Hand nehmen und ihm hoffentlich auch in der Küche einen festen Platz einräumen, viel Spaß beim Ausprobieren und guten Appetit!

INHALTSÜBERSICHT

Ein ausführliches Verzeichnis aller Rezepte finden Sie auf Seite 439.

ZU DEN REZEPTEN

Zuerst eine große Bitte

Lesen Sie die Rezepte vor dem Kochen oder noch besser bereits vor dem Einkaufen genau durch. So werden Ihnen der Ablauf des Kochens und die Zusammenhänge klar, und Sie können sich anschließend alle Arbeiten genau einteilen und vieles im voraus machen. Dieses Vorgehen ist besonders wichtig bei Gerichten, die vor dem Anrichten noch kleine Handreichungen erfordern. Gut vorbereitet ist halb gekocht!

Details, die Sie wissen müssen!

Ich habe die Rezepte dieses Buches so gestaltet, daß sie ein Höchstmaß an nützlichen Informationen bieten. Folgende Angaben sind als Randbemerkungen angefügt:

Arbeitsaufwand Darunter verstehe ich die Zeit, die eine durchschnittlich geübte Hausfrau für Vorbereitungen oder am Kochherd verbringen muß.

Kochzeit oder je nach Rezept Backzeit, Schmorzeit, Marinierzeit usw., kurz Vorgänge, die stattfinden, ohne daß man unbedingt danebenstehen muß.

Preiskategorie des Gerichtes
* preisgünstig
** mittel
*** teuer

Vorbereitung «V» das heißt Hinweise, ob das Gericht im voraus zubereitet werden kann oder ob gewisse Arbeiten unmittelbar vor dem Servieren ausgeführt werden müssen.

Bemerkungen Unter dieser Rubrik habe ich Besonderheiten des Gerichtes aufgeführt oder Hinweise auf die Zubereitung, die zum guten Gelingen wichtig sind.

Beilagen Empfehlungen für die Wahl der passenden Beilagen. Viele davon finden Sie in diesem Buch. Sie sind mit (s. d.) gekennzeichnet und im Inhaltsverzeichnis zu finden.

Weine Empfehlungen für den zum Gericht passenden Wein. Allerdings läßt sich über den Geschmack nicht streiten. Es steht Ihnen ja frei, Ihr eigenes Getränk zu wählen. Ich habe mich bemüht, die Auswahl nicht einseitig werden zu lassen. Es wurden Weine aus den meisten Weingegenden Europas berücksichtigt, und ich hätte in diesem Zusammenhang nur noch eine Bitte anzubringen: Servieren Sie doch auf jeden Fall (Ausnahmen ausgenommen) zum Essen ausgegorene Weine oder wenigstens solche mit wenig Restsüße.

Variationen Mein Buch heißt «kreativ kochen». Deshalb bieten die darin enthaltenen Rezepte möglichst viele Variationsmöglichkeiten. Das saisonale Angebot und die Einkaufsmöglichkeiten können verschieden, ja sogar je nach Gegend beschränkt sein. Berücksichtigen Sie auch Ihre Vorräte und in erster Linie Ihren persönlichen Geschmack. Die angefügten Variationen möchten auch anregen zum persönlichen Kochen, zu gewissen Abwandlungen, die Ihnen problemlos gelingen werden.

Illustrationen Viele Phasenzeichnungen zeigen gewisse Details auf, die man beim bloßen Lesen der Rezepte übersehen könnte.

Joule- oder Kalorienangaben habe ich absichtlich nicht angeführt. Vergnügtes und gutes Kochen soll nicht durch den Taschenrechner getrübt werden. Wichtiger als der Joulewert der einzelnen Gerichte ist das richtige Zusammenstellen der Menüs (s.S. 399). Dieses Kochbuch ist bewußt kein Diätbuch, wohl aber eine Grundlage für modernes Kochen und trotzdem Genießenkönnen.

Rezeptverzeichnis (S. 455) Bitte schimpfen Sie nicht, wenn Sie ab und zu nach einem Rezept umblättern müssen. Im Rezeptverzeichnis ist alles so praktisch wie möglich aufgeführt.

Garantie Die Rezepte dieses Buches wurden mehrmals durchgekocht und degustiert. Sollten aber trotz allem Unklarheiten auftauchen, stehe ich gerne für Auskünfte zur Verfügung.

ETWAS LEICHTES VORAUS

Raffinierte kleine Gerichte, aus alltäglichen oder exquisiten Zutaten zubereitet, die sowohl als kleine Vorspeisen wie auch als Mini-Mahlzeiten dienen können – das sind Wünsche, die in letzter Zeit sehr oft an mich herangetragen wurden. Und noch etwas wollte man: daß sie im voraus zubereitet oder weitgehend vorbereitet werden können.
Auch sollen sie, wenn als Vorspeise serviert, nicht so üppig sein, daß einem der Appetit auf den nächsten Gang vergeht.
So habe ich wunschgemäß viel Neues zu diesem Thema ausprobiert und mit Erfolg meinen Freunden vorgesetzt. Vieles davon finden Sie in diesem Kapitel. An Ihnen ist es nun, diese Gerichte entsprechend in Ihre Menüs einzubauen und zu dosieren.
Und noch ein Hinweis: Denken Sie an das, was hinterher kommt, und verzichten Sie, wenn es geht, auf Beilagen, auch wenn die Vorspeise von einer Sauce begleitet wird. Frisches Brot ist oft am besten.
Sicher werden Sie Spaß daran haben.

ANSTELLE EINER VORSPEISE

Salatbouquet im Korb
Verschiedene Salate je nach Saison: Radieschen, Stangensellerie, Tomaten (hübsch sind die kleinen Cherrytomaten), roher Blumenkohl, Karotten, Gurken, frische Champignons, Fenchel, Rot- und Weisskraut, Chicorée, Avocados, Cicorino, Brüsseler.
Gut waschen und nach Bedarf putzen oder schälen, aber ganz lassen.
Alles in einem Korb dekorativ anordnen, mit frischen Pfefferminzblättern und hartgekochten Eiern (in der Schale) ergänzen, mitten auf den Tisch stellen und mit Tatarquark (s. d.), Vinaigrette (s. d.), Schnittlauch oder Kressesauce servieren. Weinessig, Öl, Senf, Salz und Pfeffer dazustellen. Jeder Gast nimmt von Hand aus dem Bouquet, was ihm gefällt, schneidet es selbst und bereitet den Salat ganz nach seinem Geschmack zu.

Gemüse mit Dipsaucen
Stangensellerie, Karotten, Gurken oder andere Gemüse schälen und in ca. 10 cm lange Stengelchen schneiden. In Bechern oder Gläsern auf den Tisch stellen Cocktail-, Roquefort- oder Schnittlauchsauce (s. d.) und Tatarquark dazu servieren. Die Gemüsestengelchen werden von Hand in die Saucen getaucht und ungezwungen beim Apéritif oder am Tisch gegessen.

Hartgekochte Eier mit einer pikanten Füllung aus Räucherlachs, Champignons, Zwiebeln und Kräutern, mit Käserahm überzogen und leicht überbacken.

Gefüllte Eier mit Räucherlachs

Eier 10 Minuten kochen, kalt abschrecken und nach dem Erkalten schälen. Vom Rahm 2 Eßlöffel zurückbehalten, übrigen Rahm aufkochen und mit Salz, Pfeffer und Muskat würzen. 1 bis 2 Minuten kochen lassen, dann den Parmesan daruntermischen und beiseite stellen. Zwiebeln oder Schalotten in Butter 3 bis 4 Minuten dünsten. Champignons beifügen und nochmals 5 Minuten dünsten.
Eier längs halbieren. Das Eigelb herausnehmen und durch ein Sieb streichen. Mit der Champignon/Zwiebel-Mischung, Räucherlachs, restlichem Rahm, Petersilie und Estragon gut verarbeiten. Mit Salz und Pfeffer würzen. Die halben Eier mit dieser Masse füllen. Je 2 halbe Eier in kleine, feuerfeste Portionenplättchen legen, mit dem Parmesan-Rahm überziehen, mit wenig Paprika bestreuen und bei 250° im Backofen 5 bis 7 Minuten gratinieren. In den Förmchen auf einem Teller servieren.

Bemerkungen Diese Eier können auch ohne Sauce und ohne Überbacken kalt serviert werden.

Beilagen Heiß serviert ohne Beilage; Kalt serviert mit Toasts und Butter.

Wein Fendant, Johannisberg, Riesling Silvaner, Elsässer Weine, Rheinwein, Sekt.

Variationen
- Räucherlachs durch Rohschinken ersetzen.
- Petersilie und Estragon weglassen, dafür viel feingeschnittenen Schnittlauch zufügen.

*
V Kann vorbereitet und im letzten Moment überbacken werden
Arbeitsaufwand: 20 Minuten
Kochzeit: 10 Minuten
Backzeit: 5 bis 7 Minuten

Für 4 Personen
4 frische Eier
2 dl Rahm
Salz, Pfeffer
1 Prise Muskatnuß
4 Eßl. geriebener Parmesan
2 Teel. feingehackte Zwiebeln oder Schalotten
1 Eßl. Butter
2 Eßl. feingehackte Champignons
50 g Räucherlachs, fein geschnitten
1 Teel. gehackte Petersilie
1 Teel. gehackter Estragon
Salz, weißer Pfeffer
1 Prise Paprika

Schnell zubereitet, originell und gut: frische Eier im Töpfchen mit Schnittlauch.

Grüne Eier

*
V Kann vorbereitet werden
Arbeitsaufwand: 5 Minuten
Kochzeit: 8 Minuten

Für 4 Personen
20 g Butter
4 Trinkeier
Salz, Pfeffer
1 Eßl. feingehackter Schinken
4 Eßl. Rahm (wenn möglich Doppelrahm)
2 Eßl. Schnittlauch, fein geschnitten
Wenig Paprika

Kleine Souffléförmchen gut ausbuttern. Eier sorgfältig aufschlagen und in die Förmchen geben. Mit Salz und Pfeffer bestreuen. Mit wenig Schnittlauch und Schinken bestreuen. Rahm darüber verteilen. Die Förmchen in ein Wasserbad stellen. Im Ofen oder zugedeckt auf dem Herd 8 Minuten kochen. Mit Schnittlauch und wenig Paprika bestreuen und sofort servieren.

Bemerkungen Die Eier müssen wirklich frisch sein. Die Förmchen auf einen mit Tortenpapier belegten Teller setzen.

Variationen
- Schnittlauch durch feingeschnittenen Sauerampfer ersetzen. Der Sauerampfer muß mit dem Rahm gemischt werden.

Kaltes Hähnchenfleisch an einer leichten, gut gewürzten Zucchettisauce, in Tomaten serviert.

Geflügelsalat in Tomatenkörbchen

*
V Kann vorbereitet werden
Arbeitsaufwand: 30 Minuten

Für 4 Personen
400 g Geflügelfleisch mit Knochen (Huhn, Ente, Truthahn)
1 Karotte
1 Zweiglein Selleriekraut
1 Knoblauchzehe
Salz, Pfeffer

3 dl Wasser mit Karotte, Selleriekraut, ungeschälter Knoblauchzehe, wenig Salz und Pfeffer und Hühnerbouillon aufkochen. Das Fleisch hineingeben. 30 Minuten kochen (im Dampfkochtopf nur 10 Minuten). Das Fleisch soll knapp weich werden und darf nicht zerfallen, damit es nachher geschnitten werden kann. Im Sud erkalten lassen. Inzwischen Zucchetti schälen, in kleine Würfel schneiden. Mit gehackten Schalotten in Butter anziehen lassen. Unter öfterem Wenden ohne Beigabe von Flüssigkeit gardünsten (ca. 15 Minuten). Von

den Tomaten einen Deckel wegschneiden. Sorgfältig aushöhlen. Das Tomatenfleisch gut ausdrücken. Mit ⅓ der gedünsteten Zucchetti im Mixer pürieren oder durch ein Sieb streichen. Das Püree mit Salz, Zitronensaft, Pfeffer kräftig würzen. Mit Rahm verfeinern und zuletzt mit Basilikum und Cayennepfeffer abschmekken. 1 Stunde kühl stellen. Geflügelfleisch von den Knochen lösen und Haut entfernen. In feine Scheibchen schneiden. Mit der Sauce und restlichen Zucchetti mischen und in die Tomaten einfüllen. Deckel wieder aufsetzen.

¼ l Hühnerbouillon
300 g Zucchetti
1 Schalotte
1 Eßl. Butter
4 große schöne Tomaten
1 Eßl. Zitronensaft
2 Eßl. Rahm (wenn möglich Doppelrahm)
1 Teel. Basilikum
1 Prise Cayennepfeffer

Variationen
- Die Hälfte des Fleisches durch rohe, feingeschnittene Champignons ersetzen.
- Basilikum durch Herbes de Provence ersetzen.
- Kleine Peperoniwürfelchen (Paprikaschoten) beifügen.

Ein Lieblingsgericht meines Mannes: eine einfache französische Omelette, gefüllt mit gedünsteten Zwiebel- oder Lauchringen. Allerdings schmeckt sie nur wirklich ganz gut, wenn man frisches, junges Gemüse dazu verwendet.

Omelette «Mayola»

*
V Kann teilweise vorbereitet werden
Arbeitsaufwand: 10 Minuten
Bratzeit: 3 Minuten

Für 2 Personen
4 sehr frische Trinkeier
Salz, Pfeffer
30 g Butter
6 zarte, junge und frische Zwiebeln oder Lauchstengel (Porree)
2 Eßl. Olivenöl

Die Zwiebeln oder Lauchstengel bis zur halben Höhe in sehr feine Rädchen schneiden. In Olivenöl unter Wenden so lange dünsten, bis sie leicht Farbe annehmen. Mit Salz und Pfeffer bestreuen. Eier mit 2 Eßlöffeln Wasser mit einer Gabel leicht verrühren. Mit Salz und Pfeffer würzen. Butter in einer zweiten, größeren Bratpfanne erwärmen. Die Eier hineingeben. Sobald sie zu stocken beginnen, mit einer Gabel ein wenig rühren, damit die noch flüssigen Eier mit dem Pfannenboden in Berührung kommen. Die gedünsteten und abgetropften Zwiebelringe darüber verteilen. Die Omelette zusammenfalten und auf eine vorgewärmte Platte gleiten lassen.

Bemerkungen Die Omelette muß innen feucht bleiben. Man kann die Zwiebeln auch in die verquirlten Eier geben. Sie werden auf diese Art besser verteilt, schmecken aber weniger konzentriert.
Am besten gelingt die Omelette, wenn sie für 2 Personen zubereitet wird. Für 4 Personen die Zubereitung wiederholen oder zwei Bratpfannen verwenden.

Beilagen Frisches, knuspriges Brot.

Wein Roter oder weißer Landwein.

Variationen
– Anstelle der jungen Zwiebeln lassen sich Schalotten verwenden.

Ein besonderes Töpfchen: Schnecken an einer pikanten Kräuterbutter, mit Tomatenwürfeln und winzig kleinen Brotcroûtons.

Schnecken «Francis»

**
V Kann teilweise vorbereitet werden
Arbeitsaufwand: 20 Minuten
Kochzeit: 10 Minuten

Für 4 Personen
24 Schnecken (ohne Häuschen, aus der Dose)
Salz, Pfeffermischung (s. d.)
1 Eßl. Weißwein
50 g Tafelbutter
2 Eßl. Rahm
2 Knoblauchzehen
1 Eßl. Schnittlauch, fein geschnitten
1 Eßl. gemischte Kräuter (Kerbel, Estragon, Thymian, Rosmarin)
2 Tomaten
2 Scheiben Toastbrot
2 Eßl. Butter

Tafelbutter mit Rahm, Wein, gepreßtem Knoblauch und Kräutern verkneten. Mit Salz und viel Pfeffer aus der Mühle würzen. Beiseite stellen (nicht im Kühlschrank). Toastbrot in sehr kleine Würfelchen schneiden und goldbraun in Butter rösten. Tomaten kurz in heißes Wasser tauchen, schälen, auspressen und klein würfeln. Salzen und in wenig Butter erwärmen. Schnekken im Einlegesaft erhitzen und abgießen. In kleine Töpfchen (aus Ton oder Souffléförmchen) verteilen. Die Kräuterbutter darübergeben. Mit Tomatenwürfeln und Brotcroûtons garnieren. Heiß servieren.

Bemerkungen Alles einzeln vorbereiten, aber erst im letzten Moment mischen. Wichtig ist, daß dieses Gericht gut gewürzt wird.

Beilagen Knuspriges Weißbrot.

Wein Leichter, spritziger Weißwein.

Farbenfroh, exklusiv und leicht – ein hübsch arrangierter Teller mit exotischen Früchten und Rohschinken. Praktisch und erfolgreich, wenn eine größere Anzahl Gäste da sind.

Assiette exotique

(Vorspeise mit exotischen Früchten)

**
V Kann vorbereitet werden
Arbeitsaufwand: 20 Minuten

Für 6 bis 8 Personen
1 frische Ananas
1 Mangofrucht
2 Avocados
1 Eßl. Zitronensaft
1 Papaya
2 Kiwis
3 bis 4 Passionsfrüchte oder
3 bis 4 frische Feigen
300 g Rohschinken

Ananas schälen, 6 bis 8 ca. 1 cm dicke Scheiben schneiden. Mark ausstechen und Scheiben halbieren. Mango und Papaya ebenfalls schälen und längs in 6 bis 8 Schnitze schneiden (Kerne entfernen). Avocados halbieren, schälen, in Schnitze teilen und sofort das ganze Fruchtfleisch mit Zitronensaft bestreichen, damit es sich nicht verfärbt. Kiwis schälen, in dünne Scheiben schneiden. Die Passionsfrüchte oder Feigen längs halbieren. Feigen eventuell schälen. Auf jeden Teller 2 bis 3 Scheiben Rohschinken legen. Mit den exotischen Früchten garnieren.

Bemerkungen Die Teller können ca. 1 Stunde vor dem Essen vorbereitet werden. Am besten überzieht man sie bis zum Servieren mit einer Klarsichtfolie und stellt sie wenn möglich in den Kühlschrank. Passionsfrüchte werden ausgelöffelt.

Beilagen Frisches Brot mit Butter oder Blätterteigfladen mit Sesam (s.d.).

Wein Kühl servierter Gewürztraminer oder Muskat-Morio oder auch Jerez, evtl. weißer Portwein.

Variationen
- Exotische Früchte je nach Erhalt austauschen, eventuell mit Melonenschnitzen ergänzen. Passend sind auch Cherimoyas, Granatäpfel, Cherry-Tomaten.
- Rohschinken durch Fischsalat «La Table du Baron» (s.d.) oder kalten, gekochten Fisch an leichter Mayonnaise (s.d.) ersetzen.

Eine neue, gute Kombination: Artischocken mit einer Räucherlachsfüllung, mit einer leichten Buttersauce überbacken.

Gefüllte Artischocken

(mit Räucherlachs)

**
V Kann vorbereitet und im letzten Moment überbacken werden
Arbeitsaufwand: 35 Minuten
Kochzeit: 20 bis 35 Minuten (im Dampfkochtopf nur 7 bis 12 Minuten)
Backzeit: 1 bis 2 Minuten

Für 4 Personen
4 große Artischocken
½ Zitrone
Butter für die Förmchen
150 g Räucherlachs
80 g Tafelbutter
4 Eßl. Rahm
4 Eßl. Weißwein
1 Eßl. feingehackte Schalotten
Salz, weißer Pfeffer aus der Mühle
3 Eigelb von ganz frischen Eiern

Das obere Drittel und den Stiel der Artischokken abschneiden. Die Schnittflächen sofort mit der halbierten Zitrone abreiben. Die Artischocken in leichtem Salzwasser 20 bis 35 Minuten kochen. Nach dem Erkalten die Blätter lösen und das «Heu» auszupfen. Die Artischockenböden in kleine, feuerfeste, gut ausgebutterte Portionenförmchen legen. Tafelbutter in kleine Stücke schneiden. Räucherlachs fein hacken. Das Artischockenfleisch mit Hilfe eines Löffelrückens aus den Blättern drücken und mit Lachs und Rahm mischen. Weißwein, Schalotten und Pfeffer aus der Mühle (ca. 4 Umdrehungen) zusammen aufkochen, bis nur noch ungefähr 1 Teelöffel Flüssigkeit übrig ist. Eigelb in ein Wasserbadpfännchen geben. Etwas Salz und eingekochten Weißwein passiert beigeben. Ein kleines Stück Butter zufügen und bei mittlerer Hitze (die Wassertemperatur soll beim Eintauchen der Fingerspitzen immer noch erträglich sein) so lange schlagen, bis die Eier als Creme im Schwingbesen hängenbleiben. Das kleine Pfännchen aus dem Wasserbad nehmen und die Butter nach und nach flockenweise darunterrühren. Das Pfännchen von Zeit zu Zeit ganz kurz wieder ins heiße Wasser tauchen, damit die Sauce nicht erkaltet und die Butterstückchen zergehen können. Sobald alle Butter verarbeitet ist, die Sauce mit Salz und Zitronensaft nachwürzen. Die Lachsmischung auf die Artischockenböden verteilen. Mit Sauce überziehon und ganz kurz (1 bis 2 Minuten) bei Oberhitze (ca. 240°) gratinieren.

Bemerkungen Es ist wichtig, daß die Artischocken nur ganz kurz überbacken werden, damit die delikate Sauce sich nicht zersetzt. Es dürfen auf der Oberfläche nur einzelne kleine braune Flecken entstehen.

Beilagen Als Vorspeise: keine, höchstens Weißbrot. Als Hauptgericht: Salzkartoffeln oder Trockenreis.

Wein Leichter Weißwein (Riesling, Schweizer Weißwein, Pfälzer).

Variationen

- Sauce durch Sauce miracle (s. d.) ersetzen (erleichtert die Zubereitung und schmeckt auch gut).
- Auf Toasts servieren (Hauptgericht).

Kleine, leichte Vorspeise oder delikate Bereicherung eines Frühstücks – ein Gericht, bei dem Sie Ihre Phantasie spielen lassen können. Die Präsentation in der Eierschale gibt dem Gericht einen gewissen Snob-appeal.

Ei mit Crevetten

**
V Muß «à la minute» zubereitet werden

Für 4 Personen
4 Eier, 3 Minuten gekocht
50 g gekochte, geschälte Crevetten
1 Teel. Butter
¼ Schalotte
Salz, Pfeffer

Schalotte fein hacken. In der Butter anziehen lassen. Crevetten hacken und zugeben. Erwärmen. Die Eier in Eierbecher stellen und einen Deckel wegschneiden (mit einem Eierschneider geht es am besten). Mit einem Mokkalöffel die Hälfte des Eiweißes aus dem Ei holen. Mit Crevetten auffüllen und würzen.

Bemerkungen Man kann diese Eier auch in einem Töpfchen (Souffléförmchen) zubereiten. In diesem Fall alle Zutaten mit dem rohen Ei in die Form geben und im Wasserbad (auf dem Herd oder im Ofen) 5 bis 6 Minuten kochen.

Beilagen Mit kleinen Brotstengelchen servieren und nach Belieben mit Salz und Pfeffer würzen.

Wein Wenn als Vorspeise serviert, den Wein der Beilage anpassen, z. B. bei Kaviar, Crevetten, Lachs einen gehaltvollen Weißwein (Yvorne, weißer Burgunder) oder trockener Sekt und bei Schinken, Kräutern usw. leichten Rotwein oder Rosé.

1
Die Eier in einen Eierbecher stellen und einen Deckel wegschneiden
2
Mit einem Mokkalöffel die Hälfte des Eiweißes herausholen
3
Mit Crevetten oder anderen Einlagen auffüllen

Variationen
- Mit einigen Tropfen Pfeffersauce (Tabasco).
- Mit feingehackten, schwarzen Trüffeln.
- Mit Keta-Kaviar (rotem Kaviar).
- Mit russischem Kaviar.
- Mit gehacktem Schinken.
- Mit gehackten Poulet- oder Zungenresten.
- Mit feingehackten Zwiebeln.
- Mit Schnittlauch.
- Mit gehacktem Estragon.
- Mit gedünsteten Mini-Peperoniwürfelchen.
- Mit eingedicktem Tomatenmus (s.d.).

Eine originelle Vorspeise, die dazu noch hübsch aussieht: Avocadoscheiben auf Toast mit einem leichten Guß aus gut gewürztem Quark, im Ofen rasch überbacken.

Avocado-Toast

*
V Kann vorbereitet werden
Arbeitsaufwand: 20 Minuten
Backzeit: 10 Minuten

Schalotten fein hacken und in Butter 2 bis 3 Minuten dünsten. Den Rand der Brotscheiben wegschneiden (für Paniermehl verwenden). Die Brotscheiben toasten und noch warm beidseitig mit Butter bestreichen. In kleine

Für 4 Personen
4 Scheiben Toastbrot
2 Eßl. Butter
2 Avocadobirnen
2 Schalotten
1 Eßl. Estragon, gehackt
150 g Rahmquark
1 Teel. scharfer Senf (Dijon)
Salz, Pfeffermischung (s. d.)
2 Eßl. geriebener Käse (Greyerzer oder Appenzeller)
Einige Butterflocken.

feuerfeste Formen legen. Avocados schälen, halbieren, in dünne Schnitze schneiden, gut würzen und auf die Brotscheiben verteilen. Schalotten, Estragon, Senf und Quark verrühren. Mit Salz und Pfeffer nachwürzen. Die Creme über die Toasts verteilen. Mit Käse und einigen Butterflocken belegen. Zirka 10 Minuten bei Oberhitze überbacken. Sofort servieren.

Bemerkungen Bei diesem Avocadogericht verzichte ich auf das Bestreichen der Avocados mit Zitronensaft. Die Säure des Saftes bekommt dem Genuß nicht sehr gut. Damit sich das Fruchtfleisch nicht verfärbt, ist es wichtig, daß man die Avocados vor dem Bakken schält und schneidet und sie sofort mit dem Quark begiesst.

Beilagen Keine.

Wein Leichter Weiß- oder Rotwein.

Variationen
- Toast zuerst mit Schinken oder ganz dünn geschnittenem vorgeröstetem Speck belegen.

Eine kleine, sehr einfache Vorspeise, die zugleich raffiniert und neu ist. Verlorene Eier in einer leichten, delikaten Lauch/Butter-Sauce. Fans der sogenannten «Nouvelle Cuisine» werden ihre Freude daran haben.

Cassolette d'œufs au poireau

(Verlorene Eier in Lauchsauce)

*
V Kann vorbereitet werden (Eier in Heißwasser warm halten)
Arbeitsaufwand: 10 Minuten
Kochzeit: 10 Minuten

Lauch in 3 cm lange Stücke schneiden. Diese längs in sehr feine Streifen (Juliennes) schneiden. 1 Eßlöffel Butter erwärmen. Lauch hineingeben, mit wenig Salz und Pfeffer würzen. 2 bis 3 Minuten dünsten. Weißwein zufügen und ungedeckt 5 bis 6 Minuten weiterdünsten. Der

Lauch soll noch leicht knackig bleiben. Toastbrot toasten. Mit einer Form kleine Herzen ausstechen (Rest des Brotes für Paniermehl verwenden!).
Salzwasser aufkochen. Essig hineingeben. Die Eier einzeln in eine Tasse aufschlagen und in das kochende Wasser gleiten lassen. 3 bis 4 Minuten bei nur ganz schwach kochendem Wasser ziehen lassen. Mit der Schaumkelle herausnehmen und in warmes Wasser legen. Nach Belieben mit einer Schere die unregelmäßigen Eiweißränder geradeschneiden. Kochflüssigkeit vom Lauch in ein Pfännchen gießen, nochmals aufkochen, von der Platte wegziehen und die restliche Butter in Flocken mit dem Schwingbesen darunterschlagen. Es soll eine weißliche, leicht gebundene Sauce entstehen. Mit wenig Salz nachwürzen. Den Lauch dazugeben.
Die pochierten Eier auf vorgewärmtem Pfännchen anrichten, die Lauchsauce rundherum verteilen und das Ganze mit den Herz-Croûtons garnieren.

Bemerkungen Wer nicht gerne Eier pochiert, kann sie 5 Minuten in Wasser kochen, abschrecken und dann schälen. Wichtig ist, daß sie heiß bleiben!

Beilagen Keine.

Wein Ein einfacher, weißer Landwein, evtl. ein Riesling und Sylvaner, trockener Frankenwein.

Für 4 Personen
1 Lauchstengel (mittleren, zarten, grünen Teil verwenden)
70 g Butter
Salz, weißer Pfeffer
3 Eßl. Weißwein
4 Scheiben Toastbrot
1 l Salzwasser
2 Eßl. Essig
4 sehr frische Eier

ZEIGE MIR, WIE DU ANRICHTEST...

Hundertteilige (und noch größere) Porzellanservices sind heute kein Statussymbol mehr. Man läßt es bei schönen Tellern bewenden und kauft hübsches, fröhliches Anrichtegeschirr im Boutiquestil dazu. Gerade bei kleinen Vorspeisen ist die Art der Präsentation oft ebenso wichtig wie die Zubereitung. Kleine individuelle Töpfchen, Plättchen und Pfännchen lassen diese beliebten Eröffnungsgerichte zu einer richtigen Augenweide werden.

Kleine gesulzte Schinkenköpfchen, die hübsch aussehen, gut vorbereitet werden können und als Vorspeise oder zu Salaten serviert werden.

Schinkenmousse

*

V Kann vorbereitet werden
Arbeitsaufwand: 20 Minuten
Zusätzliche Kühlzeit: 1 Stunde

Für 4 Personen
⅛ l Weißwein
3 Schalotten oder ½ Zwiebel
1 Eßl. Butter
300 g gekochter Schinken (evtl. Reste von selbstgekochtem Beinschinken)
3 Teel. Senf (Dijon)
3 Eßl. Schnittlauch, fein geschnitten
1 Eßl. Estragon, fein gehackt
Pfeffermischung (s. d.)
3 dl Sulze (aus Sulzpulver zubereitet)

Schalotten oder Zwiebel fein hacken. In Butter 2 bis 3 Minuten dünsten. Schinken in Streifen schneiden. Schinken, 3 Eßlöffel Weißwein, Schalotten oder Zwiebel, Senf, 1 Eßlöffel Schnittlauch und Estragon in den Mixer oder in eine Schneidemaschine geben und fein pürieren. Mit Pfeffer nachwürzen. Die Sulze nach Vorschrift zubereiten (restlichen Weißwein dazu verwenden). Kleine Pudding- oder Soufflé-formen dicht mit dem restlichen Schnittlauch bestreuen. Etwas Sulze darübergeben und im Kühlschrank festwerden lassen. Die Schinkenmousse mit 5 Eßlöffeln Sulze mischen. In die Förmchen füllen und 1 Stunde kühl stellen. Vor dem Servieren stürzen.

Bemerkungen Gut stürzen lassen sich die Förmchen, wenn man sie kurz vorher einen Augenblick in heißes Wasser taucht.

Beilagen Frisches Brot, Butter, kalte Kressesauce (s. d.) oder Schnittlauchsauce (s. d.), Salate, gefüllte Eier usw.

Wein Kühl servierter Beaujolais oder anderer Rotwein.

Variationen

- Sulze weglassen, 2 Eßlössel Quark unter die Masse ziehen und die Schinkenmousse als Füllung für kleine Windbeutel oder Brioches verwenden.
- Mousse in Cakeform einfüllen, eine Reihe hartgekochter Eier einlegen, nach dem Festwerden in Scheiben schneiden.
- Schnittlauch durch feingehackte Kresse ersetzen. In diesem Fall ohne Sauce servieren.
- Die Mousse in ausgehöhlte Tomaten füllen.

Frische Spargel mit einer ganz leichten Sauce überbacken, die den Geschmack dieses interessanten Gemüses voll zur Geltung kommen läßt. Ein garantierter Erfolg!

Spargelgratin «Marianne»

(Überbackener Spargel)

Spargel um 2 bis 3 cm kürzen. Wenn nötig leicht schälen (grüne Spargel können ungeschält verwendet werden). 3 bis 4 Minuten in Wasser mit Zitronensaft einlegen, damit sie sich nicht verfärben. In wenig Salzwasser mit 1 Teelöffel Butter und Zucker knapp weichkochen. Das untere Stück der Spargel abschneiden (ca. ⅓) und im Mixer mit Rahmquark, Zwiebel und Ei pürieren.
Gekochte Spargel gut abtropfen. Gratinplatte mit 1 Teelöffel Butter bestreichen. Die Spargel hineinlegen. Spargelquark mit Rahm mischen und mit wenig Salz und Pfeffer würzen. Diesen Guß über die Spargel gießen. Mit Käse und Butterflocken bestreuen. Bei 220° 5 bis 10 Minuten überbacken. Der Käse darf nur leicht Farbe annehmen.

Bemerkungen In der Form servieren. Man kann diesen Gratin auch in Portionenförmchen (z. B. kleine Eierpfännchen) zubereiten. Mit grünen Spargel zubereitet, schmeckt dieses Gericht intensiver.
Dieser Gratin enthält kein Mehl, somit nur sehr wenig Kohlenhydrate, dafür wegen des Quarks so viel Eiweiß, daß er als komplette Mahlzeit serviert werden kann. Man kann dafür auch weiße Spargel verwenden.

Beilagen Keine.

Wein Fendant, Johannisberg oder weißer Burgunder.

**
V Kann bis auf das Gratinieren vorbereitet werden
Zubereitungszeit: 15 Minuten
Kochzeit: 15 bis 30 Minuten (je nach Spargel); zusätzliche Backzeit: 5 bis 10 Minuten

Für 4 Personen
1 kg grüne oder weiße Spargel
1 Eßl. Zitronensaft
2 Teel. Butter
1 Teel. Zucker
100 g Rahmquark
½ Zwiebel, geschnitten
1 Ei
1 Eßl. Rahm
Salz, Pfeffer
80 g geriebener Greyerzer
20 g Butterflocken

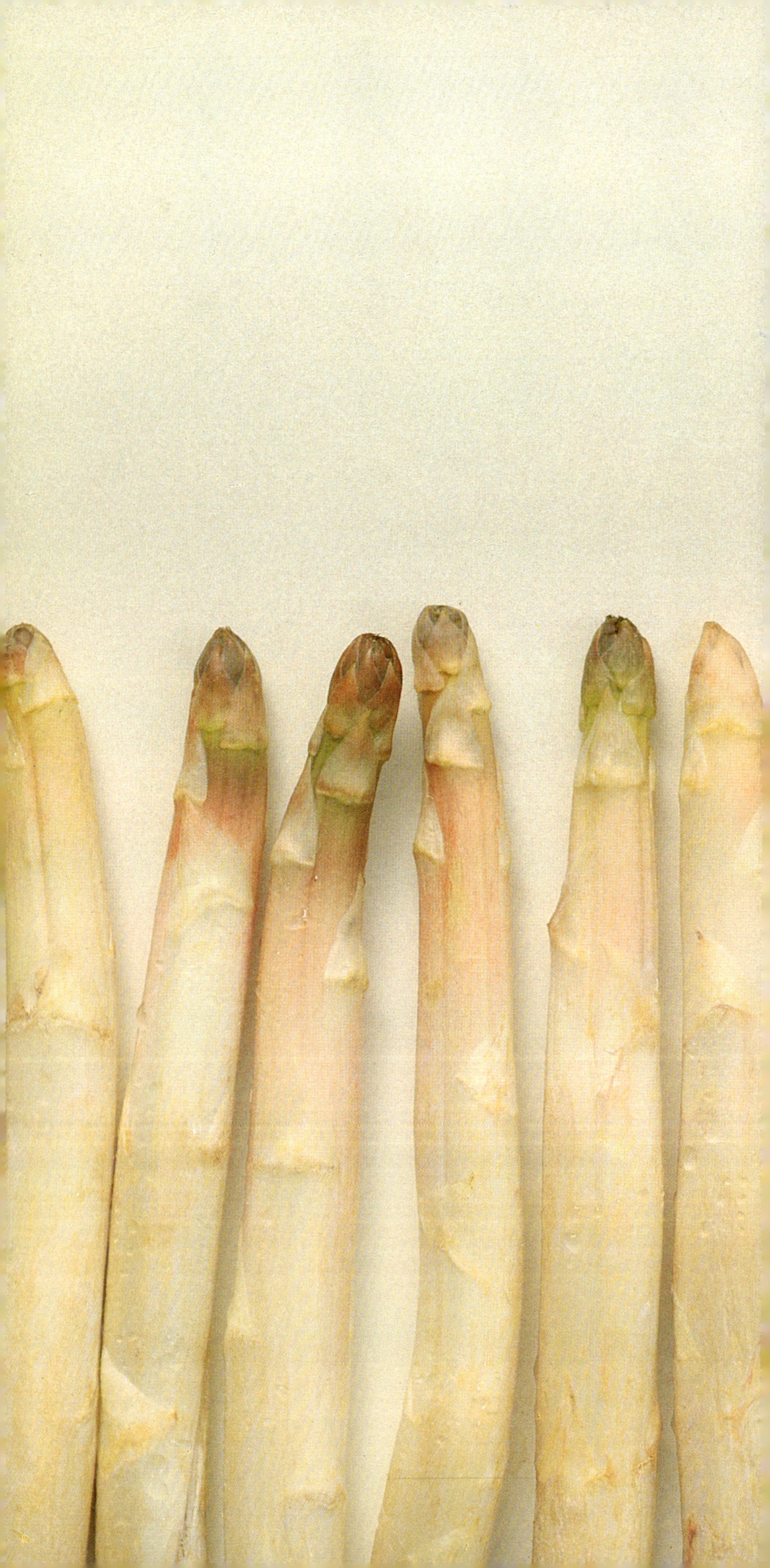

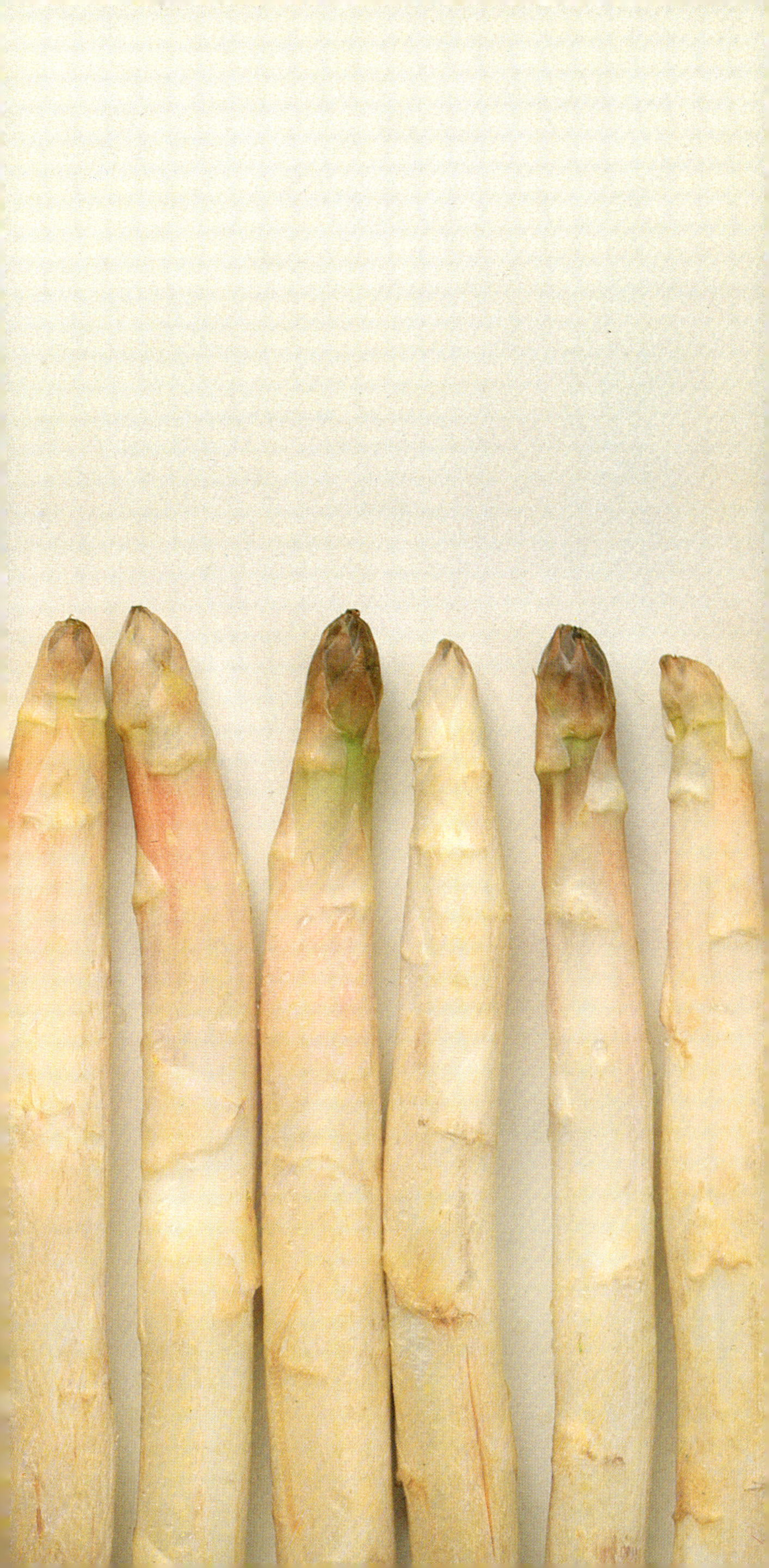

Der garantierte «Spargel-Hit» der Saison: knapp gargekochter grüner oder weißer Spargel in einem geheimnisvollen Sößchen auf Blätterteig serviert.

Feuilleté aux asperges

**

V Kann vorbereitet werden (aber erst vor dem Servieren auf den heißen Blätterteig geben)
Arbeitsaufwand: 30 Minuten
Kochzeit: 20 bis 35 Minuten
Backzeit: 10 Minuten

Für 4 Personen
400 g Blätterteig
500 g Spargel (wenn möglich grünen)
10 g Butter
1 Prise Zucker
Salz, Pfeffer
2 dl Crème de Gruyère (Doppelrahm)
1 Eßl. gehackte Kräuter (Dill, Rosmarin, Basilikum oder Kerbel)

Blätterteig ausrollen. In 4 cm breite und ca. 6 cm lange Rechtecke schneiden (insg. 8 Rechtecke). Auf ein mit kaltem Wasser gespültes Blech legen. 10 Minuten in den Kühlschrank legen. Dann 10 Minuten bei 200° backen. Inzwischen 1 Liter Wasser mit Salz, Zucker und Butter aufkochen. Die geputzten Spargel zusammenbinden oder in einen zylinderförmigen Spargeleinsatz stellen. Mit den Spitzen nach oben zugedeckt knapp kochen. Gut abtropfen. 1 dl Spargelsud in einem kleinen Pfännchen auf 2 Eßlöffel Flüssigkeit einkochen. Das untere Drittel der Spargel abschneiden. Mit dem eingekochten Spargelsud im Mixer pürieren. Rahm und Kräuter zufügen, etwas eindicken lassen und würzen. Je 1 Blätterteigrechteck auf heiße Teller legen. Den gut abgetropften Spargel darauf verteilen. Mit Sauce begießen und mit den restlichen Blätterteigstücken bedecken.

Bemerkungen Es ist sehr wichtig, daß man für dieses Gericht sehr guten Blätterteig verwendet (am besten bei einem erstklassigen Konditor kaufen oder selbst herstellen, s.d.). Grüner Spargel braucht nicht geschält zu werden!

Beilagen Keine.

Wein Johannisberg, Gewürztraminer, weißer Burgunder oder badischer Weißwein.

Variationen
- Spargel in Stücke schneiden und in Blätterteigpastetchen einfüllen.
- Mengen verdoppeln und ohne Blätterteig als Frikassee servieren (Trockenreis paßt dazu).

Avocados, gefüllt mit einer raffinierten Mischung aus Avocadofleisch, Basilikum und Jakobsmuscheln, kühl serviert – eine Delikatesse.

Avocados mit Jakobsmuscheln

**
V Kann vorbereitet werden
Arbeitsaufwand: 20 Minuten, zusätzlich 1 Stunde Marinierzeit

Für 4 Personen
3 gehackte Schalotten
2 Eßl. Olivenöl
Saft von 3 Zitronen
1 Eßl. grüner Pfeffer (Madagaskar)
½ Eßl. Basilikum, frisch gehackt
8 Jakobsmuscheln (evtl. tiefgekühlt)
4 Avocados
Salz, Pfeffer aus der Mühle
1 Eßl. Schnittlauch, fein geschnitten

Schalotten, Öl und Saft von 2 Zitronen mit 4 leicht zerdrückten grünen Pfefferkörnern und Basilikum mischen. Muscheln öffnen, abspülen und mit Küchenpapier trocknen. Das Muskelfleisch klein schneiden. Die «Corails» (roter Teil des Muschelfleisches) mit den Würfeln zur Marinade geben. 1 Stunde im Kühlschrank ziehen lassen. Avocados längs halbieren, den Stein entfernen. Die Schnittfläche sofort mit Zitronensaft beträufeln. Das Avocadofleisch sorgfältig aus der Schale herauslösen. 4 halbe Schalen zurückbehalten. Das Avocadofleisch mit dem restlichen Zitronensaft im Mixer pürieren. Salz und Pfeffer zugeben. Die Jakobsmuscheln abtropfen lassen und unter das Avocadopüree mischen. 4 «Corails» für die Garnitur zurückbehalten. Die Mischung in die Schalen füllen. Mit je einem «Corail» garnieren und mit Schnittlauch bestreuen.

Bemerkungen Jakobsmuscheln sind tiefgekühlt erhältlich. Für diese Zubereitungsart können gefrorene gut verwendet werden (immer vor Gebrauch ganz auftauen lassen).

Beilagen Frisches Weißbrot.

Wein Gehaltvoller Weißwein, z.B. weißer Rioja, Sancerre, Frankenwein oder Sekt.

Variationen
- Jakobsmuscheln durch gekochten Meerfisch ersetzen.
- Grünen Pfeffer weglassen.
- Cocktailsauce dazu servieren (Mayonnaise mit Quark, Ketchup, Cognac und wenig Cayennepfeffer mischen).
- Avocadopüree mit Crevetten mischen.

1
Von den Tomaten einen Deckel wegschneiden
2
Sorgfältig aushöhlen, dabei einen Rand von ½ cm belassen
3
Soufflémasse einfüllen

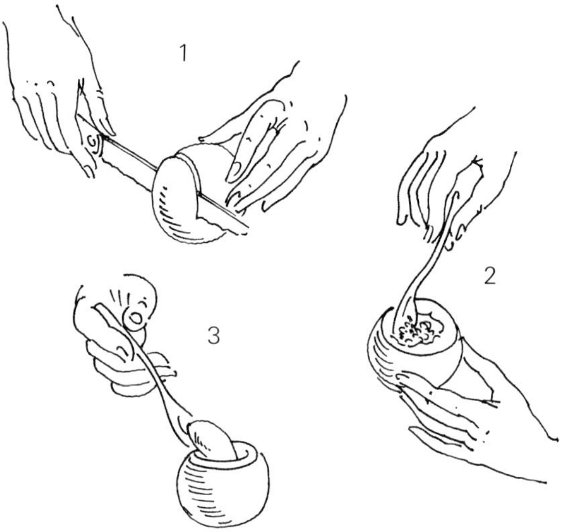

Eine ganz vorzügliche kleine Vorspeise, die gut aussieht und leichter herzustellen ist als ein herkömmliches Soufflé: ausgehöhlte Tomaten mit einer luftigen Käsemasse, kurz im Ofen überbacken.

Soufflé en tomates

(Käseauflauf in Tomaten)

*
V Kann vorbereitet, muß aber im letzten Moment gebacken werden
Arbeitsaufwand:
30 Minuten
Backzeit:
30 Minuten

Für 4 Personen
8 schöne, etwa gleich große Tomaten
1 Teel. Kräutersalz
1 Eßl. grüner Pfeffer (Madagaskar)
2 Eßl. Mehl
1 Eßl. Butter
1 dl Milch
Salz, Pfeffer
1 Prise Muskatnuß
2 Eiweiß

Von den Tomaten einen Deckel wegschneiden. Sorgfältig aushöhlen, dabei Tomatenfleisch ca. ½ cm dick belassen. Etwas Kräutersalz ins Innere der Tomaten geben. Backofen auf 190° einstellen. Grünen Pfeffer kalt abspülen und abtropfen lassen.
Das Mehl sieben. Butter in einem Pfännchen bei schwacher Hitze erwärmen. Mehl zufügen. 1 Minute dünsten, ohne Farbe annehmen zu lassen. Kalte Milch unter Rühren zufügen. Zu einer dicken Sauce kochen (ca. 2 bis 3 Minuten). Von der Herdplatte wegziehen und mit Salz, Pfeffer und Muskatnuß würzen. Eiweiß steifschlagen. Käse unter die Sauce mischen, gut durcharbeiten. Grünen Pfeffer und Eigelb unter die Masse ziehen. Nach Bedarf nachwürzen. Zuletzt die steifgeschlagenen Eiweiß sorgfältig darunterheben. Die Tomaten mit der

Soufflémasse füllen – nur bis ca. ½ cm unter den Rand. Bei 190° ca. 20 Minuten backen, dann die Temperatur auf 210° erhöhen und noch ungefähr 10 Minuten im Ofen lassen. Sofort auf vorgewärmten Teller servieren.

80 g geriebener Greyerzerkäse
2 Eigelb

Bemerkungen Als Vorspeise genügt pro Person 1 schöne, große Tomate. Man kann sie in kleinen feuerfesten Formen backen und anschließend darin servieren. Diese Soufflés vertragen keine Wartezeit. Deshalb erst in den Ofen schieben, wenn alle Gäste da sind.

Beilagen Am besten keine oder frisches, knuspriges Weißbrot.

Wein Walliser oder Waadtländer Weißwein, badischer Weißwein.

Variationen
- Grünen Pfeffer weglassen.
- Evtl. grünen Pfeffer durch frischgehackten Estragon ersetzen.

Eine Alternative zum bekannten Crevettencocktail: gekochter Süßwasserfisch an einer leichten Weinbrandsauce.

Felchencocktail

*
V Kann vorbereitet werden
Arbeitsaufwand: 15 Minuten

Für 4 Personen
4 Felchenfilets, knapp gekocht (über dem Dampf oder im Sud)
100 g Gartenkresse
4 Eßl. Mayonnaise
1 Eßl. Ketchup
2 Eßl. Rahmquark
1 Eßl. Weinbrand oder Cognac
½ Teel. Dillspitzen
Salz, Pfeffer
1 Prise Cayennepfeffer

Fischfilets quer in 1 cm breite Streifen schneiden. Hohe Gläser oder Schalen mit der gewaschenen und gut abgetropften Kresse auslegen. Ein wenig Kresse zurückbehalten. Mayonnaise, Ketchup, Quark, Weinbrand und Dill gut mischen. Mit Salz, Pfeffer und sehr wenig Cayennepfeffer abschmecken. Die Fischstreifen auf die Kresse verteilen. Die Sauce darübergeben. Restliche Kresse fein hacken. Die Cocktails damit bestreuen. Bis zum Servieren kühlstellen.

Bemerkungen Die Fischfilets müssen knapp gegart werden, damit man sie in Streifen schneiden kann. Außerdem schmecken sie besser, wenn sie nicht verkocht sind.

Variationen

- Anderer Süßwasserfisch mit festem Fleisch oder Meerfisch verwenden.
- 1 Eßlöffel grüner Pfeffer unter die Sauce mischen.
- Meerfischcocktail mit je einer gekochten Crevette (Kopf daran belassen) garnieren.
- Auf Salatstreifen anrichten und mit Zweiglein Estragon oder einem Salatblatt garnieren.

INTERESSANTE SALATE

Wir haben viel Zeit gebraucht, um dem Salat den ihm gebührenden Platz in der Menüfolge einzuräumen. Oft noch wird er als lieblose Beigabe zu einem Hauptgericht serviert, wobei er meistens störend wirkt.
Die Säure der Sauce bekommt dem Wein nicht und verdirbt den Geschmack subtil zubereiteter Gerichte. Schon deshalb ist es zu begrüßen, daß man ihm ein «Eigenleben» gibt, gleichgültig, ob es sich um einen grünen Blattsalat, eine bunte Salatmischung oder eine gekonnt angerichtete, originelle Komposition handelt. In Frankreich nennt man diese unkonventionell zusammengestellte Rohkost oft «les salades folles». Nicht ohne Grund, denn nicht selten kommen auf diesen schön angerichteten Salattellern Zutaten zusammen, die man früher nie kombiniert hätte.
Auch sind Kontraste beliebt, zum Beispiel heiße, kurzgebratene Kleinigkeiten, die im letzten Moment darauf angerichtet werden, oder auch ganz leichte Saucen aus Quark, Rahm und Kräutern, die meistens gar keinen Essig enthalten. Wenn Sie solche Salate anrichten, denken Sie daran, daß das Auge mitißt.
Das Auslegen auf dem Teller ist hierbei fast das Wichtigste. Beschränken Sie sich auf wenig Zutaten, und geben Sie diese ganz zwanglos und spärlich auf die Teller.

Salate, jeder mit eigener Sauce, nach provenzalischer Art zubereitet, ergeben ein Hors-d'œuvre, das sich sehen lassen kann.

L'assiette du jardinier

Grundsauce

Öl, Essig, durchgepreßten Knoblauch, wenig Salz und Pfeffer gut mischen. Diese Grundsauce wie in folgenden Rezepten beschrieben ist, weiter verwenden.

**
V Kann vorbereitet werden
Arbeitsaufwand: 1 Stunde

Für 6 Personen
Grundsauce:
¼ l Olivenöl
2 Eßl. Weinessig
2 Zehen Knoblauch
Salz, schwarzer Pfeffer

Artischocken

Putzen und kochen (s. d.). Die Schnittflächen sofort mit Zitronensaft bestreichen. Das Heu entfernen und die verbleibenden Artischockenböden fein scheibeln. Etwas Grundsauce darüber verteilen. Die Artischockenblätter für Tomatenfüllung aufbewahren.

4 Artischocken
1 Eßl. Zitronensaft
3 bis 4 Eßl. Grundsauce

Zucchetti

Zucchetti ungeschält in 2 mm dicke Scheiben schneiden. In Olivenöl ohne Wasserzugabe zugedeckt 10 Minuten dünsten. Sie sollen leicht anbraten. Mit wenig Salz und Pfeffer würzen, auskühlen lassen, dann mit 2 Eßlöffeln Grundsauce, durchgepreßtem Knoblauch und Petersilie mischen.

2 kleine Zucchetti (300 g)
1 Eßl. Olivenöl
2 Knoblauchzehen
2 Eßl. Petersilie, gehackt
2 Eßl. Grundsauce
Salz, Pfeffer

Tomaten

Von den Tomaten das obere Drittel wegschneiden und aushöhlen. Das Tomatenfleisch klein würfeln und auspressen. Die Artischockenblätter mit Hilfe eines Löffels oder eines stumpfen Messers ausdrücken. Artischocken- und Tomatenfleisch mit Schalotten, Sardellen und Mayonnaise würzen. Mit wenig Pfeffer nachwürzen. In die ausgehöhlten Tomaten einfüllen.

4 kleine Tomaten
Artischockenblätter (von den gekochten Artischocken)
2 Eßl. Schalotten, gehackt
1 Eßl. Sardellenfilets
6 Eßl. Mayonnaise oder leichte Mayonnaise (s. d.)
Salz, Pfeffer

Brokkoli

Brokkoli in Weißwein mit Thymian knapp weichdünsten. Kochflüssigkeit mit Senf, 2 Eß-

8 kleine Röschen Brokkoli

¼ Zwiebel, feingeschnitten
4 Eßl. Weißwein
1 Prise Thymian
1 Teel. scharfer Senf
2 Eßl. Grundsauce

löffeln Grundsauce und feingeschnittenen Zwiebeln mischen.

Fenchel

2 Fenchelknollen
1 Eßl. Rosinen
½ Teel. scharfer Senf (Dijon)
½ Teel. Provencekräuter
2 Eßl. Wein
2 Eßl. Grundsauce

Fenchel längs halbieren und in feine Streifen schneiden. Rosinen in Weißwein einlegen. 4 Eßlöffel Grundsauce mit Senf, Rosinen, Provencekräutern und Einlegesaft der Rosinen mischen.

Eier

4 bis 6 hartgekochte Eier
1 Teel. Kerbel
2 Eßl. Mayonnaise oder leichte Mayonnaise (s. d.)

Eier längs halbieren. Eigelb herausnehmen, zerdrücken oder passieren und mit Mayonnaise und Kerbel gut mischen. In einen Spritzsack geben (mit gezackter Tülle) und die Eier mit der Masse füllen.

Rote Rüben

(Randen)

2 rote Rüben, gekocht
Pfeffermischung (s. d.)
2 Eßl. Perlzwiebeln (Konserve)
3 Zwiebeln
3 Eßl. Grundsauce

Rote Rüben in kleine Würfel schneiden. Mit den Perlzwiebeln und 3 Eßlöffeln Grundsauce mischen. Mit Salz und Pfeffer würzen. Zwiebeln halbieren, aushöhlen und den Salat einfüllen.

Karotten

300 g Karotten
3 Eßl. Grundsauce
1 Prise Zucker
1 Teel. Zitronensaft
1 Teel. Senf
1 Eßl. Rahm (Sahne)
1 Teel. frischgehackten Kerbel
Salz, Pfeffer

Karotten schälen, in feine Streifen raffeln. Grundsauce mit Zucker, Zitronensaft, Senf und Rahm verrühren. Würzen. Die Sauce unter die Karotten mischen. Mit Kerbel bestreuen.

Paprikaschoten

(Peperoni)

Je 1 rote, grüne und gelbe Paprikaschote
1 Teel. Olivenöl
½ Teel. Provencekräutermischung
1 Knoblauchzehe
4 Eßl. Grundsauce

Paprikaschote mit Öl bestreichen. Auf ein Kuchenblech legen und im Ofen bei 180° backen, bis die Haut schwarze Flecken bekommt. Herausnehmen und noch heiß die Haut abziehen. Stiel entfernen, halbieren, Kerne herauskratzen. In Streifen schneiden. 4 Eßlöffel Grundsauce mit Kräutern und feingehacktem Knoblauch mischen. Über die Paprikastreifen verteilen.

Bemerkungen Hübsch ist es, wenn man kleine Portionen dieser Salate auf große Teller anrichtet. Damit sich die Saucen nicht mischen, kann man kleine Papierbecher mit den kleingeschnittenen Salaten füllen und in die Mitte des Tellers stellen.

Beilagen Frisches Weißbrot (Pariser Brot und Butter), kleine Toasts, bestrichen mit halb Tapenade (einer Sardellen/Oliven-Sauce, die man in Gläsern kaufen kann), halb Butter, schwarze und grüne Oliven.

Wein Rosé de Provence oder leichter Landwein.

Variationen
- Nur 1 bis 2 Salate auswählen, ergänzen mit Bohnensalat.
- 2 bis 3 Salate zu kaltem Fisch.
- Neue Kompositionen erfinden und dabei die Grundsauce nach Belieben variieren, z. B. durch Zugabe von gehackten Sardellen, Kräutern oder Oliven.

Selleriestangen in einer pikanten Joghurtsauce, gerade richtig für ein leichtes Abendessen im Sommer oder als Beilage für ein kaltes Buffet.

Stangensellerie in Joghurtsauce

Sellerie putzen, dabei die äußeren Blätter und die dicksten Stengel entfernen. Diese hacken. Herzen ganz lassen. Praktisch ohne Wasser 20 bis 30 Minuten dünsten. Erkalten lassen. Joghurt, wenig Salz und Pfeffer, Cayennepfeffer, Paprika und Zitronensaft gut verrühren. Eier hacken. In die Sauce geben. Über die Selleriestücke verteilen und mit Petersilie bestreuen.

Bemerkungen Der Sellerie sollte nur knapp gekocht werden, damit er ein wenig knackig bleibt.

*
V Kann vorbereitet werden
Arbeitsaufwand: 45 Minuten, zusätzlich Kühlzeit

Für 4 Personen
2 große Selleriestangen
1 Joghurt
Salz, Pfeffer
1 Prise Cayennepfeffer
1 Teel. Paprika
1 Teel. Zitronensaft

2 hartgekochte Eier
1 Eßl. Petersilie, gehackt

Beilagen Roggen- oder Vollkornbrot mit Butter.

Wein Paßt nicht dazu.

Variationen
- Sellerie durch Fenchelknollen ersetzen (in 1 cm breite Streifen schneiden).
- Sellerie nicht kochen, fein schneiden und mit der Sauce begießen.

Zur Abwechslung ein Salat mit chinesischer Note. Er eignet sich sehr gut als Vorspeise, auch wenn nachher ein europäisches Gericht folgt.

Chinesischer Salat

**
V Kann vorbereitet werden
Arbeitsaufwand: 20 Minuten

Für 4 Personen
½ Sellerieknolle
2 Karotten
100 g Blattspinat
½ Dose Sojabohnenkeime
12 Baumnußkerne

Sauce
4 Eßl. Erdnußöl
1 Eßl. Zitronensaft
1 Eßl. Sojasauce
Salz, Glutamat, Pfeffer
1 Prise Ingwerpulver

Garnitur
2 Lauchstengel (Porree)
2 Karotten
4 Tomaten
8 Radieschen

Sellerie und Karotten schälen. In feine Streifen schneiden. Blattspinat waschen, gut abtropfen lassen und ebenfalls in Streifen schneiden. Die Gemüse mit den abgetropften Sojabohnenkeimen mischen. Auf einem Teller turmartig anrichten. Alle Zutaten für die Sauce mischen. Über den Salat verteilen. Lauchstengel in 3 cm lange Stücke schneiden. An beiden Enden in Streifen schneiden. Karotten schälen, in Längsrichtung einkerben und in Scheiben schneiden. Tomaten vorsichtig wie Äpfel schälen, damit die Schale ganz bleibt. Die Schale aufrollen, damit sie wie eine Rose aussieht. Die Radieschen zu Röschen schneiden. Den Salat mit diesen Gemüsen und Nüssen dekorieren.

Bemerkungen Die Beigabe von Soja kann nach Belieben dosiert werden. Sie macht die Sauce pikant und gehaltvoll.

Beilagen Frisches Brot.

Wein Paßt nicht dazu.

Variationen
- Der Spinat kann durch andere Frischgemüse ersetzt werden.

Ein nicht alltäglicher Salat aus Avocados, Grapefruits, Iceberg-Salat, Eischeiben und Crevetten und mit gerösteten Nüssen bestreut. Als vorzügliche Vorspeise oder kleines leichtes Abendessen.

Avocadosalat «Planters Fashion»

Eier 8 Minuten kochen und sofort abschrekken. Grapefruit so schälen, daß auch die weißen Häutchen entfernt werden. Die einzelnen Schnitze aus den Trennhäutchen lösen. Saft auffangen und für die Sauce aufheben. Avocados halbieren, Kern entfernen und schälen. Die Schnittflächen sofort mit 2 Eßlöffeln Zitronensaft bestreichen. Iceberg-Salat in Blätter teilen, waschen und gut schleudern.
Sonnenblumenöl mit Senf, etwas Salz, 2 Eßlöffeln Zitronensaft, Grapefruitsaft, Zwiebel, Curry, Cayenne, Zucker und Salatkräutern verrühren. Die Sauce 1 Stunde ziehen lassen. Iceberg-Salat auf einer flachen Platte ausbreiten. Grapefruit- und Avocadoschnitze darauf anordnen. Crevetten in die Mitte geben. Die Sauce über das Ganze verteilen. Eier schälen und längs halbieren. Paranüsse grob hacken. In einer trockenen Bratpfanne hellgelb rösten. Über den Salat verteilen.

Bemerkungen Es ist besonders wichtig, daß die Avocadoscheiben mit Zitronensaft beträufelt werden, damit sie nicht anlaufen und der Salat unappetitlich aussieht.

Beilagen Toast und Butter oder Kartoffeln in der Schale (evtl. Baked potatoes, s. d.).

Wein Wenn der Salat als Vorspeise serviert wird, im Prinzip kein Wein. Als Hauptgericht kann er von einem weißen Landwein oder einem Rosé begleitet werden. In diesem Fall Zitronensaft auf die Hälfte reduzieren.

Variationen
- Iceberg-Salat durch knackigen Kopfsalat ersetzen.

**
V Kann gut vorbereitet werden (Sauce erst vor dem Servieren zugeben)
Arbeitsaufwand: 25 Minuten
Kochzeit: 8 Minuten

Für 4 Personen
2 Eier
1 Grapefruit
2 Avocadobirnen
4 Eßl. Zitronensaft
½ Iceberg-Salat
5 Eßl. Sonnenblumenöl
1 Eßl. scharfer französischer Senf
½ gehackte Zwiebel
1 Prise Zucker
½ Teel. Salatkräuter
Salz, Pfeffer
1 Prise Cayennepfeffer
½ Teel. Currypulver
100 g gekochte und geschälte Crevetten
1 Eßl. grobgehackte Paranüsse

- Anstelle von Crevetten gekochten Fisch (Kabeljau, Baudroie = Seeteufel usw.) verwenden.
- Crevetten oder Fisch weglassen und dafür mehr hartgekochte Eier zugeben.

Ein erfrischender und gut aussehender Salat aus Spargel, grünen Bohnen, jungen Karotten und rohen Champignons, der mit bestem Öl zubereitet werden muß.

Spargelsalat «Mayola»

**
V Kann vorbereitet werden
Arbeitsaufwand: 15 Minuten

Für 4 Personen
500 g frischgekocher Spargel
300 g grüne Bohnen
100 g frische Champignons
200 g zarte Karotten
1 Eßl. Zitronensaft
Wenig Salz, Pfeffer
3 Eßl. Baumnußöl oder kaltgepreßtes Olivenöl

Grüne Bohnen in Salzwasser 5 bis 7 Minuten kochen, abgießen und kalt abspülen. Champignons säubern, in feine Scheiben schneiden und sofort mit Salz, Pfeffer und Zitronensaft mischen. Karotten schälen und auf der Gemüseraffel in feine, lange Streifen (Julienne) schneiden. Spargel in 4 cm lange Stücke schneiden. Bohnen, wenn sie zu dick sein sollten, längs halbieren. Beides mit Karotten und Champignons mischen. Neben den Spargel legen und mit Öl beträufeln. Auf hübsche Salatteller anrichten.

Bemerkungen Salat nicht allzulange vor dem Essen anrichten, damit alles noch frisch aussieht. Grüner Spargel macht sich in diesem Salat besonders gut (er braucht nicht geschält zu werden).

Beilagen Frisches Brot oder Blätterteigfladen mit Sesam (s.d.).

Wein Passt nicht.

Variationen
- Grüne Bohnen durch knappgekochte Kefen (Schnee-Erbsen) oder frische grüne Erbsen ersetzen.
- Anstelle von Spargel gekochte Schwarzwurzeln verwenden.
- Rohen Lauch (Porree) in sehr feine Streifen schneiden und anstelle der Bohnen zugeben. Öl durch Rahm ersetzen.

Ein besonders leichter Salat, ohne Öl und Essig, gerade richtig für Schlemmer, die auf die Linie achten müssen.

Grapefruitsalat «Haifa»

Grapefruits schälen und «filetieren» (s. Abb.). Saft auffangen. Zwiebeln in Ringe schneiden. Senf und aufgefangenen Grapefruitsaft verrühren. Mit Salz und Pfeffer würzen. Alles gut mischen. Oliven halbieren und entkernen. Über den Salat verteilen.

Bemerkungen Das Filetieren der Grapefruit ist sehr einfach, wenn man weiß, wie's gemacht wird.

Beilagen Keine, höchstens Toast und Butter oder dünne Roggenbrotscheiben, mit Butter bestrichen.

Wein Es wäre schade um den Wein. Die Säure der Grapefruits würde ihm nicht gut bekommen.

Variationen
- Avocadowürfel unter den Salat mischen.
- Sellerie-Julienne zugeben und mit Baumnußkernen garnieren.
- Oliven durch kleine Peperoniwürfelchen ersetzen.

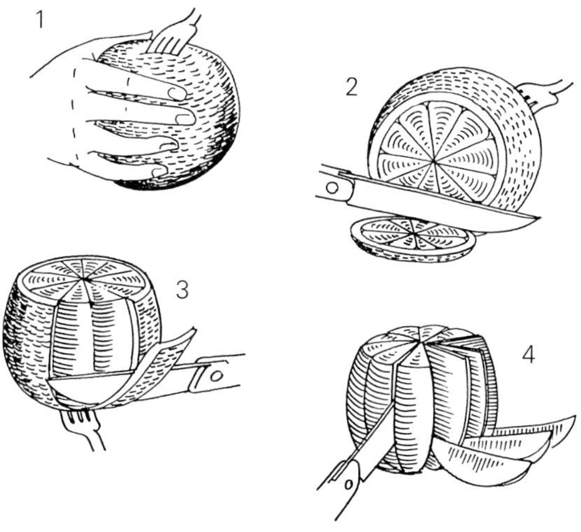

*
V Kann vorbereitet werden
Arbeitsaufwand: 20 Minuten

Für 4 Personen
4 Grapefruits
1 Zwiebel
Salz, Pfeffer
1 Teel. scharfer Senf
12 schwarze Oliven

Filetieren

1
Grapefruit mit der Fliege nach unten festhalten. Mit Gabel senkrecht oben einstechen.

2
Grapefruit quer auf Teller legen. Einen Deckel so abschneiden, daß das Fruchtfleisch zum Vorschein kommt.

3
Mit einem scharfen Messer in der Luft, von oben nach unten, Schale und weiße Haut entfernen.

4
Geschälte Grapefruit auf den Teller legen und mit Messer Schnitze herauslösen. Dabei immer senkrecht den Trennhäuten entlang schneiden. Saft auffangen.

Ein Salat für Liebhaber von Schafskäse.

Endiviensalat mit Roquefortsauce

*
V Kann vorbereitet werden
Arbeitsaufwand: 20 Minuten

Für 4 Personen
1 gekrauster Endiviensalat
1 Eßl. weißer Weinessig
30 g Roquefortkäse
6 Eßl. Rahm
1 Eßl. Schnittlauch, fein geschnitten
Pfeffermischung (s. d.)
½ Teel. Senf
1 Knoblauchzehe

Salat waschen, in Streifen schneiden und ausschwingen. Roquefort mit einer Gabel zerdrükken. Mit Essig, Senf und durchgepreßtem Knoblauch, Schnittlauch und Rahm gut verrühren. Vor dem Servieren mit dem Salat mischen und mit Pfeffer nachwürzen.

Bemerkungen Roquefortkäse hat einen sehr intensiven Geschmack. Deshalb zuerst nur 20 g verarbeiten und die Sauce probieren.

Variationen
- Rahm durch Baumnuß- oder Olivenöl ersetzen.
- Mit gerösteten Brotcroûtons bestreuen.
- Gehackte Sardellen zufügen.
- Gehackte Baumnüsse über den Salat streuen.
- Kaltes, feingeschnittenes Siedfleisch oder Reste von Braten unter den Salat mischen.

Ein ungewöhnlicher Fleischsalat: Zartes Lammfleisch an einer Estragonsauce mit grünen Bohnen garniert.

Lammfleischsalat mit Bohnen

**
V Kann vorbereitet werden
Arbeitsaufwand: 15 Minuten

Für 4 Personen
400 g gekochtes Lammfleisch ohne Knochen (Reste von Keule, s. d.)

Lammfleisch in sehr dünne, kleine Scheiben schneiden (eventuell auf der Aufschnittmaschine). Zwiebeln schälen, halbieren und in feine Streifen schneiden. Olivenöl, durchgepreßten Knoblauch, Senf, Essig und Jerez mischen. Mit Salz und Pfeffer würzen. Fleisch, Zwiebeln und Bohnen (eventuell längs halbieren) gut mischen. Die Sauce darüber verteilen.

1 Zwiebel (wenn möglich rote)
4 Eßl. Olivenöl
1 Knoblauchzehe
1 Teel. scharfer Senf (Dijon)
1 Eßl. Weinessig
1 Eßl. herber Jerez (Sherry)
250 g grüne Bohnen, knapp gekocht
2 Eßl. halbe Baumnüsse
Salz, Pfeffer
Radieschen

Bemerkungen Das gekochte Lammfleisch sollte noch rosa sein. Lammfleischsalat auf Teller in die Mitte anrichten und mit Radieschen und Baumnüssen oder Tomatenschnitzen garnieren.

Beilagen Bauernbrot oder knuspriges Weißbrot mit Butter.

Wein Leichter Rot- oder Weißwein.

Variationen
- Bohnen durch knackig gekochte Schnee-Erbsen (Kefen) oder Peperonistreifen (Paprikaschoten) ersetzen.
- 1 Eßlöffel geriebenen Meerrettich unter die Salatsauce mischen und Gemüse durch Traubenbeeren ersetzen.

Ein erfrischender Salat aus Maiskörnern, Sellerie, Apfel, Grapefruits und Orange, in einer pikanten Quarkmayonnaise.

Citrus-Salat

*
V Kann vorbereitet werden
Arbeitsaufwand: 30 Minuten

Für 4 Personen
200 g grüner Blattsalat
½ Dose Maiskörner (Sweet corn)
1 Apfel
1 Stück Sellerie
Saft von 1 Zitrone
2 Grapefruits
1 Orange
Salz, Pfeffer
4 Eßl. Mayonnaise
2 Eßl. Rahmquark
2 Eßl. Orangenlikör
1 Prise Cayennepfeffer

Salat waschen und gut ausschwingen. Mais abtropfen lassen. Apfel schälen, entkernen und in Würfel schneiden. Sellerie schälen und reiben. Beides mit dem Zitronensaft mischen. Grapefruits und Orange dünn schälen. Die Orangen- und Zitronenschale in sehr feine Streifen schneiden (evtl. mit Spezialmesser von den Früchten abstreifen). Die Streifen ganz kurz mit kochendem Wasser überbrühen und abtropfen. Grapefruits und Orange von den weißen Häutchen befreien. Geschälte Schnitze zwischen den Trennhäuten herausschneiden. Dabei den Saft auffangen. Die Grapefruit- und Orangenfilets mit Mais, Apfel und Sellerie mischen. Mit wenig Salz und Pfeffer würzen. Eine Schüssel mit Salatblättern auslegen. Die Salatmischung hineingeben. Orangen- und Zitronenstreifen darüberstreuen. Mayonnaise mit Quark- und Orangenlikör mischen. Mit Salz, Pfeffer und Cayennepfeffer abschmecken. Separat zum Salat servieren.

Bemerkungen Der Salat wird noch besser, wenn man ihn vor dem Servieren 1 bis 2 Stunden im Kühlschrank ziehen läßt.

Beilagen Randensalat (rote Rüben), grüner Salat, frisches Brot.

Wein Paßt nicht dazu.

Variationen
- Gurken- oder Zucchettischiffchen (roh ausgehöhlt) mit dem Salat füllen. Auf Salatblätter auslegen.

Eine farbenfrohe Komposition aus grünem Salat, Kresse, Champignons und Räucherlachsstreifen in einer delikaten Salatsauce.

Lachssalat mit Avocados

**

V Kann vorbereitet werden
Arbeitsaufwand: 15 Minuten

Für 4 Personen
2 Avocados
1 Eßl. Zitronensaft
250 g Räucherlachs
150 g Lattughino (evtl. auch Kopfsalat, Feldsalat oder Chicorée)
100 g Kresse
100 g frische Champignons

Sauce
4 Eßl. Baumnuß- oder Sonnenblumenöl
Salz
1 Teel. Zitronensaft
½ Teel. Dillspitzen

Avocados halbieren, entsteinen. Die Hälften in ca. ½ cm dicke Scheiben schneiden. Sofort mit ½ Eßlöffel Zitronensaft beträufeln. Avocadoscheiben auf vier Tellern ringförmig anordnen. Lattughino-Salat (oder anderen Salat) in Streifen schneiden und mit der gewaschenen und gut ausgeschwungenen Kresse mischen. In der Mitte der Teller verteilen. 200 g Lachsscheiben halbieren, zusammenrollen und auf die Avocadoscheiben legen. Restlichen Lachs in Streifen schneiden. Champignons in Scheiben schneiden, mit Zitronensaft mischen. Für die Sauce alle Zutaten vermischen und gut mit Salz abschmecken. Über den Salat verteilen. Lachsstreifen und Champignons darübergeben.

Bemerkungen Die Sauce erst unmittelbar vor dem Servieren über den Salat geben.

Beilagen Frisches Roggenbrot mit Butter.

Wein Paßt nicht dazu.

Variationen
- Räucherlachs durch Rohschinken ersetzen.
- Mit Tomatenschnitzen garnieren.

Ein interessanter Salat aus rohen Forellenfilets, die zuerst in Zitronensaft mariniert werden. Eine sehr delikate Vorspeise für Verwöhnte.

Fischsalat «La Table du Baron»

**
V Kann vorbereitet werden
Arbeitsaufwand: 15 Minuten
Kochzeit: 10 Minuten

Für 4 Personen
4 Forellenfilets
2 Schalotten
4 Eßl. Zitronensaft
Salz, Pfeffer
½ Teel. Dill
1 Eßl. Olivenöl
200 g grüne Bohnen oder zarte Schnee-Erbsen (Kefen)
100 g frische Champignons
2 Eßl. Zitronensaft
2 Eßl. Rahm
100 g Räucherlachs
1 Zitrone

Forellenfilets in sehr dünne Streifen schneiden. Schalotten ebenfalls fein schneiden. Beides in eine Schüssel geben und mit Zitronensaft, Dill und Öl mischen. Salz und Pfeffer zugeben. 1 Stunde im Kühlschrank marinieren lassen. Inzwischen die Bohnen oder Kefen in Salzwasser knapp kochen. Sie sollen knackig bleiben. Erkalten lassen. Champignons in sehr dünne Scheiben schneiden und sofort mit Zitronensaft mischen. Die Bohnen nach dem Erkalten längs halbieren, mit den Champignons und dem Rahm mischen. Mit Salz und Pfeffer würzen. Diesen Salat auf vier Teller verteilen.
Räucherlachs in feine Streifen schneiden. Mit den Forellenfilets und der Marinade mischen. Den Fischsalat bergweise in die Mitte der Teller anrichten. Mit etwas Dill bestreuen. Zitrone in dünne Scheiben schneiden und den Salat damit garnieren.

Bemerkungen Die Forellenfilets werden durch das Marinieren mit Zitronensaft weiß. Dieser Vorgang ersetzt das Kochen. Sollten nur große Bohnen erhältlich sein, kann man sie längs halbieren. Dadurch werden sie feiner und attraktiver.

Beilagen Toasts und Butter.

Wein Sehr guter Weißwein, z. B. weißer Burgunder, Elsässer oder deutscher Riesling.

Variationen
- Gurke in 3 bis 4 cm dicke Stücke schneiden, aushöhlen und mit dem Fischsalat füllen.
- Räucherlachs weglassen, dafür 8 Forellenfilets verwenden.

Frischgekochter Meerfisch in einer leichten Gemüsesauce ohne Öl, dekorativ mit grünen Erbsen garniert. Als bekömmliche Vorspeise oder als kleines kaltes Abendessen.

Fischsalat mit Erbschen

Zwiebel grob schneiden und mit Weißwein, Lorbeerblatt, Fischgewürzsalz, wenig Salz und Pfeffer aufkochen. Fisch in fingerdicke Tranchen schneiden und zufügen. 10 Minuten zugedeckt auf kleinem Feuer ziehen lassen. Im Sud erkalten lassen. Erbsen ohne Zugabe von Flüssigkeit zugedeckt bei kleiner Hitze halbweich dünsten. Ebenfalls erkalten lassen.
Tomaten kurz in heißes Wasser tauchen und schälen. Halbieren, auspressen und in kleine Stücke schneiden. Zusammen mit Sardellenfilets, gekochten Zwiebeln, Fischsud, grünem Pfeffer, Tomatenpüree und durchgepreßtem Knoblauch in den Mixer geben und pürieren. Mit Sauerrahm oder Joghurt mischen und mit Salz und Pfeffer würzen.
Fischfleisch von den Gräten lösen, in eine flache Schüssel legen und mit der Sauce begießen. Mit den Erbsen bestreuen. Kühl stellen. Mit Pariser Brot servieren.

Bemerkungen Als Vorspeise serviert, reicht dieses Rezept für 8 Personen.

Beilagen Frisches Vollkornbrot mit Butter, grüner Salat, Tomatensalat.

Wein Weißer Landwein.

Variationen
- Gekochte, in Streifen geschnittene Tintenfische oder Muscheln zugeben.
- Erbsen durch zarten Blattspinat ersetzen.
- Saurer Halbrahm (saure Sahne) durch leichte Mayonnaise (s. d.) ersetzen.
- Gekochte Meeresfrüchte (Crevetten, Miesmuscheln) und kleingeschnittene Tintenfische zufügen.

*
V Kann vorbereitet werden
Arbeitsaufwand: 20 Minuten
Kochzeit: 15 Minuten

Für 4 Personen
600 g Seeteufel (Baudroie) oder Kabeljau
1 Zwiebel
3½ dl Weißwein
½ Lorbeerblatt
½ Teel. Fischgewürzsalz
Salz, Pfeffer

Sauce
150 g Erbsen, frisch oder tiefgekühlt
2 Tomaten
6 Sardellenfilets
4 Eßl. Fischsud
2 Teel. grüner Pfeffer
1 Teel. Tomatenpüree
1 Knoblauchzehe
3 Eßl. saurer Halbrahm oder Joghurt

1
Die Schalen der Scampi seitlich auf der Bauchseite mit einer Schere aufschneiden
2
Scampi sorgfältig aus der Schale heben
3
Scampi und Geflügelleber kurz anbraten
4
Heiß über den Salat anrichten

Das Besondere an diesem Salat, der als exquisite Vorspeise serviert wird, ist die Kombination von knackig-frischen grünen Blättern mit rasch gebratener Leber und warmen Scampi – ein Kontrast, der diesen Salat besonders schmackhaft werden läßt.

Salade Caprice

**
V Kann vorbereitet werden (außer Leber und Scampi, die frisch gebraten werden müssen)
Arbeitsaufwand:
30 Minuten

Für 4 Personen
1 Kopfsalat
100 g Kresse
2 Bund Radieschen
20 g Baumnußkerne
5 Eßl. Olivenöl
2 Eßl. Rotweinessig
1 Knoblauchzehe

Milch aufkochen. Leber zugeben. 5 Minuten ziehen lassen. Kopfsalat, Kresse und Radieschen putzen und waschen. Die Radieschen, bis auf 4 Stück, in Scheibchen schneiden, letztere so einschneiden, daß sie beim Einlegen in kaltes Wasser wie Blumen aufgehen. Baumnußkerne hacken. Olivenöl und Essig mischen, Knoblauch durchpressen und zusammen mit Salz, Pfeffer und Basilikum eine pikante Sauce zubereiten. Wenn getrocknetes Basilikum verwendet wird, sollte die Sauce mindestens 30 Minuten stehen bleiben. Petersilie hacken. Die Geflügelleber klein schneiden. Zum Schälen

der Scampi die Schale mit einer Schere aufschneiden. Scampi sorgfältig herausheben. Den braunen Darm herausziehen.
Kopfsalat, Radieschenscheiben, Baumnußkerne und Kresse mischen. Salatsauce darüber verteilen. Gleichzeitig Butter erhitzen. Scampi und Geflügelleber kurz anbraten. Die Leber soll innen rosa bleiben. Mit Salz, Pfeffer und Zwiebelpulver würzen und warm über den Salat verteilen. Mit Petersilie bestreuen und mit den «Radieschenblumen» garnieren.

Salz, Pfeffer
½ Teel. Basilikum
1 Eßl. gehackte Petersilie
60 g Geflügelleber
1 dl Milch
8 Scampi
2 Eßl. Butter
1 Prise Zwiebelpulver

Bemerkungen Für diese Sauce verwende ich absichtlich Zwiebelpulver. Gehackte Zwiebeln würden den feinen Geschmack der Scampi beeinträchtigen. Durch das Vorkochen in Milch erhalten die Geflügellebern einen gänseleberähnlichen Geschmack.

Beilagen Frische Semmeln oder Pariser Brot.

Wein Nicht empfehlenswert.

Variationen
- Besonders fein: frischgekochte Flußkrebse anstelle der Scampi.
- Baumnußöl anstelle von Olivenöl verwenden.

Ein origineller Rote-Rüben-Salat (Randensalat), kombiniert mit Orangen, in einer pikanten süßsauren Sauce – ideale Ergänzung für ein Salatbuffet.

Rote-Rüben-Salat mit Orangen

*
V Kann vorbereitet werden
Arbeitsaufwand: 15 Minuten, zusätzlich 1 Stunde Marinierzeit

Für 4 Personen
500 g gekochte rote Rüben (Randen)

Die roten Rüben schälen und in kleine, 1 cm dicke Stäbchen schneiden. Orangen- und Zitronensaft, Olivenöl, Orangenkonfitüre und Senf gut mischen. Über die Rüben gießen und 1 Stunde im Kühlschrank ziehen lassen.
Die Zwiebel in feine Streifchen schneiden. Die Orangen so schälen, daß auch die innere weiße Haut ganz entfernt wird. Das Orangen-

4 Eßl. Orangensaft
2 Eßl. Zitronensaft
1 Eßl. Olivenöl
2 Eßl. Orangenkonfitüre (bitter, englische Art)
1 Teel. Senf
1 Zwiebel
2 Orangen
Salz, Pfeffer

fleisch aus den Trennhäutchen herausschneiden, so daß geschälte Schnitze entstehen. Während der Arbeit den Saft auf einem Teller auffangen. Zwiebelstreifchen und Orangenschnitze unter den Salat mischen. Mit Salz und Pfeffer nachwürzen.

Bemerkungen Dieser Salat wird durch das Marinieren immer besser. Wenn man ihn länger als 3 bis 4 Stunden im voraus zubereitet, sollte man die Zwiebeln erst später zufügen.

Beilagen Pariser Brot oder Toast mit Butter, Salate.

Wein Nur bei Kombination mit Hors-d'œuvres leichter Weiß- oder Rotwein.

Variationen
– Mit gehackten Nüssen bestreuen.

TERRINEN
immer beliebter

Diese Pasteten ohne Teigkruste verdanken ihren Namen den Gefäßen, in denen sie zubereitet werden; den runden, ovalen oder viereckigen Terrinen.
Als ich vor einigen Jahren in einem großen Haushaltwarengeschäft in Zürich danach fragte, sah mich die Verkäuferin verständnislos an.
Heute werden diese Gefäße sogar im Warenhaus verkauft. Viele Leute haben die Terrinen in Frankreich kennen- und schätzengelernt, und laufend entstehen neue Varianten aus der klassischen Grundzubereitung.
Auch wächst die Zahl der Terrinen, die nicht aus Fleisch, sondern aus Fisch und Gemüse zubereitet werden – leichter und bekömmlicher also als jene aus gehacktem Fleisch und Speck. Ich habe einige aus meinem Repertoire hier zusammengestellt.
Zur Aufmunterung: die Zubereitung ist einfacher, als man denkt.

RUND UM DIE TERRINE

- Eine Fleischterrine schmeckt erst zwei bis drei Tage nach der Zubereitung wirklich gut.
- Sie sollte aber nicht länger als 5–6 Tage im Kühlschrank aufbewahrt werden. Nach Anbruch eine Folie zwischen Deckel und Inhalt legen.
- Fisch- und Gemüseterrinen sind 2 Tage kühl gelagert haltbar, Pilzterrinen hingegen sollten am Herstellungstag gegessen werden.
- Der Anschnitt einer Terrine verfärbt sich sehr schnell. Deshalb vor dem erneuten Servieren eine dünne Scheibe wegschneiden.
- Fleischterrinen, die Speck oder Butter enthalten, sind schmackhafter. Wer eine etwas leichtere Terrine wünscht, kann die äussere Fettschicht gleichzeitig mit dem Speck entfernen, das Gefäss auswaschen, den Fleischblock wieder einsetzen und den Hohlraum mit Sülze ausfüllen (mit Sulzpulver zubereiten und mit Weisswein, Madeira, Portwein oder Jerez verfeinern.
- Fleischterrinen lassen sich gut tiefkühlen: Fett und Speck entfernen, Fleischblock in Aluminiumfolie wickeln und einfrieren. 2–3 Stunden vor dem Servieren in die saubere Terrineform einlegen und, wie bereits beschrieben, übersulzen. Aufgetaute Terrinen höchstens 24 Stunden im Kühlschrank aufbewahren.

Eine leichte Geflügelterrine, mit Leber und grünem Pfeffer bereichert, einfach in der Zubereitung, delikat im Geschmack und praktisch zu servieren, genau richtig als Vorspeise, für ein kaltes Buffet oder als Mittelpunkt einer einfachen kalten Mahlzeit.

Terrine au poivre vert

Poulet häuten und von den Knochen lösen. Brustfleisch in kleine Würfel schneiden, mit Rosmarin bestreuen und mit Cognac begießen. 2 bis 3 Stunden marinieren. Die Hälfte der Geflügelleber in kleine Stücke schneiden, mit der Hälfte des Geflügelgewürzes in Portwein einlegen und ziehen lassen. Das restliche Pouletfleisch zusammen mit dem Schweinefleisch in 1 Eßlöffel Butter 5 Minuten dünsten. Feingehackte Zwiebeln beigeben und 2 Minuten weiterdünsten. Mit Salz, Pfeffer, Thymian und dem restlichen Geflügelgewürz würzen. Fleisch erkalten lassen. Bratensatz mit dem Portwein der Geflügelleber ablöschen und stark einkochen. ½ Eßlöffel Butter erhitzen. Restliche Geflügelleberstücke kurz darin anbraten und sofort aus der Pfanne nehmen. Das gedünstete Fleisch durch den Fleischwolf drehen. Grünen Pfeffer, eingekochten Bratensatz und den Cognac von den Pouletwürfeln in die Fleischmasse geben. Wenn nötig nochmals pikant abschmecken. Die Terrineform mit Specktranchen auskleiden. Den Boden und die Seiten mit Fleischmasse auslegen. Lagenweise marinierte Pouletwürfel und Geflügelleberstücke einfüllen. Mit Fleischmasse abschließen. Die Salbeiblätter auf die Füllung legen und mit den restlichen Speckscheiben zudecken. Im Wasserbad 1½ Stunden im Ofen bei 230° garen.

Die vollständig erkaltete Terrine kann in der Form auf den Tisch gebracht werden. Nach Belieben Speck und überschüssiges Fett vorher entfernen. Form auswaschen und Terrineblock wieder hineingeben. Die Terrine wird entweder in Tranchen serviert oder mit einem Löffel herausgestochen.

*
V Kann vorbereitet werden
Arbeitsaufwand: 40 Minuten, zusätzlich Marinierzeit 2 bis 3 Stunden
Kochzeit: 1½ Stunden (im Dampfkochtopf nur 30 Minuten)

Für 8 bis 10 Personen
(Terrineform von 26 cm Länge)
1½ kg Poulet
¼ Teel. Rosmarin
2 Eßl. Cognac
200 g Geflügelleber
½ Teel. Geflügelgewürz
1 dl Portwein
300 g Schweinefleisch, in Würfeln
1½ Eßl. Butter
100 g Zwiebeln
Salz, Pfeffer
¼ Teel. Thymian
¼ Teel. grüner Pfeffer (Madagaskar)
200 g Magerspeckstreifen
2 frische Salbeiblätter

Bemerkungen Diese Terrine läßt sich auch mit Enten- oder Truthahnfleisch zubereiten. Man kann sie auch nach dem Entfernen des Specks mit 2 bis 2½ dl Sulz (mit Portwein verfeinert) übergießen.
Bei der Zubereitung im Dampfkochtopf die Masse in 2 kleine Terrinen einfüllen. In Aluminiumfolie einpacken und auf den mit Füßchen versehenen Locheinsatz in den Topf stellen. Wasser bis zum Einsatz einfüllen. Unter Druck ⅓ der normalen Kochzeit garen.

Beilagen Cornichons, Perlzwiebeln (Essigkonserven), Pariser Brot und Butter. Eventuell auch Sauce Cumberland (s. d) oder Curryfrüchte (s. d.).

Wein Junger Beaujolais oder leichter roter Landwein.

Eine delikate Terrine für Liebhaber von Lebern, mit Orangen und Cognac fein abgeschmeckt.

Leberterrine mit Orangen

*
V Kann vorbereitet werden
Arbeitsaufwand: 20 Minuten
Marinierzeit: 1 Stunde
Garzeit: 1½ Stunden

Für 1 Terrine, ca. 1 l Inhalt
500 g gehackte Geflügelleber
100 g ganze Geflügelleber
3 Eßl. Cognac
150 g gehackter Magerspeck
250 g feingehacktes Kalb- oder Geflügelfleisch
Salz, Pfeffer, Salbei
3 Eßl. Orangensaft
1 Teel. abgeriebene Orangenschale

Ganze Geflügelleber in Cognac einlegen. 1 Stunde ziehen lassen. Die Zwiebel in der Butter leicht dünsten und unter die übrigen Zutaten (außer dem Speck) gut mischen und würzen. Cognac von den eingelegten Lebern darunterziehen. Die Terrine mit Spickspeck auslegen. Die Hälfte der Masse einfüllen, die ganzen Lebern darüber verteilen, mit der restlichen Masse zudecken.
Im Wasserbad 1½ Stunden kochen. Mit dünnen Orangenscheiben garnieren.

Bemerkungen Die Lebern kann man durch den Fleischwolf treiben oder mit dem Wiegemesser fein hacken. Das Wasserbad nicht zu heiß werden lassen (ca. 80°), was einer Ofentemperatur von ca. 120° entspricht. Die Terrine darf beim Aufschneiden rosafarben sein.

Beilagen Brioches (s. d.) oder Toast mit Butter.

Variationen
- Orangen und Cognac sowie Salbei weglassen. Mit Thymian würzen und Lebern in Marsala einlegen.

1 kleine geraffelte Zwiebel
1 Eßl. Butter
1 verquirltes Ei
200 g Spickspeckstreifen
4 Orangenscheiben

Etwas Exklusives für Festtage: selbstzubereitete Enten- oder Gänseleber, und zwar so gut wie in einem Dreistern-Restaurant. Die Zubereitung ist denkbar einfach und erfordert nur ein wenig Geduld.

Terrine de foie gras frais mi-cuit

(Terrine aus frischer Gänse- oder Entenleber)

***
V Kann vorbereitet werden
Arbeitsaufwand: 40 Minuten, zusätzlich 24 Stunden marinieren und auskühlen

Für 10 Portionen
(als Vorspeise)
500 g frische Leber, küchenfertig
1½ dl guter Portwein (weiß oder rot)
Salz

Die Lebern von Hand in Stücke teilen. Das feine Häutchen sorgfältig abziehen und die Nerven herausziehen. Die Leberstücke in eine Schüssel legen, mit einer spitzen Gabel oder Nadel mehrmals einstechen. Mit Portwein begießen und im Kühlschrank 12 bis 24 Stunden marinieren.
Am nächsten Tag den Backofen auf 140° einschalten. Den Portwein in ein kleines Pfännchen gießen. Auf mittlerem Feuer bis auf 1 Eßlöffel Flüssigkeit einkochen lassen. Durch einen Kaffeefilter aus Papier passieren. Die Lebern in eine kleine, feuerfeste Terrineform einfüllen. In die Zwischenräume etwas Salz und den eingekochten Portwein geben. Gut flachdrücken und die Terrine zudecken oder in eine Aluminiumfolie wickeln. Die Terrine in ein feuerfestes Gefäß stellen. Mit warmem Wasser bis zur Höhe der eingefüllten Lebern auffüllen. 20 Minuten – nicht länger! – bei 80° Wassertemperatur im Ofen garen. Beim Einschieben Ofentemperatur auf 80° reduzieren. Nach dem Erkalten im Kühlschrank aufbewahren.

Bemerkungen Normalerweise bildet sich auf der Oberfläche der Lebern eine dünne Fettschicht. Wenn dies nicht der Fall ist, ein wenig Tafelbutter schmelzen lassen und darübergießen. Die einzig heikle Arbeit ist das Entfernen

der Blutgefäße. Dies muß mit Sorgfalt und Geduld geschehen. Oft wird empfohlen, die Lebern für 24 Stunden in eine 3%ige Salzlösung zu legen (20°). Ich tu es aber nicht gern, sondern nehme lieber die etwas knifflige Bearbeitung der unbehandelten Lebern auf mich. Das Einlegen in Salzwasser löst wohl die Blutgefäße ein wenig, beeinträchtigt aber den Geschmack.
Im Kühlschrank etwa 5 bis 6 Tage haltbar (nach Anbruch mit Folie abdecken).

Beilagen Toasts oder Brioches (s. d.) mit Butter.

Wein Weißer Bordeaux oder für Liebhaber ein erstklassiger Sauternes, Mosel oder Rheinwein, evtl. auch Champagner oder Sekt.

Variationen für die Marinade

– Anstelle von Portwein kann man auch folgende Mischung verwenden: pro kg Leber
  1 Eßl. Salz
  1 Teel. Pfeffer
  2 Eßl. Portwein
  2 Eßl. Cognac

Eine rustikale Terrine, wie geschaffen für ein einfaches Abendessen mit Freunden, das sich bereits 2 bis 3 Tage im voraus vorbereiten läßt.

Bauernterrine mit Nüssen

*
V Kann vorbereitet werden
Arbeitsaufwand: 30 Minuten
Garzeit: 1¾ Stunden

Für 1 Terrine, ca. 1 l Inhalt
300 g gehacktes Schweinefleisch
150 g Bauernbratwurstbrät

Mortadella in fingerlange Streifen schneiden. Zwiebel und Petersilie in Butter 5 Minuten dünsten. Alle Zutaten (außer Mortadella, Speck, Lorbeerblatt und Nüsse) mischen und pikant würzen. Nüsse unter die Masse ziehen.
Terrine mit Spickspeck auslegen und lagenweise mit Masse und Mortadellastreifen füllen. Das Lorbeerblatt darauflegen, mit Speck abdecken, Terrine verschließen und im Wasserbad 1¾ bis 2 Stunden kochen.

100 g feingehackte Schweinsleber
100 g gehackter Magerspeck
200 g in dünne Scheiben geschnittene Mortadella
1 verquirltes Ei
1 große feingehackte Zwiebel
1 Eßl. gehackte Petersilie
2 Eßl. Butter
Salz, Rosmarin, Pfeffer, Paprika, Muskat
80 g grobgehackte Baumnüsse
⅛ l Weißwein
1 Lorbeerblatt
200 g breite Spickspeckstreifen

Bemerkungen Schnell geht die Zubereitung, wenn Sie das Fleisch beim Metzger hacken lassen (Fleischstücke auswählen und in Ihrer Anwesenheit durch die Maschine treiben lassen).

Beilagen Frisches Weißbrot (evtl. Pariser Brot), Cornichons (kleine Essiggurken), Perlzwiebeln.

Wein Leichter roter Landwein.

Eine einfache Geflügelterrine, die mit Entenfleisch zubereitet am besten gelingt.

Geflügelterrine

**
V Kann vorbereitet werden
Arbeitsaufwand: 40 Minuten
Kochzeit: 2 Stunden (im Dampfkochtopf nur 40 Minuten)

500 g Geflügelfleisch (z. B. Entenfleisch, ausgebeint)
1 Zwiebel, gehackt
1 Eßl. Petersilie, gehackt
1 Eßl. Butter
200 g Geflügellebern (Entenlebern)
2 Eßl. Grand Marnier
½ Teel. abgeriebene Orangenschale
100 g Magerspeck, gehackt
50 g Pistazien, geschält
2 Eier
Salz, Pfeffer, Muskatnuß
1 Teel. Geflügelgewürz
1 Prise Cayennepfeffer
100 g Magerspeck, in dünnen Scheiben
1 Lorbeerblatt oder 1 Salbeiblatt

Geflügellebern vierteln. Mit Grand Marnier begießen, mit Pfeffer, Geflügelgewürz oder Salbei und Rosmarin sowie Orangenschale bestreuen und 1 Stunde kühl stellen. Feingehackte Petersilie und Zwiebel in der Butter kurz dünsten. Grobgeschnittenes Geflügelfleisch und gehackten Speck zweimal durch den Fleischwolf drehen. Masse mit den Eiern und dem Zwiebel/Petersilien-Gemisch gut verarbeiten. Mit Salz, Pfeffer, Cayennepfeffer, Muskatnuß und Geflügelgewürz pikant abschmekken. Die Lebernstücke aus der Marinade nehmen, den Saft mit den Pistazien unter das Fleisch mengen. Terrineform mit Magerspeckscheiben auslegen. Die Hälfte der Fleischmasse hineingeben, gut andrücken. Die Lebernstücke darauf verteilen und mit der restlichen Masse zudecken. Nochmals gut andrükken. Ein Lorbeer- oder Salbeiblatt auf die Oberfläche legen, mit Speckscheiben abdecken und den Deckel der Form daraufgeben. Die ganze Terrine in Aluminiumfolie einpacken, das Gefäß in ein Wasserbad stellen und 2 Stunden auf kleinem Feuer garen lassen (im Dampfkochtopf nur 40 Minuten). Dann Folie entfernen, Deckel abheben, ein Brettchen oder Tellerchen auf die Fleischmasse legen und mit einem gefüllten Krug beschweren.

2 Stunden auskühlen lassen, dann in den Kühlschrank stellen. Vor dem Servieren die Specktranchen und das überschüssige Fett entfernen.

Bemerkungen Will man diese Terrine einige Tage im Kühlschrank aufbewahren, sollte man sie nach dem Entfernen des Fettes übersulzen (Sulzpulver nach Vorschrift zubereiten und nach Belieben mit wenig Weißwein oder Sherry verfeinern).

Beilagen Pariser Brot oder Toast mit Butter, Cornichons (Essiggürkchen) und Perlzwiebeln.

Wein Leichter Rot- oder Weißwein.

Variationen
- Hühnerfleisch verwenden und eventuell Grand Marnier durch Marsala ersetzen. Einige Salbeiblätter mit den Geflügellebern einlegen.

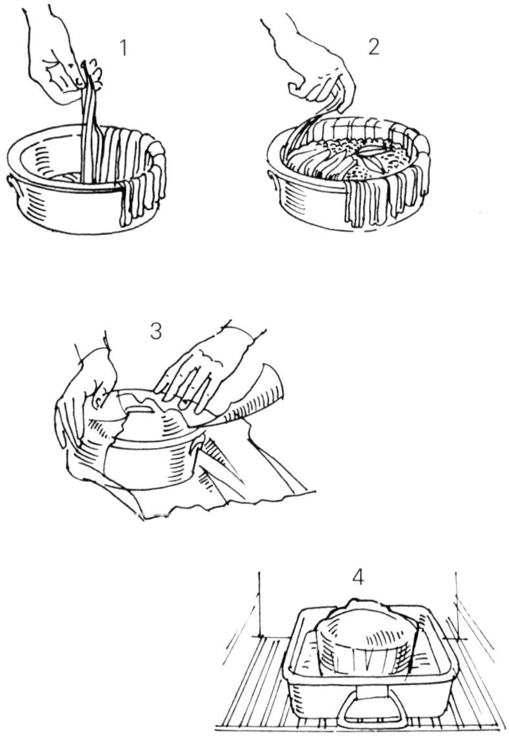

1
Die Terrinenform mit Speckscheiben auskleiden

2
Nach dem Einfüllen der Fleischmasse die überlappenden Speckscheiben darüberziehen

3
Die Terrinenform mit oder auch ohne Deckel in Alufolie einhüllen

4
Im Wasserbad nach Vorschrift kochen (Terrinenform auf einem Siebeinsatz in ein Gefäß stellen; bis zur halben Höhe Wasser einfüllen)

Kalte Rindfleischwürfel in Sulze, mit Schalotten und Petersilie durchzogen. Ein attraktives Gericht, das man sowohl als Vorspeise wie auch als sommerliches Hauptgericht servieren kann.

Terrine de bœuf

Weißwein, 3 Tassen Wasser, gespickte Zwiebel, Pfefferkörner, Koriander, Thymian, Kerbel, Estragon und Salbeiblätter aufkochen. Nach Bedarf salzen. Fleisch, Kalbsfüße und Knochen hineingeben. Knapp weich kochen (ca. 1½ Stunden, im Dampfkochtopf nur 30 Minuten). Das Fleisch soll nicht zu weich werden, damit man es schneiden kann. Das Fleisch im Sud erkalten lassen, dann in kleine, 1 cm große Würfel schneiden. Den Sud nochmals aufkochen. Lauch, Karotten und Sellerie zufügen. Bei offener Pfanne auf 4 dl einkochen lassen. Die Bouillon durch einen Kaffeefilter klären. Schalotten, durchgepreßten Knoblauch und Petersilie 2 bis 3 Minuten in Butter anziehen lassen.
Das Fleisch lagenweise mit Schalotten/Petersilie-Mischung in eine Terrineform einfüllen. Nach Belieben auch das Fleisch der Kalbsfüße daruntermischen. Bouillon erwärmen, Sulzpulver und Madeira zugeben. Über das Fleisch verteilen. Dies muß sehr sorgfältig geschehen, damit die verschiedenen Schichten nicht durcheinandergeraten. Am besten wenig zugießen, erstarren lassen, dann erst weitermachen.
Das Fleisch kann gestürzt und in Scheiben geschnitten oder aus der Terrine serviert werden.

Bemerkungen Man kann diese Rindfleischterrine auch mit Siedfleischresten improvisieren. Die Sulze dazu mit Sulzpulver und Madeira zubereiten.

Beilagen Sauce Ratatouille (s. d.), kalte Senfsauce (s. d.), Pariser Brot und Butter.

Wein Weißer oder roter Burgunder.

*
V Kann vorbereitet werden
Arbeitsaufwand: 40 Minuten; zusätzlich Kochzeit des Fleisches und Zeit zum Erkalten ca. 4 Stunden

Für 6 bis 8 Personen
600 g mageres Siedfleisch
6 dl gehaltvoller Weißwein
1 gespickte Zwiebel (mit Lorbeerblatt und Nelke)
1 kg Kalbsfüße (kurz vorgekocht)
500 g Kalbsknochen
5 Pfefferkörner
3 Korianderkapseln
je 1 Teel. Thymian, Kerbel, Estragon, gehackt
2 Salbeiblätter, gehackt
Salz, Pfeffer
100 g Lauch, in 2 cm lange Stücke geschnitten
2 Karotten
½ Sellerieknolle
1 dl Madeira
120 g feingehackte Schalotten
2 Knoblauchzehen
5 Eßl. gehackte Petersilie
1 Eßl. Butter
1 Portion Sulzpulver
Kaffeefilter mit Papiereinlage

Ein Gericht für Kochbegeisterte, die viel Zeit und Geduld haben, sozusagen ein Meisterstück für Hobbyköche. Galantinen sind etwas in Vergessenheit geraten, machen sich aber sehr gut auf einem kalten Buffet. Eine schöne Poularde wird ausgebeint und mit marinierten Brustfilets und selbstgemachter Bratwurstmasse (Brät) gefüllt. In Frankreich näht man oft als Garnitur die Füße und den Kopf der Poularde nach dem Kochen wieder an, was nach dem Aufschneiden der Galantine großen Effekt macht.

Galantine de poularde

**
V Kann vorbereitet werden
Arbeitsaufwand: 60 Minuten; zusätzlich Gar- und Auskühlzeit bzw. Zeit für das Pressen in der Form: 24 Stunden

Für 6 bis 8 Personen:
1 große Poularde (1,4 bis 1,5 kg)
1½ dl Cognac
100 g gehackter Magerspeck
200 g mageres Kalbfleisch
200 g mageres Schweinefleisch
100 g Schinken
50 g gekochte Zunge
2 Eier
1 dl Rahm
Salz, Pfeffer
1 Teel. Geflügelgewürz
50 g Pistazien, geschält
1 bis 2 Trüffeln (nach Belieben)
300 g Spickspeck in ca. 6 cm breiten Streifen

Die Poularde auf den Bauch legen. Die Haut auf dem Rücken aufschlitzen und die Karkasse durchtrennen. Das Fleisch und die Haut sorgfältig von den Knochen lösen. Die Haut muß unverletzt bleiben. Die Poulardenbrustfilets ganz belassen. In 1½ cm dicke Filets schneiden und mit Cognac marinieren. Restliches Poulardenfleisch mit Speck, Kalb- und Schweinefleisch durch den Fleischwolf drehen (feine Scheibe). Schinken und Zunge in ½ cm dicke Streifen schneiden.
Gehacktes Fleisch mit Eiern, Rahm, wenig Salz und Pfeffer gut durcharbeiten. Mit Geflügelgewürz abschmecken. Die Poulardenhaut auf einer Serviette ausbreiten. Die Fleischmasse lagenweise mit Pistazien, Schinken- und Zungenstreifen, Pouletbrustfilets und geviertelten Trüffeln belegen. Die Haut zusammenraffen und gut vernähen. Die Galantine in Speckstreifen wickeln und in die Serviette einpacken. Mit Küchenschnur gut zubinden. 2 bis 3 Liter Wasser mit Pouletknochen, Kalbsfüßen, Lauch, halbierter Karotte, gespickter Zwiebel und Salz aufkochen. Die Galantine hineingeben und ca. 80 bis 90 Minuten bei 80° ziehen lassen. Aus dem Sud nehmen und etwas abkühlen lassen. Die Galantine auspacken, Speck entfernen, gut abtropfen lassen, nochmals in die ausge-

waschene Serviette einpacken und einschnüren. In eine passende Terrineform oder Schüssel legen, mit einem Brettchen und einem Gewicht leicht beschweren. Nicht zu stark zusammendrücken, sonst läuft der Saft aus.

Bemerkungen Die Galantine sollte einen Tag vor dem Servieren zubereitet werden. In dünne Scheiben schneiden.

Beilagen Madeirasulze (aus Beutel zubereitet und mit Madeira verfeinert). Sauce Cumberland (s.d.), Curryfrüchte (s.d.), Brombeersauce (s.d.) Toasts und Butter.

Wein Bordeaux, Rioja oder Sekt, spritziger Rheinwein.

Variationen
- Ente auf diese Art zubereiten.
- Kleine Hautstücke mit der Masse füllen und vernähen (Ballotines).
- Pistazien durch grünen Pfeffer ersetzen.

Sud
Knochen der Poularde
½ Kalbsfuß
½ Lauchstengel
1 Karotte
1 Zwiebel, gespickt mit Lorbeerblatt und Nelke
Salz

Eine Terrine aus Hähnchenfleisch und Geflügellebern, mit Cognac und Trüffeln verfeinert – ein kleines, leichtes Essen oder eine Vorspeise, die sich sehen lassen kann.

Hähnchenterrine

Pfannenfertiges Hähnchen mit halbiertem Lauch, Zwiebel, Karotte, Hähnchengewürz, Pfeffer, Salz und Petersilie und 5 dl Wasser 1 Stunde kochen. Hähnchen im Sud erkalten lassen. Die Haut abziehen und die Knochen entfernen. Das Hähnchenfleisch in Streifen schneiden. 20 g Butter in einer Teflonpfanne erhitzen. Die Geflügelleber darin rasch anbraten. Im Mixer pürieren. Restliche, weichgewordene Butter, Rahm, Cognac und ¾ der gehackten Trüffel beifügen. Nochmals mixen. Sulze nach Vorschrift zubereiten. Eine Cakeform halbvoll mit der Sulze füllen. Im Kühlschrank erstarren lassen. Restliche Trüffel in Scheiben schneiden und auf die Sulze verteilen. Hähnchenstreifen und Geflügelmasse la-

**
V Kann vorbereitet werden
Arbeitsaufwand: 25 Minuten
Kochzeit: 1 Stunde (am Vortag)

Für 6 Portionen
1 großes Hähnchen (ca. 1,2 kg)
1 Lauchstengel (Porree)
1 Zwiebel
1 Karotte
1 Teel. Pouletgewürz
4 weiße Pfefferkörner
Salz
1 Zweig Petersilie
100 g Süßrahmbutter

500 g Geflügelleber
1 dl Rahm
2 Eßl. Cognac
1 schwarze Trüffel (nach Belieben)
2 Beutel Sulzpulver

genweise einfüllen. Zuletzt restliches Gelee darübergießen. 12 Stunden kühl stellen. Vor dem Servieren stürzen. Die Terrine löst sich am besten, wenn man vor dem Stürzen ein feuchtes, warmes Küchentuch darauflegt. Diese Terrine läßt sich 48 Stunden vorher zubereiten.

Bemerkungen Man kann die Sulze mit etwas Jerez oder Portwein verfeinern.

Beilagen Toast und Butter.

Wein Elsässer Riesling, Gewürztraminer, Pinot gris, badischer Weißwein.

Variationen
- Hähnchen durch anderes Geflügelfleisch ersetzen.
- Cognac durch Grand Marnier ersetzen und etwas Cayennepfeffer zufügen.

Eine ausgezeichnete Fischterrine, die etwas Arbeit verursacht, aber bei Fischliebhabern garantiert Erfolg hat. Sie besteht aus Fischfleisch, Seezungenfilets und grünem Spargel, der nach Belieben durch Kiwis oder Avocados ersetzt werden kann.

Terrine de poisson

**
V Kann vorbereitet werden
Arbeitsaufwand:
1 Stunde
Kochzeit:
1½ Stunden

Für 4 Personen
400 g Fischfleisch (Hecht, Seeteufel [Baudroie], Kabeljau), entgrätet und enthäutet
1 Eiweiß
Salz, weißer Pfeffer
2 Eßl. Fischgewürzsalz
1 Prise Cayennepfeffer

Das eisgekühlte Fischfleisch zweimal durch den Fleischwolf (feine Scheibe) treiben. (Ist kein Fleischwolf vorhanden, das Fischfleisch von Hand in möglichst kleine Stücke schneiden und mit dem sehr kalten Rahm im Mixer pürieren.) Mit dem Eiweiß gut mischen und mit Salz, Fischgewürzsalz und Cayennepfeffer würzen. Rahm (wenn nicht schon beigegeben) und Pernod gut unter die Masse arbeiten und diese kalt stellen. Weißbrot in kaltem Milchwasser einweichen, ausdrücken und durch ein Sieb passieren. In eine Schüssel geben. Eier, Estragonblätter feingehackt, Petersilie und Schnittlauch beifügen. Alles zu einer gleichmäßigen Masse verarbeiten. Mit Salz und Pfef-

fer würzen. Seezungenfilets mit Salz und Pfeffer würzen und mit Zitronensaft beträufeln. Backofen auf 200° vorheizen.
Eine rechteckige Terrineform (emailliert oder aus Porzellan) lagenweise in folgender Reihenfolge füllen: die Hälfte der weißen Fischfüllung, 2 Seezungenfilets, die Hälfte der grünen Kräuterfüllung, dann den Spargel, den Rest der Kräuterfüllung, die restlichen Seezungenfilets und die restliche Fischfüllung. Die Terrine in Aluminiumfolie einpacken und im Wasserbad im Backofen ca. 1½ bis 2 Stunden bei 150° (immer unmittelbar unter dem Siedepunkt des Wassers) garen lassen. Mayonnaise, Rahmquark und Ketchup mit dem Schwingbesen gut mischen. Mit Salz, Pfeffer, Zwiebelsalz und Cognac abschmecken.
Die Terrine wird kalt gegessen. Vor dem Servieren stürzen und mit den Estragonzweiglein garnieren. Die Sauce separat dazureichen.

Bemerkungen Es ist sehr wichtig, daß alle Zutaten für die Fischfüllung kühl verarbeitet werden. Das zarte Fischfleisch verträgt keine Wärme, sonst flockt das Eiweiß aus, und die Masse wird dadurch grießig. Früher montierte man deshalb solche Füllungen auf Eis auf, was zeitraubend und schwierig ist. Bei Verwendung einer Cakeform diese mit Aluminiumfolie auslegen.

Beilagen Außer der erwähnten Sauce zusätzlich Sauce verte (s. d.) oder Schnittlauchsauce (s. d.).

Wein Weißer Burgunder, weißer herber Bordeaux, Waadtländer, Blanc de Blanc, badischer Weißwein.

Variationen
- Grünen Spargel durch Kiwis oder Avocadoviertel ersetzen, die mit den Seezungenfilets umwickelt werden.
- Beide Fischmassen mischen (einfachere Zubereitung).

2½ dl Rahm oder Doppelrahm
1 Teel. Pernod
300 g Weißbrot ohne Rinde, in kleinen Würfeln
1 dl Milchwasser
2 Eier
1 Teel. frische Estragonblätter
4 Eßl. gehackte Petersilie
1 Eßl. feingeschnittener Schnittlauch
1 Dose (400 g) grüner Spargel
4 Seezungenfilets oder andere zarte Fischfilets
1 Teel. Zitronensaft
50 g Mayonnaise
50 g Rahmquark
3 Eßl. Ketchup
½ Teel. Zwiebelsalz
1 Eßl. Cognac
2 frische Estragonzweiglein

Zarte Forellenmousse, in kleinen Terrinen zubereitet, mit einer sehr feinen Basilikumsauce.

Terrine de truite

**
V Kann vorbereitet werden
Arbeitsaufwand:
30 Minuten, zusätzlich Kochzeit des Suds
5 Minuten
Backzeit:
15 Minuten sowie Zeit für Erkalten von Sud und Mousse

Für 8 Förmchen
8 Forellenfilets (Gräten und Köpfe mitnehmen)
3 dl Doppelrahm (Crème de Gruyère)
3 Eiweiß
Salz, Pfeffer
1 Eßl. Schnittlauch, fein geschnitten

Sauce (nach Belieben)
1 dl Doppelrahm (Crème de Gruyère)
100 g Rahmquark
1 Eßl. Petersilie, gehackt
1 Eßl. Basilikum gehackt
Salz, Pfeffer

Die Forellenfilets sorgfältig auf Gräten kontrollieren und diese gegebenenfalls entfernen. In Stücke schneiden und 1 Stunde im Kühlschrank kalt stellen. Doppelrahm und Eiweiß ebenfalls kühl stellen. Inzwischen Gräten und Fischköpfe mit 2 dl Wasser im Dampfkochtopf 5 Minuten auskochen, passieren und auf 2 Eßlöffel Flüssigkeit einkochen. Erkalten lassen und kühl stellen.
Forellenfilets, Doppelrahm, Eiweiß und 1 Eßlöffel kalten Sud zusammen in den Mixer geben. Die Zutaten müssen unbedingt alle kalt sein, sonst flockt das Eiweiß des Fisches aus! Die Masse würzen und in kleine Soufflé- oder Terrineförmchen einfüllen. Mit Aluminiumfolie und Elastikbändchen verschließen. In ein Wasserbad stellen und 15 Minuten bei mittlerer Hitze auf dem Herd oder im Backofen (140°) kochen. Erkalten lassen und mit dem restlichen Eßlöffel Sud beträufeln. Schnittlauch darübergeben. Bis zum Servieren in den Kühlschrank stellen. Für die Sauce Kräuter und Rahm in den Mixer geben, bis eine gleichmäßige grüne Creme entsteht. Zuletzt mit Rahmquark mischen und pikant würzen. Nach Belieben zur Forellenmousse servieren.
Die Mousse de truite kann im Töpfchen serviert oder auch gestürzt werden.

Bemerkungen Alle Zutaten sehr kalt in den Mixer geben!

Beilagen Toast und Butter.

Wein Riesling Silvaner, Gewürztraminer, Morio Muskat.

Variationen
- Mit Meerfisch zubereiten, z. B. Seehecht.
- Warm mit Coulis de tomates (s. d.) oder mit Schnittlauchsauce (s. d.) servieren.
- Die Masse als Füllung für Fischröllchen verwenden.

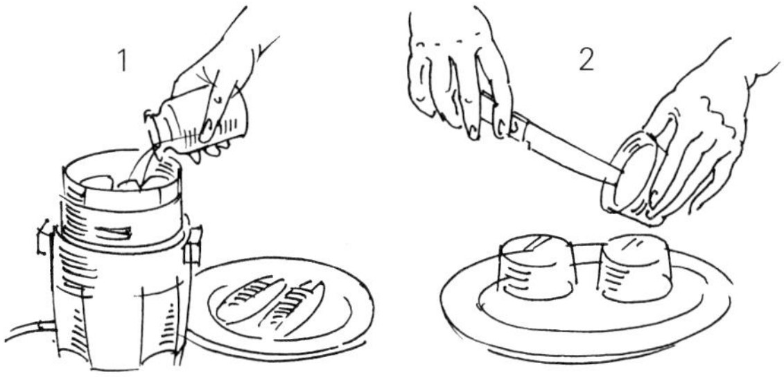

1
Zutaten **sehr kalt** in das Mixgerät geben
2
Die Masse vor dem Stürzen mit einem Messer am Rand lösen

Das neueste meiner Terrinenrezepte: eine Füllung aus Champignons, Schalotten und Gewürzen, die ganze Pilze einhüllen. Etwas Besonderes, das ohne Mühe zubereitet werden kann.

Pilzterrine «Marianne»

Schalotten in Butter anziehen lassen. Champignons und die Hälfte des Majorans zugeben. 3 bis 4 Minuten dünsten, ohne Farbe annehmen zu lassen. Mit Salz, Pfeffermischung, Muskatnuß und Cayennepfeffer würzen. Erkalten lassen. Eier und Rahm verquirlen. Mit Champignonfüllung, restlichem Majoran und Petersilie mischen. Eine Terrineform mit Speckstreifen auskleiden. Die Hälfte der Füllung in die Terrine geben. Ganze Pilze senkrecht in die Füllung stecken. Am Rande der Terrine immer mindestens 1 bis 1½ cm Füllung belassen. Mit restlicher Champignonmasse bedecken. Die Speckstreifen über die Füllung ziehen, wenn nötig mit zusätzlichen Speckstreifen abdekken. Terrine gut verschließen und im Wasserbad 40 Minuten kochen. Nach dem Garen mit einem Brettchen und einem gefüllten Krug beschweren, bis die Terrine erkaltet ist.

Bemerkungen Diese Terrine beim Servieren senkrecht in Scheiben schneiden (vorher Speck entfernen), so daß man den Schnitt der Pilze sieht. Am Tag der Zubereitung servieren.

Beilagen Brioches (s. d.) oder Toasts mit Butter, evtl. Schnittlauch- oder Kressesauce (s. d.).

*
V Kann vorbereitet werden
Arbeitsaufwand: 15 Minuten
Garzeit: 40 Minuten

Für eine Terrine von ca. 0,5 l Inhalt
250 g frische Champignons, fein gehackt
3 Schalotten, gehackt
Salz, Pfeffermischung (s. d.)
Muskatnuß
2 Eßl. Butter
1 Prise Cayennepfeffer
2 Eier
2 Eßl. Rahm
1 Eßl. Majoran, gehackt
1 Eßl. Petersilie, gehackt
100 g frische Steinpilze (oder andere Pilze, z. B. große Pfifferlinge)
100 g Magerspeck

Eine Terrine aus Gemüsepüree, die sehr dekorativ aussieht und nach Saison variiert werden kann.

Gemüse-Terrine

*
V Kann vorbereitet werden
Arbeitsaufwand: 30 Minuten
Kochzeit: 40 bis 50 Minuten

Für ca. 1 l Inhalt
Grüne Füllung
250 g Spinat
1 Eiweiß
1 Knoblauchzehe, durchgepreßt
½ Teel. Salbei, gehackt
Salz, weißer Pfeffer
6 Eßl. Rahm (wenn möglich Doppelrahm)

Weiße Füllung
1 Sellerieknolle (ca. 300 g)
1 Eiweiß
Salz, Pfeffer, Muskatnuß
6 Eßl. Rahm (wenn möglich Doppelrahm)

Gelbe Füllung
250 g Karotten
1 Ei
½ Teel. Zucker
½ Teel. Kerbel
6 Eßl. Rahm (wenn möglich Doppelrahm)

200 g grüner Spargel oder Brokkoli, knapp vorgekocht
1 Eßl. Butter

Spinatblätter in stark gesalzenem Wasser portionenweise blanchieren (rasch vorkochen, bis sie zusammenfallen). Sofort herausnehmen und ins kalte Wasser geben, gut abgießen, gut abtropfen und im Mixer pürieren. Eiweiß und Rahm zufügen und weitermixen. Würzen.
Sellerie in Stücke schneiden. Im Dampfkochtopf weichkochen, abgießen und mit Eiweiß und Rahm im Mixer pürieren. Würzen.
Karotten ebenfalls im Dampfkochtopf knapp kochen, pürieren, mit ganzem Ei und Rahm mischen und nochmals mixen. Würzen.
Eine Terrineform ausbuttern. Spinatfüllung hineingeben. Dann die Hälfte des Selleriepürees daraufgießen. Grüne Spargel oder Brokkoli darauf verteilen. Mit Selleriepüree zudekken. Mit Karottenpüree abschließen. Die Terrine decken. In Aluminiumfolie gut einpacken und im Wasserbad im Ofen bei 150° 20 bis 25 Minuten ziehen lassen. Die Terrine vor dem Servieren stürzen und in Scheiben schneiden. Beim Einfüllen der Pürees die Form immer auf den Tisch klopfen, damit keine Hohlräume entstehen. Die Terrine warm als Vorspeise oder Gemüsebeilage servieren.

Beilagen Zur Vorspeise Kressesauce (s.d.), Schnittlauchsauce (s.d.), Weißbrot und Butter.

Variationen
- Anstelle von Spargel oder Brokkoli Eierschwämme (Pfifferlinge) oder vorgekochte Karotten einlegen.
- Selleriefüllung durch Kartoffelfüllung ersetzen.
- Mit pflaumenweich (6 Minuten) gekochten Eiern füllen.
- Einlage Duxelles (s.d.), gemischt mit Ei und Rahm einfüllen.
- Karottenfüllung mit grünen Erbsen mischen, grüne Bohnen längs hineinlegen oder mit viel Schnittlauch mischen.

EXQUISITE SUPPEN

Nicht alltägliche Suppen, in Kleinportionen serviert, können ohne weiteres eine Vorspeise ersetzen oder in größere, festliche Mahlzeiten als Attraktion eingeflochten werden. Wichtig ist, daß diese Suppen nicht nur gut schmecken, sondern auch appetitlich aussehen. Ein kleines Detail kann oft Wunder wirken, zum Beispiel frischgehackte Kräuter, winzigkleine, geröstete Brotwürfelchen oder kleingeschnittene, kaum gekochte Gemüsestreifen, die im letzten Moment darübergestreut werden.
Die Präsentation in hübschen Suppentassen oder originellen Töpfchen oder ein schön aufgegangener, knusprig-brauner Blätterteigdeckel ist nicht nur hübsch anzusehen, sondern weckt zugleich die Neugier der Gäste.
Solche Suppen können auch den Mittelpunkt kleiner, einfacher Mahlzeiten bilden, eventuell mit einem Salat voraus oder einem leichten Dessert danach.
Mit diesem Suppenkapitel geht es mir jedenfalls darum, der Suppe ihren konventionellen Anstrich zu nehmen. Delikat zubereitet und richtig eingesetzt, ist sie weder ein Dickmacher noch ein Füller.
Sie kann im Gegenteil den Appetit anregen oder eine ganz individuelle Spezialität sein.

FLEISCHBRÜHEN UND CONSOMMÉS FÜR ANSPRUCHSVOLLE

Ein Küchenchef, der etwas auf sich hält, ist stolz auf seine perfekt entfettete und geklärte Fleischsuppe, die auch farblich stimmen muss. Auch in der Privatküche sollte man folgendes beachten:

- Beste Zutaten ergeben auch die besten Suppen. Ein Consommé ist eine konzentrierte Fleischbrühe, in welcher nicht nur frische, wohlriechende Knochen, sondern auch gehacktes Rindfleisch oder zum mindesten Siedfleisch mitgekocht wurden.
- Das Kochen: Alle Zutaten kalt aufsetzen. Langsam aufkochen und nie heftig kochen lassen. Zu große Hitze schadet dem Fleischeiweiß. Die Brühe von Zeit zu Zeit abschäumen.
- Das Entfetten: Fleischbrühen oder Consommés erkalten lassen. Die Fettschicht auf der Oberfläche sorgfältig entfernen und letzte Fettreste mit einem Fließblatt auftupfen. Fleischbrühe nach Großmutterart oder ein Port-au-feu dürfen ruhig noch einige Fettaugen aufweisen!
- Das Klären: Für 2 Liter Brühe 2 Eiweiß halbsteif schlagen, mit den zerdrückten Eierschalen mischen, in der Suppe ungefähr 10 Minuten mitkochen und anschließend durch ein Tuch sieben. Persönlicher Trick für den Hausgebrauch: Die nach dem Entfetten aufgekochte Suppe (ohne Eiweiß) durch einen Kaffeefilter aus Papier gießen.

Eine echte Rindsbouillon, die man als Suppenbasis zubereiten oder auch für Risotto verwenden kann.

Rindsbouillon

1 Liter Wasser zum Kochen bringen, Rindsknochen hineingeben und aufkochen lassen. Knochen auf ein Sieb schütten und mit kaltem Wasser abspülen. Knochen in einen entsprechenden Topf geben und mit 5 l kaltem Wasser auffüllen. Gemüse gut waschen, ungeschält in kleine Stücke schneiden und dazugeben. Ungeschälte Zwiebeln halbieren und mit der Schnittfläche auf eine heiße Herdplatte legen, bis sie Farbe angenommen haben, zur Bouillon geben und diese zum Kochen bringen und leicht salzen. Herd so weit zurückschalten, daß die Bouillon gerade noch leicht kocht. Entstehenden Schaum von Zeit zu Zeit mit einer Schaumkelle entfernen. Bouillon ca. 1½ Stunden kochen lassen.

Bemerkungen Diese Bouillon läßt sich nach dem Entfetten einfrieren, am besten in Portionen, damit sie für jeden Zweck weiterverwendet werden kann.

Beilagen Jede beliebige Bouilloneinlage.

Variationen
- Mit Einlage und Blätterteigdeckel versehen (s. S. 70).
- Ochsenschwanz- oder Rindfleisch kleinschneiden und zufügen
- Mit Gemüsestreifen anrichten (s. Entenconsommé).
- Mit verquirltem Ei und wenig Rahm binden.
- Für Käsesuppe verwenden.
- Zwiebeln mitkochen, mit Brot belegen und mit Käse bestreuen und überbacken.
- Mit viel Kräutern «nature» servieren.
- Mit sehr fein geschnittenem, jungem, rohem Lauch (Porree).
- Für die Zubereitung eines guten Risottos verwenden.
- Als Basis für Gemüsesuppen nehmen.

*
V Kann vorbereitet werden
Arbeitsaufwand: 10 Minuten
Kochzeit: 1½ Stunden (im Dampfkochtopf nur 30 Minuten)

1 kg Rindsknochen, kleingehackt
500 g Rindfleisch oder Ochsenschwanz
6 l Wasser
½ Sellerieknolle
2 mittelgroße Karotten
1 Lauchstengel
2 Zwiebeln
Salz

Bouillons oder Consommés mit einem hoch aufgegangenen Blätterteigdeckel sehen attraktiv aus, können im voraus zubereitet werden und ersetzen ohne weiteres komplizierte Vorspeisen. Alle meine Gäste sind davon begeistert, auch wenn unter dem gebackenen Deckel nur eine einfache, aber hausgemachte Bouillon zum Vorschein kommt.

Überbackene Bouillon

*
V Kann vorbereitet werden (10 bis 15 Minuten vor dem Essen in den Ofen schieben)
Arbeitsaufwand: 15 Minuten, zusätzlich Zubereitungszeit für Bouillon (s. d.)

Für 4 Personen
6 dl echte Fleischbouillon oder Entenconsommé (s. d.)
4 Markbeine
2 Eßl. herber Sherry
½ Tasse Karotten, weiße Rüben oder Kohlrabi, Sellerie, Zwiebeln in feine Streifen (Juliennes) geschnitten
1 Eßl. Butter
2 Eßl. gehackter Schnittlauch
500 g Blätterteig (vom Konditor)
2 Eigelb
Salz, Pfeffer, Muskatnuß

Blätterteig 3 mm dick ausrollen. Rondellen, 2 cm größer als die Bouillontassen, ausschneiden. Gemüsejuliennes in Butter anziehen lassen. Ohne Wasser 3 bis 4 Minuten dünsten. Bouillon erhitzen. Juliennes, Sherry und Schnittlauch zufügen. Mit Salz und Pfeffer würzen. Erkalten lassen.
Mark auslösen und in feuerfeste Bouillontassen verteilen. Bouillon einfüllen. Den äußeren Rand der Tassen mit Eigelb bestreichen. Die Teigdeckel aufkleben und fest andrücken. Die Tassen auf ein Kuchenblech stellen und bei 220° ca. 10 Minuten überbacken, bis der Teigdeckel goldgelb wird.

Bemerkungen Unterteller mit Spitzendeckchen (evtl. aus Papier) belegen, die Tasse daraufstellen und sofort servieren. (Gäste darauf aufmerksam machen, daß die Tassen sehr heiß sind.) Darauf achten, daß der Teigdeckel mindestens 2½ bis 3 cm größer ist als die Tasse. Gut ankleben, damit sich während des Backens der Teig nicht löst. Gute Qualität des Blätterteigs ist sehr wichtig. Billiger, sehr wasserhaltiger Teig zieht sich beim Backen sehr stark zusammen, wodurch sich der Deckel loslösen kann.

Variationen
- Die Bouillon kann nach Belieben mit Fleischkügelchen, einigen Schnecken, Trüffeln oder sogar Foie gras (Gänseleber) angereichert werden.

- Man kann die Bouillon auch mit Eigelb, wenig Rahm und Curry vor dem Backen leicht binden. (Achtung! Nicht zu heiß werden lassen, sonst flockt das Eigelb aus.) Mark weglassen.

1
Blätterteig 3 mm dick ausrollen

2
Runde Plätzchen 2½ bis 3 cm größer als die Bouillontassen ausschneiden

3
Den äußeren Rand der Suppentassen mit Eigelb bestreichen

4
Die Teigdeckel aufkleben und fest andrücken

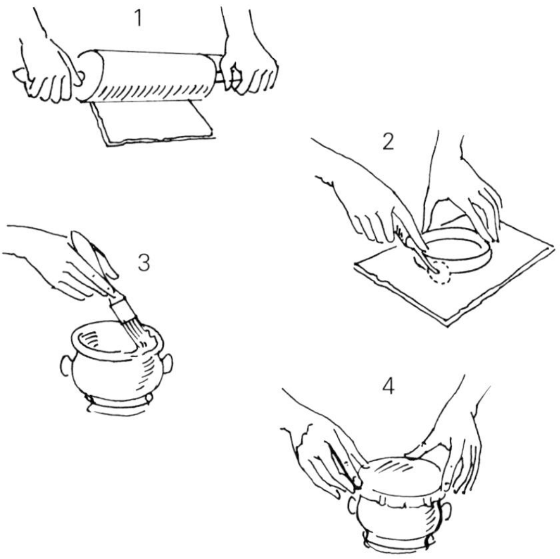

Diese Enten-Essenz gehört zum Besten, was es gibt. Man braucht dazu nur das Knochengerippe und die Flügel einer Ente. Schenkel und Brustfilets lassen sich auf andere Art verwenden. Wird dieses Süppchen außerdem noch mit einem Blätterteighut versehen, dann ist die Überraschung für die Tischgäste perfekt.

Essence de canard

**
V Kann vorbereitet werden
Arbeitsaufwand: 15 Minuten
Kochzeit: 1 Stunde (im Dampfkochtopf nur 20 Minuten)

Die Ente häuten und entbeinen. Brüstchen und Schenkel beiseite legen und für ein anderes Gericht verwenden. Die Karkasse (Knochengerippe) mit dem daran hängenden Fleisch halbieren oder vierteln, in eine Pfanne geben, mit Wasser bedecken und mit Wacholderbeeren und Salbei oder Thymian 1 Stunde kochen (im Dampfkochtopf nur 20 Minuten). Die Brühe absieben und wieder in die Pfanne geben. Bis zu ⅔ einkochen. Geschälte Karotte, Lauch und Sellerie in sehr feine Streifchen schneiden. Separat in wenig Entenbrühe knapp weich kochen. Die Entenbrühe nach dem Reduzieren erkalten lassen. Fettschicht abheben, aufkochen und nach Belieben durch einen Papierfilter (Melitta-Kaffeefilter) gießen, damit sie schön klar wird. Die Gemüsestreifen und eventuell noch etwas Entenfleisch zufügen, mit Salz und Pfeffer würzen und heiß in kleinen, vorgewärmten Täßchen servieren.

Bemerkungen Wichtig ist, daß man die Brühe nach dem ersten Aufkochen mehrmals abschäumt. Bei der Zubereitung im Dampfkochtopf den Druckdeckel erst nach dem Abschäumen aufsetzen. Das Filtrieren ersetzt das klassische Klarifizieren mit Eiweiß und Hackfleisch, wie es in Großküchen praktiziert wird.

Beilagen Käsestengelchen aus Blätterteig oder Toasts.

Variationen
- Mit Teigdeckel versehen und überbacken (s. S. 70).
- Ente durch Fasan oder anderes Wildgeflügel ersetzen.
- Bei Wachtelessenz je ein Wachtelei (frisch oder aus der Dose) in die Tasse geben.
- Gemüsejuliennes durch viel frischgehackte Kräuter ersetzen.

Für 6 Personen
1 Ente
1 Karotte
150 g Lauch (Porree)
1 kleines Stück Sellerieknolle
4 bis 5 Wacholderbeeren
1 bis 2 Salbeiblätter oder wenig Thymian
Salz, Pfeffer

Eine ausgezeichnete Lauchsuppe, die mit Kartoffeln, einem Eigelb und etwas Joghurt gebunden wird.

Bulgarische Lauchsuppe

Speck in kleine Würfelchen schneiden. Zwiebel hacken, Lauch kleinschneiden. Kartoffeln schälen und in kleine Würfel schneiden.

*
V Kann vorbereitet werden

Arbeitsaufwand:
35 Minuten
Kochzeit:
30 Minuten (im Dampfkochtopf nur 10 Minuten)

Für 4 Personen
100 g Magerspeck
1 Zwiebel
750 g Lauch (Porree)
500 g Kartoffeln
1 Eßl. Butter
1,2 l Fleischbouillon (Fleischbrühe)
1 Lorbeerblatt
Salz, Pfeffer
1 Eigelb
2 Eßl. Joghurt
2 Knoblauchzehen
2 Eßl. Zitronensaft
1 Teel. Kräutersalz
2 Eßl. gehackte Petersilie

Speck in Butter leicht anbraten. Zwiebel und Lauch beifügen und 5 Minuten mitdünsten, bis das Gemüse etwas Farbe annimmt. Fleischbouillon zugeben. 5 Minuten kochen lassen. Kartoffelwürfel, Lorbeerblatt und wenig Salz zufügen. 25 Minuten kochen. Eigelb mit Joghurt, durchgepreßtem Knoblauch und Zitronensaft verrühren. Die Suppe von der Herdplatte wegziehen, die Ei-Mischung unter Rühren zugeben. Mit Kräutersalz und Pfeffer würzen. Die Suppe wieder aufsetzen und bis knapp vors Kochen bringen. In vorgewärmten Bouillontassen servieren und mit Petersilie bestreuen.

Bemerkungen Man kann diese Suppe vor dem Binden auch passieren und nach Belieben etwas mehr Joghurt oder Kefir zufügen.

Beilagen Nach Belieben in Butter geröstete Brotwürfelchen oder Bauernbrot.

Wein Wenn als Hauptgericht mit Würsten serviert, ein leichter Rotwein.

Meine allerliebste und letzte Suppenkreation: leicht, aromatisch und farblich schön. Eine Karottensuppe, die Erfolg haben muß, auch bei jenen, die dieses Gemüse nicht sonderlich lieben (an meinem Mann ausprobiert!).

Delikate Karottensuppe

*
V Kann vorbereitet werden.
Arbeitsaufwand:
20 Minuten
Kochzeit:
30 Minuten (im Dampfkochtopf nur 10 Minuten)

Für 4 Personen
1 große Zwiebel
1 Eßl. Butter

Zwiebel fein hacken und in Butter 2 bis 3 Minuten anziehen lassen. Karotten schälen und in Scheiben schneiden.
Speckschwarte und Fleischbrühe zu den Zwiebeln geben. Karotten 30 Minuten kochen. Speckschwarte herausnehmen und Gemüse durch die Passiermaschine drehen. Wieder in die Pfanne geben. Mit Kerbel, Zucker, Pfeffer und Kräutersalz würzen. Eigelb mit Rahm gut verrühren. Zur Suppe ge-

ben. Nochmals knapp bis vors Kochen bringen. Mit wenig Salz abschmecken. Kresse und Schnittlauch in eine vorgewärmte Suppenschüssel geben. Die Suppe darüber anrichten. Mit wenig Schnittlauch bestreuen und sofort servieren.

Bemerkungen Verwendet man Karotten aus der Dose, werden diese erst nach dem Garwerden der Kartoffeln zugefügt.

Beilagen Frisches Brot.

Variationen
- Diese Suppe läßt sich im Sommer auch eisgekühlt servieren. In diesem Fall das Eigelb weglassen und nur 3 Eßlöffel Rahm beigeben.

1 kg Karotten
1 Speckschwarte
1 Liter Fleischbrühe
½ Teel. Kerbel, gerebelt
½ Teel. Zucker
Salz, Pfeffer
1 Teel. Kräutersalz
1 Eigelb
5 Eßl. Rahm
20 g gehackte Kresse
1 Eßl. geschnittener Schnittlauch

Noch ein raffiniertes Süppchen aus Avocadobirnen, pikant abgeschmeckt und mit Brotwürfelchen garniert.

Avocado-Süppchen

Zwiebeln in 1 Eßlöffel Butter 3 bis 4 Minuten dünsten, ohne Farbe annehmen zu lassen. Durchgepreßten Knoblauch beifügen. Mit 2½ dl Bouillon ablöschen und 20 Minuten auf kleinem Feuer kochen lassen. Haselnüsse in einer trockenen Bratpfanne hellgelb rösten. Avocados halbieren. Kern entfernen, schälen, in kleine Stücke schneiden und sofort mit Zitronensaft mischen. Zum Zwiebelmus geben und durch ein feines Sieb streichen oder im Mixer pürieren. Das Gemüsepüree in eine Pfanne geben, restliche Bouillon dazugießen. Langsam erwärmen, ohne kochen zu lassen. Rahm mit Eigelb verrühren. Etwas Suppe darunterschwingen, in die Pfanne geben und nochmals vorsichtig erwärmen. Unter keinen Umständen kochen! Mit Kräutersalz, Pfeffer und Cayennepfeffer pikant würzen.
Toastbrot quer zu Dreiecken schneiden. In der restlichen Butter goldgelb rösten. Die Suppe in Suppentassen verteilen und mit Petersilie und

**
V Kann vorbereitet werden (Eierrahm erst unmittelbar vor dem Servieren zufügen)
Arbeitsaufwand: 20 Minuten
Kochzeit: 20 Minuten

Für 4 Personen
2 reife Avocadobirnen
1 feingehackte Zwiebel
1½ Eßl. Butter
1 Knoblauchzehe, durchgepreßt
7½ dl Bouillon
1 Eßl. gehackte Haselnüsse
1 Eßl. Zitronensaft
5 Eßl. Rahm (oder Joghurt für kalte Variante)
1 Eigelb

½ Teel. Kräutersalz
Pfeffer
1 Prise Cayennepfeffer
1 Scheibe Toastbrot
1 Eßl. gehackte Petersilie

gerösteten Haselnüssen bestreuen. Unmittelbar vor dem Servieren je 1 geröstetes Brotdreieck in die Suppe legen.

Bemerkungen Diese Suppe kann auch eisgekühlt serviert werden. Bei dieser Variante kann man auf Rahm und Eigelb verzichten und dafür am Schluß Joghurt der erkalteten Suppe beifügen. Ideal als kleine Vorspeise oder für ein kaltes Buffet.

Beilagen Keine.

Wein Weiß- oder Rotwein des nachfolgenden Gerichts.

Eine meiner liebsten Suppen. Besonders geeignet für Gäste, die etwas Gutes zu schätzen wissen. Dann lohnt sich auch der Arbeitsaufwand für dieses delikate Gericht.

Artischockensuppe

**
V Kann vorbereitet werden
Arbeitsaufwand: 40 Minuten
Kochzeit: 20 bis 35 Minuten (im Dampfkochtopf 8 bis 12 Minuten)

Für 4 Personen
8 kleine oder 4 große Artischocken (fleischige, große Sorte)
½ Zitrone
2 Scheiben Toastbrot
4 Eßl. Butter
1 bis 2 Knoblauchzehen
1 l Bouillon
¼ Teel. Zucker
1 Eßl. Mehl
Salz, Pfeffer, Muskatnuß
2 dl Rahm
2 Eßl. gehackte Petersilie

Oberes Drittel und Stiel der Artischocken mit scharfem Messer abschneiden. Schnittflächen sofort mit der halben Zitrone einreiben. Brot in ganz kleine Würfel schneiden und mit durchgepreßtem Knoblauch in 2 Eßlöffel Butter hellbraun rösten.
Bouillon aufkochen. Zucker und die Artischokken hineingeben und 30 bis 40 Minuten kochen, bis sich die Blätter gut lösen. Artischokken aus dem Wasser nehmen und abkühlen lassen. Die großen Blätter auszupfen, auf einen flachen Teller legen und mit einem Löffel aus dem breiten Teil der Blätter das Fruchtfleisch auspressen. Durch ein Sieb streichen oder mit wenig Kochwasser im Mixer pürieren und ins Kochwasser rühren. Die kleinen, hellen Blättchen und das «Heu» ausziehen; die Böden in feine Würfelchen schneiden. Restliche Butter in kleiner Pfanne erhitzen. Mehl zugeben und hellgelb schwitzen. Mit der Artischokkensuppe ablöschen, gut rühren und 10 Minuten auf kleinem Feuer kochen. Mit Salz, Pfeffer und Muskatnuß würzen und mit Rahm verfei-

nern. Gewürfelte Böden beifügen und erhitzen, aber nicht mehr kochen lassen. Die Suppe anrichten, mit Petersilie bestreuen und die Brotwürfelchen separat dazuservieren.

Bemerkungen Diese Suppe schmeckt nur dann wirklich delikat, wenn sie aus ganz frischen Artischocken zubereitet wird. Man erkennt sie an der satten, grünvioletten Farbe. Auf keinen Fall dürfen sie bräunliche, trockene Spitzen haben, und bei Fingerdruck müssen sie elastisch nachgeben.
Bitte mit dem Zitronensaft sparsam umgehen. Er soll nur dazu dienen, daß die Artischocken sich nicht zu stark verfärben. Die Suppe soll dadurch nicht sauer werden, das wäre schade!

Beilagen Keine.

Wein Weiß- oder Rotwein der nachfolgenden Hauptspeise.

Diese klassische, aber besonders gute Kartoffel/Lauch-Suppe darf in diesem Buch nicht fehlen. Sie schmeckt sowohl kalt im Sommer als auch heiß im Winter.

Vichyssoise

Zwiebel hacken und zusammen mit dem feingeschnittenen Lauch in 1 Eßlöffel Butter dünsten, ohne Farbe annehmen zu lassen. Die in Scheiben geschnittenen rohen Kartoffeln dazugeben und mit Bouillon und Milch ablöschen. Kochen lassen, bis das Gemüse weich ist, dann durch ein Sieb streichen. Wieder aufs Feuer setzen, eventuell mit Wasser verdünnen, gut würzen, mit der frischen Butter und dem Rahm verfeinern. Den feingeschnittenen Schnittlauch dazugeben. In restlicher Butter geröstete Brotwürfelchen gesondert auf den Tisch bringen. Eisgekühlt oder warm servieren.

Bemerkungen Für den kalten Service kann man die Suppe bereits in Suppentassen abfüllen und kalt stellen.

*
V Kann vorbereitet werden.
Arbeitsaufwand: 15 Minuten
Kochzeit: 30 Minuten (im Dampfkochtopf nur 10 Minuten)

Für ca. 3 Liter Suppe
6 mittelgroße Kartoffeln
400 g Gemüselauch oder nur weißer Teil des Lauches
1 Zwiebel
2 Eßl. Butter
Salz, weißer Pfeffer
1½ l Hühnerbouillon

1 l abgekochte Milch
¼ l Rahm
2 Büschel Schnittlauch
4 bis 5 Eßl. kleine geröstete Brotwürfelchen
1 Stück Butter

Beilagen Keine oder knuspriges Bauernbrot.

Wein Roter Landwein oder Wein des folgenden Hauptgerichts.

Variationen
- Diese Suppe avanciert zu einem Suppensnack, wenn man folgende Zutaten dazu serviert:
geröstete Brotwürfelchen (wie bereits beschrieben); gehackten Schinken; kleine Peperoniwürfelchen; frische Tomatenwürfelchen; geröstete Speckscheibchen.

Etwas Ungewohntes: eine aromatische Suppe aus Brokkoli, gut gewürzt und mit Sauerrahm verfeinert.

Cream of Broccoli

(Brokkoli-Suppe)

*
V Kann vorbereitet werden.
Arbeitsaufwand: 20 Minuten
Kochzeit: 30 Minuten (im Dampfkochtopf nur 10 Minuten)

Für 4 Personen
2 Eßl. Butter
1 große Zwiebel, gehackt
750 g Brokkoli
Salz
½ Teel. Pfeffermischung (s. d.)
¾ l Fleischbouillon
½ Lorbeerblatt
½ Teel. Thymian, gehackt
1 Eßl. Basilikum, gehackt
1 Eßl. Schnittlauch, gehackt
4 Eßl. Sauerrahm (saure Sahne)

Die Brokkoliröschen sorgfältig abschneiden. In wenig Bouillon knapp weichkochen und beiseite legen. Zwiebeln in Butter 2 bis 3 Minuten dünsten. Restlichen Brokkoli, Zwiebeln mit Bouillon und Lorbeerblatt im Dampfkochtopf 10 Minuten weichkochen. Anschließend Lorbeerblatt entfernen und durch die Passiermaschine treiben. Das Püree aufkochen. Sud der Brokkoliröschen zufügen. Mit Salz, Pfeffer, Thymian und Basilikum würzen. Sauerrahm und Brokkoliröschen zugeben und nur noch knapp bis vors Kochen bringen. In Suppentassen anrichten und mit Schnittlauch bestreuen.

Bemerkungen Sauerrahm vor dem Beigeben mit einem Schneebesen verrühren.

Beilagen Croûtons mit Nußbutter (s. d.), Garlic Bread (s. d.) oder Roquefort-Croûtons (s. d.).

Variationen
- Kleine rote Peperoniwürfelchen (Paprikaschoten) mit den Zwiebeln mitdünsten.
- Feingehackten Schinken oder Mortadella zufügen beim Anrichten.

PIKANTE KLEINIGKEITEN

Darunter verstehe ich beliebte Kleingerichte,
die praktisch zu jeder Tageszeit
Freude bereiten können, sei es als – nicht immer
unbedingt leichte – Vorspeise, für ein kleines
Abendessen oder zu einem Glas Wein
beim gemütlichen Beisammensein
mit Freunden. Das kann pikant gefülltes Gebäck
sein, kleine Tarteletten, «Quiches» genannt,
ein raffiniertes Käseschnittchen oder eine
interessant gefüllte Brioche.
Bei mir zu Haus und auch bei Kochkursen,
die ich geleitet habe, werden diese kleinen
Spezialitäten immer sehr geschätzt.
Auch Ihnen wünsche ich damit viel Erfolg!

DIE FRANZÖSISCHE OMELETTE – EIN PRÜFSTEIN FÜR KÖCHE

Eine echte Omelette lässt sich zu allen Gelegenheiten servieren. Wie oft aber wird sie zu fade oder zu salzig serviert. Wie mir kürzlich ein Küchenchef verriet, müsse ein Koch, der sich bei ihm um eine Stelle bewerbe, als Test eine französische Omelette zubereiten. Wenn Sie ihm perfekt gelinge, könne man daraus schliessen, dass er ein guter Koch sei.

Auf was es dabei ankommt:

- Nur kleine Portionen (höchstens für 2 Personen) auf einmal zubereiten: 4 frische Eier mit der Gabel leicht verquirlen. 2 Esslöffel Wasser, Milch oder Rahm beigeben. Gut würzen, aber nicht übersalzen! 30 g frische Butter in der Bratpfanne erwärmen (nicht braun oder schwarz werden lassen). Eier auf einmal hineingeben, Feuer grösser stellen und mit einer Bratschaufel die am Rande leicht gestockten Eier gegen die Mitte schieben. Die Pfanne immer wieder ruckartig schütteln. Sobald die Eier fest geworden sind, die Oberfläche aber noch feucht ist, die Omelette überschlagen und auf eine vorgewärmte Platte gleiten lassen.
  Gourmettip: vor dem Zusammenklappen mit einigen Butterflocken belegen!

Variationen

- Schnittlauch oder gemischte, frischgehackte Kräuter oder geriebenen Käse unter die Eier ziehen.
- Mit Gemüsejulienne (feine Gemüsestreifen), Meeresfrüchten an eingedickter Rahmsauce, vorgekochten Pilzen, Peperonata oder Ratatouille (Mischgemüse aus Auberginen, Zwiebeln, Tomaten und Zucchetti) füllen.
- Besonders fein: mit dünngeschnittenen Trüffeln bestreuen oder mit Gänseleberscheiben belegen.

Diese Morcheltorte mit ihrer zarten, harmonisch zusammengestellten Füllung bringt mir immer viel Lob ein. Mit einem Salat voraus, eine Mahlzeit mit besonderer Note.

Tourte aux morilles

Die Morcheln zwei Stunden in lauwarmes Wasser legen und 15 Minuten vorkochen. Butter und Mehl dünsten und mit 1 dl gesiebtem Morchelwasser ablöschen. Sherry und Rahm dazugeben und zu einer dicken Béchamelsauce kochen. Würzen. Die gut abgetropften halbierten Morcheln in die Sauce geben. Nochmals 10 Minuten auf kleinem Feuer ziehen lassen. Vom Feuer nehmen. Die Springform ausbuttern und mit ⅔ des Blätterteiges belegen. Die erkaltete Sauce auf dem Teigboden, der einen Rand von ca. 4 cm Höhe haben muß, verteilen. Aus dem restlichen Teig einen Deckel ausrollen. Die Teigränder mit Eiweiß bestreichen und den Deckel gut andrücken. Mit einer Gabel in regelmäßigen Abständen einstechen. Aus Teigabfällen Förmchen ausstechen und die Torte damit garnieren. Mit Eigelb bestreichen und im mittelheißen Ofen 35 Minuten backen. Heiß servieren.

Bemerkungen Für dieses Gericht benötigt man ausnahmsweise eine dicke Béchamelsauce, die nur kalt auf den Blätterteig gegeben werden darf, damit sie ihn nicht aufweicht. Die Morcheltorte läßt sich ungebacken tiefkühlen.

Beilagen Keine (Salat voraus servieren – dazu serviert würde er durch seine Säure den zarten Geschmack der Füllung beeinträchtigen).

Wein Guter Rotwein, z. B. Burgunder, Pinot noir, Spätburgunder oder, als ganz raffinierte Variante, Wein mit leichtem Sherrygeschmack (z. B. spanischer Weißwein, evtl. auch Vin Jaune, Arbois).

Variationen
- Morcheln ganz oder teilweise durch Champignons oder Steinpilze ersetzen. Wenn nur Champignons verwendet werden, der Füllung viel gehackte Kräuter beifügen.

**
V Kann vorbereitet werden
Arbeitsaufwand: 30 Minuten, zusätzlich Einlegezeit der Morcheln
Kochzeit: 15 Minuten
Backzeit: 35 Minuten

Für 4 bis 6 Personen
40 g getrocknete Morcheln
4 Eßl. Butter
2 Eßl. Mehl
1 dl trockener Sherry
2 dl Rahm
Butter für die Springform
500 g Blätterteig
Salz, weißer Pfeffer
Majoranpulver, Muskatnuß
1 Eiweiß
1 Eigelb

Attraktive, herzförmige Pastetchen, gefüllt mit einer delikaten Mischung aus Morcheln, Schinkenstreifen und Sherry/Rahm-Sauce.

Feuilletés «Jacques Cœur»

*
V Kann vorbereitet werden
Arbeitsaufwand: 35 Minuten
Kochzeit: 30 Minuten
Backzeit: 10 bis 15 Minuten

Für 4 Personen
35 g getrocknete Morcheln
4 Eßl. Morchelsud
500 g Blätterteig
1 Eiweiß
1 Eigelb
1 Teel. Öl
50 g gehackte Schalotten
1 Eßl. Butter
100 g Schinkenstreifen
4 Eßl. herber Sherry (Jerez)
4 Eßl. Hühnerbouillon
2 dl Rahm
Salz, weißer Pfeffer
1 Prise Cayennepfeffer
½ Teel. Majoran

Morcheln ½ Stunde in lauwarmes Wasser legen, dann mit dem gesiebten Sud 30 Minuten kochen (im Dampfkochtopf nur 10 Minuten!). Blätterteig 6 mm dick auswallen. Mit einer Kartonschablone 8 Herzen von etwa 12 cm Durchmesser ausschneiden. 4 Herzen 1 cm vom Rand herzförmig einschneiden, das kleinere Herz sorgfältig herauslösen und die Ränder auf die mit Eiweiß bestrichenen 4 ganzen Herzen kleben, so daß kleine Pastetchen entstehen. Die herzförmigen Pastetchen und herzförmigen Teigdeckel auf ein großes, mit kaltem Wasser abgespültes Blech legen. Eigelb mit Öl verquirlen und Pastetenränder und Deckel damit bestreichen. Bei 180° 10 bis 15 Minuten backen. Gut beaufsichtigen und die Deckel, sobald sie goldgelb sind, rechtzeitig herausnehmen, weil sie schneller gebakken sind als die Pastetchen.
Schalotten in der Butter 5 Minuten dünsten. Abgetropfte Morcheln (Sud aufbewahren) und Schinkenstreifen zugeben. Unter Rühren 5 Minuten dämpfen. Sherry, Bouillon und Morchelsud bis auf ½ dl einkochen. Mit Rahm verfeinern und nochmals etwas eindicken lassen. Mit Salz, Pfeffer, Cayennepfeffer und Majoran würzen. Mit Morcheln und Schinken mischen.
Die Pastetchen etwas aushöhlen (das weiche Innere herauszupfen, dabei darauf achten, daß der Boden nicht beschädigt wird), mit Aluminiumfolie abdecken und bei 150° im Ofen erwärmen. Mit Morcheln, Schinken und Sauce füllen. Deckel aufsetzen und sofort servieren.

Bemerkungen Wer wenig Zeit hat, kann dieses Gericht mit gekauften Pastetchenhüllen improvisieren.
Die Füllung kann so weit vorbereitet werden, daß man sie vor dem Servieren nur noch erwär-

men und in die heißen Pastetchen einfüllen muß.

Beilagen Evtl. frische grüne Erbsen oder Kefen (Schnee-Erbsen).

Wein Leichter weißer Landwein, z.B. Sancerre, La Côte, Riesling Silvaner, Pfälzer.

Variationen
- Schinken durch Zungenstreifen ersetzen.

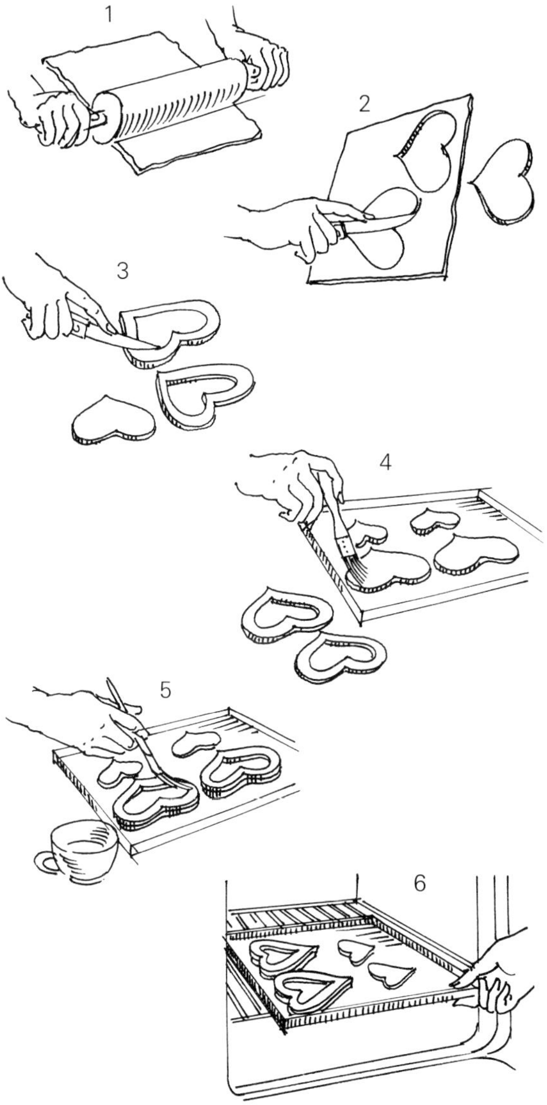

Das Formen der Herzpasteten

1
Blätterteig 6 mm dick auswallen

2
Mit einer Kartonschablone (selbst hergestellt) 8 Herzen von 12 cm Durchmesser ausschneiden

3
4 Herzen 1 cm vom Rand herzförmig einschneiden, die kleineren Herzen sorgfältig herauslösen

4
Die vier großen Herzen mit Eiweiß bestreichen. Die Teigränder aufsetzen

5
Herzförmige Pasteten und Teigdeckel auf ein kalt abgespültes Blech legen. Pastetenränder und Deckel mit Eigelb bestreichen

6
Beim Backen gut beaufsichtigen und die Deckel, sobald sie goldgelb sind, vorzeitig herausnehmen

Bescheidene, kleine Käseschnitten, aber eines meiner Paradepferde, weil sie einfach sind in der Zubereitung und garantiert Anklang finden.

Croûtes dorées

*

V Kann vorbereitet werden (nur noch 7 Minuten vor dem Servieren in den Ofen schieben)

Für 4 Personen
8 Scheiben Toastbrot
1 Eßl. Butter
2½ dl Weißwein
150 g Greyerzer- oder Allgäuerkäse, gerieben
150 g Appenzellerkäse, gerieben
2 Eier
Salz, Pfeffer, Muskatnuß
1 Knoblauchzehe
1 Eßl. grüner Pfeffer (Dose, «Madagaskar»)

Toastbrot auf einer Seite mit Butter bestreichen. Mit der bestrichenen Seite nach unten in eine Gratinplatte legen. Mit 2 Eßlöffel Weißwein beträufeln. Backofen auf 190° vorheizen. Grünen Pfeffer aus der Dose nehmen, kalt abspülen und abtropfen lassen. Gruyère- und Appenzellerkäse, Eier, restlichen Weißwein, grünen Pfeffer und durchgepreßten Knoblauch gut mischen. Mit Salz, Pfeffer und Muskatnuß würzen. Die Käsefüllung darauf verteilen. In den Backofen schieben und bei 190 ° 7 Minuten backen. Die Käseschnitten dürfen nur hellgelb werden; den Käse nur zerfließen lassen, nicht überbacken.
Man kann diese Käseschnitten auch in Portionen-Gratinformen backen, was sehr hübsch aussieht und besonders gut paßt, wenn man Gäste hat.

Bemerkungen Die Käseschnitten lassen sich auch als Vorspeise servieren. In diesem Fall nur eine Brotscheibe je Person rechnen. Grünen Pfeffer erst im letzten Moment dazugeben und nicht zerdrücken, sonst wird das Gericht zu scharf.

Beilagen Keine oder höchstens grüner Blattsalat.

Wein Spritziger Weißwein, z. B. La Côte, Neuenburger, trockener badischer Weißwein.

Variationen
- Brot zuerst mit einer dünnen Schinkenscheibe belegen.
- Der Käsemasse etwas frischgehackten Estragon zufügen.
- Käsemasse mit einer Tomatenscheibe belegen.

Kleine Kugeln aus Brühteig, ungewöhnlich gefüllt, ideal zu einem Aperitif oder als Auftakt zu einer unkomplizierten Mahlzeit.

Windbeutel mit pikanten Füllungen

Ein großes Blech mit Butter bestreichen. Teig nach der Zubereitung 10 Minuten kalt stellen, in einen Spritzsack mit großer, gezackter Tülle einfüllen und kleine Kugeln im Abstand von je 3 cm auf das Blech dressieren. Nochmals 3 Minuten kalt stellen. Mit verquirltem Ei bestreichen. Bei 190° 15 bis 20 Minuten backen.
Inzwischen Füllungen zubereiten. Für die dritte Füllung Rahmquark mit Schnittlauch mischen. Rahm darunterziehen und pikant mit Salz und Pfeffer würzen.
Die Windbeutel nach dem Erkalten aufschneiden. Die verschiedenen Füllungen in einen Spritzsack mit gezackter Tülle geben und in die Windbeutel dressieren. Deckel wieder aufsetzen.

Bemerkungen Die Größe der Windbeutel auf die Verwendung abstimmen. Zum Aperitif eignen sich sehr kleine Mundbissen, als Vorspeise können sie in der Größe einer kleinen Mandarine auf das Blech gespritzt werden.

Beilagen Keine.

Wein Leichter Weißwein oder Longdrinks.

Variationen
- Nur eine Füllung wählen (mehr davon zubereiten).
- Mit einer Käsecreme füllen (Weiße Sauce mit Eigelb und Käse verfeinern und nach dem Erkalten mit wenig steifgeschlagenem Rahm mischen).

*
V Kann vorbereitet werden
Arbeitsaufwand: 35 Minuten
Backzeit: 15 bis 20 Minuten

Für 6 Personen
1 Portion französischer Brühteig (s. d.),
1 Eigelb
Butter für das Blech

Füllungen
½ Portion Mousse à l'avocat (s. d.)
½ Portion Mousse au jambon (s. d.)
3 Eßl. Rahmquark
3 Eßl. Schnittlauch, feingeschnitten
Salz, Pfeffer

Das Interessante an der Füllung dieser Torte ist die süß-saure Kombination von Schinken, Zwiebeln, Rosinen, Bratwurstmasse und Calvados. Dazu paßt gut ein Glas Apfelwein.

Schinkentorte mit Äpfeln

*
V Kann vorbereitet werden
Arbeitsaufwand: 30 Minuten
Backzeit: 40 bis 50 Minuten

Für eine Springform von 24 cm Ø
1 große gehackte Zwiebel
3 Eßl. Butter
500 g Blätterteig
2 Äpfel
6 Scheiben gekochter Schinken, ½ cm dick
50 g Rosinen
250 g Schweinsbratwurstmasse
1 Prise Cayennepfeffer
½ Teel. Majoran
Salz, Pfeffer
1 Eiweiß
1 Eigelb
2 Eßl. Calvados

Zwiebeln in 2 Eßlöffel Butter 10 Minuten dünsten, ohne Farbe annehmen zu lassen. Springform kalt ausspülen. ⅔ des Blätterteigs 3 mm dick ausrollen. Die Form damit belegen. Mit einer Gabel mehrmals einstechen. Äpfel schälen und reiben. Schinken in kleine Würfel schneiden. Rosinen waschen.
Zwiebeln und abgetropfte Rosinen mit Bratwurstmasse mischen. Cayennepfeffer und Majoran zufügen und nach Bedarf mit wenig Salz nachwürzen. Die Hälfte der Bratwurstmasse auf den Teigboden verteilen. Äpfel mit Pfeffer bestreuen, darübergeben. Mit der restlichen Bratwurstmasse und den Schinkenwürfeln bedecken. Aus dem restlichen Teig einen Deckel ausrollen. Die Ränder der Torte etwas auf die Füllung zurückbiegen, mit Eiweiß bestreichen, den Teigdeckel darübergeben und ankleben. Den Deckel mit einer Gabel mehrmals einstechen und in der Mitte der Torte ein kleines Loch anbringen. Die Oberfläche mit Eigelb bestreichen. Aus Teigresten Verzierungen ausstechen und daraufkleben. Nochmals mit Eigelb bestreichen. 40 bis 50 Minuten im vorgeheizten Backofen bei 200 °goldgelb bakken. 10 Minuten vor Ende der Backzeit den Calvados durch das Dampfloch auf die Fleischfüllung gießen.
Diese Torte kann warm oder kalt serviert werden, auf jeden Fall aber noch am gleichen Tag. Sie läßt sich auch kurz aufbacken, damit der Blätterteig wieder knusprig wird.

Bemerkungen Nie warme oder zu nasse Füllungen auf einen Blätterteigboden geben, sonst wird er aufgeweicht. Diese Torte läßt sich vor dem Backen oder halb gebacken tiefküh-

len. Erst nach dem Herausnehmen aus der Tiefkühltruhe mit Eigelb bestreichen.
Schöner wird der Teigdeckel, wenn man das Dampfloch erst nach ungefähr 20 Minuten Backzeit aufsticht, dann ist der Teig bereits fest und kann nicht mehr einsinken.

Beilagen Keine oder Salat.

Wein Apfelwein.

Variationen
- Wer süß-saure Füllungen nicht gern hat, kann Rosinen und Äpfel durch Käsescheiben ersetzen (Calvados weglassen).

Gutaussehendes, fleischloses Gericht, das sich im voraus zubereiten läßt: eine Blätterteigpastete, gefüllt mit gut gewürzten Auberginen, Tomaten, Champignons. Als Hauptgericht für zwei Personen gedacht oder als praktische Vorspeise für vier.

Feuilletés aux aubergines

Aubergine schälen, in sehr kleine Würfel schneiden und mit Salz bestreuen. 10 Minuten ziehen lassen. Tomaten kurz in kochendes Wasser tauchen, die Haut abziehen, halbieren, auspressen und ebenfalls würfeln. Schalotten, Champignons und Knoblauch fein hacken. Ein kleines Kuchenblech von 18 cm Ø kalt ausspülen. ⅔ des Blätterteiges 3 mm dick auswallen. Das Blech damit auslegen. Mit einer Gabel mehrmals einstechen. Auberginewürfel mit kaltem Wasser abspülen. Auf Küchenpapier geben und abtrocknen. In Butter hellbraun braten. Aus der Pfanne nehmen, vorher mit einer Bratschaufel das überschüssige Fett ausdrücken. Schalotten in den Bratenfond geben und 2 bis 3 Minuten dünsten. Tomatenwürfel und Champignons zufügen und kurz

*
V Kann vorbereitet werden
Arbeitsaufwand: 30 Minuten
Backzeit: 25 Minuten

Für 2 Personen als Hauptgericht (oder 4 Personen als Vorspeise)
1 Aubergine
2 Tomaten
4 Schalotten
50 g frische Champignons
1 Knoblauchzehe
250 g Blätterteig
2 Eßl. Butter
Salz, Pfeffer
1 Prise Cayennepfeffer

½ Eßl. gehackter Basilikum
½ Eßl. gehackte Petersilie
1 Eigelb
1 Ei
3 Eßl. Rahm
Muskatnuß

mitdünsten. Alle Gemüse mischen. Mit Salz und Cayennepfeffer pikant würzen. Erkalten lassen.
Gemüsefüllung auf den Teigboden verteilen. Mit Basilikum und Petersilie bestreuen. Aus dem restlichen Teig einen Deckel auswallen. In der Mitte ein Dampfloch markieren, aber noch nicht öffnen. Die Teigränder des Bodens leicht über die Füllung zurücklegen. Mit Eigelb bestreichen und den Teigdeckel gut andrücken. Nach Belieben mit einem Teiggitter verzieren. Mit Eigelb bestreichen. 15 Minuten bei 220° backen. Unterdessen Ei und Rahm verquirlen. Mit wenig Salz, Pfeffer und Muskatnuß würzen. Das Gebäck kurz aus dem Ofen nehmen, das Dampfloch öffnen, den Eiguß hineingießen und 10 Minuten weiterbacken. Heiß oder lauwarm auf den Tisch bringen.

Bemerkungen Der Teigdeckel wird erst nach dem Festwerden des Teiges geöffnet, damit die Pastete nicht zusammensinkt. Achtung: Nie warme Füllung auf einen Blätterteigboden geben!

Beilagen Keine, aber viel Salat voraus.

Wein Rosé de Provence, leichter Weiß- oder Rotwein.

Variationen
- Teigboden mit knapp gegarten Spargeln oder Schwarzwurzeln belegen. Schalotten/Champignon-Füllung dazwischen und darüber geben (evtl. auch Duxelles (s. d.) mit Schinken zubereiten und dafür verwenden). In diesem Fall die Pastete in Streifen quer zu den Spargeln und Schwarzwurzeln aufschneiden, damit man den Schnitt sieht. Es wirkt besser.
- Auberginen durch Zucchettischeiben ersetzen.
- Mit leicht gebratenem Hackfleisch und gedünsteten Auberginenscheiben füllen.
- Gefüllten Kuchen ungebacken tiefkühlen. Eirahm wie beschrieben erst während des Backens zufügen.

Verlorene Eier in einer delikaten Schalotten/Schinken-Sauce, garniert mit Champignons. Als leichte Vorspeise gedacht, aber auch für ein kleines Abendessen sehr geeignet.

Eier Clamecy

Aus den Schinkentranchen mit Hilfe eines Glases je 2 runde Plätzchen von ca. 5,5 cm Durchmesser ausschneiden. Schinkenabschnitte fein hacken. Champignons gut waschen. Stiele abtrennen und hacken. Sofort mit ½ Teelöffel Zitronensaft mischen. Wein, etwas Pfeffer und den Estragon in einem kleinen Pfännchen aufkochen. Zudecken und beiseite stellen. Champignonköpfe mit 1 Eßlöffel Butter, restlichem Zitronensaft und wenig Salz 10 Minuten dünsten.
Schalotten, gehackten Schinken und Champignonstiele in der restlichen Butter 3 Minuten anziehen lassen. Wein aus dem kleinen Pfännchen zugießen. 1 Minute unter Rühren einkochen lassen. Rahm und Tomatenpüree beifügen. Sauce nachwürzen und auf kleinem Feuer 5 Minuten eindicken lassen. 1 Liter Wasser mit Essig aufkochen. Feuer kleinstellen. Eier einzeln in Tassen aufschlagen und nacheinander längs dem Pfannenrand ins Essigwasser gleiten lassen. Das Eiweiß mit einem Löffel um das Eigelb wickeln. 3 Minuten leise ziehen lassen. Die Eier mit der Schaumkelle herausnehmen. In lauwarmem Wasser warm halten. Vor dem Anrichten die Eier auf Küchenpapier legen. Unschön geformtes Eiweiß mit einer Schere beschneiden.
Schinkenplätzchen auf eine vorgewärmte Platte legen, Eier daraufsetzen, mit Champignonköpfen garnieren. Mit der heißen Sauce überziehen.

Bemerkungen Für Hauptgericht die Zutaten verdoppeln. Für pochierte Eier nur Trinkeier verwenden (höchstens 8 Tage alt, denn mit dem Altern wird das Eiweiß dünnflüssiger, und der Dotter verliert seine Festigkeit, was sich beim Pochieren ungünstig auswirkt).

*
V Kann teilweise vorbereitet werden
Arbeitsaufwand:
20 Minuten
Kochzeit:
20 Minuten

Für 4 Personen
(als Vorspeise, für Hauptgericht Zutaten verdoppeln)
2 Scheiben gekochter Schinken
120 g frische Champignons (mittelgroße)
½ Teel. Zitronensaft
1½ dl Weißwein
weißer Pfeffer
1 Teel. Estragon, feingehackt
2 Eßl. Butter
Salz
3 feingehackte Schalotten
2 dl Rahm
1 Eßl. Tomatenpüree
2 Eßl. weißer Weinessig
4 Trinkeier

Es lohnt sich, für die Sauce einen ausgezeichneten Wein zu verwenden.

Beilagen Als Vorspeise serviert, keine Beilage; als Hauptgericht: Salzkartoffeln oder Trockenreis.

Wein Wein der Sauce, z. B. weißer Burgunder, Badischer Weißwein.

Das Pochieren der Eier

1
Eier einzeln in Tassen aufschlagen

2
Nacheinander ins leise kochende Essigwasser gleiten lassen

3
Nach 3 Minuten Garzeit mit der Schaumkelle aus dem Topf nehmen und in eine Schüssel mit heißem Wasser geben, damit sie bis zum Anrichten warm bleiben

4
Unschön geformtes Eiweiß mit einer Küchenschere wegschneiden

QUICHES
ein bunter Reigen

Ursprung aller pikanten Kuchenfüllungen ist sicher der einmalige Belag der Quiche Lorraine: Speck mit gutgewürztem Eiguß, goldgelb überbacken. Dazu gesellten sich Varianten aus Gemüse, Fisch, Meeresfrüchten und Fleisch, unterschiedlich gewürzt mit Kräutern, Oliven, Sardellen und Knoblauch. Aus den runden, großen Quiches wurden kleine Tarteletten, von der Miniausgabe zum Apéro bis zur Portionengröße, oder große viereckige Fladen, die mit dem Messer zu kleinen mundgerechten Happen geschnitten werden. Quiches hat eigentlich jeder gern, und wenn man gleichzeitig verschiedene Varianten zubereitet, ist der Erfolg noch größer.

EIN PAAR «QUICHES»-IDEEN

Vor dem Essen
zu einem Glas spritzigem Weißwein: Mini-Quiches (ca. 4 cm ø) in Variationen, lauwarm serviert.

Als Vorspeise
ein Auftakt, der gute Laune schafft. Danach kann nicht mehr viel passieren. Aber bitte nicht zu groß servieren (ca. 6 cm ø).

Als Hauptgericht
für ein rustikales Mahl oder ein gemütliches Abendessen. Im großen Kuchenblech zubereitet oder in Vorspeisengröße (ca. 3 Stück pro Person).

Als pikante Überraschung
für eine kleine Zwischenmahlzeit (aus der Tiefkühltruhe, rasch aufgebacken) in allen Größen und Formen.

Das ist meine Version der bekannten Quiche Lorraine, eines pikanten Gebäcks, das immer wieder mit Freude gegessen wird. Es soll als Grundrezept gelten für die vielen Variationen, die ich noch angeführt habe.

Quiche Lorraine à ma façon

Mehl in eine Schüssel sieben, eine Vertiefung anbringen. Eier, Salz und die bei Küchentemperatur weich gewordene kleingeschnittene Butter zugeben. Rasch zu einem Teig verarbeiten, zu einer Kugel formen und 1 Stunde kühl ruhen lassen. Speck in sehr feine Scheibchen schneiden. Butter erhitzen. Speck darin leicht anrösten. Aus der Pfanne nehmen. Zwiebel hacken und im Bratenfond des Speckes glasig dünsten. Kräuter zufügen, gut mischen. Mit Salz und Pfeffer würzen. Eier und Rahm leicht verquirlen. Mit Salz und Pfeffer würzen (nicht zu stark, der Speck ist schon gesalzen!).
Teig 3 mm dick auswallen. Die mit Butter bestrichenen kleinen Bleche damit auslegen. Die Teigböden mit einer Gabel mehrmals einstechen. Den Speck in die Formen verteilen. Einige Speckscheiben für die Garnitur zurückbehalten. Die Kuchen 10 Minuten bei 230° vorbacken. Aus dem Ofen nehmen, Zwiebeln auf den Speck verteilen. Den Guß darübergießen. Temperatur auf 220° reduzieren und ca. 20 Minuten weiterbacken. 5 Minuten vor Ende der Backzeit einige Speckscheiben auf die Oberfläche der Kuchen legen und mit Butterflocken bestreuen. Warm servieren.

Bemerkungen Oft bilden sich während des Backens auf dem Guß Luftblasen. Deshalb beaufsichtigen und wenn nötig diese Gebilde aufstechen. Man kann auch geriebenen Teig oder Blätterteig verwenden. Große Quiches werden genau gleich zubereitet, aber 10 Minuten länger gebacken.

Wichtig Füllungen immer kalt auf den Teigboden geben, damit er nicht aufgeweicht wird.

*
V Kann vorbereitet werden
Arbeitsaufwand: 40 Minuten
Backzeit: 35 bis 40 Minuten

Für 10 kleine Kuchen von ca. 10 cm Durchmesser

Teig
300 g Mehl
150 g Butter
2 Eier
1 Prise Salz
Butter für die Kuchenformen

Füllung
2 Eßl. Butter
1 große Zwiebel
200 g Magerspeck
4 Eier
4 dl Rahm
Salz, Pfeffer
1 Eßl. gemischte Kräuter (Schnittlauch, Petersilie, Kerbel, Thymian)
20 g Butterflocken

Beilagen Am besten keine, voraus eventuell Salat.

Wein Elsässer Weine wie z. B. Riesling, Edelzwicker.

Variationen
Hier können Sie Ihre Phantasie walten lassen. Als Anregung hier einige Füllungen. Die Zubereitung aller dieser Quiches ist ähnlich wie beim Grundrezept. Der in den folgenden Rezepten erwähnte Rahm kann durch Milch ersetzt werden. Die Füllungen werden dadurch leichter, aber weniger fein. Abweichungen habe ich vermerkt.

- **Mit Käse** Den Teig mit 50 g dünnen Speckscheiben und 200 g geriebenem Käse (Greyerzer oder Appenzeller) belegen. 4 Eier mit 2 dl Rahm und ½ dl Weißwein verrühren. Mit Salz, Pfeffer, Muskatnuß würzen. 1 Eßlöffel gehackte Petersilie und wenig frischen Kerbel zugeben. Den Guß über den Käse gießen. 35 bis 40 Minuten backen (nicht vorbacken). 10 Minuten vor Ende der Backzeit mit 50 g feingeschnittenem Speck bestreuen.
- **Mit Tomaten, Oliven und Sardellen** 10 geschälte Tomaten kleinschneiden. 2 Schalotten hacken. In 2 Eßlöffeln Olivenöl dünsten, Tomaten beifügen und mitdünsten, bis alle Flüssigkeit verdampft ist. 1 Eßlöffel Tomatenpüree und feingehackte Sardellen und 50 g kleingeschnittene Oliven zufügen. Mit Salz, Pfeffer, etwas durchgepreßtem Knoblauch und Origano würzen. Füllung erkalten lassen. Auf den Teigboden verteilen. Mit einigen gut schmelzenden Käsescheiben belegen. Mit Pfeffer bestreuen und backen.
- **Mit frischen Pilzen** 1 Eßlöffel gehackte Schalotten in Butter dünsten. Geputzte Pilze (Champignons, Pfifferlinge, Steinpilze oder andere Sorte) zugeben. Unter Wenden 5 Minuten mitdünsten. Mit Salz, Pfeffer und Majoran würzen. 3 dl Béchamelsauce mit Rahm zubereiten. Pilze mit 1 Eßlöffel gehackter Petersilie mischen, auf den Teigboden verteilen und mit Sauce bedecken. Nach Belieben mit wenig Käse bestreuen und backen.

- **Mit Spinat und Champignons** Die unter Spinatgratin (s.d.) beschriebene Füllung auf die Törtchen verteilen und wie oben beschrieben backen.
- **Mit Quark und Kräutern** 100 g Kresse hakken und mit 4 Eßlöffeln Kräutern (Petersilie, Basilikum, Rosmarin, Majoran und Dill), 2 durchgepreßten Knoblauchzehen unter 300 g Rahmquark mischen. Mit Salz, Pfeffer und wenig Paprika würzen. 4 Eigelb dazurühren. 4 Eiweiß steifschlagen und unmittelbar vor dem Backen unter den Guß ziehen. Die Törtchen damit füllen und backen.
- **Mit Lauch (Porree) und Käse** 1 kg Gemüselauch putzen, in 2 cm lange Stücke schneiden und in wenig Butter mit 2 gehackten Schalotten dünsten. 1 dl Weißwein zufügen und zugedeckt knapp weichdünsten. ¼ l dicke Béchamelsauce zubereiten. Den Lauchsud zufügen. 100 g geriebenen Käse (Greyerzer oder Appenzeller) dazumischen. Die Sauce mit Salz und Pfeffer würzen. Gut abgetropften, abgekühlten Lauch auf den Teigboden verteilen. Mit Sauce bedecken, Käse darüberstreuen und ca. 20 Minuten backen. Das Vorbacken der Teigböden ist zu empfehlen (Blindbacken: mit Aluminiumfolie belegen und mit weißen Bohnen beschweren).
- **Mit Tomaten und Zwiebeln** 500 g Zwiebeln in Streifen schneiden. In 3 Eßlöffeln Olivenöl hellgelb dünsten. 500 g geschälte Tomaten kleinschneiden, zufügen und mit den Zwiebeln mischen. 1 Lorbeerblatt, 2 ungeschälte Knoblauchzehen, wenig Rosmarin, Thymian, Salz und Pfeffer zugeben. Alle Zutaten dünsten, bis die Tomaten weich sind. Nach dem Erkalten auf die Törtchen verteilen. 3 Eier mit ¼ Liter Rahm verquirlen, würzen und über das Gemüse gießen. 35 bis 40 Minuten backen. Nach Belieben mit kleingeschnittenen Oliven bestreuen.
  Variante Man kann auch feingeschnittene Peperoni (Paprikaschoten), Zucchetti und Auberginen unter die Tomaten mischen.
- **Mit Meerfrüchten** Vorgekochte Miesmuscheln, Crevetten, Scampischeiben und Fischstückchen auf den Teigboden verteilen. Mit Pfeffer bestreuen. 3 Eier mit ¼ Liter

Rahm und 3 Eßlöffeln Weißwein verquirlen. Mit Salz, Pfeffer und Dill würzen. Auf die Törtchen gießen. Mit Butterflocken belegen.

- **Mit Dill** Eine Béchamelsauce mit Rahm zubereiten, mit Dill und Hummerbutter würzen und über die Meerfrüchte verteilen. Mit wenig Käse bestreuen und backen.
- **Mit Schalotten** 200 g Schalotten in feine Streifen schneiden. In 2 Eßlöffeln Olivenöl hellgelb anbraten. 100 g feingehackten Schinken zugeben. 2 bis 3 Minuten mitdünsten. Nach dem Erkalten auf den Teigboden geben. ¼ Liter Rahm mit 3 Eiern verquirlen. Mit Salz, Pfeffer und wenig Kerbel würzen. Den Guß über die Schalotten verteilen. Wie Quiche Lorraine backen.
- **Mit grünen Erbsen** 2 Eßlöffel gehackte Zwiebeln in wenig Butter dünsten. 2 feingehackte Salbeiblätter zufügen. 150 g Quark mit ⅛ Liter Rahm und 3 Eiern verrühren. Zwiebeln und 300 g grüne Erbsen zugeben. Mit Salz, Pfeffer und wenig Cayennepfeffer würzen. Auf den Teigboden verteilen und backen.
- **Mit Räucherlachs und Zucchetti** Zucchetti ungeschält in sehr kleine Würfel schneiden. In wenig Butter halbgar dünsten, ohne Flüssigkeit beizugeben. 150 g Räucherlachs in feine Streifen schneiden. Mit den erkalteten Zucchetti mischen. Mit Salz, Pfeffer und Dill würzen. Auf den Teigboden verteilen. 100 g Rahmquark, ⅛ Liter Sauerrahm und 3 Eier verquirlen. Würzen und uber die Füllung geben. Mit einigen Butterflocken belegen und backen.
- **Mit Spargel oder Schwarzwurzeln** Knapp vorgekochten Spargel oder Schwarzwurzeln in 3 cm lange Stücke schneiden und auf den Teigboden verteilen. 3 Eier mit ¼ Liter Rahm verrühren. Mit Salz und Pfeffer würzen. Darübergießen, mit Butterflocken belegen und backen. Noch besser werden diese Quiches, wenn man einen Teil des Spargels oder der Schwarzwurzeln püriert und zum Eiguß gibt. In diesem Fall etwas weniger Rahm zufügen.

FISCHE UND MEERESFRÜCHTE
delikat und bekömmlich

Fast kein anderes Nahrungsmittel bietet so viele Variationsmöglichkeiten wie gerade Fisch. Erstaunlich ist aber, daß er meistens nach den gleichen Standardrezepten zubereitet wird. Je nach Sorte ist die allereinfachste Zubereitungsart die beste. Es ist schade, delikates Fischfleisch mit schweren Saucen zuzudecken oder durch Überwürzen das feine Aroma zu übertönen. Als Grundregel gilt, daß alle Zutaten für Fischgerichte von bester Qualität sein müssen, angefangen bei der Butter, die zum Dünsten oder Braten verwendet wird, bis zum Wein für die Sauce. Garnituren sollten unaufdringlich sein, und auf Beilagen kann häufig verzichtet werden. Und noch etwas: Servieren Sie keine Süßwasserfische mit Meeresfrüchten, das ist meiner Ansicht nach ein Stilbruch. So gut eine Krebssauce zu einem Hechtklößchen paßt, so schlecht nimmt sich eine Crevette neben einer Forelle oder einem Saibling aus. Dasselbe gilt auch für Fischfüllungen. Fischgerichte müssen übrigens nicht nur Vorspeisen sein. Sie können als Hauptgericht ohne weiteres das Fleisch ersetzen.

WIE WIRD FISCH PRÄSENTIERT?

- Am besten schlicht und einfach, ohne viel Zutaten und Aufwand, damit das zarte Fischfleisch so richtig zur Geltung kommt.
- Saucen dürfen bei Verwendung von Fischfilets darüber angerichtet werden. Bei ganzen Fischen sollte man sie separat dazu servieren.
  Es ist unangenehm und sieht auch unappetitlich aus, wenn man Fisch in der Sauce zerlegen oder gar enthäuten muß.
- Blätterteigfleurons sind nicht mehr «in». Wenn man nicht darauf verzichten will, dann bitte nur solche beifügen, die aus wirklich gutem Blätterteig frisch zubereitet werden.
- Die beste Beilage besteht aus 1 bis 2 Salz- oder Dampfkartoffeln oder, wenn es sich um ein Saucengericht handelt, körnig gekochtem Reis.
  Serviert man Fisch als Vorspeise, sind auch solche Beilagen überflüssig.

Solefilets in einer herben, weißen, leicht fließenden Wermutsauce. Ein Gedicht aus der «Grande Cuisine» und trotzdem unkompliziert in der Zubereitung.

Filets de sole au Noilly Prat

(Seezungenfilets in Wermutsauce)

***
V Soll erst im letzten Moment zubereitet werden
Arbeitsaufwand: 10 Minuten
Kochzeit: 10 Minuten

Für 4 Personen
8 Solefilets (Seezungenfilets)
1 Eßl. eingesottene Butter
2½ dl Weißwein
4 Eßl. weißer Wermut (Noilly Prat oder Martini dry)
0,8 dl Fumet de poisson (s. d.)
2 Eßl. feingehackte Schalotten
2 Eßl. Rahm (double crème)
Salz, weißer Pfeffer
100 g Tafelbutter
½ Zitrone

Die Solefilets quer zusammenfalten und beiderseitig ganz kurz in der Butter anziehen lassen. Weißwein, Wermut, Fumet de poisson und Schalotten zusammen aufkochen. So lange weiterkochen, bis nur noch ein Fingerhut Flüssigkeit in der Pfanne bleibt. Rahm zufügen, sämig werden lassen und nach Bedarf mit Salz und Pfeffer würzen. Bis knapp vors Kochen kommen lassen, dann die Pfanne von der Herdplatte wegziehen. Die Tafelbutter in kleine Stücke schneiden und mit dem Schwingbesen unter die Sauce ziehen. Wenig Zitronensaft zugeben.
Den Fisch anrichten, leicht mit Pfeffer und Salz würzen und die Sauce darüber verteilen.

Bemerkungen Sind mehr als 4 Personen bei Tisch, kann man die Solefilets mit den Schalotten, dem Weißwein und dem Wermut in eine gebutterte, große Auflaufform legen, mit Aluminiumfolie abdecken und 10 Minuten bei 200° ziehen lassen. Dann den Saft abgießen, mit Fumet de poisson einkochen und wie beschrieben fertigmachen. Die Sauce kann vor der Zugabe von Butter passiert werden.

Beilagen Keine oder Salzkartoffeln.

Wein Trockener Weißwein, z. B. weißer Burgunder oder trockener Sekt.

Variationen
- Andere Fischfilets verwenden.
- Nach Belieben Estragon oder Sauerampfer zur Sauce geben.
- Rahm und Butter durch Sauce miracle (s. d.) ersetzen.

FISCH VERLANGT EINE SORGFÄLTIGE ZUBEREITUNG

Bei zu großer Hitze gebratener oder gekochter Fisch wird trocken. Dies, weil bei ungefähr 70°C rund 90% des Eiweißes gerinnen. Dabei verliert es seine Struktur und bei noch höherer Temperatur die Fähigkeit, zu quellen und Wasser zu binden. Der Fischsaft läuft aus, weil die Zellen des Fleisches undicht werden. Damit verliert das zarte Fischfleisch auch sein Aroma. Daraus erklärt sich auch, warum man heute dazu neigt, Fisch knapp gar zu kochen. Das heißt nun aber nicht, daß wir beim Fischkochen mit einem Thermometer hantieren sollen.
Es genügt, wenn wir folgende Richtlinien beachten:

Kochen
Fische, die im Sud (pochiert) zubereitet werden, gibt man in die heiße, aber nicht mehr kochende Flüssigkeit und läßt sie darin ziehen, bis sich das Fischfleisch leicht zu trüben beginnt. Der Sud sollte nicht heißer sein als ungefähr 65–70° C (also so, daß man mit den Fingerspitzen die Temperatur noch knapp erträgt!).

Dünsten
Auch bei dieser Zubereitungsart achte man darauf, daß die Fische nicht zu heiß behandelt und vor allem nicht zu lange gedünstet werden.

Braten, Backen und Grillieren
Fische und Fischfilets, die gebräunt werden sollen, dürfen nur kurz in heiße Butter oder in ein Ölbad gegeben werden. Die starke Außenhitze genügt, um das Fischfleisch auch innen zu garen, ohne daß es trocken wird. Aluminiumfolie schützt den Fisch beim Grillieren gegen den allzu heißen Grillrost!

Das Warmstellen
Zarte Fischgerichte ertragen das Warmstellen schlecht.

Hier das neueste und originellste aller leichten Fischgerichte. Frische Seezungenfilets in einer Grapefruit/Rahm-Sauce, die sehr gut schmeckt und bei meinen Gästen stets für Überraschung sorgt.

Seezungenfilets mit Grapefruits

**

V Kann teilweise vorbereitet werden
Arbeitsaufwand: 10 Minuten
Kochzeit: 8 Minuten

Für 4 Personen
2 Grapefruits (gelbe, mit herbem Fruchtfleisch, am besten Jaffa)
1 Eßl. Butter
600 g Seezungenfilets
Salz, Pfeffer
1 dl Weißwein
1½ dl Rahm

Grapefruits auspressen. Flache Pfanne oder Topf mit 1 Eßlöffel Butter ausstreichen, Seezungenfilets zusammenrollen und einsetzen. Mit Salz und Pfeffer würzen. Grapefruitsaft und Weißwein zugeben, mit Aluminiumfolie oder Butterpapier zudecken, aufkochen und ca. 6 Minuten ziehen lassen. Seezungenfilets herausnehmen. Den Fischsud auf ca. ½ dl Flüssigkeit einkochen. Rahm in die Sauce geben und kochen lassen, bis sie sämig wird. Seezungenfilets hineingeben und in der Sauce erwärmen.

Bemerkungen Dieses Gericht ist nur gut, wenn wirklich frische, erstklassige Fischfilets verwendet werden.

Beilagen Salzkartoffeln oder Trockenreis.

Wein Herber, leichter Weißwein, z.B. Riesling.

Variationen
- 1 zusätzliche Grapefruit filetieren (S. 41) und das Gericht damit garnieren (amüsanter ist es, dies nicht zu tun, wenn man seine Tischgäste «irreführen» will; ohne diese Garnitur nämlich finden sie die Grundzutat der Sauce nicht heraus!).
- Man kann den Grapefruitsaft durch Orangensaft ersetzen. Die Sauce wird dadurch etwas süßlich. Deshalb 1 Prise Cayennepfeffer.

Eines der besten Fischgerichte aus der klassischen französischen Küche, auf neue, einfachere Art zubereitet. Delikater, frischer Salm in einer Sauerampfer/Butter-Sauce. Etwas für sehr Anspruchsvolle, aber trotzdem ohne Probleme in der Zubereitung.

Escalopes de saumon à l'oseille

(Salm in Sauerampfersauce)

***
V Muß «à la minute» zubereitet werden

Für 4 Personen
4 Tranchen frischer Salm (Lachs)
100 g Butter
2½ dl Weißwein
4 Eßl. weißer herber Wermut (z. B. Noilly Prat)
¾ dl Fumet de poisson (s. d.)
2 Eßl. gehackte Schalotten
2 Eßl. Rahm (evtl. Crème double)
3 Eßl. feingeschnittener Sauerampfer
Salz, weißer Pfeffer
½ Zitrone

Die Fischtranchen zwischen zwei Aluminiumfolien etwas platt drücken. Beiderseitig ganz kurz in 1 Eßlöffel Butter anziehen lassen. Weißwein, Wermut, Fumet de poisson und Schalotten zusammen aufkochen. So lange weiterkochen, bis nur noch ein Fingerhut Flüssigkeit in der Pfanne bleibt. Rahm beifügen, sämig werden lassen, zuletzt den Sauerampfer beifügen und nach Bedarf mit Salz und Pfeffer würzen. Die Pfanne von der Herdplatte wegziehen. Die Butter in kleine Stücke schneiden und mit dem Schwingbesen unter die Sauce ziehen. Wenig Zitronensaft zugeben. Den Fisch anrichten, leicht mit Pfeffer und Salz würzen und die Sauce darüber verteilen.

Bemerkungen Sauerampfer ist bei uns selten auf dem Markt erhältlich. Man findet ihn auf dem Felde oder muß ihn selbst anpflanzen. Er kommt aber langsam wieder in Mode.

Beilagen Keine, evtl. Salzkartoffeln.

Wein Nur das Beste ist dazu gut genug: Chassagne-Montrachet, Pouilly Fuissé, Chablis, Meursault.

Variationen
- Steinbutt, Wolfsbarsch oder Seezungen verwenden.
- Sauerampfer durch Estragon oder Dill ersetzen.

Knapp gegarter, saftiger Salm auf gut gewürztem Spinat – eine Delikatesse.

Frischer Salm auf Spinat

***
V Kann teilweise vorbereitet werden
Arbeitsaufwand: 20 Minuten
Garzeit: 3 bis 5 Minuten

Für 4 Personen
1 kg Blattspinat
Salz, Pfeffer
2 Eßl. Butter
2 Knoblauchzehen
½ Teel. Kerbel
4 Eßl. Mirepoix (s. d.)
4 Scheiben frischer Salm zu je 150 g (entgrätet)
Wenig Pfeffermischung (s. d.)
20 g frische Butter

Spinat waschen, erlesen, in einen großen Topf geben und ohne Beigabe von Wasser kochen, bis er zusammenfällt. Abgießen und gut abtropfen lassen. Spinat mit Salz und Pfeffer würzen. Butter erhitzen, Knoblauch durchpressen und darin anziehen lassen. Spinat zugeben, etwas Kerbel darübergeben. Unter öfterem Wenden auf mittelstarkem Feuer anziehen lassen.
Mirepoix mit 1 Liter Wasser in eine Pfanne mit Siebaufsatz geben. 10 Minuten vorkochen. Die Salmscheiben mit Salz und je einer Umdrehung Pfeffermischung würzen. Mit weicher Butter bestreichen. Auf den Siebeinsatz legen und über dem Dampf garen. Der Fisch darf nicht ganz durchgegart werden. Das Fischfleisch muß rötlich bleiben und soll unter Fingerdruck noch nachgeben. Spinat auf vorgewärmte Teller verteilen und Salm darauflegen.

Bemerkungen Salm wird im Sud oder auch auf dem Grill meistens trocken, was sehr schade ist. So hingegen kann das Garen mit Leichtigkeit überwacht werden. Es lohnt sich, denn Lachs bleibt auf diese Art saftig und schmeckt dadurch viel besser.

Beilagen Salz- oder Dampfkartoffeln (s. d.).

Wein Weißer Burgunder, Waadtländer Wein (z. B. Yvorne oder Aigle), herbe Frankenweine.

Variationen
- Sauce miracle mit wenig Noilly Prat (herber Wermuth) aufkochen und über den Fisch anrichten.
- Andere Fischsorten auf diese Art zubereiten, wie zum Beispiel Heilbutt, Seeteufel, Kabeljau, Colin.

Über Dampf zubereitete Fische behalten ihr volles Aroma und sind sehr «linienfreundlich», wenn man eine leichte Sauce dazu serviert.

Gedämpfte Fischfilets mit grüner Sauce

***
V Fische müssen «à la minute» gegart werden (Sauce kann vorbereitet werden)
Arbeitsaufwand: 25 Minuten
Kochzeit: 2 bis 3 Minuten

Für 4 Personen
3 Schalotten
1 Stück Sellerieknolle
1 Karotte
1 Lauchstengel (Porree)
2½ dl Doppelrahm (Crème de Gruyère)
2 Eßl. gehackte Petersilie
1 Teel. Estragon, frisch oder gekocht
500 g Fischgräten und -köpfe
Salz, Pfeffer
2 Teel. Fischgewürzsalz
800 g Felchen-, Egli- oder Flundernfilets
1 Teel. Pernod (nach Belieben)

Schalotten hacken. Sellerie und Karotte schälen und in feine Streifen schneiden. Lauch kleinschneiden. Rahm mit Petersilie, Estragon und einem Drittel der Schalotten im Mixer pürieren.
Fischgräten und -köpfe, restliche Schalotten, Sellerie und Karotten sowie Fischgewürzsalz in eine Kasserolle geben. 2 cm hoch mit Wasser füllen. Wenig Salz zufügen. Fischfilets in einen Aufsatz legen. Gemüse mit Wasser aufkochen. Den Lochaufsatz mit den Fischen auf die Kasserolle stellen. Deckel aufsetzen und 2 bis 3 Minuten im Dampf garen. 3 Eßlöffel Kochflüssigkeit in ein kleines Pfännchen geben und auf starkem Feuer bis auf ca. 1 Teelöffel reduzieren. Kräuterrahm zufügen, einkochen lassen, bis die Sauce sämig ist. Mit Salz und Pfeffer nachwürzen. Nach Belieben mit Pernod aromatisieren. Die Fischfilets auf warmen Tellern anrichten und die Sauce separat dazu servieren.

Bemerkungen Es eignen sich auch andere Fische, z.B. Seezunge oder Steinbutt. Es ist sehr wichtig, daß die Fische nur knapp gegart werden, die Gräten dürfen noch leicht rosa sein!

Beilagen Eventuell Salzkartoffeln, noch besser «Pommes à la vapeur» (s.d.).

Wein Weißer Burgunder, z.B. Pouilly Fuissé oder Chassagne Montrachet, weißer Rioja (seco), trockener badischer Weißwein.

Variationen
- Gemüsesud durch Wasser und Meeralgen (erhältlich im Feinkostgeschäft) ersetzen.
- Anstelle der Sauce verte Coulis de tomates (s.d.), Haselnußsauce (s.d.), Beurre blanc (s.d.) oder auch nur geschmolzene Butter zu den Fischfilets servieren.
- Ganze Fische im Dampf garen.

WIE FRISCH SIND FISCHE?

Daß Fische frisch gefangen am besten schmecken, wird sicher niemand bestreiten. Hat man aber nicht das Glück, an einem See oder in unmittelbarer Nähe des Meeres zu wohnen, dann stellt die Beschaffung oft einige Probleme. Wer sich aber dafür interessiert, findet bald heraus, an welchem Tage das Comestible- oder Feinkostgeschäft frische Fische angeliefert bekommt. Oft müssen wir zu tiefgekühlten Fischen greifen.
Sie werden sofort nach dem Fang kunstgerecht tiefgekühlt und bieten keine Probleme. Zartes Fischfleisch und gewisse Meerfrüchte werden allerdings durch das Tiefkühlen etwas trocken und verlieren an Aroma. Kräftige Meerfische, wie z. B. Kabeljau, ertragen diese Konservierungsart besser.
Tiefgekühlte Fische darf man nicht allzulange aufbewahren, besonders wenn es sich um fette Fische und Süßwasserfische handelt.
Auch sollte man tiefgekühlte Fische und Meerfrüchte vor der Zubereitung auftauen. Diesen Rat erteile ich entgegen anderslautenden Behauptungen aufgrund von unzähligen Versuchen, die ich gemacht habe.

Wie erkennt man frischen Fisch?
- Die Augen müssen klar, glänzend und leicht hervorstehend sein.
- Die Kiemen sollen glänzen, sind hellrot und dürfen auf keinen Fall bräunlich oder grau sein.
- Das Fleisch muß beim Anfassen fest sein. Es darf keine Flecken aufweisen.
- Fische dürfen nicht unangenehm oder aufdringlich riechen.

Frische Seezungenfilets in einer luftigen Weinschaumsauce, ein Gedicht für Fischliebhaber.

Filets de sole au sabayon

(Seezungenfilets in Weinschaumsauce)

***
V Muß «à la minute» zubereitet werden
Arbeitsaufwand: 15 Minuten
Kochzeit: 5 bis 10 Minuten

Für 2 Personen
1 Tomate
50 g frische Champignons, in Scheiben geschnitten
2 Eßl. Butter
4 Solefilets (Seezungenfilets)
2 Teel. Zitronensaft
Salz, Pfeffer
2 Eßl. guter Weißwein
2 Eigelb
1 Teel. Estragonblätter, gehackt
½ Teel. Pernod (nach Belieben)

Tomate schälen, halbieren, entkernen, Saft auspressen, dann in kleine Würfelchen schneiden. Champignons waschen und in Scheiben schneiden. Beides in 1 Teelöffel Butter 2 bis 3 Minuten leicht anbraten.
Seezungen in 1 Eßlöffel Butter beiderseitig kurz anziehen lassen. Mit 1 Teelöffel Zitronensaft beträufeln und mit Salz und Pfeffer würzen. Aus der Pfanne nehmen und warm stellen. Weißwein mit Eigelb im Wasserbad schaumig rühren. 1 Teelöffel Zitronensaft und Estragon beifügen. Sobald die Sauce sämig wird, vom Feuer nehmen. Restliche Butter stückweise darunterschlagen. Mit Pernod, Salz und Pfeffer würzen. Die Seezungen mit der Sauce übergießen. Tomaten und Champignons darüber verteilen.

Bemerkungen Wichtig ist, daß die Sauce im letzten Moment geschlagen wird. Sie soll schaumig sein und darf nicht zusammenfallen. Man kann auch die Butter weglassen und dafür die Zutaten für die Sauce verdoppeln.

Beilagen Keine, eventuell Salzkartoffeln.

Wein Sehr guter, herber Weißwein, z. B. weißer Burgunder, Waadtländer (den gleichen Wein für die Sauce verwenden), evtl. Sekt.

Variationen
- Andere Fischfilets verwenden, z. B. Steinbutt, Felchen, Forellen.
- Champignons oder Tomaten oder sogar beides weglassen.
- Für die Sauce Weißwein mit etwas Sauce miracle (s. d.) im Wasserbad aufschlagen.

Die Zubereitung des Sabayon

1
Weißwein und Eigelb in eine kleine Pfanne geben

2
Im Wasserbad mit dem Schneebesen schaumig rühren. Sobald die Sauce sämig wird, die Pfanne von der Herdplatte wegziehen

3
Wenig Butter stückweise darunterschlagen

Fisch im eigenen Saft gegart, mit einer delikaten Sauce serviert – eine besondere Delikatesse.

Felchen in Silberfolie mit Lauchsauce

Vier Rechtecke aus Aluminiumfolie zurechtschneiden. Mit Butter bestreichen. Die Fische innen und außen mit Salz und Pfeffer würzen. Auf die Folie legen. Durchgepreßten Knoblauch darüber verteilen. Mit Wein beträufeln. Die Fische gut einpacken, dabei die Folie nach oben einrollen. Im Backofen oder im Grill 20 Minuten schmoren lassen.
Inzwischen Schalotten oder Zwiebeln fein hakken. Lauch in Streifen schneiden. Beides kurz in Butter anziehen lassen. Mit Weißwein ablöschen, zugedeckt auf kleinem Feuer 10 Minuten dünsten. Rahm zufügen. 10 Minuten weiterkochen. Die Sauce im Mixer pürieren oder durch ein Sieb streichen.
Die Folienpakete öffnen, den Saft zur Lauchsauce gießen. Die Sauce nochmals erwärmen, Petersilie zufügen, nachwürzen und separat zu den Felchen servieren. (Die Felchen in der geöffneten Folie auf den Tisch bringen.)

*
V Kann vorbereitet werden
Arbeitsaufwand: 15 Minuten
Garzeit: 20 Minuten

Für 4 Personen
4 mittelgroße Felchen
1 Teel. Butter
2 Eßl. Weißwein
Salz, Pfeffer
1 Knoblauchzehe

Sauce
2 Schalotten oder ½ Zwiebel
1 Eßl. Butter
1 Eßl. Weißwein
250 g zarter Lauch (Porree)
1 dl Rahm
1 Eßl. Petersilie, gehackt
Salz, Pfeffer, Muskatnuß

Bemerkungen Darauf achten, daß die Folie so geschlossen wird, daß man sie nach dem Garen öffnen kann, ohne daß der Saft ausläuft.

Beilagen Salzkartoffeln.

Wein Spritziger Weißwein.

Variationen
- Forelle oder Saibling auf diese Art zubereiten.

Ganz gebratener Süßwasserfisch mit einer Garnitur aus Schalotten, Butter und vielen Kräutern. Einfach, aber köstlich.

Felchen mit Kräutern

*
V Kann teilweise vorbereitet werden
Arbeitsaufwand: 15 Minuten
Bratzeit: 5 Minuten

Für 4 Personen
4 Felchen zu je 250 g
1 Eßl. Petersilie, gehackt
1 Eßl. Schnittlauch, fein geschnitten
2 Eßl. gemischte Kräuter (Basilikum, Estragon, Salbei, Majoran, Thymian)
4 kleine Schalotten oder 1 kleine Zwiebel, fein gehackt
2 Eßl. eingesottene Butter
1 Knoblauchzehe
Salz, Pfeffermischung (s. d.)
100 g frische Butter
1 Zitrone

Felchen innen und außen gut würzen. Wenig Kräutermischung in den Bauch legen. Eingesottene Butter in einer großen Bratpfanne erhitzen. Die Felchen darin beidseitig hellbraun braten.
Frische Butter in einer zweiten Pfanne schmelzen lassen. Schalotten oder Zwiebel und durchgepreßten Knoblauch unter Wenden 3 bis 4 Minuten hellgelb dünsten. Alle Kräuter zufügen. Mit Salz und Pfeffer pikant würzen. Die schäumende Butter mit Kräutermischung über die Fische anrichten. Mit Zitronenscheiben garnieren.

Bemerkungen Man kann auch Fischfilets auf diese Art zubereiten. Fische mit Gräten, auf diese Art zubereitet, schmecken besser.

Beilagen Salzkartoffeln.

Wein Spritziger Weißwein.

Variationen
- Saiblinge oder Zuchtforellen auf diese Art zubereiten.
- Anstelle der gemischten Kräuter nur gehackten Salbei verwenden.
- Nach diesem Rezept kann man auch Meerfischfilets kochen.

WOHLSCHMECKENDE RAHMSAUCEN ZU FISCH

Zu zartem Fischfleisch bilden delikate Rahmsaucen eine vollkommene Begleitung. Für die Zubereitung dieser einmaligen samtigen Saucen wird oft die Verwendung von «Doppelrahm» (s. S. 314) empfohlen, weil er die Saucen dank seinem Fettgehalt und problemlosem Einkochen gut zu binden vermag. Man kann aber auch an seiner Stelle gewöhnlichen Vollrahm verwenden. Die Saucen werden dadurch etwas leichter, weniger konsistent und müssen zum Erreichen der Bindewirkung etwas länger eingekocht werden.

Leicht und aromatisch werden Saiblinge oder Forellen, wenn man sie in einem Kräutersud pochiert.

Saibling im Weinsud

**
V Kann vorbereitet werden.
Arbeitsaufwand: 10 Minuten
Kochzeit für Sud: 15 Minuten
Kochzeit für Fisch: 5 bis 7 Minuten

Für 4 Personen
4 Saiblinge (ca. 800 g), pfannenfertig
½ l Weißwein
100 g Karotten, in feine Streifen geschnitten
1 Zwiebel, in feine Streifen geschnitten
½ Kaffeel. Thymian, gehackt
1 Zweiglein Petersilie
1 Lorbeerblatt
2 Kaffeel. Salz
½ Kaffeel. Pfefferkörner

Weißwein, Karotten, Zwiebeln, Thymian, Petersilie, Lorbeerblatt, Salz und Pfeffer 15 Minuten kochen. Pfanne von der Herdplatte wegziehen. 3 bis 4 Minuten abkühlen lassen. Saiblinge innen salzen, in den Sud legen und 5 bis 7 Minuten zugedeckt ziehen lassen. Saiblinge im Sud auf den Tisch bringen. Fisch zerlegen, auf warmen Teller legen. Nach Belieben etwas heißen Fischsud und Gemüsejulienne darübergeben.

Bemerkungen Fisch sehr knapp und nicht bei großer Hitze pochieren. Mit einem Badethermometer können Sie die Hitze des Sudes messen (max. 65°).

Beilagen Salz- oder Dampfkartoffeln, Beurre blanc (s. d.) oder Schalottenbutter (s. d.) oder geschmolzene Butter.

Variationen
- Frischer Lachs oder Forellen auf dieselbe Art zubereiten (Lachs am Stück pochieren).

WAS IST «BEURRE MANIÉ»?

Ideal ist es, wenn delikate, gebundene Saucen gar kein Mehl enthalten. Sind sie aus irgend einem Grunde zu dünnflüssig geraten oder will man sie etwas strecken, empfiehlt sich die Verwendung von «beurre manié» einer Mehlbutter, die rasch zubereitet werden kann:
1 Esslöffel Mehl mit 1 ½ Esslöffel frischer Butter gut verkneten. Flockenweise der leise kochenden Sauce zufügen. Unter ständigem Rühren auflösen, weiterrühren, bis die Sauce nach Wunsch gebunden ist. Beurre manié und gewöhnlicher Rahm können als Ersatz für Doppelrahm verwendet werden. Darauf achten, dass die Sauce nicht zu dick wird. Sie sollte fließend bleiben, damit die Mehlzugabe nicht auffällt.

Meerfisch ganz gedämpft, mit einer würzigen Garnitur aus Tomaten, Knoblauch, Fenchel und Basilikum.

Rotbarbe mit Tomaten

(Rouget aux tomates)

**
V Kann teilweise vorbereitet werden
Arbeitsaufwand:
25 Minuten
Kochzeit:
10 Minuten

Für 4 Personen
4 Rotbarben (Rougets) oder andere Meerfische (Portionen)
Salz, Pfeffer
1 Zweiglein Fenchelkraut oder 1 Teel. Fenchelsamen

Sauce
4 reife Tomaten
2 Eßl. Olivenöl, kalt gepreßt
2 Knoblauchzehen
Pfeffermischung (s. d.)

Fisch innen und außen gut mit Salz und Pfeffer würzen. Wenig Fenchelkraut oder Samen in den Bauch legen. Die Fische über dem Dampf 5 Minuten garen (Siebeinsatz über eine mit Wasser gefüllte Pfanne legen).

Zuerst die Sauce zubereiten:
Tomaten kurz in kochendes Wasser tauchen, schälen, halbieren, Kerne entfernen und leicht auspressen. In kleine Würfel schneiden. In Olivenöl kurz anziehen lassen. Durchgepreßten Knoblauch, Pfeffer, Salz und Koriander zufügen. Vorsichtig mit Fenchel würzen. Basilikum in feine Streifen schneiden. Die Hälfte davon unter die Sauce ziehen. 1 Stunde im Kühlschrank ziehen lassen.
Die Fische auf vorgewärmte Teller legen. Die gewärmte Sauce darüber verteilen und mit den restlichen Basilikumstreifen garnieren.

Bemerkungen Man kann die Fische auch ganz kurz in einem Sud ziehen lassen. Im Dampf zubereitet behalten sie aber ihr volles Aroma.

Beilagen Salz- oder Dampfkartoffeln.

Wein Vin de Sables, Blanc de Blanc, Clairette, Cassis, Rosé de Provence oder würziger, kühl servierter Weißwein.

Je 1 Prise Salz und Korianderpulver
Wenig Fenchelkraut oder -samen
10 Basilikumblätter

Ein zartes Fischgericht, das besonders gut aussieht, wenn man mehrere Fischsorten dazu verwendet.

Fricassée de poisson

**
V Kann teilweise vorbereitet werden
Arbeitsaufwand: 10 Minuten
Kochzeit des Sudes: 15 Minuten (im Dampfkochtopf nur 5 Minuten)

Für 4 Personen
600 g Süßwasserfische (wenn möglich 3 verschiedene Sorten, z. B. Forelle, Lachs, Felchen oder andere Fische mit festem Fleisch ohne Gräten)
300 g Fischgräten und Köpfe
1 Eßl. Butter
2 Eßl. Schalotten, fein gehackt
Salz, Pfeffer
1 Teel. Zitronensaft
2 dl Weißwein
4 Eßl. Rahm
4 Eßl. Sauce miracle (s. d.)
2 Eßl. Schnittlauch, gehackt

Gräten und Fischköpfe mit Weißwein 15 Minuten kochen (im Dampfkochtopf nur 5 Minuten). Schalotten in 1 Eßlöffel Butter dünsten. Fischfilets in mundgerechte Stücke schneiden. Zu den Schalotten geben. 1 bis 2 Minuten mitdünsten. Mit dem passierten Weißweinsud ablöschen. Zitronensaft zufügen. 5 Minuten neben der Herdplatte zugedeckt ziehen lassen. Mit Salz und Pfeffer würzen. Die Fischstücke aus der Pfanne nehmen und warm stellen. Den Sud auf 3 Eßlöffel Flüssigkeit reduzieren. Rahm zufügen, aufkochen. Von der Herdstelle wegziehen. Sauce miracle zugeben. Bis knapp vors Kochen bringen. Nachwürzen und über die angerichteten Fischstücke gießen. Mit Schnittlauch bestreuen.

Bemerkungen Darauf achten, daß die Fische nur knapp gegart werden, sonst werden sie trocken. Besonders gut macht sich frischer Lachs in diesem Gericht.

Beilagen Salz- oder Dampfkartoffeln

Wein Herber Weißwein, z. B. weißer Burgunder oder Waadtländer Weißwein.

Variationen
- Kleingeschnittenes, knapp gedünstetes Gemüse (Lauch, Karotten, Sellerie) zur Sauce geben.

- Meerfisch verwenden, 1 durchgepreßte Knoblauchzehe zugeben und Schnittlauch durch frischgehackte Petersilie ersetzen.
- Sauce miracle weglassen, dafür eine Prise Safran beigeben.

Exklusives Schaumbrot aus Jakobsmuscheln, an einer leichten, würzigen Tomatensauce.

Mousse de coquilles St-Jacques au basilic

***
V Kann vorbereitet werden
Arbeitsaufwand: 30 Minuten
Kochzeit: 10 Minuten

Für 4 Personen
300 g Coquilles St-Jacques
100 g Fischfilets (z. B. Soles)
1 Eiweiß
3 dl Rahm
1 Teel. Zitronensaft
½ Teel. abgeriebene Zitronenschale
1½ Eßl. gehackter Basilikum
Salz, Pfeffer
Butter für die Förmchen

Sauce:
2 Schalotten
1 Eßl. Butter
500 g schöne reife Tomaten
1 Knoblauchzehe
¼ Lorbeerblatt
1 kleiner Zweig Selleriekraut
1 Zweiglein Petersilie
1 Prise Thymian
1 Teel. Zucker
2 Sardellenfilets
Salz, Pfeffer

Coquilles St-Jacques (Jakobsmuscheln) wenn gefroren im Kühlschrank ganz auftauen lassen. Zusammen mit den etwas zerkleinerten Fischfilets in den Mixer oder einen Schneidapparat geben und grob zerhacken. Kaltes Eiweiß und kühlen Rahm zufügen. Zu einer gleichmäßigen, feinen Masse pürieren. Zitronensaft und -schale sowie 1 Eßlöffel gehackten Basilikum beigeben und mit Salz und Pfeffer würzen.
In kleine bebutterte Förmchen einfüllen. Die Förmchen in ein großes, halbhoch mit Wasser gefülltes Gefäß (evtl. Bräter oder Auflaufform) stellen und 8 Minuten bei 180 °im Ofen garen.
Für die Sauce Schalotten hacken, in Butter 2 bis 3 Minuten dünsten, ohne Farbe annehmen zu lassen. Tomaten kurz in kochendes Wasser tauchen, schälen, halbieren, auspressen und Kerne entfernen. In Stücke schneiden und zusammen mit dem durchgepreßten Knoblauch zu den Schalotten geben. Lorbeerblatt, Selleriekraut, Petersilie, Thymian und Zucker zugeben. 10 Minuten unter gelegentlichem Rühren auf kleinem Feuer kochen. Nach dieser Zeit Lorbeerblatt, Sellerie und Petersilie herausnehmen. Die Sauce durch ein feines Sieb passieren oder im Mixer pürieren. Sardellen ganz fein gehackt zugeben oder mit pürieren. Mit Salz und Pfeffer würzen und mit dem restlichen Basilikum mischen. Die Köpfchen nach dem Kochen im Wasserbad stürzen und mit der Sauce überziehen. Alles warm servieren!

Bemerkungen Unbedingt darauf achten, daß alle Zutaten für die Zubereitung der Mousse sehr kalt in den Mixer kommen, sonst flockt das Fischeiweiß aus, und die Mousse wird grießig und unansehnlich. Für diese Zubereitungsart kann man gut tiefgekühlte Jakobsmuscheln verwenden. Wenn ich das Glück habe, frische zu finden, finde ich es schade, sie im Mixer zu pürieren. Dann gare ich sie über dem Dampf und serviere sie mit Beurre blanc (s. d.) oder in der gewaschenen Muschel, leicht überbacken.
Frische Jakobsmuscheln gut reinigen: öffnen (oder schon im Feinkostgeschäft öffnen lassen), dabei Schließmuskel durchtrennen. Das Muschelfleisch mit einem Löffel sorgfältig von der Schale lösen. Mehrmals kalt abspülen, bis kein Sand mehr vorhanden ist. Der rote Teil (Corail) kann als Garnitur des Gerichtes dienen (abtrennen, im Dampf garen – auf Siebeinsatz – und auf die gestürzten Mousses legen).

Variationen
- Mit Schnittlauch- oder Cocktailsauce (s. d.) servieren. Basilikum weglassen.
- Aus der Mousse kleine Klößchen formen, in Salzwasser kurz ziehen lassen und ein Fischgericht damit bereichern.

Ein kaltes Gericht aus Fisch und Meeresfrüchten, mit Fischsulze geliert, serviert mit einer leichten Quark/Kresse-Sauce. Leicht, pikant und dekorativ.

Gelierte Meeresfrüchte

**
V Kann vorbereitet werden
Arbeitsaufwand: 40 Minuten
Kochzeit des Sudes: 15 Minuten (im Dampfkochtopf nur 5 Minuten), zusätzlich Gelierzeit 3 bis 4 Stunden

Fischgräten, Zwiebel, Karotte, Lorbeerblatt, Pfefferkörner und ½ Teelöffel Dillspitzen mit Wein, 1 Teelöffel Salz und 2½ dl Wasser 15 Minuten kochen lassen (im Dampfkochtopf nur 5 Minuten). Rahmquark schaumig schlagen, Kresse waschen, hacken und darunterziehen. Mit Salz und Pfeffer würzen.
Fischsud durch ein Haarsieb gießen. Wieder in die Pfanne geben. Fisch in kleine Würfel

Für 6 Personen (Savarin- oder Reisring von 24 cm ∅)
500 g Fischgräten (von Seezungen usw., in Feinkostgeschäften erhältlich)
1 grobgeschnittene Zwiebel
1 Karotte, in Rädchen geschnitten
1 Lorbeerblatt
6 weiße Pfefferkörner
1 Teel. Dillspitzen
5 dl Weißwein
Salz, gemahlener Pfeffer
200 g Rahmquark
300 g Kresse
200 g Fischfilets, wie Seezunge Baudroie (Seeteufel) oder Colin (Seehecht)
200 g gekochte und geschälte Crevetten
200 g Moules (Miesmuscheln) oder Coquilles St-Jacques (Jakobsmuscheln), ohne Schalen
8 Gelatineblätter
1 Teel. Pernod (nach Belieben)

schneiden. Mit Coquilles St-Jacques im Sud 5 Minuten ziehen lassen. Abgießen und Sud aufbewahren. Moules in wenig Fischsud kochen. Schalen entfernen. Savarinring mit gekochten Karottenrädchen, Fischwürfelchen (ohne Sud), Crevetten und Coquilles St-Jacques oder Moules füllen. Darauf achten, daß der Boden der Form dekorativ bedeckt wird, damit später beim Stürzen ein hübsches Dessin zum Vorschein kommt. Fischsud bis zur Hälfte einkochen. Gelatine 3 bis 4 Minuten in kaltem Wasser aufquellen lassen, gut ausdrükken und im Sud auflösen. Nicht mehr kochen. Pernod und Dillspitzen beifügen. Sud über die Meeresfrüchte verteilen. 3 bis 4 Stunden im Kühlschrank fest werden lassen.
Ringform kurz in heißes Wasser tauchen und sofort auf eine runde Platte stürzen. Sauce in den Ring einfüllen oder separat servieren. Man kann auch kleine Portionenringe oder Puddingförmchen mit den gelierten Meeresfrüchten füllen und diese dann auf die Teller stürzen.

Bemerkungen Wenn frische Muscheln verwendet werden, die Muscheln zuerst gut waschen, den sogenannten «Bart» entfernen und sie 10 Minuten im Fischsud kochen, bis sich die Schalen öffnen. Von den Schalen befreien und wie beschrieben weiterverwenden. Coquilles St-Jacques sind tiefgekühlt erhältlich.

Beilagen Frisches Weißbrot oder Toasts mit Butter.

Wein Weißer Burgunder, Sancerre, Blanc de Blanc, Riesling, Sekt

Variationen
- Je nach Saison andere Fische oder Meeresfrüchte wählen.
- Süßwasserfische (z. B. Felchen, Forellen usw.) und frischgekochte Flußkrebse verwenden.
- Als Beilage: Cocktailsauce, Sauce verte, Schnittlauchsauce (s. d.).
- Dill durch Estragon ersetzen. Pernod weglassen.

Miesmuscheln an einer feinen Kräutersauce, geeignet als Vorspeise für ein festliches Mahl oder als Hauptgericht für Liebhaber von Meeresfrüchten.

Moules «Sauce aux herbes»

*
V Kann vorbereitet werden
Arbeitsaufwand: 30 Minuten
Kochzeit: 10 Minuten

Für 4 Personen
2 kg Moules (Miesmuscheln)
¼ l Weißwein
3 Schalotten, gehackt
1 Lorbeerblatt
1 Gewürznelke
5 Pfefferkörner, weiß
1 Knoblauchzehe
1 Teel. Provencekräuter
⅛ l Rahm
2 Eigelb
2 Eßl. trockener Wermut
Salz, weißer Pfeffer
1 Eßl. Petersilie, gehackt

Die Moules putzen. Den sogenannten «Bart» (aus dem Innern der Muschelschale herausragend) herauszupfen. Offene Moules, die sich nicht wieder von selbst schließen, müssen fortgeworfen werden! Die Moules in einen großen Kochtopf geben. Weißwein, Schalotten, Lorbeerblatt, Gewürznelke und Pfefferkörner beifügen und zugedeckt aufkochen. Sobald sich die Schalen der Moules öffnen, Topf von der Herdplatte wegziehen. Den Kochsud durch ein Sieb in eine kleine Pfanne geben. Durchgepreßten Knoblauch und Provencekräuter zugeben und auf die Hälfte einkochen. In einem zweiten kleinen Pfännchen den Rahm auf kleinem Feuer unter Rühren 15 Minuten eindicken lassen. Das Eigelb mit dem Wermut verquirlen. Von den Moules je 1 Schale trennen und die andere Hälfte auf eine vorgewärmte Platte anrichten. Sofort warm stellen. Eier, Rahm und Moules-Sud mischen und unter Rühren bis knapp vors Kochen kommen lassen. Die Sauce mit Salz und Pfeffer nachwürzen und auf die Moules verteilen. Mit Petersilie bestreuen.

Bemerkungen Moules werden lebend verkauft. Die Schalen öffnen und schließen sich von selbst. Das ist das Zeichen, daß sie leben. Bis zum Kochen sollte man sie im Kühlschrank aufbewahren. Geöffnete Moules sollte man wegwerfen.

Beilagen Salzkartoffeln oder Trockenreis. In Frankreich ißt man sie oft nur mit Pariser Brot.

Wein Gehaltvoller Weißwein.

Ein Bestseller unter meinen Fischgerichten. Jeder, auch wer Fisch nicht besonders mag, schätzt dieses mit Meeresfrüchten gefüllte Blätterteigpastetchen.

Feuilletés aux fruits de mer

**
V Kann vorbereitet werden (nur Sauce im letzten Moment binden)
Arbeitsaufwand: 30 Minuten
Kochzeit: 10 Minuten
Backzeit: 10 Minuten

Für 6 Personen
500 g Miesmuscheln
12 rohe Langustinen oder Scampi
500 g Fisch, wie Seeteufel, Kabeljau, Seehecht
6 Jakobsmuscheln (tiefgekühlt erhältlich), nach Belieben
2 Eßl. Butter
150 g Crevetten, geschält und
1 Teel. Zitronensaft
3 dl Weißwein
2 Eßl. gehackte Schalotten
1 Karotte
1 Stück Sellerieknolle
1 Büschel Petersilie
2 Eigelb
1½ dl Rahm
Salz, Pfeffer
1 schwarze Trüffel (nach Belieben)
Cayennepfeffer
2 Eßl. trockener weißer Wermut
6 große Pastetchenhüllen (beste Qualität)

Miesmuscheln unter fließendem Wasser gründlich abbürsten, Bart entfernen. Langustinen oder Scampi, Fisch und Jakobsmuscheln in kleine Stücke oder Scheiben schneiden. In etwas Butter 5 Minuten dünsten, ohne anbraten zu lassen, dann die Crevetten beigeben. Kurz mitdünsten und mit Zitronensaft beträufeln. Miesmuscheln mit Weißwein, verdünnt mit 1 dl Wasser, den gehackten Schalotten, Karotte, Sellerie und Petersilie aufkochen, bis sich die Schalen öffnen. Schalen entfernen. Sud passieren und auf 2 dl Flüssigkeit einkochen. Eigelb mit Rahm gut verquirlen, die Sauce daraufgießen und unter Rühren bis vors Kochen bringen. Mit Salz, Pfeffer, Cayennepfeffer und Wermut abschmecken, die Fische in die Sauce geben.
In die inzwischen heißgemachten Pastetchenhüllen füllen. Nach Belieben eine blättrig geschnittene Trüffel vor dem Anrichten unter die Sauce ziehen.

Bemerkungen Die Sauce kann bis auf die Zugabe des Eierrahmes vorbereitet und im Wasserbad warm gehalten werden. Wichtig ist, daß sie nach dem Binden mit dem Eigelb nicht mehr kocht, sonst zerfällt sie.

Beilagen Keine.

Wein Walliser, Waadtländer, Riesling, Gewürztraminer, Pinot gris.

Variationen
- Die Zusammenstellung kann vereinfacht werden.
- Eventuell mit frischen, blättrig geschnittenen Champignons strecken.
- Sauce durch Sauce miracle (s. d.) ersetzen und etwas reduzierten Fischsud zugeben.

Scampi im eigenen Saft gegart und in einer aromatischen Whiskysauce angerichtet – ein Volltreffer bei einfachster Zubereitung.

Scampi au Whisky

***
V Kann teilweise vorbereitet werden
Arbeitsaufwand: 10 Minuten
Bratzeit: 15 Minuten

Für 4 Personen
600 g rohe Scampi mit Schale
2 Eßl. gehackte Schalotten
1 Eßl. Kochbutter
¼ Lorbeerblatt
2 Eßl. Rahm
4 Eßl. Whisky
Salz, weißer Pfeffer
50 g Tafelbutter
Bratfolie

Den Backofen auf 200° einstellen. Die Scampi schälen (tiefgekühlte zuerst auftauen lassen). Den Darm sorgfältig entfernen (brauner Faden).
Ein passendes Stück Bratfolie in Schlauchform abschneiden und an einem Ende verschließen. Die Scampi mit den Schalotten, dem Eßlöffel Kochbutter und dem Lorbeerblatt hineingeben. Die Folie schließen, mehrmals mit einer Nadel einstechen, auf den kalten Rost legen und auf der zweituntersten Rille im Backofen bei 200° 15 Minuten garen. Mit der Schere ein kleines Loch in die Folie schneiden. Die Scampi aus dem Ofen nehmen. Mit Backhandschuhen an den Verschlüssen anfassen und den Saft aus der Folie in ein Pfännchen gießen. Rahm und Whisky beifügen und etwas einkochen lassen. Mit Salz und Pfeffer würzen. Die Pfanne vom Feuer nehmen, 1 bis 2 Minuten abkühlen lassen. Inzwischen die Scampi in der Folie im abgestellten Backofen warm halten. Die Tafelbutter flockenweise unter die Sauce rühren. Die Scampi in eine vorgewärmte Schüssel legen und mit der Sauce begießen.

Bemerkungen Wichtig ist, daß tiefgekühlte Scampi vor der Weiterverwendung komplett aufgetaut werden. Gefroren gekocht, werden sie hart. Das ist eine Erfahrung, die ich mir erst erarbeiten mußte!

Beilagen Salzkartoffeln, Trockenreis, knuspriges Pariser Brot.

Wein Gehaltvoller Weißwein nach Wahl.

Variationen
- Die Whiskysauce läßt sich auch anstelle der Butter mit einem Eigelb oder Sauce miracle (s. d.) binden.

FLEISCHGERICHTE
Attraktives für den Alltag

Daß man auch aus preisgünstigen Fleischstücken etwas Gutes bereiten kann, wissen gute Köche schon lange. Allerdings dauert die Zubereitungszeit oft etwas länger. Wie gut kann doch eine gekochte Ochsenbrust oder ein gekonnt zubereitetes Ragout schmecken! Oder auch ein bescheidenes Schweineschnitzel, wenn es das gewisse Etwas nicht vermissen läßt. Die Beilagen können individuell gewählt werden: Kartoffeln, Nudeln, Reis oder Polenta, wenn große Esser oder Kinder dabei sind, oder auch nur eine Gemüsebeilage, wenn das Menü nicht zu üppig sein soll.
Übrigens habe ich auch bei diesen Gerichten leichte Saucen ausgearbeitet – ganz ohne Mehlbeigabe!

KLARE UND GEBUNDENE FLEISCH-SAUCEN

Alle in diesem Buch beschriebenen Saucen sind sehr konzentriert und knapp bemessen. Wer gerne mehr Sauce haben möchte, kann sie nach Belieben verlängern oder auch binden.
Hier ein paar Möglichkeiten:

Klare Saucen:
- Zusätzliche Knochen mit dem Fleisch mitbraten. Dadurch entsteht mehr Fleischsaft, der zum Schluß noch mit «Glace de viande» (s. d.) oder klarer Sauce (Würfel oder Tube) gestreckt werden kann.

Gebundene Saucen:
- Wie bei den klaren Saucen (s. oben) verfahren. Die Sauce anschließend entweder stark eindicken lassen und mit etwas Rahm verfeinern oder mit wenig Beurre manié (Mehlbutter) (s. d.) binden.
- Soll die Sauce gebunden sein und doch klar bleiben, dann empfiehlt sich die Beigabe von etwas Maispuder (Maisstärke). Diese Bindung ist speziell für chinesiche, süßsaure und ähnliche Gerichte geeignet.
  Auf keinen Fall Sahne zugeben.
- Das Binden mit Mehlschwitze ist nur für ausgesprochen rustikale Gerichte oder regionale Spezialitäten zu empfehlen, deren Rezepte nicht abgeändert werden sollen.

Ein Fleischgericht, das aus dem Rahmen fällt: Schweinsschnitzel mit Pfirsichen in Marsala-Sauce, die durch den grünen Pfeffer eine pikante Note erhält.

Schweinsschnitzel mit Pfirsichen

Das Fleisch mit Pfeffer und Thymian gut würzen. Pfirsiche abgießen (Saft aus der Dose aufheben), frische Pfirsiche schälen, in Schnitze schneiden und in Marsala oder Weißwein legen.
Die Fleischstücke beiderseitig in Butter goldbraun braten. Mit Salz bestreuen. Etwas Bratenfett abgießen. Schalotten zugeben und kurz mitdünsten und mit der Hälfte des Marsala oder Weißweins (von den eingelegten Pfirsichen) 20 Minuten schmoren lassen. Das Fleisch aus der Pfanne nehmen und warm stellen. Den Bratenfond sieben und mit dem restlichen Marsala oder Wein ablöschen. Stark aufkochen und auf die Hälfte reduzieren. Johannisbeergelee und Fleischjus zufügen. Nochmals aufwallen lassen. Mit Cayennepfeffer abschmecken. Kurz vor dem Servieren den grünen Pfeffer der Sauce beifügen und zuletzt die in Flocken geschnittene Butter mit dem Schwingbesen unter die Sauce arbeiten.
Die Pfirsichschnitze im Dosensaft aufwärmen oder frische Pfirsiche in ganz wenig Butter dünsten. Dekorativ auf dem Fleisch anordnen. Die Sauce darüber verteilen.

Beilagen Pommes mousseline (s. d.), Trokkenreis.

Wein Einfacher Rotwein.

Variationen
- Zur Abwechslung auch mit Kiwis oder Mangos zubereiten (exotische Note).
- Läßt sich auch mit Schweinsfilet zubereiten. Das Gericht wird dadurch etwas leichter.

*
V Kann vorbereitet werden
Arbeitsaufwand: 15 Minuten
Bratzeit: 25 Minuten (in der Schnellbratpfanne nur 8 Minuten)

Für 4 Personen
4 Tranchen magerer Schweinshals
Salz, Pfeffer
Thymian
4 Pfirsichhälften, frisch oder aus der Dose
2½ dl Marsala oder Weißwein
1 Teel. Butter
1 Eßl. gehackte Schalotten
2 Teel. Fleischjus (s. d.)
2 Teel. Johannisbeergelee
1 Eßl. grüner Pfeffer aus Madagaskar
2 Prisen Cayennepfeffer
30 g Butter

Wie gut die säuerlichen Aprikosen zu Schweinefleisch passen, merkt man bei diesem einfachen, aber schmackhaften Gericht.

Schweinskoteletts mit Aprikosen

*
V Kann vorbereitet werden
Arbeitsaufwand: 10 Minuten, zusätzlich Einlegezeit der Aprikosen
Bratzeit: 15 Minuten

Für 4 Personen
4 dicke Schweinskoteletts
8 gedörrte Aprikosen
1 Teel. Senf
1 Teel. Rosmarinnadeln
Salz, Pfeffer
2 Eßl. Butter

Aprikosen am Vorabend in Wasser legen. Schweinskoteletts vom Metzger so einschneiden lassen, daß eine Tasche entsteht. Die Öffnung mit Salz und Pfeffer bestreuen. Die Koteletts mit je 2 Aprikosen füllen. Fleisch mit Pfeffer würzen und mit der Butter anbraten. Mit Senf bestreichen und mit Rosmarinnadeln bestreuen. Beiderseitig je 7 bis 8 Minuten in der restlichen Butter weiterbraten, würzen und mit dem Bratensaft begießen.

Bemerkungen Öffnungen der Koteletts mit Rouladennadeln oder Hölzchen verschließen.

Beilagen Einfaches Kartoffelgericht, Spinat oder Lattich.

Wein Einfacher Rotwein.

Variationen
- Aprikosen durch entsteinte Dörrzwetschgen ersetzen.

Ein Schnellgericht mit dem gewissen Etwas: Kleine Schweinsfiletplätzchen mit Champignons an einer klaren Sherrysauce.

Schweinsfilets mit Jerez

**
V Kann vorbereitet werden.
Arbeitsaufwand: 20 Minuten
Bratzeit: 5 Minuten

Champignons waschen und in feine Scheiben schneiden. Butter erhitzen. Zwiebeln grob hacken und in der Butter hellbraun anbraten. Zwiebeln aus der Pfanne nehmen (sie dienen lediglich dazu, der Butter Geschmack zu geben). Schweinsfilets in den Bratenfond der

Zwiebeln geben und beidseitig anbraten. Mit 2 Eßlöffeln Sherry ablöschen und gut würzen. Das Fleisch nach 3 Minuten aus der Pfanne nehmen, würzen und warm stellen. Restlichen Sherry und Kalbsjus oder klare Sauce zugießen. Champignons in die Pfanne geben. Auf großem Feuer stark einkochen lassen. Mit Origano, Salz, Pfeffer und Cayennepfeffer würzen. Über das Fleisch anrichten.

Bemerkungen Wichtig ist, daß die Sauce klar und konzentriert wird.

Beilagen Crêpes Parmentier, Savoyer Kartoffeln (s. d.), Reis, oder Gemüse.

Wein Leichter Rotwein.

Variationen
- Andere Fleischsorten verwenden, z. B. Kalbssteak, Geflügelteile oder Schweinskoteletts (evtl. Carré).

Für 4 Personen
8 Scheiben Schweinsfilet zu je 50 g
1 Zwiebel
2 Eßl. Butter
100 g frische Champignons
½ Teel. Origano, gehackt
1 dl herber Jerez (Sherry)
1 dl Kalbsjus (s. d.) oder klare Sauce
Salz, Pfeffer
1 Prise Cayennepfeffer

Auch Schweinskoteletts können besonders gut sein, zum Beispiel in einer Senf / Rahm-Sauce mit Essiggurken und frischgehacktem Majoran.

Schweinskoteletts in Senf / Rahm-Sauce

Die Schweinskoteletts gut würzen und beidseitig in Butter braten. Mit Wein ablöschen, durchgepreßten Knoblauch, Senf und die in feine Scheibchen geschnittenen Essiggurken zugeben. Halb zugedeckt dämpfen. Nach 10 Minuten die Koteletts herausnehmen und warm stellen. Die Sauce etwas einkochen lassen, dann den Rahm zugeben. Nach Bedarf nachwürzen, 5 Minuten eindicken lassen und über die Koteletts gießen. Mit frischgehacktem Majoran bestreuen.

Bemerkungen Die genaue Bratzeit richtet sich nach der Größe der Koteletts. Jedenfalls sollten sie durchgebraten, aber nicht trocken werden.

**
V Kann vorbereitet werden
Arbeitsaufwand: 15 Minuten
Bratzeit: 15 Minuten

Für 4 Personen
4 große Schweinskoteletts
2 Eßl. Butter
1 dl Weißwein
1 Knoblauchzehe
1 Eßl. französischer Senf (Dijon)
1 dl Doppelrahm
2 Essiggurken
Salz, Pfeffer
1 Eßl. Majoran, frisch gehackt

Beilagen Frisches Gemüse, Nudeln, Trockenreis, Kartoffeln (Baked potatoes, s. d., Pommes mousseline, s. d., Savoyer Gratin, s. d.).

Wein Leichter Rotwein.

Variationen
- Majoran durch Estragon ersetzen.
- Essiggurken weglassen.
- Wenig feingeschnittene Paprikaschoten mitdünsten.

Magere Schweineschnitzel in einer raffinierten Sauce aus zweierlei Senfsorten, mit Rahm verfeinert und mit Estragon und Paprika gewürzt.

Schweineschnitzel «St-Vincent»

**

V Kann vorbereitet werden
Arbeitsaufwand: 10 Minuten
Bratzeit: 20 Minuten

Für 4 Personen
4 Schweineschnitzel
Salz, Pfeffer
1 Eßl. eingesottene Butter
2 Eßl. gehackte Schalotten
2 Eßl. Senf aus Meaux (grobkörniger Senf)
2 Teel. Senf aus Dijon
¼ Teel. Estragon, fein gehackt
½ Teel. Paprika, edelsüß
4 Eßl. Weißwein
1½ dl Rahm
1 Eßl. Cognac

Die beiden Senfsorten gut mischen. Fleisch mit Pfeffer bestreuen und beiderseitig in Butter goldbraun anbraten. Auf kleiner Hitze 5 Minuten weiterbraten. Die Schalotten zufügen und das Fleisch salzen. 5 bis 8 Minuten dünsten. Das Fleisch herausnehmen und warm stellen, sobald es gar ist. Senf, Estragon, Paprika und Weißwein in den Bratenfond geben. Gut verrühren. Aufkochen lassen. Rahm und Cognac zufügen. Nachwürzen.
Die Sauce über das Fleisch gießen und den Rest separat dazu servieren.

Beilagen Kartoffeln in der Schale, Nudeln, Trockenreis, Bratkartoffeln nach Schweizerart (Rösti).

Wein Beaujolais, einfacher Rotwein.

Variationen
- Nur eine Senfsorte verwenden.
- Weißwein durch Jerez (Sherry) ersetzen, Cognac weglassen.

Ein Schweinskotelett mit einer feinen Füllung aus Champignons, Zwiebeln und Schinken in einer pikant mit Cayennepfeffer gewürzten Rahmsauce.

Gefüllte Schweinskoteletts

Koteletts seitlich bis zum Knochen einschneiden, so daß eine Tasche entsteht (eventuell bereits vom Metzger so vorbereiten lassen). Koteletts mit Duxelles füllen. Mit einer Rouladennadel oder einem Zahnstocher verschließen.
Koteletts mit Pfeffer bestreuen und beiderseitig in Butter goldbraun anbraten. Fleisch salzen. Wein zugeben und zugedeckt 25 Minuten schmoren lassen. Koteletts aus der Pfanne nehmen und warm stellen. Bratenfond mit ½ dl Wasser aufkochen und lösen. Fond zufügen, gut verrühren und mit Cayennepfeffer nachwürzen. Sehr konzentriert einkochen. Mit Rahm verfeinern. Sauce über die Koteletts gießen.

Bemerkungen Diese gefüllten Koteletts werden in der Schnellbratpfanne besonders saftig und sind darin bereits nach 8 Minuten gar.

Beilagen Luftig geschlagenes Kartoffelpüree oder Pommes Darphin (s. d.).

Wein Leichter Rotwein, z. B. Beaujoulais, Côtes-du-Rhône.

Variationen
- Füllung mit wenig Tomatenwürfelchen mischen.
- Rahm weglassen.
- 1 Teelöffel scharfen Senf zur Sauce geben.
- Mit Bratwurstbrät und gedünsteten Peperoni-(Paprika)-würfelchen füllen.
- Mit einer Masse aus geriebenem Brot, Ei und Kräutern füllen.

*
V Kann vorbereitet werden
Arbeitsaufwand: 20 Minuten
Bratzeit: 25 Minuten

Für 4 Personen
4 magere Schweinskoteletts
Salz, Pfeffer, Muskatnuß
Duxelles (s. d.)
1 Eßl. eingesottene Butter
3 Eßl. Weißwein
3 Eßl. Kalbsfond
Cayennepfeffer
1 dl Rahm

Eine Siedfleischvariante, die ich in Südfrankreich kennengelernt habe: gekochte Ochsenbrust mit diskretem Knoblauchduft.

Ochsenbrust «Vaccarès»

*

V Kann vorbereitet werden
Arbeitsaufwand: 35 Minuten
Kochzeit: 2 bis 2½ Stunden (im Dampfkochtopf nur 40 bis 50 Minuten)

Für 6 Personen
1½ kg magere Ochsenbrust
Salz, Pfeffer
1 Zwiebel, gespickt mit Lorbeerblatt und Nelke
3 Knoblauchzehen
1 Lauchstengel
Stangensellerie (1 Stange)
2 Karotten
1 Zweig Petersilie

Sauce
4 Sardellenfilets
100 g junger Spinat
2 Eßl. Provencekräutermischung (s. d.)
¼ Teel. Fenchelkörner
1 Teel. Bohnenkraut
2 Eßl. Kapern
2 Eßl. gehackte Petersilie
2 Essiggurken
3 hartgekochte Eier
20 g Butter
4 Eßl. Olivenöl
1 Eßl. Weinessig

2 Liter Wasser mit Salz, Pfeffer, gespickter Zwiebel, 2 ungeschälten Knoblauchzehen, dem halbierten Lauchstengel, Sellerie, Karotten und Petersilie aufkochen. Das Fleisch hineingeben und zugedeckt 2 bis 2½ Stunden kochen. Von Zeit zu Zeit abschäumen und wenn nötig Wasser nachgießen, damit das Fleisch immer bedeckt ist. Butter aus dem Kühlschrank nehmen.
Sardellenfilets 15 Minuten in kaltes Wasser legen. Spinat waschen, abtropfen und mit 3 bis 4 Eßlöffeln Bouillon (von der Ochsenbrust) aufkochen. Provencekräuter, Fenchel und Bohnenkraut zugeben und vom Feuer nehmen. Mit dem Wiegemesser fein hacken. Kapern, Sardellenfilets, Essiggurken und Petersilie ebenfalls hacken. Eier halbieren, das Eigelb herausnehmen und durch ein Kaffeesieb in eine Schüssel drücken. Kapern, Kräuter, Sardellen, Essiggurken und Butter zufügen. Alles gut mischen, am besten in einem Mörser. Öl unter Rühren langsam zugeben wie bei einer Mayonnaise. Mit Essig, Salz, Pfeffer und einer durchgepreßten Knoblauchzehe würzen.
Die Ochsenbrust mit dem Gemüse garnieren und warm oder kalt auf den Tisch bringen. Die Sauce separat dazu servieren.

Bemerkungen Wenn das Fleisch kalt serviert wird, empfiehlt es sich, es bis zum servieren in der Bouillon zu belassen, damit es sich nicht verfärbt. Die Bouillon ergibt, zusammen mit einer Einlage, eine schmackhafte Suppe. Die Eiweiß können, feingehackt, der Sauce ebenfalls beigefügt werden.

Beilagen Warm serviert: Salzkartoffeln. Kalt serviert: Salate.

Wein Rosé de Provence, Côtes-du-Rhône, Roussillon.

Es muß nicht immer Filet sein – ein saftiger Hohrücken, richtig gewürzt und rosa grilliert, schmeckt mindestens so gut.

Marinierter Hohrückenbraten

(Hochrippe)

Das Fleisch in eine Schüssel legen. Weißwein mit durchgepreßtem Knoblauch, Pfeffer, Provencekräutern und Fenchel aufkochen. Nach dem Erkalten mit Olivenöl und Tabasco mischen. Das Fleisch damit begießen. Zwölf Stunden im Kühlschrank ziehen lassen, dabei mehrmals wenden.
Das Fleischstück aus der Marinade nehmen und mit Küchenpapier abtupfen. Im Grill (im Bratenhalter) oder im Ofen braten. Sobald das Fleisch goldbraun angebraten ist, herausnehmen, mit Salz bestreuen und mit Senf bestreichen. Weitergrillieren oder braten, bis es «à point» ist (ca. 40 Minuten). Bratensaft in der Fettpfanne oder in einer feuerfesten Form auffangen und das Fleischstück immer wieder damit begießen. Gegebenenfalls gegen Schluß der Bratzeit mit Alufolie abdecken.
Das Fleisch vor dem Tranchieren 3 bis 4 Minuten im abgestellten Grill oder Backofen belassen, damit der Saft beim Aufschneiden nicht ausfließt. Den Bratenfond, der sich gebildet hat, mit Marinade lösen. Stark einkochen lassen und diesen Jus separat zum Fleisch servieren.

Bemerkungen Hohrücken sollte «saignant» oder «à point» serviert werden. Am besten verwendet man ein Fleischthermometer, um festzustellen, wann das Fleisch gar ist.

Beilagen Gratin Dauphinois, Savoyer Gratin, Baked potatoes (s. d.) oder kleine Maisfladen.

Wein Guter Rotwein, z. B. Affeltracher Salzberg, Schwarzriesling.

Variationen
- Fleisch nicht marinieren, sondern nur kräftig würzen, mit eingesottener Butter bestreichen und im Ofen braten.

**
V Kann vorbereitet werden
Arbeitsaufwand: 15 Minuten
Marinierzeit: 12 Stunden
Grillzeit: ca. 40 Minuten

Für 6 Personen
1,2 kg Hohrücken (Hochrippe) (beim Metzger Grillqualität verlangen)
½ l Weißwein
3 Knoblauchzehen
¼ Teel. gebrochener Pfeffer
1 Eßl. Provencekräuter
3 bis 4 Fenchelkörner
2 Eßl. Olivenöl
½ Teel. rote Pfeffersauce (Tabasco)
Salz
2 Eßl. Weißweinsenf (Dijon)

Ein einfaches Gericht an einer würzigen, kräftigen Gemüse-Paprikasauce.

Rindfleisch mit Gemüsestreifen

**
V Kann vorbereitet werden
Arbeitsaufwand: 30 Minuten
Bratzeit: 15 Minuten

Für 4 Personen
600 g Rindfleisch (Huft), geschnetzelt
2 bis 3 Saucenknochen
2 Eßl. eingesottene Butter
1 Zwiebel
1 weiße Rübe (oder Kohlrabi)
1 Karotte
1 Stück Sellerie
1 grüne Paprikaschote (Peperoni)
1 Eßl. Paprika, edelsüß
⅛ l Rotwein
1 Prise Kümmelpulver
1 Teel. Dill
1 Messerspitze Rosenpaprika (scharf)
Salz, Pfeffer
4 Eßl. Sauerrahm

Zwiebel, Rübe oder Kohlrabi, Karotte und Sellerie schälen. In feine Streifen schneiden. Peperoni halbieren, entkernen und ebenfalls fein schneiden. Butter in einer Bratkasserolle erhitzen. Fleisch und Knochen darin unter Wenden gut anbraten. Gemüsestreifen zufügen. Halb zugedeckt 4 bis 5 Minuten dünsten. Paprika zugeben, leicht anziehen lassen. Wein zugießen. 5 Minuten schmoren lassen. Mit Kümmel, ½ Teelöffel Dill, Rosenpaprika sowie Salz und Pfeffer pikant abschmecken. Knochen herausnehmen. Sauerrahm rasch erwärmen, mit Salz und Pfeffer würzen. In die Mitte des Fleischgerichtes gießen. Mit dem restlichen Dill und wenig Paprika bestreuen.

Bemerkungen Man kann auch eine etwas preisgünstigere Fleischqualität verwenden, wenn es in der Schnellbratpfanne zubereitet wird (6 Minuten unter Druck schmoren). In diesem Fall das Gemüse separat anziehen lassen, damit es leicht knackig bleibt.

Beilagen Kartoffelpüree oder Nudeln.

Wein Leichter roter Landwein.

Variationen
– Rindfleisch durch Schweinefleisch ersetzen.

Ein Kalbsragout, das seine besondere Note dem Würzen verdankt. Die Sauce enthält Salbei, Knoblauch und herben weißen Wermut.

Kalbfleisch in Wermutsauce

Das Kalbfleisch in ca. 3 cm große Würfel schneiden. Fleisch in Butter unter Wenden anbraten. Zwei gehackte Salbeiblätter und den durchgepreßten Knoblauch zugeben und kurz mitdünsten. Das Fleisch mit Salz und Pfeffer würzen. Tomatenpüree, Zucker, die Hälfte des Wermuts und Bouillon zufügen. Ca. 1 Stunde auf kleinem Feuer zugedeckt schmoren. Rahm und restlichen Wermut ebenfalls zugeben und die Sauce langsam eindicken lassen, ohne daß sie kocht. Die restlichen Salbeiblätter hacken und mit der Petersilie mischen. Das angerichtete Fleisch mit den gehackten Kräutern bestreuen.

Bemerkungen Man kann diesem Ragout auch geviertelte Champignons beigeben. In diesem Fall läßt sich die Fleischmenge auf 600 g reduzieren.

Beilagen Trockenreis.

Wein Leichter Rot- oder Roséwein.

**
V Kann vorbereitet werden
Arbeitsaufwand: 15 Minuten
Kochzeit: 1 Stunde (in der Schnellbratpfanne nur 20 Minuten)

Für 4 Personen
800 g Kalbfleisch (Schulterstück)
1 Eßl. eingesottene Butter
6 Salbeiblätter
1 Knoblauchzehe
Salz, Pfeffer
½ Eßl. Tomatenpüree
1 Prise Zucker
1½ dl herber weißer Wermut
1 dl Bouillon
1½ dl Rahm
1 Teel. gehackte Petersilie

Gerollte Kalbsbrust, ein preiswertes, aber sehr gutes Fleischstück in einer würzigen Tomatensauce.

Gerollte Kalbsbrust mit Peperoni

(Paprikaschoten)

Kalbsbrust in Kochbutter allseitig anbraten. Sellerie in kleine Stengelchen, Peperoni in Streifen schneiden. Zwiebel hacken und Knob-

*
V Kann vorbereitet werden

Arbeitsaufwand: 20 Minuten
Bratzeit: 2 Stunden

Für 4 Personen
800 g Kalbsbrust (beim Metzger entbeinen und rollen lassen)
2 Eßl. Kochbutter
1 Stangensellerie
3 grüne Peperoni
3 rote Peperoni
1 große Zwiebel
3 Knoblauchzehen
3 Tomaten
Salz, Pfeffer
1 Eßl. Provencekräutermischung (s. d.)

lauch durchpressen. Tomaten kurz in heißes Wasser tauchen, schälen und klein schneiden. Das Fleisch nach dem Anbraten mit Salz, Pfeffer und Kräutern würzen. Aus der Bratkasserolle nehmen. Sellerie und Peperoni zufügen und kurz im Bratenfond wenden. Gemüse wieder entfernen und Fleisch wieder hineingeben. Zugedeckt 1½ Stunden schmoren lassen. Wenn nötig, von Zeit zu Zeit etwas Bouillon oder Wein zufügen. Nach dieser Zeit Zwiebeln, Knoblauch, die gedünsteten Gemüse und die Tomaten zugeben und 30 Minuten zugedeckt mitschmoren.

Bemerkungen Dieses Gericht kann man auch ganz ohne Flüssigkeit zubereiten. Es wird durch diese Kochmethode besonders schmackhaft.

Beilagen Teigwaren oder Polenta (evtl. gebratene Maisschnitten).

Wein Chianti, Merlot, Rioja.

Variationen
- Wenig grobgehackte schwarze Oliven zufügen.
- 2 feingehackte Sardellenfilets mitkochen.

Ein interessant gewürztes Gericht, eine willkommene Variante des allzu bekannten Ragouts. Die leichte Sauce wird ohne Mehl zubereitet und enthält Schalotten, Tomaten, Karotten, Sellerie und, zum Abrunden, ein wenig Safran und Rahm.

Kalbsfrikassee in Safransauce

**
V Kann vorbereitet werden
Arbeitsaufwand: 20 Minuten
Kochzeit: 60 Minuten (im Dampfkochtopf nur 20 Minuten)

Kalbfleisch in Butter anziehen lassen. Gehackte Schalotten zufügen. Kurz mitdünsten. Karotte, Sellerie und Tomaten zugeben. 1 bis 2 Minuten einkochen lassen. Mit Salz, Pfeffer, Safran, Lorbeerblatt, Nelke und Estragon würzen. Mit Sherry oder Weißwein ablöschen. 60 Minuten auf kleinem Feuer schmoren (in der Schnellbratpfanne nur 20 Minuten). Fleisch aus der Pfanne nehmen und warm stellen. Sauce passieren und stark einkochen. Mit Rahm verfeinern. Die Sauce über das Fleisch gießen und mit Petersilie bestreuen.

Bemerkungen Dieses Gericht ist ein gutes Beispiel dafür, wie man Saucen zubereiten kann, ohne sie mit Mehl binden zu müssen.

Beilagen Reis, Nudeln oder Salzkartoffeln.

Wein Leichter Rotwein, evtl. Rosé de Provence.

Variationen
- Truthahnfleisch verwenden.

Für 4 Personen
800 g Kalbfleisch Schulter, in Würfel geschnitten
1 Eßl. Butter
3 Schalotten
1 Karotte
1 Stück Sellerie
500 g geschälte Tomaten
Salz, Pfeffer
1 Prise Safran
1 Lorbeerblatt
1 Nelke
1 Teel. Estragon, gehackt
2 Eßl. Sherry oder Weißwein
2 dl Rahm
Petersilie, gehackt

Knusprig gebratene, zarte Lammkoteletts, begleitet von einer gut gewürzten Orangensauce, die nach Belieben mit wenig Cognac abgeschmeckt wird.

Lammkoteletts in Orangensauce

Koteletts beiderseitig gut anbraten. Mit Salz und Pfeffer würzen und aus der Pfanne nehmen. Rosmarinnadeln, durchgepreßten Knoblauch im Bratenfond ganz kurz wenden. Weißwein, Orangensaft und -schale zufügen. Auf die Hälfte einkochen lassen. Nach Belieben Cognac zugeben. Die Sauce über die Koteletts gießen.

Bemerkungen Lammkoteletts sollten «saignant» serviert werden. Man sollte sie auch nicht in der Sauce kochen lassen, sonst wird das zarte Fleisch gern hart.

Beilagen Gemüse, Rosmarinkartoffeln, Trockenreis.

Wein Leichter Rotwein.

**
V Kann vorbereitet werden
Arbeitsaufwand: 10 Minuten
Bratzeit: 5 Minuten

Für 4 Personen
8 magere Lammkoteletts
1 Eßl. eingesottene Butter
Salz, Pfeffer
½ Teel. Rosmarinnadeln
2 Knoblauchzehen, durchgepreßt
2 dl Weißwein
Saft von 1 Orange
Abgeriebene Orangenschale von 1 Orange
1 Eßl. Cognac (nach Belieben)

Variationen
- Die Sauce kann mit etwas Maispuder (mit wenig Wasser verrühren) leicht abgebunden werden. In diesem Fall wenn möglich ein bißchen Fleischjus (s. d.) zufügen oder mit 2 bis 3 Eßlöffeln Klarer Sauce strecken.

Gebratene Lammkoteletts, mit gutgewürztem Zwiebelmus bedeckt. Einfach, aber sooo gut!

Lammkoteletts mit Zwiebelmus

**
V Kann vorbereitet werden
Arbeitsaufwand: 20 Minuten
Kochzeit: 20 Minuten

Für 4 Personen
500 g Zwiebeln, grob geschnitten
1 Knoblauchzehe
1 Eßl. gehackte Petersilie, Estragon oder andere Kräuter
2 Eßl. Butter
1 Petersilienzweig
1 Loorbeerblatt
¼ Teel. Kräutersalz
2 dl Weißwein
Salz, Pfeffer
8 Lammkoteletts ohne Fett

Zwiebeln in Streifen schneiden. Knoblauch durchpressen.
1 Eßlöffel Butter erhitzen, Zwiebeln beigeben und ca. 5 Minuten dünsten. Petersilienzweig, Lorbeerblatt und Kräutersalz zusammen mit dem Knoblauch zufügen. Mit dem Weißwein ablöschen. Leicht salzen und mit Pfeffer abschmecken. Wenn die Zwiebeln nach ca. 15 Minuten gar sind, das Lorbeerblatt entfernen und alles durch ein Sieb streichen oder im Mixer pürieren. Nochmals einkochen lassen, bis ein festes Mus entsteht. Die Koteletts beiderseitig in der restlichen Butter braten. Sie sollen innen noch rosa sein. Am Schluß mit Salz und Pfeffer aus der Mühle bestreuen.
Die Koteletts auf einer Platte anrichten, mit dem Zwiebelmus belegen und mit den gehackten Kräutern bestreuen.

Bemerkungen Man kann die Koteletts auch grillieren. Die Zwiebelsauce paßt auch zu einem Lamm-Gigot.

Beilagen Pommes Darphin (s.d.), Kernbohnen, grüne Bohnen, Kartoffelomelette.

Wein Côtes-du-Rhône, Pinot noir, Spätburgunder.

Variationen
- Schweinskotelett läßt sich ebenfalls auf diese Art zubereiten.

WENN DAS KOTELETT NICHT BRAUN WIRD

Das Kotelett erst nach dem Anbraten salzen, damit der Fleischsaft nicht ausläuft. Ein Kotelett, das beim Braten Wasser zieht, kann nie schön braun werden.
Früher wurden die Koteletts meist vor dem Braten gemehlt.
Das gebe ihnen, so meinten unsere Großmütter, die schöne goldene Kruste.
Wer die Koteletts unbedingt mehlen will, tue es erst im letzten Moment, sonst bildet der Fleischsaft zusammen mit dem Mehl einen Kleister, der sich während des Bratens auflöst.
Senf wird beim Braten schnell dunkel.
Ein raffinierter Kunstgriff ist es, das Kotelett zuerst anzubraten und anschließend mit Senf zu bestreichen, um dann bei kleinerer Hitze weiterzubraten.
Paprika gibt Farbe, sagt man oft.
Das stimmt natürlich, aber dieses Gewürz erträgt keine allzu große Hitze, sonst wird es bitter und von der schönen roten Farbe bleibt nicht allzuviel übrig.
Den Paprika erst nach dem ersten scharfen Anbraten zufügen.
Die Bratpfanne ist wichtig.
Zum Braunwerden eines Koteletts ist die alte, gute Eisenpfanne aus Großmutters Zeiten gerade das Richtige.
Ein Fehler, der oft begangen wird: das Ablöschen! Wünscht man ein knusprig gebratenes Kotelett, so läßt man es im eigenen Saft braten und gibt höchstens nach und nach etwas Flüssigkeit zu, die sofort wieder einkocht. Das fertig gebratene Kotelett warm stellen und erst dann den Bratensatz mit Wein, Bouillon, Wasser oder Rahm aufkochen, wenn Sauce gewünscht wird.
Nicht vergessen: Schweinefleisch muß durchgebraten sein! Aber bei allzu langem Braten trocknet es aus.

Lammschulter, gefüllt mit einer Mischung aus vielen Kräutern, Schalotten, grünem Pfeffer und Kalbsbratwurstmasse, mit kräftigem Fleischsaft übergossen.

Lammschulter mit Kräutern

*
V Kann vorbereitet werden
Arbeitsaufwand: 30 Minuten
Bratzeit: 40 bis 50 Minuten

Für 4 bis 5 Personen
800 g entbeinte Lammschulter
100 g gehackte Schalotten
4 Eßl. gehackte gemischte Kräuter (Salbei, Basilikum, Thymian, Origano, Bohnenkraut)
1 Eßl. gehackte Petersilie
2 Eßl. gehackter Spinat
3 Knoblauchzehen
2 Eßl. grüner Pfeffer (Madagaskar)
200 g Bauern-bratwurstmasse
Salz, Pfeffer, Koriandorpulvor
2 Eßl. Rahm
2 Eßl. eingesottene Butter
1 dl Weißwein
1 Karotte
1 kleines Stück Sellerie
2½ dl Kalbsjus oder klare Sauce (s. d.)

Das Fleischstück auf eine Aluminiumfolie legen, etwas plattdrücken und mit Salz und Pfeffer bestreuen. Schalotten, 4 Eßlöffel Kräuter, Petersilie, Spinat, 2 durchgepreßte Knoblauchzehen und Bratwurstmasse mischen. Grünen Pfeffer kalt abspülen. Unter die Masse ziehen. Mit Salz, Pfeffer, wenig Koriander und Rahm mischen. Die Masse auf dem ausgebreiteten Schulterstück verteilen. Aufrollen und mit festem Küchenfaden zusammenbinden. Backofen auf 240° vorheizen.
Die Butter in einer Bratkasserolle zerfließen lassen. Das Fleisch darin anbraten. Kleingeschnittene Karotte und Sellerie zugeben. Leicht anziehen lassen, dann mit Weißwein ablöschen. Temperatur auf 190° zurückstellen. Restliche Knoblauchzehe durchpressen und beifügen. Den Braten von Zeit zu Zeit mit dem Bratenfond begießen.
Nach 30 Minuten das Fleisch gut würzen und den Braten mit einer Aluminiumfolie abdekken. Noch ca. 20 Minuten weiterbraten. Nach dieser Zeit den Backofen ausschalten, das Fleisch auf der Folie in eine feuerfeste Form oder ein Kuchenblech legen. Im Ofen warm halten. Den Bratenfond aus der Kasserolle ein wenig entfetten. Kalbsjus zugießen und den Bratensatz gut lösen. In eine kleine Pfanne sieben. Gemischte Kräuter zugeben und auf die Hälfte einkochen. Nach Bedarf nachwürzen. Den auf die Aluminiumfolie ausgetretenen Saft zugeben. Separat zum Fleisch servieren.

Bemerkungen Es lohnt sich, ein etwas größeres Fleischstück auf diese Art zuzubereiten, da diese Roulade auch sehr gut kalt serviert werden kann.

Beilagen Pommes mousseline, Savoyer Gratin, Zitronenkartoffeln (s.d.), Gemüse nach Belieben.

Wein Leichter Rotwein.

Variationen
- Füllung nach Lust und Laune ändern, z.B. Bratwurstmasse mit Peperoniwürfelchen (Paprikaschoten), gehacktem Schinken, Lammleber oder -nieren mischen.

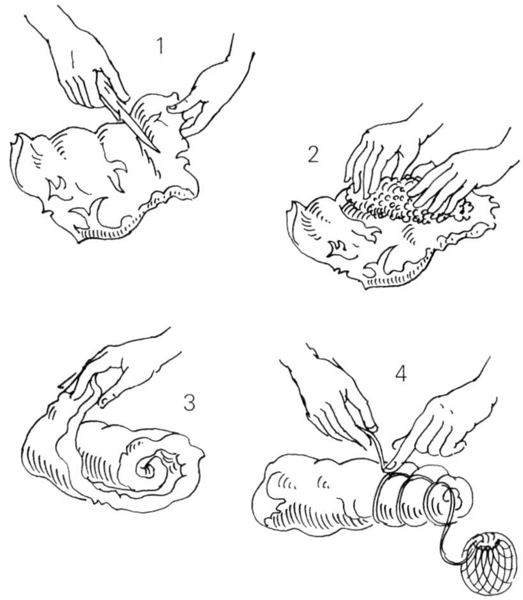

1
Das Fleischstück zu einem flachen Rechteck zurechtschneiden

2
Auf einer Aluminiumfolie ausbreiten und die Kräutermasse darüber verteilen

3
Sorgfältig aufrollen

4
Mit festem Küchenfaden zusammenbinden

Ein Eintopfgericht auf neue Art zubereitet: Lammfleisch mit verschiedenen Gemüsen, einer leichten Sauce aus Karotten, Rüben, Tomaten und Zwiebeln.

Agneau aux légumes

Lammschulter in Würfel schneiden. Karotten und Rüben oder Kohlraben schälen. Zwiebeln schälen und hacken. Tomaten kurz in heißes Wasser tauchen und schälen. Perlzwiebeln schälen.

*
V Kann vorbereitet werden
Arbeitsaufwand: 40 Minuten
Schmorzeit: 80 Minuten

Für 4 Personen
750 g entbeinte Lammschulter
1 Schulterknochen, vom Metzger grob gehackt
4 Karotten
4 weiße Rüben oder Kohlraben
2 große Zwiebeln
2 Tomaten
75 g Perlzwiebeln
2 Eßl. eingesottene Butter
1 Speckschwarte
1 dl Weißwein
1 Zweiglein Selleriekraut
½ Stück Lorbeerblatt
2 Knoblauchzehen
1 Teel. Herbes provençales
Salz, Pfeffer
150 g grüne Bohnen (auch tiefgekühlt oder aus Dose)
75 g grüne Erbsen (auch tiefgekühlt oder aus Dose)
¾ dl Rahm (nach Belieben)
1 Eßl. gehackte Petersilie

Lammfleisch samt Knochen in der Butter goldbraun anbraten. In den letzten 2 Minuten Perlzwiebeln mitbraten. Aus der Pfanne nehmen. Zwiebeln und Speckschwarte in den Bratenfond geben. 2 bis 3 Minuten dünsten. 2 Karotten und 2 Rüben oder Kohlraben in Scheiben schneiden, Tomaten kleinschneiden und zufügen. Gut wenden und mit Weißwein ablöschen. Selleriekraut, Lorbeerblatt, ungeschälten Knoblauch, Herbes provençales und wenig Salz und Pfeffer zufügen. Zugedeckt 20 Minuten schmoren. Die Gemüse durch die Passiermaschine drehen. Fleischwürfel in eine Bratkasserolle legen. Gemüsepüree zufügen. Restliche Karotten und Rüben oder Kohlraben in kleinfingerdicke Stäbchen schneiden. Große Bohnen eventuell halbieren. Zum Fleisch geben. Zudecken und 50 Minuten im Ofen bei 180 °schmoren. Nach dieser Zeit Perlzwiebeln und Erbsen zufügen. 10 Minuten weiterschmoren. Mit Salz, Pfeffer und Herbes provençales nachwürzen. Nach Belieben mit Rahm verfeinern.
Am besten in der Bratkasserolle auf den Tisch bringen. Mit Petersilie bestreuen.

Bemerkungen Dieses Rezept kann als Basis für andere Eintopfgerichte dienen. Das Besondere daran ist die Gemüsesauce.

Beilagen Salz- oder Dampfkartoffeln, Kartoffelpüree oder gar nichts.

Wein Leichter Rotwein.

Variationen
- Fleisch durch andere Sorte ersetzen (Kochzeiten anpassen!).
- Herbstgemüse wie Auberginen, Zucchetti usw. verwenden.

FESTLICHE FLEISCHGERICHTE

Nicht daß sehr einfache Fleischgerichte
für Feste nicht in Frage kämen.
Ganz im Gegenteil. Aber es gibt doch
Zubereitungsarten, die man für besondere
Gelegenheiten aufspart. Zum Beispiel teurere
Fleischstücke vom Rind oder Kalb mit oder
ohne köstliche Saucen oder etwa
ein dekorativer Lammrücken oder eine Kalbsrippe
am Stück gebraten. Fleischgerichte,
die nicht billig sind und gekonnt zubereitet
werden müssen. So ist es schade, wenn
ein schönes T-bone-steak oder ein
Rindsfilet durchgebraten und zartes
Kalbfleisch trocken serviert wird.
Das alles läßt sich vermeiden, nur muß man sich,
wenn man noch ungeübt ist, an die richtigen
Anweisungen halten.
Dieses Kapitel hilft Ihnen, die Palette Ihrer
festlichen Fleischgerichte zu erweitern.
Es muß nicht immer Braten sein!

IHRE PERSÖNLICHE HANDSCHRIFT

können nur Sie einem Gericht verleihen. Wenn ich Kursteilnehmer oder Mitarbeiter eines meiner bis ins letzte Detail ausgearbeiteten Rezepte zubereiten lasse, stelle ich immer wieder kleine Unterschiede fest. Meistens liegt es am Würzen oder an der Konzentration einer Saucé. Es sind Nuancen, die den Erfolg ausmachen können. Wer zaghaft und brav kocht, wird wohl korrekt zubereitete und gute Gerichte auf den Tisch bringen.
Ein etwas unbekümmerter und vielleicht ein wenig kecker Hobbykoch, der nicht ganz genau mit der Waage oder dem Meßbecher umgeht und gern experimentiert, gibt demselben Gericht seine persönliche Note. Er hat den Mut, etwas zu riskieren, auch wenn es danebengehen kann. Zu diesem «personalisierten» Kochen möchte ich auch Sie in diesem Buch anspornen. Dadurch werden Sie noch mehr Spaß an dieser Kunst bekommen.

Eine schnell zubereitete Spezialität: zartes Rindsfilet, mit Geflügelleber und Rosinen garniert, in einer kräftigen, mit frischer Butter aufgeschlagenen Madeirasauce.

Rindsfilet mit Lebern und Rosinen

Die Filets mit schwarzem Pfeffer einreiben. Die Geflügelleber in feine Scheibchen schneiden. Die Rosinen waschen und in Cognac einlegen. Die Schalotten fein hacken.
Schalotten in ½ Eßlöffel Butter 2 bis 3 Minuten dünsten. Bouillon beifügen. Stark aufkochen. Madeira und Lorbeerblatt zugeben und auf kleinem Feuer auf 1 dl einkochen. Steaks beiderseitig in 1 Eßlöffel Butter stark anbraten. Das Fleisch auf einer vorgewärmten Platte anrichten, mit Salz bestreuen und warm stellen. Restliche Butter in die Pfanne geben und die Leber darin ganz kurz anbraten. Vom Feuer nehmen und mit Salz, Pfeffer und Thymian würzen. Die Rosinen mit dem Einlegesaft zum Bratenfond geben, mit der passierten Madeirasauce, dem Fleischsaft, der sich beim Warmstellen gebildet hat, glace de viande und Tomatenpüree auf ca. ½ dl einkochen. Von der Herdplatte wegziehen, die Butter flokkenweise darunterschlagen. Mit wenig Salz, Thymian und Cayennepfeffer abschmecken. Die Sauce mit der Leber mischen und auf die warmgestellten Steaks verteilen.

Bemerkungen Ganz exklusiv wird dieses Gericht, wenn man die Steaks auf je einem frisch gekochten Artischockenboden anrichtet. Wichtig ist die Beigabe von Cayennepfeffer (sorgfältig dosieren!).

Beilagen Gedünstetes Gemüse, z. B. Brokkoli, Spinat, grüne Bohnen oder Erbsen.

Wein Guter Burgunder, evtl. Beaujolais, z. B. Moulin-à-vent, Morgon, Fleurie.

**
V Kann teilweise vorbereitet werden
Arbeitsaufwand: 20 Minuten
Bratzeit: 6 bis 8 Minuten

Für 4 Personen
4 Scheiben Rindsfilet à 100 g
schwarzer Pfeffer, grob gemahlen
400 g Geflügelleber
1 Eßl. Rosinen
2 Eßl. Cognac
2 Eßl. Schalotten, gehackt
2½ Eßl. eingesottene Butter
1 dl Bouillon
½ Teel. Glace de viande (s. d.) oder Fleischextrakt
2 Eßl. Madeira
1 Lorbeerblatt
Salz, Pfeffer, Thymian
1 Teel. Tomatenpüree
40 g frische Butter
1 Prise Cayennepfeffer

Rindshuft in Rotwein, Kräutern und Gemüsen mariniert, dann gebraten und mit Champignons und Perlzwiebeln garniert. Apart dazu ist das Lauchgemüse.

Rindshuft in Weinsauce

**
V Kann vorbereitet werden
Arbeitsaufwand: 30 Minuten, zusätzlich Marinierzeit 24 Stunden
Bratzeit: ca. 20 Minuten

Für 4 Personen
600 g Rindshuft am Stück
1 kleine Zwiebel
1 Karotte
5 dl Rotwein
1 Zweig Petersilie
1 Zweig Thymian
2 Knoblauchzehen
500 g Lauch
200 g Schalotten oder Perlzwiebeln
100 g frische Champignons
2 Eßl. eingesottene Butter
Salz, Pfeffer
1 dl konzentrierter Fleischjus (s. d.)
1 Eßl. gehackte Petersilie
50 g frische Butter

Das Fleisch in eine Schüssel geben. Zwiebel grob hacken, Karotte in Rädchen schneiden. Mit Rotwein, Petersilie, Thymian und durchgepreßtem Knoblauch zum Fleisch geben. 24 Stunden marinieren.
Lauch in ca. 1 cm breite Rädchen schneiden. Perlzwiebeln oder Schalotten schälen. Champignons waschen und scheibeln. 1 Eßlöffel Butter in eine Bratkasserolle geben, Schalotten oder Perlzwiebeln darin kurz anbraten, bis sie leicht Farbe annehmen (Schalotten längs halbieren), dann 15 Minuten dünsten. Den Lauch in einer separaten Pfanne praktisch ohne Wasser halbgar dünsten. Er soll leicht knackig bleiben. Restliche Butter in den Bräter geben und das Fleisch allseitig gut anbraten. Würzen und mehrmals wenden, Champignons und vorgedünstete Perlzwiebeln zufügen und weiterbraten, bis das Fleisch «saignant» ist. Aus dem Bräter nehmen, anrichten und mit dem Gemüse bedecken. Warm halten. Die Marinade in den Bratenfond passieren. Auf starkem Feuer bis zu ca. 2 dl einkochen. Fleischjus zufügen. Nochmals um die Hälfte einkochen.
Lauch rund um das Fleisch anrichten. Mit Petersilie bestreuen. Frische Butter in Stücke schneiden und mit dem Schwingbesen (Schneebesen) unter die Sauce mischen. Die Sauce in eine heiße Sauciere gießen und separat zum Fleisch servieren. Das Fleisch bei Tisch leicht schräg in ca. 1 cm dicke Scheiben schneiden und mit dem konzentrierten Jus begießen.

Bemerkungen Das Fleisch darf beim Warmstellen noch nicht ganz durchgebraten sein. Durch das Stehenlassen verhütet man das

Ausfließen des Saftes beim Tranchieren. Ein Fleischthermometer kann hier gute Dienste leisten.

Beilagen Eigentlich keine, wenn es aber sein muß, dann am besten feine Nudeln, Pommes mousseline (s. d.) oder Baked potatoes (s. d.).

Wein Guter Rotwein, z. B. Bordeaux, Burgunder oder Rioja.

Variationen

- Champignons durch andere Pilze ersetzen.
- Etwas grünen Pfeffer in die Sauce geben, in diesem Fall aber die Lauchgarnitur weglassen.

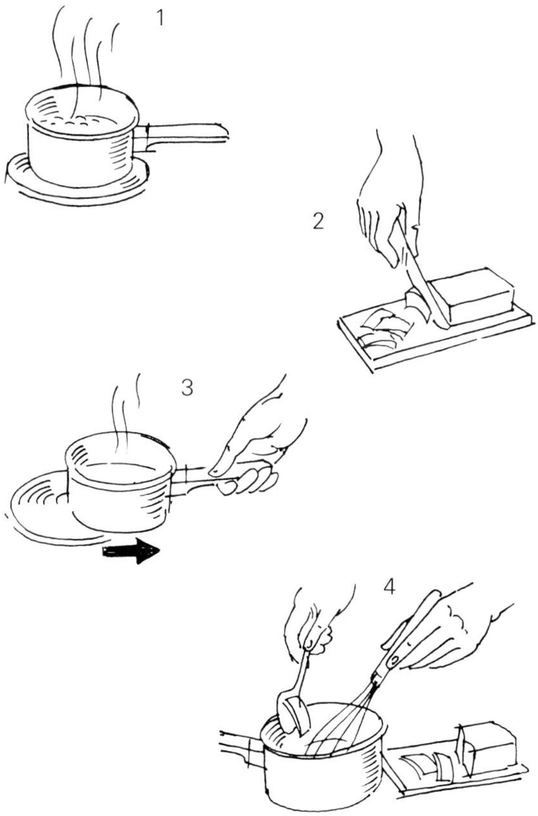

Das «Aufmontieren» mit Butter

1
Saucenfond stark einkochen

2
Butter in Flocken schneiden

3
Pfanne von der Heizquelle wegziehen

4
Butterflocken mit dem Schneebesen unter den Saucenfond ziehen

Ausgezeichnetes Siedfleisch (Suppentopf) mit schöner Garnitur: kleinen, gefüllten Wirsing- oder Kohlköpfchen und verschiedenen Beilagen.

Pot-au-feu auf besondere Art

**

V Kann vorbereitet werden
Arbeitsaufwand: 60 Minuten, zusätzlich 1½ bis 2 Stunden Kochzeit (im Dampfkochtopf nur 35 bis 40 Minuten)

Für 6 Personen
500 g Suppenknochen
250 g Ochsenschwanz
1 großer Wirsing- oder Kohlkopf
Salz, Muskatnuß
200 g gekochtes Schweinefleisch aus dem Salz
1 Eßl. franz. Senf
1,2 kg Rindfleisch zum Sieden
1 ungeschälte Zwiebel, gespickt mit 1 Lorbeerblatt und 1 Nelke
4 schwarze Pfefferkörner
Wenig Petersilie
2 Karotten
2 Lauchstengel (Porree)
½ Sellerieknolle

Sauce
4 Eßl. Olivenöl
1 Eßl. Weinessig
Je 1 Eßl. Schnittlauch, Petersilie und Schalotten, gehackt
1 Teel. Senf

Die Suppenknochen mit dem Ochsenschwanz im Dampfkochtopf mit 1 Liter Wasser 15 Minuten kochen. Wirsing- oder Kohlblätter vom Strunk lösen. 1 Liter Wasser aufkochen, wenig Salz beigeben und die Kabisblätter darin ziehen lassen, bis sie zusammenfallen. Abgießen. Gekochtes Schweinefleisch aus dem Salz hakken. Mit etwas Senf mischen. 2 bis 3 Wirsing- oder Kohlblätter aufeinanderlegen. Etwas Fleisch daraufgeben. So einrollen, daß kleine Köpfe entstehen. Das geht am besten, wenn man die Blätter auf ein Tüchlein legt, füllt und mit dem Tüchlein formt.
Bouillon passieren, 1 Liter Wasser zufügen, aufkochen und Siedfleisch hineingeben. Salz, ungeschälte, gespickte Zwiebel, Pfefferkörner, Petersilienzweig und etwas Muskatnuß zufügen. 1½ Stunden kochen (im Dampfkochtopf nur 35 Minuten). Karotten schälen und halbieren. Lauch in Stücke schneiden. Sellerie schälen und in 6 Portionen teilen. Das ganze Gemüse zufügen, am besten in einem Einsatz, damit man es nach dem Kochen zum Mitservieren gut herausnehmen kann. Die kleinen gefüllten Kohlköpfe separat in wenig Bouillon 30 Minuten weichdünsten. Olivenöl, Essig, Schalotten, Senf, wenig Salz, Pfeffer und Kräuter zu einer pikanten Vinaigrettesauce mischen.
Siedfleisch tranchieren, auf einer vorgewärmten Platte oder einem Brett anrichten. Mit dem Gemüse und den kleinen Wirsing- oder Kohlköpfchen garnieren.

Bemerkungen Sind Knoblauchliebhaber bei Tisch, kann man der Vinaigrettesauce etwas durchgepreßten Knoblauch zufügen.

Beilagen Vinaigrettesauce, grobes Salz, Cornichons, französischer Senf, Salzkartoffeln oder Kartoffeln in der Schale, evtl. Senfsauce oder Zwiebelsauce (s. d.).

Wein Beaujolais (z. B. Morgon, Moulin-à-vent, Fleurie).

Variationen

– Nach Belieben bei größerer Gästezahl noch Rinds- oder Kalbszunge und Schweinswurst zufügen (alles separat kochen).

Sauce:
100 g grobes Salz («gros sel»)
1 Glas Cornichons (Essiggürkchen)

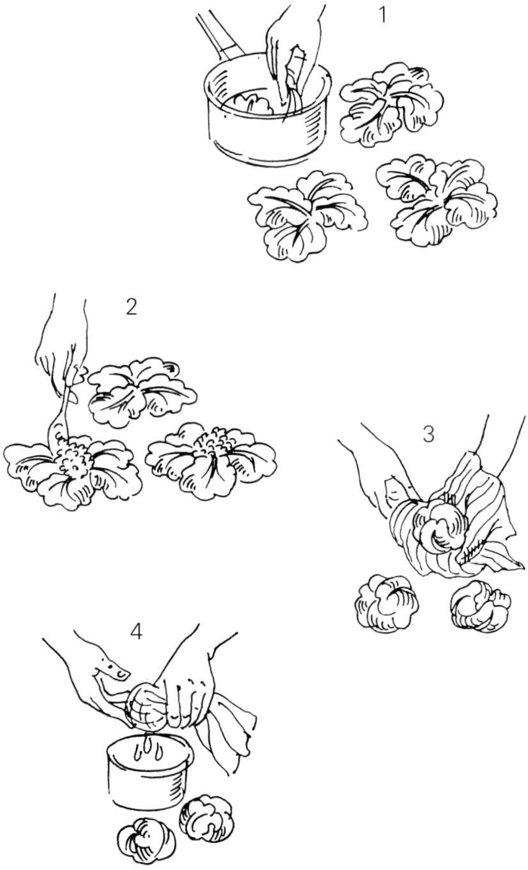

So werden die kleinen Kohlköpfe zubereitet:

1
Wirsing- oder Kohlblätter in kochendes Wasser geben und ziehen lassen, bis sie zusammenfallen

2
2 bis 3 Blätter aufeinanderlegen und mit gehacktem Fleisch füllen

3
Die gefüllten Blätter auf ein Tüchlein legen und damit zu kleinen Kohlköpfen formen

4
Gut ausdrücken, zusammenbinden und fertiggaren

TRICKS AUS DER PROFIKÜCHE

Wie erkennt man, ob das Fleisch nach Wunsch gegart ist?
Delikate Fleischstücke wie Rindsfilet, Entrecôtes usw. sollten auf keinen Fall durchgegart werden. Mit einem Fleischthermometer ist die Kontrolle einfach. Ein Profi sieht es aber auch ohne dieses Instrument:

– *saignant (blutig oder bleu):*
Das Fleisch beziehungsweise die braune Kruste gibt unter Fingerdruck nach. Damit auch das Innere heiß wird und rot bleibt, ohne gerade roh zu sein, das Fleischstück halb zugedeckt (mit Folie) warm stellen.

– *à point (rosa gebraten):*
Auf Fingerdruck ist ein leichter Widerstand festzustellen. Außerdem bilden sich auf der Oberfläche des Fleisches kleine Blutstropfen. Einige Minuten warm halten.

– *bien cuit (durchgebraten):*
Durchgebratenes Fleisch gibt bei Fingerdruck nicht mehr nach.

Wann wird gewürzt?
- Fleisch würzt man mit Vorteil erst nach dem Anbraten.
- Große Fleischstücke werden oft nach dem Tranchieren nochmals mit wenig Salz und Pfeffer bestreut.

Fleisch wird aromatischer . . .
wenn man es vor dem Braten bei Küchentemperatur etwas erwärmen läßt. Direkt aus dem Kühlschrank auf die Heizquelle gegeben, kann sich sein Aroma nicht voll entfalten.

Wie kann Fleisch warmgehalten werden?
Köche wickeln Roastbeef oder andere große Fleischstücke, die saignant oder à point serviert werden sollten, in Aluminiumfolie und halten sie bei ca. 60° C im Backofen warm.
Ein nützlicher Trick, den man anwenden kann, wenn die Gäste zu spät kommen!

Zarte Rindsfiletstreifen in einer Gemüse/Steinpilz-Sauce, mit Wodka, Paprika, Dill und Sauerrahm abgerundet.

Rindsfilet nach russischer Art

***
V Kann teilweise vorbereitet werden
Arbeitsaufwand: 20 Minuten
Bratzeit: 2 bis 3 Minuten

Für 4 Personen
600 g Rindsfilet am Stück (vom Filetspitz)
100 g Magerspeck am Stück
½ Zwiebel, in Streifen geschnitten
2 Eßl. eingesottene Butter
60 g Steinpilze, frisch oder aus der Dose, in Scheiben
40 g gekochte Randen (rote Rüben), in Streifen geschnitten
1 Delikateßgurke, in Streifen geschnitten
Salz, Pfeffer aus der Mühle
2 Eßl. Wodka oder Bouillon
1 dl Fleischjus oder Klare Sauce (s. d.)
½ Teel. milder Paprika
¼ Teel. scharfer Paprika
½ Teel. Dillspitzen
1½ dl Sauerrahm

Rindsfilet in 1 cm dicke Streifen schneiden. Magerspeck in dünne, schmale Streifchen schneiden, 1 Minute in kochendes Wasser geben, dann abgießen.
Die Zwiebel mit den Speckstreifchen in 1 Eßlöffel Butter anziehen lassen. Nach 2 bis 3 Minuten die Steinpilze zufügen, kurz dünsten. Die Randen und Delikateßgurken zugeben und 1 bis 2 Minuten erwärmen. Mit Salz und Pfeffer würzen. 1 Eßlöffel Butter erhitzen, Fleisch sehr rasch anbraten; es soll innen rosa bleiben. Aus der Pfanne nehmen und warmstellen. Mit Salz und Pfeffer bestreuen. Den Bratenfond mit Wodka oder Bouillon aufkochen und lösen. Fleischjus oder klare Sauce und milden Paprika zufügen. Gut verrühren. Die Sauce mit Salz, scharfem Paprika und der Hälfte des Dills würzen. Den Sauerrahm in einem kleinen Pfännchen bei geringer Hitze erwärmen. Mit wenig Salz würzen. Die Gemüsemischung auf das Fleisch verteilen, die Sauce darübergeben. In der Mitte des Gerichts eine kleine Vertiefung anbringen und den Sauerrahm hineingießen. Mit restlichem milden Paprika und Dillspitzen bestreuen.

Bemerkungen Anstelle von Rindsfilet kann man auch ein Huftstück verwenden. Wichtig ist, daß das Fleisch rasch gebraten wird und nicht in der Sauce kocht, sonst wird es hart.

Beilagen Trockenreis.

Wein Guter Rotwein, evtl. Wodka.

Variationen
- Rote Rüben weglassen.
- Fleisch mit fein geschnittenen Champignons strecken.

MIT BUTTER BRATEN?

Meistens verwendet man in der Großküche zum Scharfanbraten von Fleisch Öl oder eine Mischung von Öl und Butter, weil Kochbutter allein bei hohen Temperaturen verbrennt und dadurch unbekömmlich wird. Daß es aber klarifizierte (eingesottene) Butter für diesen Zweck gibt, ist viel zu wenig bekannt. Diese Spezialbutter ist das von Wasser und anderen Milchbestandteilen befreite, reine Butterfett, welches man durch Einsieden von Butter erhält. Man kann es stark erhitzen, und es hinterläßt, im Gegensatz zu Öl, keinen Nebengeschmack. Dies ist besonders wichtig bei der Zubereitung von delikaten Saucengerichten.

Saftig gebratenes Rindfleisch, das nach Belieben «saignant» oder «à point» bleiben muß, mit einer Kräuterbutter, die herrlich nach Knoblauch und Kräutern duftet.

Porterhouse-Steak mit Beurre provençal

***
V Kann vorbereitet werden
Arbeitsaufwand: 15 Minuten
Bratzeit: 12 bis 30 Minuten

Für 2 bis 3 Personen
500 g Porterhouse-Steak
50 g gesalzene Butter
2 Knoblauchzehen

Die Butter bei Küchentemperatur weich werden lassen. In eine Schüssel geben und schaumig rühren. Durchgepreßten Knoblauch, Kräuter, Petersilie, Pfeffer und Safran beifügen. Gut verarbeiten, dann auf einer Aluminiumfolie zu einer Rolle formen, einwickeln und im Kühlschrank wieder fest werden lassen.
Das Fleischstück mit Öl bestreichen und mit Pfeffer bestreuen. Unter Wenden «saignant» (ca. 12 Minuten) oder «à point» (ca. 15 bis 20 Minuten) braten oder grillieren. Erst nach dem Braten mit Salz würzen. Vor dem Tranchieren das Fleisch 2 bis 3 Minuten ruhen lassen, da-

mit der Fleischsaft nicht ausläuft. Die Butter in Scheiben schneiden und mitservieren.

Bemerkungen Die Kräuterbutter 10 Minuten vor dem Servieren aus dem Kühlschrank nehmen, damit sie auf dem Fleisch gut verläuft.

Beilagen Gratin Dauphinois, Savoyer Gratin, Zitronenkartoffeln, Baked potatoes (s. d.).

Wein Guter Burgunder oder Bordeaux.

Variationen
- Mit anderen Begleitsaucen oder Butter variieren.

1 Eßl. gehackte Kräuter (Basilikum, Rosmarin, Salbei, Bohnenkraut, Thymian, Majoran, Estragon)
1 Eßl. gehackte Petersilie
½ Teel. gebrochener Pfeffer
1 Prise Safran
2 Eßl. Öl
½ Teel. schwarzer Pfeffer
Salz

WAS HEISST «à la minute»?

Viele anspruchsvolle Gerichte lassen sich erst im letzten Moment zubereiten oder fertig machen. In der Fachsprache bezeichnet man sie als «A-la-minute-Gerichte», zum Beispiel Fischfilets, kleine zarte Fleischstücke oder raffinierte Saucen, die das Stehenlassen einfach nicht vertragen. Im Privathaushalt geht man diesen Zubereitungen gerne aus dem Wege. Durch eine gute Vorbereitung, «Mise en place» genannt, kann man jedoch die letzten Handreichungen auf ein Minimum reduzieren. Allerdings schätzt es nicht jedermann, während der Mahlzeit in die Küche zu verschwinden, um zu kochen, besonders wenn Gäste da sind.
Ich tue es manchmal aber trotzdem für Freunde, die ich besonders verwöhnen möchte und die diesen Aufwand zu würdigen wissen. Meistens sind dies auch Leute, die mühelos fünf oder zehn Minuten Wartezeit am Tisch durch ein Gespräch überbrücken können.

Saftiges Rindfleisch, in Portwein mariniert und knapp gebraten. An einer klaren, gut gewürzten Sauce – ein nicht alltäglicher Braten.

Rindsbraten nach portugiesischer Art

**
V Kann vorbereitet werden
Arbeitsaufwand: 10 Minuten, zusätzlich Marinierzeit
Bratzeit: 2 bis 2½ Stunden

Für 6 Personen
1,2 kg Rindsbraten
⅓ l Portwein
1 Lorbeerblatt
2 Knoblauchzehen, durchgepreßt
3 Eßl. Schalotten, gehackt
Thymian
2 Eßl. Butter, eingesotten
40 g Weinbeeren (ohne Kerne)
1 Prise Zimt
150 g Perlzwiebeln, geschält
2 Eßl. Cognac oder Weinbrand
Salz, Pfeffer

Portwein, Lorbeerblatt, durchgepreßten Knoblauch, Schalotten und Thymian gut mischen. Das Fleisch in eine tiefe Schüssel legen und mit der Marinade begießen. Mindestens 4 bis 5 Stunden im Kühlschrank marinieren. Das Fleisch dabei mehrmals wenden. Das Fleisch aus der Marinade nehmen, mit Küchenpapier abtupfen, in einen Bräter legen und mit der heißen Butter (1½ Eßlöffel) übergießen. Allseitig hellbraun anbraten. Die Weinbeeren waschen und in wenig Marinade einlegen. Das Fleisch salzen und mit der passierten Marinade begießen. Wenig Salz, Pfeffer und Zimt beigeben. Auf dem Herd oder im Backofen (bei 180°C) 1½ bis 2 Stunden schmoren lassen. Die Perlzwiebeln in Butter in einer kleinen Bratpfanne hellgelb braten. Mit den Weinbeeren zum Fleisch geben und Cognac dazugießen. 30 Minuten weiterschmoren. Das Fleisch anrichten, die Sauce stark einkochen und mit Salz und Pfeffer nachwürzen.
Das Fleisch in nicht zu dicke Scheiben schneiden, die Weinbeeren und Perlzwiebeln darüber verteilen und den Bratenjus darübergeben.

Bemerkungen Bratenstücke bis zu 800 g können in der Schnellbratpfanne zubereitet werden (Schmorzeit nur 40 Minuten). Rindsfilet, Rindshuft oder Rindshuftdeckel können ebenfalls nach diesem Rezept zubereitet werden. In diesem Fall das Fleisch nicht schmoren, sondern je nach Gewicht 35 bis 40 Minuten braten, damit es «à point» serviert werden kann.

Beilagen Pommes mousseline mit viel Petersilie gemischt.

Wein Portugiesischer oder spanischer Rotwein (Rioja alta).

Entrecôtes in einer gehaltvollen Rotweinsauce mit Mark – ein klassisches Gericht, das herrlich schmeckt, wenn man es richtig zubereitet.

Entrecôte à la bordelaise

Schalotten fein hacken. In der eingesottenen Butter unter ständigem Wenden 5 Minuten dünsten. Beiseite stellen. Bouillon aufkochen, Markbeine hineingeben und kurz ziehen lassen. In der Bouillon warm halten. Das Mark soll rosa bleiben.
Die Hälfte der Schalotten mit 2 dl Rotwein in eine kleine Pfanne geben. Stark einkochen lassen, bis ungefähr nur noch 1 dl Flüssigkeit übrigbleibt. Inzwischen die leicht eingeölten Entrecôtes «saignant» oder «à point» grillieren oder braten. Die Rotweinreduktion mit dem restlichen Wein, der Glace de viande oder der klaren Sauce aufkochen. Bis auf die Hälfte reduzieren lassen. Die Entrecôtes mit Salz und Pfeffer würzen und auf einer vorgewärmten Platte anrichten. Die restlichen Schalotten und das kleingeschnittene Mark darauf verteilen. Nochmals würzen. Die Sauce vom Feuer nehmen, einen Augenblick abkühlen lassen. Die Tafelbutter flockenweise mit den Schwingbesen daruntermischen. Tüchtig schlagen, bis sie leicht sämig wird. Mit Salz und Pfeffer würzen. Die Sauce über das Fleisch geben und mit Petersilie bestreuen.

Bemerkungen Noch besser wird das Fleisch, wenn man Entrecôtes doubles, das heißt doppelt große Stücke (für 2 Personen) zubereitet. Das Fleisch bleibt auf diese Art saftiger.

Beilagen Gemüse, Zitronenkartoffeln (s. d.), Trockenreis oder frisches Pariser Brot.

Wein Guter Bordeaux.

Variationen
- Mark durch ein Sieb streichen und direkt unter die Sauce mischen.

**

V Kann teilweise vorbereitet werden (Butter erst vor dem Anrichten unter die Sauce ziehen)

Für 4 Personen
3 Schalotten oder 1 Zwiebel
2 Eßl. eingesottene Butter
⅛ l Bouillon
4 große Markbeine
2½ dl roter Bordeaux (evtl. Wein, der dazu serviert wird)
1 Eßl. Öl
4 Entrecôtes zu je 150 g
3 Eßl. Glace de viande (s. d.) oder klare Bratensauce
Salz, Pfeffer aus der Mühle
30 g Tafelbutter
1 Teel. gehackte Petersilie

Ein originelles Kalbshaxenrezept: am Stück in Gewürzsud gekocht, dann im Ofen überbräunt, mit Cognaczwetschgen garniert und zuletzt mit Rosmarinbutter übergossen.

Kalbshaxe mit Zwetschgen

**
V Kann vorbereitet werden
Arbeitsaufwand: 15 Minuten
Kochzeit: 2 Stunden (im Dampfkochtopf nur 40 Minuten)
Bratzeit: 20 Minuten

Für 3 Personen
1 ganze Kalbshaxe (ca. 700 g)
1 Zwiebel
1 Lorbeerblatt
1 Gewürznelke
½ l Fleischbouillon
6 entsteinte Dörrzwetschgen
1 Eßl. Cognac
½ Zimtstange
1 Eßl. eingesottene Butter
Salz, Pfeffer aus der Mühle
2½ Eßl. frische Butter
1½ Teel. Rosmarinnadeln
4 Eßl. Rahm
1 Prise Cayennepfeffer

Zwiebel mit Lorbeerblatt und Gewürznelke spicken. Mit Kalbshaxe und Bouillon 2 Stunden kochen (im Dampfkochtopf nur 40 Minuten!). Dörrzwetschgen in Cognac legen. Backofen auf 240° vorheizen. Dörrzwetschgen mit Zimt und 4 Eßlöffeln Wasser 15 Minuten kochen. Kalbshaxe aus dem Sud nehmen, mit Küchenpapier trocknen. In eine feuerfeste Form legen, würzen, mit flüssig gemachter Butter 20 Minuten im Backofen bei 240° allseitig bräunen. Fleisch aus dem Ofen nehmen, auf einer vorgewärmten Platte anrichten. 1 Teelöffel Rosmarinnadeln mit 2 Eßlöffeln frischer Butter in einem Schmelzpfännchen erwärmen, bis die Butter leicht Farbe annimmt. Durch ein Sieb über die mit Salz und Pfeffer gewürzte Haxe gießen. Bratenfond in der Form mit ⅛ Liter Fleischsud auflösen und aufkochen. Rahm, restliche Rosmarinnadeln und Cayennepfeffer zufügen. Auf kleinem Feuer etwas eindicken lassen. Sauce separat servieren. Fleisch mit Dörrzwetschgen garnieren.

Bemerkungen Die Kalbshaxe kann am Vortag oder bereits einige Stunden vor dem Essen gekocht werden. Wenn sie kalt in den Backofen kommt, muß sie ungefähr 15 Minuten länger braten.

Beilagen Zitronenkartoffeln (s. d.), Nudeln, Kartoffelkroketten, Maisfladen.

Wein Leichter Rotwein, z. B. Bodenseewein oder Ostschweizer.

Gekochtes Kalbfleisch schmeckt ausgezeichnet, vor allem wenn zwei delikate Saucen dazu auf den Tisch kommen. Ein leichtes und bekömmliches Gericht.

Kalbfleisch mit zwei Saucen

Das Fleisch mit Karotte, Sellerie, Lorbeerblatt und der mit der Nelke besteckten Zwiebel in Weißwein und Salzwasser langsam kochen, bis es gar, aber trotzdem noch fest ist (ca. 45 Minuten bis 1 Stunde). Unbedingt beaufsichtigen, damit das Fleisch nicht zerfällt. Warm oder kalt servieren. Im Sud erkalten lassen.
Für die Schnittlauchsauce Rahm mit Petersilie und der Hälfte des Schnittlauches im Mixer pürieren. Mit Salz und Pfeffer würzen. Restlichen Schnittlauch unter die Sauce ziehen. 30 Minuten kalt stellen.
Für den Tomatenschaum durchgepreßten Knoblauch, «Petit suisse» oder Rahmquark und kleingeschnittene Tomaten im Mixer pürieren. Mit Salz, Pfeffer und Zucker abschmekken. Mit Basilikumstreifen mischen.

Beilagen Salat, evtl. Baked potatoes (s.d.).

Wein Leichter Rot- oder Weißwein.

**
V Kann vorbereitet werden
Arbeitsaufwand: 15 Minuten
Kochzeit: 60 Minuten (im Dampfkochtopf nur 20 Minuten)

Für 6 Personen
900 g Kalbfleisch (Bratenstück)
1 Karotte
1 kl. Stück Sellerieknolle
1 Lorbeerblatt
Salz, Pfeffer
1 Zwiebel
1 Gewürznelke
3 dl Weißwein
3 dl Salzwasser

Schnittlauchsauce
3 Eßl. Doppelrahm (Crème de Gruyère oder saurer Halbrahm)
1 Eßl. Petersilie, gehackt
2 Eßl. Schnittlauch, fein geschnitten
Salz, Pfeffer

Tomatenschaum
6 Tomaten, geschält
6 «Petit suisse» oder Rahmquark
1 Knoblauchzehe
1 Prise Zucker
1 Eßl. Basilikum, in Streifen

Gebratene Kalbskoteletts, mit gedünsteten Zwiebeln belegt, mit Käse und geriebenem Weißbrot bestreut, dann im Ofen mit Butterflocken überbacken.

Côtes de veau Foyot

(Überbackene Kalbskoteletts)

Koteletts in 2 Eßlöffeln Kochbutter beiderseitig rasch anbraten. Aus der Pfanne nehmen und warm stellen. Restliche Butter zum Bratenfond geben. Zwiebeln hacken und im Bratfond unter

**
V Kann vorbereitet werden
Arbeitsaufwand: 35 Minuten
Backzeit: 20 Minuten

Für 4 Personen
4 Kalbskoteletts zu je 200 g
3 Eßl. Kochbutter
3 Zwiebeln
70 g Parmesankäse, gerieben
50 g geriebenes Weißbrot
⅛ l Weißwein
4 Eßl. Hühnerbouillon
30 g Butterflocken

Wenden 5 Minuten hellgelb dünsten. Parmesan und geriebenes Brot in einer kleinen Schüssel vermengen. Die Hälfte der Zwiebeln auf einer Gratinplatte verteilen. Die Koteletts darauflegen. Mit den restlichen Zwiebeln bedekken. Geriebenes Brot mit Parmesan darauf verteilen. Weißwein und Bouillon darübergießen. Mit Butterflocken belegen. 20 Minuten bei 200° überbacken.

Bemerkungen Dieses Gericht kann im voraus so zubereitet werden, daß man es vor dem Essen nur noch in den heißen Ofen schieben muß.

Beilagen Dampfkartoffeln (s. d.).

Wein Côtes-du-Rhône, Salvagnin, Spätburgunder, z. B. Ober-Ingelheimer.

Dünngeschnittenes, gebratenes Kalbfleisch in einer feinen Zitronensauce.

Paillards de veau au citron

**
V Kann weitgehend vorbereitet werden
Arbeitsaufwand:
15 Minuten, zusätzlich
20 Minuten Kochzeit des Fonds

Für 4 Personen
4 Kalbsschnitzel zu je 100 g, sehr dünn geschnitten
300 g zerkleinerte Kalbsknochen, z. B. Brust
1 Karotte
1 Zwiebel
½ Lorbeerblatt
1 Nelke
1 Eßl. eingesottene Butter
Salz, Pfeffer
1 Eßl. Zucker
3 Eßl. Zitronensaft

Kalbsknochen mit kleingeschnittener Karotte, grobgehackter Zwiebel, Lorbeerblatt, Nelke und 2 dl Wasser 20 Minuten auskochen, passieren und auf 1 dl Flüssigkeit einkochen. Kalbfleisch in Butter beiderseitig rasch anbraten. Aus der Pfanne nehmen und warm stellen. Mit Salz und Pfeffer würzen. Zucker in ein kleines Schmelzpfännchen geben. Erhitzen, bis er flüssig wird. Erst dann umrühren und karamelisieren. Mit 1 Eßlöffel Knochensud ablöschen und 1 Eßlöffel Zitronensaft zugeben. Bratenfond des Fleisches mit restlichem Kochensud aufkochen. Karamel, Zitronenschale, durchgepreßten Knoblauch, Ketchup, restlichen Zitronensaft und wenig Salz und Pfeffer zugeben und ebenfalls aufkochen. Maispuder mit Sojasauce und Weißwein oder Sherry gut verrühren. Zufügen, weiterkochen, bis die Sauce leicht gebunden ist. Mit Cayennepfeffer nachwürzen. Über das Fleisch verteilen.

Bemerkungen Kalbspaillards sind Kalbsschnitzel, die sehr dünn geschnitten werden. Man kann sie zwischen zwei Alufolien mit einem Küchenbeil oder einem großen Küchenmesser noch etwas platt drücken.

Beilagen Trockenreis, Gemüse, z. B. Spinat oder Brokkoli.

Wein Leichter Weißwein oder Roséwein, auch Traminer oder Riesling (z. B. aus der Pfalz).

Variationen
- Kalbspaillards grillieren und Schnittlauchsauce (s. d.) dazu servieren.

1 Teel. abgeriebene Zitronenschale
1 Knoblauchzehe
1 Eßl. Ketchup
1 Teel. Maispuder
2 Teel. Sojasauce
2 Eßl. Weißwein oder Sherry
1 Prise Cayennepfeffer

Dünn geschnittenes Kalbfleisch, in Butter gebraten, in einer pikanten Senfsauce.

Kalbfleisch in Senfsauce

**
V Kann teilweise vorbereitet werden
Arbeitsaufwand: 20 Minuten
Marinierzeit: 20 Minuten
Bratzeit: 10 Minuten

Für 4 Personen
600 g Kalbfleisch
1 Eßl. Moutarde de Meaux (Senf aus grobgemahlenem Senfpulver)
1 dl Rahm
½ Teel. Zucker
2 Eßl. eingesottene Butter
Salz, Pfeffer, Paprika
Rosmarinpulver
1 gehackte Schalotte
1 dl Weißwein
Abgeriebene Zitronenschale
1 Messerspitze Cayennepfeffer

Kalbfleisch von Hand in kleine, dünne Scheiben schneiden (eventuell bereits vom Metzger schneiden lassen). Senf mit Rahm und Zucker mischen. ½ Stunde ziehen lassen.
Butter in einer großen Bratpfanne erhitzen. Das Fleisch bei starker Hitze unter Wenden ganz kurz anbraten. Die Hitze so regeln, daß das Fleisch keinen Saft bilden kann. Sobald es gar ist (nach etwa 5 Minuten), aus der Pfanne nehmen und auf einem Rechaud warm halten. Mit Salz, Pfeffer und Rosmarin bestreuen. Schalotten im Bratenfond anziehen lassen. Senf/Rahm-Mischung beigeben, gut verrühren. Wein, Zitronenschale, Salz und Pfeffer zufügen, aufkochen. Fleischsaft, der aus dem warmgestellten Fleisch ausgetreten ist, zugeben, mit Cayennepfeffer abschmecken und einige Minuten eindicken lassen. Sauce über das Fleisch gießen. Mit Paprika bestreuen.

Bemerkungen Durch das Marinieren lösen sich die Aromastoffe des Senfes besser.

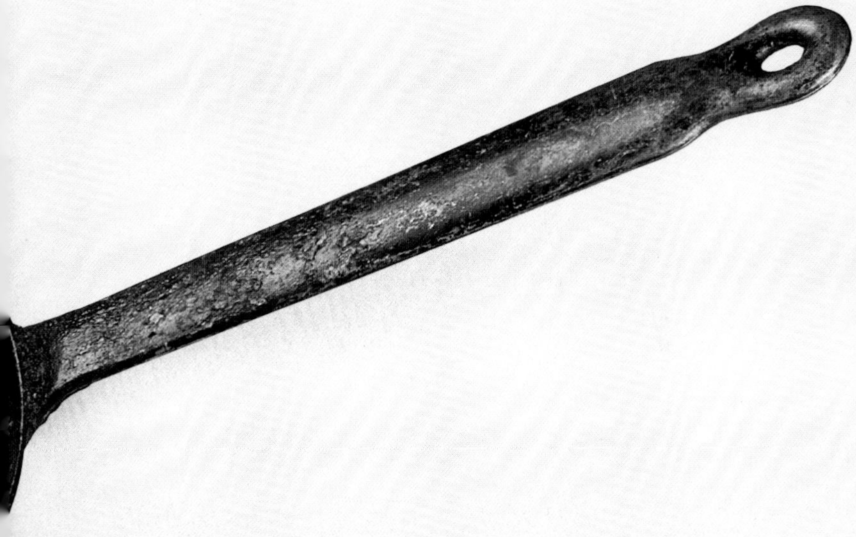

Beilagen Bratkartoffeln nach Schweizerart (Rösti), oder feine Nüdelchen.

Wein Beaujolais, Salvagnin, Rioja, Spätburgunder.

Variationen

- Dijon-Senf verwenden.
- Gedünstete Paprikaschotenwürfelchen zur Sauce geben.
- Rind- oder Geflügelfleisch zubereiten (Rindfleisch muß etwas länger gebraten werden).

Geschnetzeltes – gewußt wie

1
Butter in einer großen Bratpfanne erhitzen. Das in dünne Scheiben geschnittene Fleisch unter Wenden ganz kurz anbraten. Die Hitze so regeln, daß das Fleisch keinen Saft bilden kann

2
Das Fleisch aus der Pfanne nehmen, auf einem Kerzenrechaud warm stellen und würzen

3
Die Schalotten oder Zwiebeln im Bratenfond anziehen lassen und je nach Rezept ablöschen. Stark einkochen lassen

4
Nach Belieben mit Rahm verfeinern

1

2

3

4

Etwas für anspruchsvolle Gäste: Kalbsmedaillons auf geschmorten Apfelscheiben in einer leichten Apfelwein/Calvados-Sauce.

Filet de veau «Eve»

(Kalbsfilet in Calvados)

Äpfel schälen und Kerngehäuse entfernen, in ca. ½ cm dicke Scheiben schneiden. Kalbsfilet in acht gleich große Scheiben schneiden.
Kalbsfilet in der heißgemachten eingesottenen Butter beidseitig rasch anbraten. Halb zudecken und ca. 5 Minuten auf kleinem Feuer garen lassen. Apfelscheiben in der Kochbutter beidseitig dünsten, darauf achten, daß sie nicht zerfallen. Kalbsfilet würzen und warm stellen. Je 1 Apfelscheibe darauflegen. Den Bratenfond der Äpfel mit Apfelwein lösen und aufkochen. In die Bratpfanne der Filets geben. Mit Kalbsjus aufkochen. Zwiebelpulver und Tomatenpüree zufügen. Auf die Hälfte einkochen lassen. Calvados zugeben. Nochmals ein wenig eindikken lassen. Mit Salz und Pfeffer würzen. Die Pfanne von der heißen Herdplatte wegziehen und die Tafelbutter stückchenweise mit dem Schwingbesen unter die Sauce arbeiten. Von Zeit zu Zeit schnell auf die Herdplatte zurückstellen, damit die Sauce nicht kalt wird. Mit einer Spur Salz und Cayennepfeffer nachwürzen. Die aufgeschlagene Sauce über das Fleisch verteilen.

Bemerkungen Sind die Apfelringe kleiner als die Medaillons, werden sie daraufgelegt. Sind sie etwas größer, dann sieht es hübscher aus, wenn man das Fleisch daraufsetzt.
Beilagen Riz créole (Trockenreis) mit Pistazien (s. d.), schmale Butternudeln oder Pommes mousseline (s. d.).
Wein Guter Beaujolais, Burgunder oder Apfelwein.
Variationen
- Mit Schweinsfilet zubereiten (etwas preisgünstiger).
- Apfelwein durch Wein ersetzen und anstelle von Calvados Cognac verwenden.

**
V Kann weitgehend vorbereitet werden
Arbeitsaufwand: 20 Minuten
Bratzeit: 10 Minuten

Für 4 Personen
600 g Kalbsfilet am Stück
2 Eßl. eingesottene Butter
2 Äpfel
1 Eßl. Kochbutter
Salz, Pfeffer
4 Eßl. Apfelwein
1 dl Kalbsjus (s. d.)
½ Teel. Zwiebelpulver
½ Teel. Tomatenpüree
2 Eßl. Calvados
40 g Tafelbutter
1 Prise Cayennepfeffer
1 Spur Thymian

Ein altes, gutes Rezept, das einfach unvergänglich gut ist. Zarte Kalbskoteletts, in Butter gebraten, mit Kartöffelchen, Champignons und Zwiebeln.

Kalbskoteletts «à la grand-mère»

**
V Kann vorbereitet werden
Arbeitsaufwand: 20 Minuten
Bratzeit: 10 bis 15 Minuten

Für 4 Personen
4 magere Kalbskoteletts
Pfeffer aus der Mühle
2 Eßl. eingesottene Butter
100 g Champignons
300 g kleine, runde Kartoffeln
Salz, Muskatnuß, Thymian
50 g Magerspeckwürfelchen
100 g Perlzwiebeln
1 dl Weißwein

Die Koteletts mit Pfeffer aus der Mühle bestreuen. In einer Bratkasserolle Butter zergehen lassen und die Koteletts beiderseitig schön goldbraun anbraten. Die Champignons vierteln. Kartoffeln schälen und halbweich vorkochen (evtl. im Dampfkochtopf). Sobald die Koteletts angebraten sind, würzen, die Hitze etwas kleiner stellen und Speck, Perlzwiebeln sowie Kartoffeln zugeben. Unter gelegentlichem Wenden 10 Minuten mitbraten. Dann auch die Champignons zufügen. Sobald die Beilagen ebenfalls ein wenig angebraten sind, zugedeckt 10 Minuten schmoren lassen, dabei ab und zu etwas Weißwein zugeben. In der Kasserolle am besten ohne weitere Beilagen servieren.

Bemerkungen Fettrand an den Koteletts belassen, aber ein wenig einschneiden, damit sich das Fleisch beim Braten nicht zusammenzieht. Keine in Essig eingelegten Zwiebeln verwenden, sie würden das Gericht sauer machen. Wenn keine Perlzwiebeln erhältlich sind, eventuell Schalotten längs halbieren, kleine normale Zwiebeln verwenden und grob schneiden.

Beilagen Gedünsteter Blattspinat, Brokkoli, Karottengemüse, Lauch (s.a. Rezept Rindshüfte in Weinsauce).

Wein Côtes-du-Rhône, Côte-Rôtie, Salvagnin, Spätburgunder.

Variationen
- Schweinskotelett verwenden.
- Karottenscheiben (halbweich vorgekocht) mitbraten.
- Champignons durch Pfifferlinge (Eierschwämme) ersetzen.

Kalbsrouladen mit einer delikaten Füllung aus Kalbsbratwurstmasse, grünem Pfeffer und Kerbel in einer feinen Rahmsauce. Dazu gedünstete Gurken.

Paupiettes de veau au cerfeuil

Kalbsbratwurstmasse mit Rahm, grünem Pfeffer, der Hälfte der gehackten Kerbelblätter und Muskatnuß mit einer Gabel gut mischen. Kalbsschnitzel flachklopfen, mit Salz, Pfeffer und Paprika würzen. Die Wurstmasse zu fingerdicken Rollen formen. Stücke davon abschneiden und auf die Plätzchen legen, einrollen und mit Rouladennadeln oder Holzspießchen fixieren.
Die Kalbsrouladen allseitig in Butter anbraten. Gurkenwürfel beigeben. Zugedeckt 20 Minuten dünsten. Sollte sich viel Flüssigkeit gebildet haben, diese in ein kleines Pfännchen abgießen und auf die Hälfte einkochen. Die Gurkenwürfel mit Salz, Pfeffer und Koriander pikant würzen. Doppelrahm zugießen, etwas eindicken lassen. Gut nachwürzen. Das Fleisch auf einer vorgewärmten Platte anrichten, mit der Sauce überziehen und mit den restlichen gehackten Kerbelkräutern bestreuen.

Bemerkungen Sorgfältig darauf achten, daß die Gurken nicht zuviel Saft abgeben, was die feine Sauce verwässern würde. Deshalb lieber zuviel als zuwenig Saft abgießen.

Beilagen Keine, evtl. Salzkartoffeln.

Wein Côtes-du-Rhône, Rosé de Provence, evtl. gehaltvoller Weißwein (z. B. Badischer oder Frankenwein).

Variationen
- Gurken durch Zucchetti ersetzen.
- Gurken weglassen und Spinat dazu servieren.
- Kerbel durch Dill ersetzen.

**
V Kann vorbereitet werden, bis auf das Fertigmachen der Sauce

Für 4 Personen
8 dünne Kalbsschnitzel
200 g Kalbsbratwurstmasse
1 Eßl. Rahm
1 Eßl. grüner Pfeffer
1 Teel. Kerbelblätter
Salz, Pfeffer
2 Eßl. eingesottene Butter
½ Teel. Paprika
300 g Gurke, geschält und in kleine Würfel geschnitten
½ Teel. Korianderpulver
2½ dl Doppelrahm

Ein Gericht, das ich im Elsaß entdeckt habe. Die Mirabellen harmonieren so gut mit dem Zwiebelmus, daß ich sofort davon begeistert war, was bei süßlichen Fleischgarnituren sonst selten der Fall ist.

Schweineschnitzel «Trois Epis»

**
V Kann vorbereitet werden
Arbeitsaufwand: 30 Minuten
Bratzeit: 15 Minuten

Für 4 Personen
200 g gehackte Zwiebeln
2 Eßl. eingesottene Butter
⅛ Liter Bouillon
4 magere Schweineschnitzel vom Hals
Salz, schwarzer Pfeffer
Cayennepfeffer
180 g Mirabellen oder Reineclauden (evtl. aus der Dose)
1 Teel. frische Butter

Die Zwiebeln in 1 Eßlöffel Butter anziehen lassen. Mit Bouillon ablöschen und zugedeckt 20 Minuten auf kleinem Feuer kochen.
Schweineschnitzel beiderseitig in der restlichen Butter goldbraun braten. Zudecken und 10 Minuten schmoren lassen. Zwiebeln abgießen, Saft aufbewahren. Durch ein Sieb streichen oder mit 2 Eßlöffeln Zwiebelsud im Mixer pürieren. Mit wenig Sud in ein kleines Pfännchen geben, mit Salz und Cayennepfeffer würzen und langsam erwärmen. Fleisch auf einer warmen Platte anrichten, mit Salz und Pfeffer bestreuen. Von den Mirabellen bzw. Reineclauden Steine entfernen und die Früchte in den Bratenfond des Fleisches geben. 2 bis 3 Minuten dünsten, darauf achten, daß sie nicht zerfallen.
Zwiebelpüree auf die Schnitzel verteilen. Die Früchte mit dem Bratenfond darübergeben.

Bemerkungen Bei Verwendung von frischen Früchten diese zuerst halbieren, entsteinen und roh zum Bratenfond geben. Etwas länger als angegeben dünsten.

Beilagen Crêpes Parmentier (s. d.).

Wein Ausnahmsweise Weißwein, z. B. Riesling Silvaner (Elsässer) oder Rheinwein.

Variationen
- Lammkoteletts lassen sich ebenfalls auf diese Art zubereiten.

Kleine Fleischrouladen mit südlichem Akzent, gefüllt mit Geflügelleber, Rohschinken, Weißbrot und Gewürzen, in einer aromatischen Steinpilzsauce und mit überbackenen Maisplätzchen garniert.

Rouladen «Bellavista»

**
V Kann vorbereitet werden
Arbeitsaufwand: 45 Minuten
Schmorzeit: 15 Minuten
Zubereitungszeit der Maisplätzchen: 20 Minuten, zusätzlich Kühlzeit

Für 4 Personen
4 sehr dünn geschnittene Schweineschnitzel
1 Weißbrot (Milchbrötchen), in Würfel geschnitten
1 dl Hühnerbouillon
2 dl Milch
Salz
150 g mittelfeiner Maisgrieß
120 g Geflügelleber
2 Eßl. gesottene Butter
½ Teel. Salbei, fein gehackt
50 g Rohschinken
Schwarzer Pfeffer, grob gemahlen
10 g getrocknete Steinpilze
1 dl Weißwein
1 Eßl. Tomatenpüree
1 Prise Zucker
50 g Greyerzerkäse oder Mozzarella
1 Eßl. italienische Kräutermischung
1 Eßl. Petersilie

Brot in Hühnerbouillon legen. Milch mit 2 dl Wasser und Salz aufkochen. Maisgrieß einrühren. So lange kochen, bis sich der Brei von der Pfanne löst (ca. 30 Minuten). Ein Küchenbrett mit Wasser abspülen, den Maisbrei daraufgeben und mit einem Spachtel gleichmäßig verteilen (1 bis 1½ cm hoch). Geflügelleber grob hacken. In wenig Butter ganz kurz anbraten, bis sie nicht mehr roh ist. Vom Feuer nehmen, mit Salbei, kleingeschnittenem Rohschinken und gut ausgedrücktem Brot (Bouillon aufbewahren) mischen. Mit Salz und grob gemahlenem Pfeffer würzen.
Die Schnitzel auf dem Tisch ausbreiten und beiderseitig mit Pfeffer würzen. In der Mitte mit Füllung belegen und einrollen. Die Steinpilze in die Bouillon legen (Einlegeflüssigkeit des Brotes). Die Fleischrouladen ringsum in heiß gemachter Butter anbraten. Mit Salz bestreuen und nach und nach Weißwein zufügen. Ab und zu wenden. Nach 10 Minuten die Steinpilze mit der Einlegeflüssigkeit, das Tomatenpüree und den Zucker zugeben, zudecken und 15 Minuten auf sehr kleinem Feuer schmoren lassen. Vom erkalteten Mais mit einem Glas oder einem Förmchen runde Plätzchen von 5 bis 6 cm Durchmesser ausstechen. Eine Gratinplatte mit Butter ausstreichen, die Maisplätzchen darauf anordnen. Je eine dünne Scheibe Käse daraufgeben und mit der italienischen Kräutermischung bestreuen. In den vorgeheizten Backofen geben und bei Oberhitze (200°) überbacken, bis der Käse schmilzt (ca. 5 Minuten). Er darf keine Farbe annehmen.
Die Fleischrouladen auf einer vorgewärmten Platte anrichten. Die Sauce auf großem Feuer eindicken lassen und über das Fleisch vertei-

len. Die Maisplätzchen in der Form servieren und mit gehackter Petersilie bestreuen.

Bemerkungen Man kann die Maisplätzchen mit Käse auch als fleischloses Gericht mit einer Gemüseplatte servieren.

Beilagen Keine oder höchstens gedünsteter Blattspinat oder Brokkoli.

Wein Valpolicella, Chianti, Merlot, Bardolino.

Variationen
- Füllung etwas vereinfachen.
- Polenta dazu servieren.
- Greyerzerkäse durch Gorgonzola ersetzen.

Gefüllte Schweinskoteletts

**
V Kann vorbereitet werden
Arbeitsaufwand: 40 Minuten
Schmorzeit: 25 Minuten (in der Schnellbratpfanne nur 8 Minuten)

Für 4 Personen
4 magere Schweinskoteletts
2 Eßl. Butter
1 gehackte Zwiebel
1 Eßl. gehackte Petersilie
100 g Bauernbratwurstmasse
1 Eigelb
1 Eßl. grüner Pfeffer (Madagaskar)
Salz, Pfeffer, Muskatnuß
1 Prise Cayennepfeffer
¼ Teel. Majoran
¼ Teel. Koriander
3 Eßl. Weißwein
1 dl Fleischjus (s. d.)

Grünen Pfeffer kalt abspülen und abtropfen lassen. Koteletts seitlich bis zum Knochen einschneiden, so daß eine Tasche entsteht (eventuell bereits vom Metzger so vorbereiten lassen). 1 Eßlöffel Butter erwärmen. Zwiebel und Petersilie unter Wenden 5 Minuten darin dünsten. Mit Bratwurstmasse, Eigelb, Salz, Pfeffer, Muskatnuß, Majoran und Koriander gut mischen. Koteletts mit dieser Masse füllen. Mit einer Rouladennadel oder einem Zahnstocher verschließen. Koteletts mit Pfeffer bestreuen und beiderseitig in 1 Eßlöffel eingesottener Butter goldbraun anbraten. Fleisch salzen, Wein zugeben und zugedeckt 25 Minuten schmoren lassen. Koteletts aus der Pfanne nehmen und warm stellen. Bratenfond mit Fleischjus aufkochen und mit Cayennepfeffer nachwürzen. Sehr konzentriert einkochen. Sauce über die Koteletts gießen.

Bemerkungen Die Koteletts dürfen nicht zu fest gefüllt werden, sonst läuft die Wurstmasse während des Bratens aus. Sollte das Fleisch einen Fettrand haben, diesen entfernen oder mehrmals einschneiden, damit er sich durch die Hitze nicht zusammenzieht.

Beilagen Gemüse, z. B. Brokkoli oder Rosenkohl.

Wein Guter Beaujolais, kühl serviert.

Variationen

- Anstelle von grünem Pfeffer feingehackten Schinken zur Bratwurstmasse geben.
- Die Koteletts können auch mit einer Champignon/Kräuter-Füllung (Duxelles, s. d.) gefüllt werden.

Das Füllen der Koteletts

1
Koteletts seitlich bis zum Knochen einschneiden, so daß eine Tasche entsteht

2
Koteletts mit der Masse füllen

3
Mit einer Rouladennadel oder einem Zahnstocher verschließen

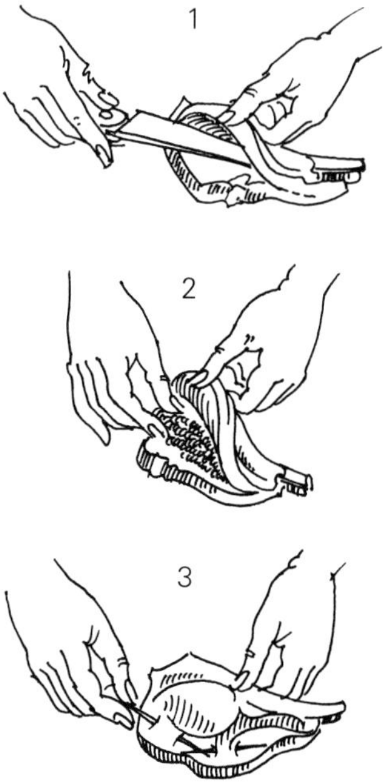

Eine besonders gute Zubereitungsart für Lammrücken: in Butter knusprig gebraten, begleitet von einer ganz speziellen Orangensauce.

Selle d'agneau à l'orange

**
V Kann vorbereitet werden
Arbeitsaufwand: 25 Minuten
Bratzeit: 35 bis 40 Minuten

Das Fleisch mit Pfeffer, durchgepreßtem Knoblauch und Paprika einreiben. Die Orangenschale in feine Streifen schneiden und mit kochendem Wasser abbrühen. Die Orangen sorgfältig schälen; auch die weißen Häutchen

entfernen. Geschälte Schnitze auslösen (s. bei Grapefruits). Den Backofen auf 230° vorheizen.
Den Lammrücken in eine große Bratkasserolle legen, mit flüssig gemachter Butter beträufeln und 20 Minuten braten, dann salzen. Von Zeit zu Zeit mit dem Bratenfond begießen. Mit 3 Eßlöffel Sherry, 1 dl Orangensaft und Sojasauce ablöschen. 15 bis 20 Minuten weiterbraten, ab und zu mit der Sauce begießen. Die leichte Fettkruste muß bis Ende der Backzeit knusprig sein. Das Fleisch sollte nur «à point» gebraten werden; deshalb die Bratzeit nicht überziehen. Den Lammrücken im ausgeschalteten Backofen 5 bis 7 Minuten ruhen lassen. Vom Orangensaft 1 Eßlöffel zurückbehalten und Rest mit den 3 Eßlöffeln Sherry und Maispuder verrühren. Zusammen mit dem Bratenjus in einem kleinen Pfännchen aufkochen. 2 bis 3 Minuten auf kleinem Feuer ziehen lassen, bis die Sauce gebunden und klar wird. Mit Cayenne- und Zitronenpfeffer abschmecken. Konfitüre zugeben. Die Orangenfilets schnell in einer mit Teflon beschichteten Pfanne mit dem zurückbehaltenen Orangensaft erwärmen.
Den Lammrücken auf einem Brett servieren und bei Tisch tranchieren. Dabei das Fleisch mit einem guten Tranchiermesser unten von den Rippenknochen lösen und in ca. 1 bis 2 cm dicke Scheiben schneiden. Auf eine vorgewärmte Platte geben und mit den warmen Orangenfilets garnieren. Die Sauce separat dazu servieren.

Bemerkungen Für dieses Gericht kann man sowohl Lammkarree (Kotelettstück) wie auch den ganzen Sattel verwenden. Letzteres macht mehr her, besonders wenn man eine größere Anzahl von Freunden zu Gast hat. Ganzen Lammrücken (doppeltes Kotelettstück) beim Metzger vorbestellen.

Beilagen Trockenreis, evtl. Gemüse, z.B. Schnee-Erbsen (Kefen) oder grüne Erbsen.

Wein Leichter Rotwein.

Für 6 Personen
2 kg Lammrücken
Salz, Pfeffer
2 Knoblauchzehen
¼ Teel. Paprika
Schale von ½ Orange
3 Orangen
2 Eßl. eingesottene Butter
6 Eßl. trockener Sherry
2 dl Orangensaft
3 Eßl. Sojasauce
1 Eßl. Maispuder
1 Prise Cayennepfeffer
½ Teel. Zitronenpfeffer
2 Teel. Bitterorangenkonfitüre

Etwas ungewohnt für uns, aber in England sehr beliebt: gekochte Lammkeule mit einer Pfefferminzsauce, die ich mit Weißwein und grünem Pfeffer zubereite.

Gigot à l'anglaise

(Lammkeule nach englischer Art)

**
V Kann vorbereitet werden
Arbeitsaufwand: 10 Minuten
Kochzeit: 100 bzw. 120 Minuten

Für 6 Personen
1,4 kg Lammgigot mit Knochen
2 Zwiebeln
3 Karotten
1 Lorbeerblatt
1 Nelke
5 l Wasser
Salz
1 Petersilienstiel
1 Thymianzweig
6 Pfefferkörner
500 g Kohlrabi, in Scheiben geschnitten

Mintsauce:
1,2 dl Wasser
1 Teel. Zucker
2 Eßl. Pfefferminzblätter, gehackt
2 dl Weißwein
1 Eßl. grüner Pfeffer (aus Madagaskar, in der Dose)
Salz

Zuerst die Sauce zubereiten. Alle Zutaten (außer dem grünen Pfeffer) zusammen aufkochen. Pfeffer zugeben und erkalten lassen.
Eine Zwiebel sowie die Karotten schälen. Restliche Zwiebeln mit Lorbeer und Nelken spicken. Wasser in einem großen Topf aufkochen. Gigot, Salz, Kräuter, Pfefferkörner, Karotten und alle Zwiebeln hineingeben. Genau 14 Minuten pro 500 g Fleisch zugedeckt kochen (nicht nur leise köcheln!). Kohlrabi 20 Minuten vor Ende der Kochzeit beigeben.
Gigot auf ein Fleischbrett legen, 3 bis 4 Minuten ruhen lassen und erst bei Tisch aufschneiden. Gemüse separat anrichten.

Bemerkungen Das Fleisch muß innen noch rosa sein! Deshalb die angegebene Kochzeit unbedingt beachten. Man kann den Gigot vom Metzger auch entbeinen und rollen lassen, was das Tranchieren erleichtert. Die Kohlrabi können durch Krautstiele oder Navets (weiße Rüben) ersetzt werden.

Beilagen Gemüse, Salzkartoffeln.

Wein Bordeaux.

GEFLÜGEL
überraschend originell

Zu den bereits bekannten Geflügelgerichten, die hier nach meiner Art zubereitet werden, gesellen sich eine ganze Anzahl neuer Kompositionen. Sie sollen dazu beitragen, dieses preisgünstige Fleisch aufzuwerten. Ein «Truthahnschnitzel in grüner Sauce», «Hühnerbrüstchen mit Schalotten und Grapefruits» oder die «Célestines de poulet au basilic» sind es wert, ausprobiert zu werden. Die Poularden in verschiedenen Zubereitungsformen oder die Entenbrustfilets in süß-saurer Sauce sind raffinierte Leckerbissen und zudem noch leicht und bekömmlich.

EIN WÜRZIGES HÄHNCHEN

So wird aus einem grillierten Hähnchen, einer Ente oder einer Poularde eine unverwechselbare Spezialität:
Das Geflügel wie üblich auf dem Grill, wenn möglich am Spieß, schön goldbraun werden lassen. Eine gut gewürzte Kräuterbutter zubereiten.
5 Minuten vor Ende der Grillzeit die weiche Butter auftragen, weitergrillieren, bis die Butter ganz aufgesogen ist.
Vor dem Zerlegen nochmals mit der Butter bestreichen.
Dieser gewürzten Butter kann man ein bestimmtes Aroma verleihen, z. B. mit Estragon, Curry, Rosmarin, Salbei oder Paprika.

Ein delikates weißes Ragout aus Hähnchenfleisch und Champignons in einer gutgewürzten Estragonsauce, mit Perlzwiebelchen garniert.

Poulet in weißer Estragonsauce

Die Poulets in 8 Stücke teilen. 2 Eßlöffel Kochbutter erwärmen. Die Pouletstücke darin anziehen lassen; sie dürfen kaum Farbe annehmen. Aus der Pfanne nehmen. Schalotten hineingeben. Leicht anziehen lassen. Dann die Pouletstücke wieder zugeben. Mit Cognac begießen, erwärmen und flambieren. Weißwein zufügen. Mit Salz, Pfeffer und Pouletgewürz würzen. 30 Minuten zugedeckt schmoren lassen. Die Champignons in Scheibchen schneiden und zusammen mit den Perlzwiebeln in 1 Eßlöffel Butter leicht anziehen lassen. (Bei Verwendung von frischen Perlzwiebeln 15 Minuten dünsten.) Sobald die Pouletstücke gar sind, aus der Pfanne nehmen und warm stellen. Knoblauch und Petersilie in den Bratenfond geben. Die Sauce auf ca. 1½ dl einkochen lassen. Die Eigelb mit dem Rahm gut verrühren. Die Pfanne von der Heizquelle wegziehen und die Eimischung unter Rühren in die Sauce geben. Wieder aufsetzen und bis knapp vors Kochen bringen. Estragon, Zitronensaft und, nach dem Wegnehmen von der Herdplatte, die restliche Butter mit dem Schwingbesen unterziehen. Mit Champignons und Perlzwiebeln garnieren. Sofort servieren.

Bemerkungen Nach der Beigabe des Eigelbes auf keinen Fall mehr kochen lassen, sonst gerinnt es.

Beilagen Trockenreis, Kartoffelpüree.

Wein Gehaltvoller Weißwein, z. B. Dorin Aigle, Fendant, Johannisberg, Rheinwein oder leichter Rotwein.

Variationen

- Cognac und Knoblauch weglassen, dafür 1 Eßlöffel weißen herben Wermut zufügen (z. B. Noilly Prat).

*
V Kann vorbereitet werden; aber erst am Schluß mit Eigelb binden
Arbeitsaufwand: 40 Minuten
Kochzeit: 35 Minuten

Für 4 Personen
2 kleine Poulets (Brathähnchen)
2 Eßl. Kochbutter
4 gehackte Schalotten
4 Eßl. Cognac (Weinbrand)
3½ dl guter Weißwein
Salz, Pfeffer
1 Teel. Pouletgewürz
250 g Champignons
20 Perlzwiebeln (evtl. aus dem Glas)
2 durchgepreßte Knoblauchzehen
1 Eßl. gehackte Petersilie
2 Eigelb
2 dl Rahm
1 Eßl. gehackter Estragon
1 Eßl. Zitronensaft

Hähnchen nach italienischer Art, aber sehr leicht zubereitet: mit Zwiebel, Stangensellerie, Karotte, Rohschinken und Marsala geschmort und zuletzt mit wenig Butter verfeinert. Ganz einfach in der Zubereitung und herrlich im Geschmack.

Pollo al Marsala

**
V Kann vorbereitet werden
Arbeitsaufwand: 30 Minuten
Bratzeit: 30 Minuten (in der Schnellbratpfanne nur 8 bis 10 Minuten)

Für 4 Personen
2 kleine Poulets
1 große Zwiebel
1 Karotte
100 g Rohschinken
1 Stange Stangensellerie
1 Eßl. eingesottene Butter
Salz, Pfeffer
½ Teel. Origano
1 Knoblauchzehe
3 dl Marsala
1 Eßl. frische Butter
1 Eßl. gehackte Petersilie

Die Poulets in 4 Teile schneiden. Die Haut sorgfältig abziehen. Zwiebel, geschälte Karotte und Schinken in feine Streifchen und Stangensellerie in Scheiben schneiden.
Die Pouletstücke in der eingesottenen Butter allseitig leicht anbraten. Mit Salz, Pfeffer und Origano würzen. Gemüse und durchgepreßten Knoblauch zufügen und 5 Minuten weiterbraten. Schinken zugeben, kurz anziehen lassen, mit ⅔ Marsala ablöschen und 30 Minuten zugedeckt auf schwachem Feuer schmoren lassen. Das Fleisch aus der Pfanne nehmen und warm stellen. Restlichen Marsala zufügen und stark aufkochen. Vom Feuer wegziehen und frische Butter flockenweise mit dem Schwingbesen unter die Sauce rühren. Mit wenig Salz und Pfeffer nachwürzen.
Das Gemüse auf eine Platte legen. Die Pouletstücke darauf verteilen und mit der Sauce überziehen. Mit Petersilie bestreuen. Restliche Sauce separat dazu servieren.

Bemerkungen Wer die Sauce etwas pikanter liebt, kann sie mit wenig Cayennepfeffer nachwürzen. Der scharfe Pfeffer ergibt zum süßlichen Marsalawein einen guten Kontrast.

Beilagen Keine. Wenn es sein muß, evtl. Risotto.

Wein Merlot, Valpolicella, Chianti.

Variationen
– Wenn kein Stangensellerie (Bleichsellerie) erhältlich, Sellerieknollen raffeln und beigeben.

Ein aromatisches Gericht mit bescheidenen Zutaten: Mit ungeschälten Knoblauchzehen gebratenes Hähnchen in einer Basilikum/Tomaten-Sauce – eine Köstlichkeit mit südlichem Akzent.

Brathähnchen in Tomaten/Knoblauch-Sauce

Das Poulet in 8 Stücke teilen. Eingesottene Butter in einer Bratkasserolle erhitzen. Die Pouletstücke hineingeben und unter Wenden anbraten. Nach halber Bratzeit die ungeschälten Knoblauchzehen zugeben. Sobald die Pouletstücke schön braun sind, Salz, Pfeffer und Basilikum zufügen. Zugedeckt 15 Minuten schmoren lassen. Tomaten kurz in heißes Wasser tauchen, schälen, kleinschneiden und zum Poulet geben. Kurz anziehen lassen, dann mit Weißwein ablöschen. 15 Minuten weiterschmoren lassen. Pouletstücke und Knoblauch auf einer vorgewärmten Platte anrichten. Die Sauce durch ein Sieb passieren. Wieder in die Kasserolle geben, aufkochen und bis zur Hälfte eindicken lassen. Vom Feuer wegziehen und die Butter flockenweise darunterschwingen. Mit Salz und Pfeffer nachwürzen. Die Sauce über die Pouletstücke gießen.

Bemerkungen Knoblauchzehen, die ungeschält mitgebraten wurden, sind sehr mild im Aroma. Sie machen das Besondere aus an diesem Gericht. Sind Tischgäste da, die Knoblauch nicht mögen, die Zehen vor dem Anrichten entfernen. Das bloße Mitkochen wird geschmacklich nicht als aufdringlich empfunden.

Beilagen Trockenreis oder hausgemachte Nudeln (s.d.)

Wein Côtes-du-Rhône, Roussillon, Corbières oder ein beliebiger roter Landwein.

*
V Kann vorbereitet werden
Arbeitsaufwand: 15 Minuten
Bratzeit: 30 Minuten (in der Schnellbratpfanne nur 10 Minuten)

Für 4 Personen
1 großes Poulet (Brathähnchen), ca. 1,2 kg
2 Eßl. eingesottene Butter
8 Knoblauchzehen
Salz, Pfeffer
1 Teel. Basilikum, frisch gehackt
4 reife Tomaten
3 dl Weißwein
50 g Tafelbutter

Zartes Poulet in Butter gebraten, in Orangensauce, auf gedünsteten Zucchetti und Orangenscheiben serviert. Interessant und leicht!

Poulet «Tourcomalino»

*
V Kann vorbereitet werden
Arbeitsaufwand: 20 Minuten
Bratzeit: 35 bis 40 Minuten

Für 4 Personen
2 kleine Poulets zu ca. 500 g
Salz, weißer Pfeffer
1 Eßl. Zitronensaft
500 g Zucchetti
3 Orangen
2 Eßl. eingesottene Butter
⅛ l Weißwein
4 Eßl. Orangensaft
1 Teel. Zucker
3 Knoblauchzehen
¼ l Fleischjus (s. d.) oder klare Sauce

Poulets halbieren, mit Salz, Pfeffer und Zitronensaft einreiben. Zucchetti waschen und ungeschält in ca. 4 cm lange Stengelchen schneiden. Orangen bei der Fliege auf eine Gabel stecken und mit einem gutgeschliffenen Messer großzügig schälen, so daß auch alle weißen Häutchen entfernt sind.
Pouletstücke in 1 Eßlöffel heißer Butter goldgelb braten. Mit Weißwein ablöschen. Zugedeckt 15 Minuten auf kleinem Feuer weiterbraten. Orangensaft und Zucker beigeben. 20 bis 25 Minuten zugedeckt schmoren lassen. Inzwischen Zucchetti in 1 Eßlöffel Butter ohne Flüssigkeit 20 Minuten zugedeckt dünsten, mit Salz, Pfeffer und durchgepreßtem Knoblauch würzen. Ab und zu wenden. Sie dürfen etwas Farbe annehmen. Orangen in Scheiben schneiden. 5 Minuten vor Ende der Kochzeit zu den Zucchetti geben. Poulets aus der Kasserolle nehmen und warm stellen. Bratenfond mit der klaren Sauce oder Fleischjus aufkochen. Nach Bedarf mit Salz und Pfeffer nachwürzen. Zucchetti und Orangen zur Sauce geben. Zucchetti und Orangen auf einer Platte anrichten. Die Poulets darauf verteilen.

Bemerkungen Man kann auch die Brüstchen und Schenkel der Poulets abtrennen und verwenden und das Knochengerippe mit wenig Wasser im Dampfkochtopf auskochen oder damit einen Fleischjus (s. d.) zubereiten, der in die Sauce gegeben wird.

Beilagen Trockenreis.

Wein Merlot, Rioja, griechischer Rotwein (Retsina).

Variationen
– Anstelle von Poulets eine zarte Ente verwenden.

Ein exzellentes Pouletgericht, das in vielen französischen Restaurants serviert wird, aber auf meine Art zubereitet: kurz gebraten, mit Essig abgelöscht, in einer mit frischer Butter verfeinerten Jerez-Sauce.

Poulet au vinaigre

Das Poulet in vier Stücke teilen. Sorgfältig die Haut abziehen. Äußeren Teil der Flügel abschneiden. Vorhandenes Fett entfernen. Die Pouletstücke in einer Bratkasserolle in 1 Eßlöffel eingesottener Butter zusammen mit den Flügelspitzen und evtl. Hals allseitig hellbraun anbraten. Durchgepreßten Knoblauch, Salz, Pfeffer und Tomatenpüree zufügen. Kurz mitdünsten, mit Essig und Jerez ablöschen. 15 Minuten weiterbraten. Die Pouletstücke aus der Kasserolle nehmen und warm stellen. Hals und Flügelspitzen aus der Sauce nehmen. Die Kasserolle von der Heizquelle wegziehen. Tafelbutter stückweise mit dem Schwingbesen tüchtig unter die Sauce rühren. Die Butter darf nicht ganz zergehen und sollte die Sauce binden, deshalb nicht mehr kochen lassen, d.h. nicht mehr auf die Platte stellen.
Die warme, gleichmäßig gerührte Sauce über die Pouletstücke verteilen und sofort servieren.

Bemerkungen Man kann dieses Gericht bis knapp vor dem Essen schmoren lassen, dann die Pouletstücke im Ofen mit Folie zugedeckt warm stellen und die Sauce erst im letzten Moment mit der Butter vollenden. Dies ist sehr wichtig, damit die Sauce nicht auseinanderfällt und schön warm über das Fleisch gegeben werden kann.
Dieses Gericht wurde absichtlich nur für 2 Personen angegeben. Es läßt sich nach Belieben verdoppeln. Allerdings sollte die Tischrunde 4 Personen nicht übersteigen. Wichtig ist, daß genau nach dem Rezept vorgegangen wird.

Beilagen Frisches Pariser Brot, evtl. Trockenreis oder Kernbohnen oder Selleriepüree (s. d.).

*
V Kann weitgehend vorbereitet werden
Arbeitsaufwand: 25 Minuten
Bratzeit: 25 Minuten

Für 2 Personen
1 kleines Poulet
1 Eßl. eingesottene Butter
3 Knoblauchzehen
Salz, Pfeffer
1 Eßl. Tomatenpüree
4 Eßl. roter Weinessig
⅛ l trockener Sherry oder Weißwein
50 g Tafelbutter

Wein Leichter Rotwein, auf keinen Fall teurer Burgunder – die Essigsauce würde ihm nicht sehr gut bekommen.

Variationen
- Ente (französische Sorte) oder Wildente läßt sich auf diese Art mit Erfolg zubereiten.

Ein traditionelles Rezept in neuem Gewand: Hähnchen, in Riesling gekocht, mit Champignons in feiner Buttersauce, die «à ma façon» zubereitet wird.

Coq au Riesling «à ma façon»

**
V Kann weitgehend vorbereitet werden
Arbeitsaufwand:
15 Minuten
Kochzeit:
30 Minuten

Für 4 Personen
1 Poulet (ca. 1,4 kg)
3 Eßl. eingesottene Butter
3 Schalotten
4 dl Riesling (wenn möglich Elsässer)
150 g Champignons
Salz, Pfeffer
200 g weiße Traubenbeeren (nach Belieben)
40 g frische Butter

Poulet in 8 Stücke zerteilen. Die Haut abziehen. Schalotten hacken. Champignons in Scheiben schneiden.
Pouletstücke in 2 Eßlöffel Butter ganz kurz dünsten. Schalotten zugeben und kurz mitdünsten. Champignons zugeben. Mit Riesling ablöschen, gut würzen und ca. 30 Minuten auf kleinem Feuer köcheln lassen. Pouletstücke auf einer heißen Platte anrichten und warm stellen. Die Sauce etwas eindicken lassen, von der Herdplatte wegziehen. Frische Butter flokkenweise unter die Sauce rühren.
Die Traubenbeeren kurz in der restlichen Butter dünsten und über die Pouletstücke geben. Mit der Sauce überziehen und sofort servieren.

Bemerkungen Diese ganz ohne Mehl zubereitete Sauce schmeckt hervorragend, ist aber etwas knapp bemessen. Wer gerne in Sauce schwelgt, kann sie etwas verlängern und mit etwas Mehlbutter (beurre manié) binden. In diesem Fall Butterflocken weglassen.

Beilagen Im Elsaß werden dazu meistens Salzkartoffeln serviert. Das Gericht schmeckt aber gerade so gut mit Trockenreis.

Wein Elsässer Riesling (Wein der Sauce).

Ein Pouletgericht für Liebhaber von feiner, samtiger Sauce: leicht gebratene Pouletstücke, mit Calvados flambiert, in einer delikaten, leichten Rahmsauce.

Poulet vallée d'Auge

Poulets in 4 Stücke zerlegen und mit Pfeffer und den übrigen Gewürzen einreiben. In der Butter allseitig goldgelb anbraten. Salzen und mit 1 Eßlöffel Calvados begießen. Mit Weißwein ablöschen. Ca. 20 Minuten zugedeckt schmoren.
Das Fleisch aus der Pfanne nehmen und warm stellen. Den Bratenfond stark einkochen; mit Rahm verfeinern. Weiterkochen, bis die Sauce sämig wird. Mit dem restlichen Calvados abschmecken. Nochmals 1 bis 2 Minuten einkochen lassen. Nach Bedarf nachwürzen.
Die Sauce nach Belieben über die Pouletstücke geben oder separat dazu servieren.

Bemerkungen Noch delikater werden die Poulets, wenn man sie vor der Zubereitung enthäutet. Allerdings darf man sie dann nur sehr leicht und vorsichtig anbraten. Das Enthäuten der Poulets ist vor allem zu empfehlen, wenn man die Sauce am Schluß über das Fleisch gibt.

Beilagen Pommes mousseline oder Trockenreis.

Wein Guter roter oder weißer herber Bordeaux.

**
V Kann vorbereitet werden
Arbeitsaufwand: 15 Minuten
Bratzeit: 30 Minuten

Für 4 Personen
2 Poulets à 650 g
Salz, Pfeffer, Rosmarin, Majoran
2 Eßl. Butter
3 Eßl. Calvados
⅛ l Weißwein
⅛ l Rahm

Poulet «Commodore»

Die beiden Poulets in je 4 Stücke teilen. Spinat waschen und mit den Peperonistücken in dünne Streifen schneiden.
Die Pouletstücke in 1 Eßlöffel Butter unter mehrfachem Wenden goldbraun braten (ca. 15 Minuten). Schalotten zufügen und 5 Minuten mitdünsten. Mit Weißwein und Hühnerbouillon ablöschen. 20 Minuten zugedeckt

*
V Kann vorbereitet werden
Arbeitsaufwand: 15 Minuten
Bratzeit: 30 bis 35 Minuten (in der Schnellbratpfanne nur 8 bis 10 Minuten)

Für 4 Personen
2 kleine Poulets (ca. 1 kg)
Salz, Pfeffer
200 g Blattspinat
35 g rote Peperoni (=Paprikaschoten, evtl. Pimientos morones aus der Dose)
1½ Eßl. Butter
40 g feingehackte Schalotten
3 dl Weißwein
1 dl Hühnerbouillon
2 dl Rahm (wenn möglich Crème de Gruyère)
Muskatnuß
¼ Teel. Salbei, fein gehackt
1 Prise Safran

schmoren lassen. Spinat- und Peperonistreifchen in der restlichen Butter 3 bis 4 Minuten dünsten, bis keine Flüssigkeit mehr vorhanden ist. Rahm in einem kleinen Pfännchen auf schwachem Feuer bis zur Hälfte einkochen lassen. Die Pouletstücke aus der Pfanne nehmen und warm stellen. Den Bratensatz mit dem Rahm lösen. Unter Rühren etwas eindikken lassen. Spinat und Peperoni zugeben. Mit Salz, Pfeffer, Muskatnuß, Salbei und Safran würzen. Die Pouletstücke kurz in der Sauce erwärmen.

Bemerkungen Dieses Gericht läßt sich gut im voraus zubereiten. Allerdings sollte man die Sauce erst unmittelbar vor dem Anrichten fertig machen, wofür nicht mehr als 2 bis 3 Minuten nötig sind.

Beilagen Trockenreis.

Wein Leichter Rotwein, z.B. junger, kühler Beaujolais.

MUSS DIE POULARDE AUS DER BRESSE SEIN?

Gerade bei Geflügel haben wir die Möglichkeit, gute Qualität zu finden. Wenn wir uns schon große Mühe geben, etwas besonders Gutes zuzubereiten, lohnt es sich, überlegt einzukaufen. Gutes Markengeflügel ist gekennzeichnet, und natürlich ist es frisch am besten. Geflügel aus der französischen Landschaft Bresse nördlich von Lyon ist wegen seines besonderen Wohlgeschmacks berühmt, aber auch in Frankreich werden andere Sorten ebenso geschätzt. Besonders bei Enten sollte auf die Herkunft geachtet werden. Will man ein delikates Entengericht zubereiten, dann lohnt es sich, etwas mehr dafür zu bezahlen. Auch in unseren Breitengraden ist gutes, frisches Geflügel erhältlich, das für die meisten Gerichte dieses Kapitels bestens geeignet ist.

Schön braun gebratene Poulardenstücke, präsentiert auf Lauch (Porreegemüse) mit Steinpilzen. Einfach, aber gut.

Poularde auf Lauchgemüse mit Pilzen

Poularde innen und außen mit Salz, Pfeffer und Majoran würzen. Mit weicher Butter bestreichen. Am Spieß oder im Backofen 50 Minuten braten. Fleischsaft auffangen. Geputzten Lauch in 3 cm lange Stücke schneiden. Steinpilze in Weißwein einlegen. Zwiebeln in Kochbutter anziehen lassen. Lauch und Steinpilze samt Weißwein zufügen. Würzen und knapp weichkochen. Der Lauch sollte noch etwas knackig bleiben. Gemüse abgießen, Saft auffangen und wieder in den Kochtopf geben. Bis auf ca. 2 Eßlöffel Flüssigkeit einkochen. Rahm zufügen. Nochmals ein wenig einkochen. Lauch und Steinpilze mit der Sauce mischen. Entfetteter Bratensaft der Poularde darunterziehen.

Bemerkungen Poularde in 4 oder 8 Stücke teilen und auf dem Gemüse anrichten. Die Haut der Poularde soll schön knusprig und gut gewürzt sein. Eventuell während des Bratens oder Grillens nochmals nachwürzen.

Beilagen Pommes soufflées (s.d.) oder Kartoffeln in Silberfolie (die man gleichzeitig mit der Poularde im Grill oder Backofen mitbraten kann).

Wein Guter, gehaltvoller Rotwein oder herber Weißwein.

Variationen
- Ente auf dieselbe Art zubereiten.
- Rahm weglassen und nur Bratensaft unter das Gemüse ziehen.
- Poularde durch kleingeschnittenes Geflügelfleisch ersetzen: Nur in Butter anziehen lassen und zuletzt mit Lauch und Pilzen mischen.

**
V Kann vorbereitet werden
Arbeitsaufwand: 15 Minuten
Koch- und Bratzeit: 50 Minuten

Für 4 Personen
1 große Poularde
Salz, Pfeffer, Majoran
2 Eßl. eingesottene Butter
500 g zarter Lauch (Porree), evtl. nur hellen Teil verwenden
20 g getrocknete Steinpilze
⅛ l Weißwein
2 Eßl. Zwiebeln, gehackt
1 Eßl. Kochbutter
⅛ l Rahm

Ein Pouletrezept, von der marokkanischen Küche inspiriert, das ich im Laufe der Jahre immer wieder gekocht habe, bis es so wurde, wie es hier aufgeschrieben ist: in einer besonders leichten Tomatensauce, garniert mit Zucchetti und karamelisierten Datteln – ein Gedicht!

Poulet nach marokkanischer Art

Für 6 bis 8 Personen
2 Poulets
Salz, Pfeffer
2 Eßl. Butter
1 große gehackte Zwiebel
2 Knoblauchzehen
1 Teel. Provencekräuter (s. d.)
1 Eßl. Tomatenpüree
½ Teel. Kreuzkümmel
⅛ l Rotwein
2 Eßl. Hühnerbouillon (aus Würfeln)
1 dl Rahm
2 Tomaten
500 g Zucchetti
1 Eßl. Tafelbutter
12 Datteln

Die Poulets in je 8 Stücke schneiden. In 1 Eßlöffel Butter goldgelb braten. Zwiebeln, durchgepreßten Knoblauch, Kreuzkümmel und Provencekräuter beifügen. Kurz weiterdünsten, dann Tomatenpüree zugeben und mit Wein ablöschen. Bouillon dazugießen und zugedeckt auf kleinem Feuer 30 Minuten kochen. Poulet herausnehmen und Sauce stark einkochen lassen. Rahm zugießen. Tomaten kurz in heißes Wasser tauchen, schälen, in Stücke schneiden und in die Sauce geben. 2 bis 3 Minuten kochen lassen. Hitze reduzieren, würzen, Pouletstücke wieder in die Sauce geben. Zucchetti schälen, in Stäbchen schneiden und während der Kochzeit des Poulets in 1 Eßlöffel Butter leicht anbraten und dünsten, ohne daß dabei Flüssigkeit entsteht. Die Datteln entkernen, halbieren und kurz in wenig Butter anziehen lassen. Die Pouletstücke in einer vorgewärmten Schüssel anrichten, Zucchetti und Datteln darüber verteilen.

Bemerkungen Man kann die Poulets auch häuten, damit das Gericht noch leichter wird.

Beilagen Trockenreis.

Wein Leichter Rotwein, evtl. Rosé de Provence oder, ganz raffiniert, Tee (halb Schwarz-, halb Pfefferminztee).

Variationen
- Noch besser schmeckt dieses Gericht, wenn frische Datteln verwendet werden können.

Eine zarte Poularde, mit Trüffeln gespickt, in der Folie gegart und mit einer delikaten Sauce serviert.

Poularde mit Trüffeln in Folie

Die Poularde innen gut mit Salz und Pfeffer würzen. An verschiedenen Stellen (Schenkel und Brust) die Haut der Poularde leicht lösen und dünne Trüffelscheiben darunterschieben. Ein Stück Bratfolie (dreimal so lang wie die Poularde) abschneiden und an einem Ende verschließen. Gespickte Zwiebel, Salz, Thymian und kleingeschnittenes Gemüse hineinschieben. Backofen auf 200° vorheizen.
Die Folie in eine Schüssel oder einen großen Milchkrug stellen. Poularde, Weißwein und ¼ Liter Wasser einfüllen. Die Folie gut verschließen und mit einer feinen Nadel mehrmals einstechen. Auf den kalten Rost legen und im Ofen bei 200° 50 bis 60 Minuten garen. Folie von Zeit zu Zeit bewegen, damit die Poularde nicht angebraten wird. Fond aus der Folie auf ⅛ Liter einkochen. Ein Loch in die Folie schneiden und den Saft durch ein Sieb in eine Pfanne gießen (inzwischen Poularde in der Folie warm halten). Rahm und feingeschnittene restliche Trüffel dem Sud zufügen. 2 bis 3 Minuten einkochen. Eigelb verquirlen, etwas Sauce daraufgeben und gut verrühren. Zur Sauce in die Kasserolle zurückgeben und nur noch knapp bis vors Kochen bringen. Die Poularde in Stücke schneiden und mit der Sauce überziehen.

Bemerkungen Bei diesem Gericht ist die Qualität der Poularde entscheidend. Sie muß auf jeden Fall frisch sein. Am besten verwendet man den dazu gereichten Wein auch für den Sud.

Beilagen Trockenreis oder Dampfkartoffeln (Pommes à la vapeur, s.d.).

Wein Gehaltvoller Weißwein, z.B. Dorin, Aigle oder Yvorne, Riesling (z.B. Riesling-Kabinett, Hochheimer, Königin Victoriaberg).

**
V Kann vorbereitet werden
Arbeitsaufwand: 20 Minuten
Kochzeit: 50 bis 60 Minuten

Für 4 bis 6 Personen
1 Poularde (1,5 bis 1,8 kg schwer)
1 bis 2 schwarze Trüffeln
1 Zwiebel, gespickt mit Lorbeerblatt und Nelke
½ Lauchstengel
1 Karotte
1 kleines Stück Sellerie
1 Kohlrabi
Salz, weißer Pfeffer
1 Zweiglein Thymian
⅛ l Weißwein

Sauce
Sud aus der Folie
1 Eigelb
¼ l Rahm (Sahne)
1 Trüffel
Salz, weißer Pfeffer
Bratfolie in Schlauchform

Variationen

- Poularde vor dem Servieren enthäuten, dabei aber darauf achten, daß die Trüffelscheiben nicht mit entfernt werden. Dieses Gericht wird dadurch feiner, es geht aber etwas vom Trüffelaroma verloren.
- Man kann die Poularde natürlich auch in einer Bouillon mit den erwähnten Gemüsen kochen. Die Sauce wird aber in der Folie besser. In der Gegend von Lyon, woher das Originalrezept stammt, wird diese Poularde oft in einer Schweinsblase gekocht («en-vessie»). Die Bratfolie in Schlauchform kann diese aufs beste ersetzen.
- Auf ähnliche Art läßt sich eine «Poularde au champagne» zubereiten. Wasser und Weißwein ersetzt man durch Champagner oder Sekt.
- Die Trüffeln können auch weggelassen werden. Dann entsteht einfach eine Poularde in weißer Rahmsauce, die nach Belieben mit etwas Estragon gewürzt werden kann.
- Gemüse und Trüffeln weglassen, dafür 200 g längs halbierte Schalotten in der Folie mitgaren.
- Die Poularde kann auch gefüllt werden, z. B. mit einer Mischung aus 100 g Geflügelfleisch und 100 g Schinken (beides gehackt), 100 g Mousse de foie gras, 1 feingehackten Trüffel, gewürzt mit Salz, Pfeffer, Lorbeerpulver und wenig Thymian.

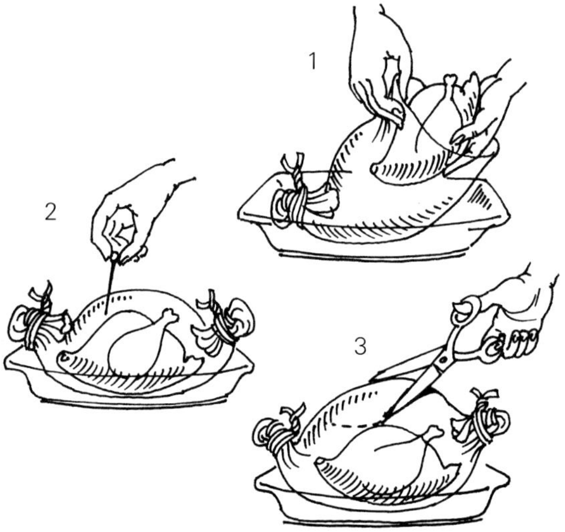

Das Füllen und Öffnen der Folie

1
Mit den Zutaten füllen und verschließen

2
Folie mit einer feinen Nadel mehrmals einstechen

3
Nach dem Garen ein Loch in die Folie schneiden und den Saft durch ein Sieb in eine Pfanne gießen

Ein originelles Pouletgericht aus der Provence. Gebraten in einer Zwiebel/Gemüse-Sauce mit Kapern.

Poulet en capilotade

Poulet in 4 oder 8 Stücke teilen. In 1 Eßlöffel Butter leicht anbraten. Bouillon zufügen, mit Salz, Pfeffer, durchgepreßtem Knoblauch und Kräutern würzen. Lorbeerblatt, Lauch, Karotte und Selleriekraut beigeben. Zugedeckt 25 bis 30 Minuten schmoren lassen (in der Schnellbratpfanne nur 8 Minuten!). Zwiebeln fein hakken.

In einer zweiten Pfanne die Zwiebeln in der restlichen Butter anziehen lassen. Sobald sie hellgelb werden, Wein und Essig zufügen. Zugedeckt schmoren lassen, bis ein dickes Mus entsteht. Mit Tomatenpüree mischen. Die Sauce zum Poulet geben. 5 bis 6 Minuten mitziehen lassen.

Das Fleisch aus der Pfanne nehmen und warm stellen. Die Sauce stark einkochen, dann mit dem Rahm gut verrühren. 3 bis 4 Minuten köcheln lassen. Abgetropfte Kapern zufügen, nachwürzen und die Sauce über die Pouletstücke geben.

Bemerkungen Feiner wird das Gericht, wenn man dem Poulet vor dem Anbraten die Haut abzieht.

Beilagen Frisches Pariser Brot, evtl. Trockenreis oder Zitronekartoffeln (s. d.).

Wein Côtes-de-Provence, Roussillon, Côtes-du-Rhône.

*
V Kann vorbereitet werden
Arbeitsaufwand: 25 Minuten
Bratzeit: 30 bis 35 Minuten

Für 4 Personen
1 Poulet
3 Eßl. Butter
2½ dl Bouillon
Salz, Pfeffer
2 Knoblauchzehen
1 Teel. Provencekräutermischung (s. d.)
1 Lorbeerblatt
100 g Lauch (½ Stück)
1 Karotte
1 Zweig Selleriekraut
250 g große rote Zwiebeln, gehackt
2½ dl Weißwein
1 Teel. Weißweinessig
1 Eßl. Tomatenpüree
3 Eßl. Rahm
2 Eßl. Kapern

Pouletbrüstchen, gefüllt mit Salbeiblättern, in Butter kurz gebraten, in leichter Madeirasauce serviert.

Suprêmes de poulet à la sauge

*
V Kann weitgehend vorbereitet werden
Arbeitsaufwand: 20 Minuten
Bratzeit: 10 Minuten

Für 4 Personen
8 Pouletbrüstchen
12 Salbeiblätter
2 Eßl. eingesottene Butter
Salz, Pfeffer
4 Eßl. Knochensud
1½ dl Madeira
1 Teel. Tomatenpüree
2 Eßl. Tafelbutter
1 Prise Cayennepfeffer

Pouletbrüstchen häuten und entbeinen. Waagrecht einschneiden, so daß eine Tasche entsteht. Pouletknochen mit ½ Tasse Wasser in den Dampfkochtopf geben und 10 Minuten kochen. 4 Salbeiblätter grob hacken. 1 Eßlöffel Butter erwärmen. Salbei zugeben und anziehen lassen. Mit wenig Salz und Pfeffer würzen. Erkalten lassen.

Die Pouletbrüstchen mit der Salbeibutter füllen. In 1 Eßlöffel Butter beiderseitig rasch anbraten. Die ganzen Salbeiblätter kurz mitdünsten, dann herausnehmen. Fleisch aus der Pfanne nehmen, mit Salz und Pfeffer beiderseitig würzen und warm stellen. Knochensud aus dem Dampfkochtopf auf die Hälfte einkochen lassen und durch ein Sieb gießen. Den Bratenfond der Hühnerbrüstchen damit ablöschen. Madeira und Tomatenpüree zufügen. Stark einkochen lassen und nachwürzen. Die Pfanne von der heißen Herdplatte wegziehen. Die Tafelbutter in Flocken mit dem Schwingbesen darunterschwingen. Mit Cayennepfeffer nachwürzen.

Die Pouletbrüstchen mit den gedünsteten Salbeiblättern garnieren und mit der Sauce überziehen.

Bemerkungen Mit Butter aufgeschlagene Saucen werden rasch kalt. Deshalb immer in gut vorgewärmtem Geschirr anrichten. Wenn erhältlich, können auch bereits gehäutete und entbeinte Pouletbrüstchen verwendet werden.

Beilagen Gedünsteter Blattspinat.

Wein Leichter Rotwein.

Variationen
- Salbei durch Estragonblätter ersetzen.
- Butter weglassen und nur mit konzentriertem Jus begießen.
- Weißwein statt Madeira.

Eine neue, attraktive Kreation: Hühnerbrüstchen, nach chinesischer Art mariniert, mit Schalotten kurz gebraten in einer pikanten Sherry/Grapefruit-Sauce.

Hühnerbrüstchen mit Schalotten und Grapefruits

Maispuder und die Hälfte des Saké oder Sherry mit Sojasauce mischen. Die Pouletbrüstchen von den Knochen befreien. In der Maispudermischung wenden, bis das Fleisch von einer dünnen Schicht überzogen ist. Mindestens 1 Stunde ruhen lassen. Grapefruit so schälen, daß auch die weißen Häutchen entfernt werden. Das Fruchtfleisch von ½ Grapefruit so aus den Trennhäutchen schneiden, daß geschälte Schnitze entstehen. Saft auffangen. Zweite Grapefruithälfte auspressen.
Schalotten schälen, halbieren und in 1 Eßlöffel Erdnußöl mit wenig Salz 15 Minuten unter ständigem Wenden leicht anbraten. Die Schalotten sollen halb gar werden und dürfen nicht zu stark anbraten. Aus der Pfanne nehmen und beiseite stellen. Pouletbrüstchen abtropfen und beiderseitig im restlichen Erdnußöl leicht anbraten. Mit dem restlichen Sherry ablöschen. Halb zugedeckt garen. Das Fleisch aus der Pfanne nehmen und warm stellen. Restliche Marinade, Ketchup, schwarzer Pfeffer und durchgepreßten Knoblauch zugeben. Stark einkochen lassen. Grapefruitsaft zur Sauce geben. Kochen, bis die Sauce gebunden und klar ist. Nach Bedarf mit wenig Salz und Cayennepfeffer nachwürzen. Die Schalotten ganz kurz in der Sauce wärmen.
Sauce und Schalotten zu den Hühnerbrüstchen geben. Grapefruitschnitze mit Saft ganz kurz erwärmen. Das Gericht damit garnieren.

Bemerkungen Die Grapefruitschnitze kann man vor dem Anrichten in leicht karamelisiertem Zucker, der mit 1 bis 2 Eßlöffeln Grapefruitsaft abgelöscht wird, wenden.

*
V Kann vorbereitet werden (vor dem Servieren nur noch erwärmen)
Arbeitsaufwand: 20 Minuten
Bratzeit: 10 Minuten

Für 4 Personen
1 Eßl. Maispuder
1 dl Saké oder Sherry
1 Teel. Sojasauce
4 Pouletbrüstchen
1 Grapefruit
8 Schalotten
3 Eßl. Erdnußöl
Salz, Pfeffer
1 Teel. Ketchup
1 Knoblauchzehe
1 dl frisch gepreßter Grapefruitsaft
Cayennepfeffer

Beilagen Trockenreis.

Wein Passt nicht dazu. Am besten Jasmintee oder Bier.

Variationen
- Grapefruits durch Kumquats (frisch oder aus der Dose) ersetzen.

Eine originelle, aber außerordentlich gute Mischung: Geflügelfleisch, Geflügelleber und Champignons in einer pikanten Marsala/Basilikum-Sauce.

Célestines de poulet au basilic

(Hähnchenfleisch mit Basilikum)

*
V Kann weitgehend vorbereitet werden
Arbeitsaufwand: 35 Minuten, zusätzlich 1 Stunde für den Fleischfond (in der Schnellbratpfanne nur 20 Minuten)
Bratzeit: 7 bis 8 Minuten

Für 4 Personen
2 frische Hähnchen (zusammen ca. 900 g)
200 g Geflügelleber
200 g frische Champignons
3 Eßl. eingesottene Butter
1 Karotte
1 Stück Sellerie
1 Zwiebel
1 Lauchstengel
3½ dl Marsala
80 g Tafelbutter
1 Eßl. Basilikum (frisch oder getrocknet, gehackt)
2 Knoblauchzehen

Hähnchen enthäuten, das Fleisch von den Knochen lösen und in ca. ½ cm dicke Streifen schneiden. Lebern ebenfalls in Streifen schneiden. Champignons waschen und in Scheibchen schneiden. Pouletknochen in ½ Eßlöffel Butter anbraten. Karotte, Sellerie, Zwiebel und Lauch grob hacken. Zu den Knochen geben und leicht mitbraten. Mit Marsala ablöschen. 1 Stunde kochen (in der Schnellbratpfanne nur 20 Minuten). Tafelbutter mit Basilikum und durchgepreßtem Knoblauch verkneten. 15 bis 30 Minuten ruhen lassen.
Hähnchenfleisch in 2 Eßlöffeln Butter unter Wenden kurz anbraten. Leber ebenfalls zugeben oder in einer separaten Pfanne ganz kurz anbraten. Aus der Pfanne nehmen und warm stellen. Schalotten und Champignons im Bratenfond und nochmals ½ Eßlöffel Butter 3 bis 4 Minuten anziehen lassen. Aus der Pfanne nehmen und zum Fleisch geben. Mit Salz, Pfeffer und Geflügelgewürz würzen. Bratenfond mit passiertem Marsala-Sud stark einkochen. Saft, der sich während des Warmstellens des Fleisches gebildet hat, zufügen. Die Sauce bis auf die Hälfte einkochen. Pfanne von der Herdplatte wegziehen. Basilikumbutter mit einer

Gabel oder dem Schwingbesen unterziehen. Unter Rühren erwärmen, aber nicht kochen lassen. Die Sauce nachwürzen und über das Fleisch verteilen. Sofort warm servieren.

4 Eßl. gehackte Schalotten
Salz, Pfeffer
1 Teel. Geflügelgewürz

Bemerkungen Wichtig ist, daß Fleisch und Leber nur kurz gebraten werden. So bleiben sie zart! Man kann auch Poulet-Brustfilets für dieses Gericht verwenden und einen Fond aus Hühnerbouillon und Marsala einkochen, falls man keine Hühnerteile und Knochen zur Verfügung hat oder wenn es schneller gehen soll.

Beilagen Schmale Butternudeln oder Blattspinat.

Wein Chianti classico, Valpolicella oder Merlot.

Variationen
- Butter weglassen und Basilikum 5 Minuten vor dem Anrichten unter das Fleisch mischen.
- Marsala durch Madeira ersetzen. In diesem Fall Basilikum durch gehackte Trüffeln oder Estragon ersetzen.

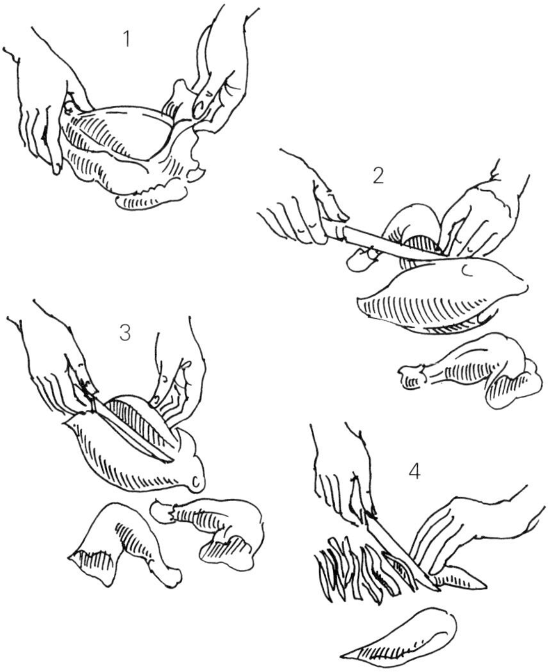

Das Häuten und Vorbereiten

1
Längsschnitt auf dem Bauch anbringen. Haut seitlich abziehen

2
Die Schenkel abtrennen

3
Brustfilets herauslösen

4
Fleisch in Streifen schneiden

Hühnerbrustfilets in einer neuen Sauce aus saurem Halbrahm, Avocadopüree und Curry. Probieren Sie es aus, Ihr Küchenzettel wird dadurch um ein interessantes Gericht bereichert.

Hühnerbrüstchen in Sauce Avocado

*
V Kann teilweise vorbereitet werden
Arbeitsaufwand: 20 Minuten
Bratzeit: 2 bis 3 Minuten

Für 4 Personen
4 Hühnerbrustfilets
2 Eßl. Butter
Salz, weißer Pfeffer
2 reife Avocadobirnen
2 Eßl. Zitronensaft
2 dl saurer Halbrahm
1 Teel. Zwiebelpulver
1 Prise Cayennepfeffer
1 Eßl. Instant-Hühnerbouillon
½ Teel. Estragonpulver
1 bis 2 Eßl. Currypulver

Hühnerbrustfilets pfeffern. Avocados der Länge nach halbieren, Kern entfernen, schälen und sofort Schnittfläche mit Zitronensaft einreiben. Fruchtfleisch einer Avocadobirne in kleine Stücke schneiden und zusammen mit dem Sauerrahm im Mixer pürieren (wenn kein Mixer vorhanden, mit einer Gabel zerdrücken und durch ein Sieb streichen). Zweite Avocado für die Garnitur aufheben.
Brustfilets beiderseitig in 1 Eßlöffel Butter 5 Minuten goldgelb braten. Sauerrahm langsam erwärmen, rühren, mit Salz, Zwiebelpulver, Cayennepfeffer und Estragonpulver abschmecken. Instant-Hühnerbouillon einstreuen und 10 Minuten auf kleinem Feuer leise ziehen lassen. Hühnerbrüstchen aus der Bratpfanne nehmen, warm stellen, Bratenfond mit ½ Eßlöffel Wasser lösen und zur Sauce geben. Avocadopüree und Currypulver zufügen. 2 bis 3 Minuten unter Rühren erwärmen. Nicht mehr kochen lassen. Die Sauce nach Belieben nachwürzen und heiß über das Fleisch verteilen. Restliche Avocado schälen, in 4 Schnitze teilen und das Gericht damit garnieren.

Bemerkungen Die Avocados müssen wirklich reif sein. Kaufen Sie sie deshalb 2 bis 3 Tage vorher, damit sie bei Zimmertemperatur noch ausreifen können. Sie sollen sich weich anfühlen.
Die beschriebene Sauce paßt auch sehr gut zu Kalbfleisch oder Hähnchen.

Beilagen Trockenreis, indisches Brot (Pappadum) oder Kroepoeck (kleine Fladen aus Crevettenmehl zum Aufbacken).

Wein Leichter Rot- oder Weißwein.

Variationen
- Sauerrahm durch Doppelrahm (Crème de Gruyère) ersetzen.
- Currypulver weglassen.

Zartes Truthahnfleisch, schnell gebraten, in einer interessanten grünen Sauce aus Schalotten, weißem Wermut, Zitronenpfeffer, wenig Rahm und feingehackter Kresse.

Truthahnschnitzel in grüner Sauce

*
V Kann weitgehend vorbereitet werden
Arbeitsaufwand: 20 Minuten
Bratzeit: 5 Minuten

Für 4 Personen
8 Truthahnschnitzel
2½ dl Hühnerbouillon
3 Eßl. feingehackte Schalotten
5 Eßl. Butter
Salz, Pfeffer
4 Eßl. weißer Wermut (Noilly Prat oder Martini dry)
2 Eßl. Rahm (Double crème)
30 g feingehackte Kresse
1 Teel. Zitronensaft
½ Teel. Fleischextrakt oder Glace de viande (s. d.)
½ Teel. Zitronenpfeffer

Hühnerbouillon und Schalotten so lange zusammen kochen, bis nur noch ca. 1 dl Flüssigkeit in der Pfanne zurückbleibt.
Truthahnschnitzel gut flachdrücken. Rasch in 1 Eßlöffel Butter beiderseitig anbraten. Aus der Pfanne nehmen, warm stellen und salzen. Vorbereitete Bouillonreduktion ohne Schalotten in den Bratenfond gießen. Stark aufkochen und Wermut zugeben. Einkochen lassen, bis nur noch 2 Eßlöffel Flüssigkeit in der Pfanne sind. Rahm zufügen, sämig werden lassen, dann die Kresse beigeben. Mit Salz, Zitronensaft, Fleischextrakt und Zitronenpfeffer würzen. Die Pfanne von der Herdplatte wegziehen. Restliche Butter stückweise zugeben und mit dem Schwingbesen unter die Sauce ziehen.

Bemerkungen Die Bouillon läßt sich durch Weißwein ersetzen. Dadurch wird die Sauce etwas pikanter. In diesem Fall den Zitronensaft weglassen. Zitronenpfeffer gibt es in Gläschen zu kaufen.

Beilagen Trockenreis oder Salzkartoffeln.

Wein Leichter Rot- oder Weißwein.

Ein Eintopf mit ungewöhnlicher Komposition: Truthahnfleisch, Auberginen und Steinpilze, alles gut gewürzt und von Dörrzwetschgen begleitet.

Truthahnragout mit Auberginen

*
V Kann vorbereitet werden
Arbeitsaufwand: 30 Minuten
Kochzeit: 40 bis 45 Minuten

Für 4 Personen
1 Teebeutel
70 g Dörrzwetschgen, entsteint
1 große Aubergine (Eierfrucht)
Salz, Pfeffer
3 Eßl. Kochbutter
200 g Steinpilze (evtl. aus der Dose)
½ Teel. Kräutersalz
½ Teel. Estragon, feingehackt
400 g Truthahnfleisch (Schnitzelstück)
3 Eßl. Hühnerbouillon / Hühnerbrühe

5 dl schwachen Tee zubereiten. Die Zwetschgen für 15 Minuten hineinlegen. Danach die Zwetschgen im Tee weich kochen. Die Aubergine schälen, in Würfel schneiden, mit Salz bestreuen und 15 Minuten ziehen lassen. Nach dieser Zeit kalt abspülen und auf Küchenpapier trocknen. In 2 Eßlöffeln Butter anbraten. Die Steinpilze vierteln und zugeben (Dosenpilze zuerst abgießen). Kurz mitdünsten, dann mit Salz, Pfeffer, Kräutersalz und Estragon würzen, zudecken und 15 Minuten ziehen lassen. Das Fleisch in Würfel schneiden, in einer Bratpfanne in der restlichen Butter anbraten, würzen und dann zum Gemüse geben. Mit 3 Eßlöffeln Bouillon ablöschen. 10 bis 15 Minuten zugedeckt schmoren lassen. Anrichten und mit den gekochten Zwetschgen garnieren. – Dieses Gericht läßt sich auch ganz ohne Flüssigkeit zubereiten. In diesem Fall zuerst das Fleisch in einer passenden Kasserolle anbraten, herausnehmen und später wieder zum Gemüse geben.

Bemerkungen Die Auberginen werden mit Salz bestreut und danach gewaschen, weil sie dadurch geschmacklich besser werden. Die Gemüsescheiben dürfen anschließend für dieses Gericht kräftig angebraten werden.

Beilagen Keine, evtl. Trockenreis.

Wein Leichter Rotwein.

Variationen
- Dörrzwetschgen weglassen.
- Andere Fleischsorte verwenden (Geflügel, Kalbfleisch, Schweinefleisch, Lamm).
- Steinpilze durch andere Pilzsorte ersetzen.

Ein ganz spezielles Entengericht: Brustfilets in einer süß-sauren Himbeersauce, die mit Cayennepfeffer pikant gewürzt wird.

Entenbrustfilets mit Himbeeren

(Suprême de canard aux framboises)

Die Entenbrüstchen entbeinen und die Haut abziehen. Die Brüstchen in Butter rasch anbraten; sie sollen «saignant» oder «à point» sein. Aus der Pfanne nehmen und warm stellen. Durchgepreßten Knoblauch, Zitronenpfeffer und Tomatenpüree in den Bratenfond geben. Gut umrühren. Essig und Wein zufügen. Stark aufkochen und auf die Hälfte reduzieren. Mit Salz nachwürzen und Himbeergelee in der Sauce auflösen (tiefgekühlte, aber aufgetaute oder frische Himbeeren erst am Schluß zufügen). Die Kasserolle von der Heizquelle wegziehen. Die Butter stückweise zufügen. Mit dem Schwingbesen oder einer Gabel unter die Sauce rühren. Die Butter darf nicht ganz zergehen und sollte die Sauce binden, deshalb nicht mehr kochen lassen, d.h. nicht mehr auf die Heizquelle stellen. Zuletzt mit etwas Cayennepfeffer pikant abschmecken. Die Suprêmes mit der Sauce überziehen.

Bemerkungen Die restlichen Teile der Ente können für die Terrine, für eine Essence de canard (s.d.) oder als Füllung für Pastetchen verwendet werden.

Beilagen Frisches Pariser Brot.

Wein Gehaltvoller Rotwein.

Variationen
- Himbeeren durch Brombeeren ersetzen.
- Reh- oder Hirschschnitzel lassen sich ebenfalls auf diese Art zubereiten.
- Wilden Reis dazu servieren.

**
V Muß «à la minute» zubereitet werden
Arbeitsaufwand: 20 Minuten
Bratzeit: 3 bis 4 Minuten

Für 2 Personen
2 bis 4 Entenbrüstchen (französ. Ente oder Wildente)
2 Eßl. Butter
2 Knoblauchzehen
Salz, Zitronenpfeffer
1 Eßl. Tomatenpüree
4 Eßl. Himbeer- oder Rotweinessig
1½ dl Rotwein
1 Eßl. Himbeergelee
2 Eßl. Himbeeren (frisch oder tiefgekühlt)
50 g Tafelbutter
2 Prisen Cayennepfeffer

Eines der einfachsten Entenrezepte: im Ofen gebraten, mit Apfelwein geschmort und mit Äpfeln und Nüssen garniert.

Canard aux pommes

**
V Kann vorbereitet werden
Arbeitsaufwand: 20 Minuten
Bratzeit: 35 bis 60 Minuten (je nach Alter der Ente)

Für 4 Personen
1 mittelgroße junge Ente
2 Eßl. eingesottene Butter
5 dl Apfelwein
4 Äpfel
1½ Eßl. Zitronensaft
100 g geschälte Baumnüsse
1 dl Calvados
Salz, Pfeffer

Die Ente innen und außen mit Salz und etwas Pfeffer gut würzen. Butter schmelzen.
Die Ente im vorgeheizten Backofen bei 220° und spaltbreit offener Türe 30 Minuten unter häufigem Begießen in der Butter braten. Inzwischen die Äpfel schälen, halbieren, das Kernhaus entfernen und mit Zitronensaft einreiben. Das ausgeschmolzene Fett der Ente abgießen und sie nochmals mit etwas Butter bepinseln. Von Zeit zu Zeit Apfelwein zugießen. Nach der halben Bratzeit die Ente mit dem Bratfond in eine Gratinform legen und die halbierten und entkernten Äpfel ringsum anordnen. Schmoren lassen, bis die Äpfel weich sind (insgesamt ca. 50 Minuten). 10 Minuten vor Ende der Bratzeit die Äpfel mit den Baumnüssen garnieren. Die Ente mit Calvados übergießen.

Bemerkungen Entenfleisch sollte leicht rosa serviert werden (französische Ente wählen).

Beilagen Pommes mousseline (s. d.).

Wein Guter Bordeaux oder Apfelwein.

Variationen
- Die Sauce nach Belieben mit Doppelrahm (Crème de Gruyère) leicht binden. Den Bratenfond aber vorher stark einkochen.

MEINE LIEBSTEN WILDREZEPTE

Eigentlich sollte dieses Kapitel treffender «Einige meiner liebsten Wildrezepte» heißen. Sie alle hier aufzuführen ist aus Platzgründen unmöglich. So mußte ich mich auf eine Auswahl beschränken.
Ich habe jene Rezepte ausgesucht, die weniger oder gar nicht bekannt sind und die ich, unter anderem, mit Erfolg während eines speziellen Wildkurses an meine «Jünger» weitergegeben habe.
Großes Gewicht habe ich dabei auf die Zubereitung guter Wildsaucen gelegt, die nicht nur leicht sein sollen, sondern geschmacklich so komponiert, daß sie dieses kräftige, aromatische Fleisch harmonisch ergänzen.

WIRD WILD NOCH ABGEHANGEN?

Früher ließ man Fasane am Halse abhangen, bis sie sich durch Zersetzung von selbst von der Schnur lösten. Heute neigt man dazu, Wildfleisch nicht mehr so lange reifen zu lassen. Der Einkauf von Wildfleisch ist Vertrauenssache. Folgendes ist zu beachten:

- Ein Gespräch mit dem Fachmann (Traiteur oder Feinkosthändler) schafft die besten Voraussetzungen für Qualität.
- Wildfleisch, das in luftdichter Folie vakuumgereift wurde, läßt man vor der Zubereitung mindestens eine Stunde an der Luft liegen.
- Wildfleisch, das direkt vom Jäger stammt, muß vor der Zubereitung einige Tage im Kühlschrank gelagert werden. Es darf auch erst nach einem gewissen Reifeprozeß (2 bis 3 Tage) tiefgekühlt werden.
- Tiefgekühltes Wildfleisch erst nach dem Auftauen zubereiten.

Hirschsteaks in einer aparten Sauce aus Sherry (Jerez) und rotem Kirschensaft, garniert mit knapp gedünsteten Zucchetti – ein neues Wildgericht.

Hirschsteaks «Andorra»

Zwiebeln in 1 Eßlöffel Butter anziehen lassen. Eierschwämme (Pfifferlinge) zugeben (große halbieren). Zugedeckt 10 Minuten schmoren. Petersilie und Salz darüberstreuen. Gut wenden, mit der Hälfte des Rahms verfeinern. 2 bis 3 Minuten eindicken lassen. Die Zucchetti mit der Schale in 3 bis 4 Zentimeter lange Stücke schneiden und diese aushöhlen. Auf den angeschnittenen Seiten in 1 Eßlöffel Butter bei mittlerer Hitze zugedeckt 15 Minuten dünsten.
Die Hirschsteaks beiderseitig in der restlichen Butter braun braten (insgesamt ca. 10 Minuten). Sie sollten nicht ganz durchgebraten, sondern à point, d. h. noch leicht rosa sein. Die Steaks mit Salz und Pfeffer würzen, aus der Pfanne nehmen und warm stellen. Den Bratenfond mit Sherry und Kirschsaft einkochen. Wildfond zugeben, aufkochen und unter Rühren eindicken lassen. Die Sauce mit Salz, Pfeffer, Majoran und Cayennepfeffer pikant würzen und mit dem restlichen Rahm verfeinern.

Bemerkungen Es wäre schade, das Fleisch durchzubraten! Die Sauce sollte wirklich konzentriert eingekocht werden. Kirschsaft ist in kleinen Flaschen erhältlich. Die Zucchetti mit den Pfifferlingen füllen. Je 1 gefülltes Zucchettistück auf das Steak geben. Das Fleisch mit sehr wenig Sauce überziehen.

Beilagen Keine, bei Tischgästen mit großem Appetit eventuell Spätzli oder Nudeln.

Wein Bordeaux, Rioja oder Spätburgunder.

Variationen
- Nach dem gleichen Rezept können bei entsprechend kürzerer Bratzeit auch Rehschnitzel zubereitet werden.

**
V Kann mit Ausnahme des Fleischbratens vorbereitet werden
Arbeitsaufwand: 30 Minuten
Bratzeit: 10 Minuten

Für 4 Personen
8 Hirschschnitzel oder -steaks zu ca. 80 g
3 Eßl. gehackte Zwiebeln
4 Eßl. eingesottene Butter
200 g Eierschwämme (evtl. aus der Dose)
1 Eßl. gehackte Petersilie
1 dl Rahm
4 Zucchetti (ca. 800 g)
Salz, Pfeffer
4 Eßl. herber Sherry
1 dl roter Kirschsaft (s. d.)
½ dl Wildfond (s. d.)
½ Teel. gehackter Majoran
1 Prise Cayennepfeffer

Rehschnitzel mit Selleriepüree und Äpfeln. Dazu eine raffinierte Wildsauce, die mit Preiselbeeren und Rahm verfeinert wird.

Rehschnitzel «Montblanc»

**
V Läßt sich teilweise vorbereiten
Arbeitsaufwand: 30 Minuten
Bratzeit: 2 bis 3 Minuten

Für 4 Personen
8 Rehschnitzel (ca. 600 g)
Pfeffer
¼ Teel. Majoran, gehackt
200 g Sellerieknollen, geschält und in Würfel geschnitten
2 Eßl. Zitronensaft
2½ Eßl. Kochbutter
5 Kartoffeln
2 Äpfel (Sorte, die nicht zerfällt)
1½ dl Weißwein
Salz
1 Eßl. Cognac
1½ dl Wildfond
1½ dl Rahm
3 Eßl. Preiselbeeren

Rehschnitzel auf beiden Seiten pfeffern und mit Majoran bestreuen. 15 Minuten ruhen lassen. Selleriewürfel nach dem Schälen sofort mit 1 Eßlöffel Zitronensaft mischen. In 1 Tasse leicht gesalzenem Wasser weich kochen (etwa 10 Minuten), abgießen (Sud aufbewahren), in 1 Eßlöffel Butter 3 bis 4 Minuten dämpfen, bis alle Flüssigkeit verdampft ist. Kartoffeln schälen, in Stücke schneiden, in Salzwasser garkochen (im Dampfkochtopf 5 Minuten). Abgießen und mit den Selleriewürfeln durch die Passiermaschine pressen. Äpfel schälen, halbieren, in 1 dl Wasser, 1¼ dl Weißwein und 1 Eßlöffel Zitronensaft 5 bis 10 Minuten (je nach Sorte) knapp weichkochen.
Rehschnitzel in 1 Eßlöffel Butter beiderseitig goldbraun braten. Leicht salzen, auf eine vorgewärmte Platte geben und warm stellen. Bratenfond mit Cognac und restlichem Weißwein lösen, Wildfond dazugießen, aufkochen, mit 1 dl Rahm verfeinern und 1 Eßlöffel Preiselbeeren darunterziehen. Restlichen Rahm mit 1 Eßlöffel Selleriesud in ein Pfännchen geben. Aufkochen, dann Sellerie/Kartoffel-Püree daruntermischen. Unter Rühren erwärmen. Salz und ½ Eßlöffel Butter zugeben. Äpfel mit Preiselbeeren füllen.
Die Schnitzel mit Sauce überziehen. Mit Selleriepüree und Äpfeln garnieren. Restliche Sauce separat servieren.

Bemerkungen Die Beimischung von Kartoffeln macht das Selleriepüree mild. Man kann sie auch weglassen.

Beilagen Keine.

Wein Beaujolais, Spätburgunder.

Variationen
- Anstelle von Rehschnitzeln Hirschschnitzel oder – außerhalb der Wildsaison – Truthahnschnitzel verwenden.

Bei uns noch etwas unbekannt: Rentierfleisch, in Butter gebraten, mit Wodka abgelöscht, in einer Sauerrahmsauce mit Gurkenstreifen.

Rentierschnitzel auf sibirische Art

**
V Kann teilweise vorbereitet werden
Arbeitsaufwand: 15 Minuten
Bratzeit: 5 Minuten

Für 4 Personen
4 oder 8 Rentierschnitzel (je nach Dicke)
2 Eßl. Butter
2 Zwiebeln
2 Eßl. Wodka
2½ dl Rahm
2 Salzgurken
Salz, Pfeffer

Zwiebeln fein hacken und in 1 Eßlöffel Butter weichdünsten. Aus der Pfanne nehmen. Die Schnitzel in der restlichen Butter rasch beiderseitig anbraten. Zu den Zwiebeln geben und warm stellen. Den Bratenfond mit Wodka ablöschen, aufkochen, Rahm zufügen und eindikken lassen. Salzgurken in sehr feine Streifen schneiden und beigeben. Die Sauce mit Salz und Pfeffer würzen und über das Fleisch gießen.

Bemerkungen Rentierfleisch ist in Feinkostläden erhältlich. Es wird ähnlich zubereitet wie Reh- oder Hirschfleisch.

Beilagen Trockenreis oder Salzkartoffeln, evtl. Baked potatoes, auch Kastanienpüree und «Multbeeren» (eine Art weiße Preiselbeeren aus Skandinavien)

Wein Leichter Rotwein, z.B. Bodenseewein, Süßdruck, Magdalener oder gar kein Wein, dafür Wodka.

Variationen
- Man kann auch Rentier-Tournedos auf diese Art zubereiten.
- Die Salzgurken durch feingeschnittene Steinpilze ersetzen.
- Mit Dill würzen.
- Die Norweger ersetzen den Wodka durch Aquavit.

Wildschweinkoteletts nach russischer Art zubereitet, mit Champignons und Gewürzgurken in einer gutgewürzten Paprika / Sauerrahm-Sauce.

Koteletts nach Polotzoff

**
V Kann vorbereitet werden
Arbeitsaufwand: 20 Minuten, zusätzlich Marinierzeit 1 bis 2 Stunden
Bratzeit: 10 bis 15 Minuten

Für 4 Personen
8 Wildschweinkoteletts zu ca. 100 g
50 g Magerspeck
2 Eßl. Zitronensaft
1½ Teel. Zitronenpfeffer
1 gehackte Zwiebel
1 Eßl. gehackte Petersilie
2 Eßl. Kochbutter
Salz
100 g Champignons
1 Gewürzgurke
1 Teel. Rosenpaprika
1 Becher saurer Halbrahm
1 Stück Meerrettich, gerieben

Mit einer Spicknadel die Koteletts je nach Größe 3- bis 4mal durchbohren. Speck in feine Streifchen schneiden und die Öffnungen der Koteletts damit füllen. Zitronensaft, Zitronenpfeffer, Zwiebel und Petersilie mischen. Die Koteletts in diese Marinade legen und 1 bis 2 Stunden ziehen lassen. Mehrmals wenden.
Die Koteletts gut abtropfen lassen, mit Küchenpapier trocknen. In 1 Eßlöffel Butter beiderseitig goldbraun braten. Mit wenig Salz bestreuen. Zudecken und 10 bis 15 Minuten schmoren lassen. Champignons vierteln. In einer zweiten Bratpfanne in der restlichen Butter leicht anbraten. Gewürzgurke in feine Streifen schneiden. Zu den Champignons geben. Die Koteletts aus der Pfanne nehmen und warm stellen. Paprika und geriebenen Meerrettich zugeben, dann den Bratenfond mit saurem Halbrahm lösen. Einkochen lassen, bis die Sauce sämig wird. Mit wenig Salz und dem restlichen Zitronenpfeffer würzen. Champignons und Gewürzgurkenstreifen ober die Koteletts verteilen. Die Sauce über die Koteletts gießen.

Bemerkungen Anstelle von Wildschweinkoteletts kann man auch Rehkoteletts auf diese Art zubereiten. In diesem Fall die Schmorzeit auf 5 Minuten reduzieren, damit das Fleisch «à point» (rosa) wird. Wildschweinkoteletts hingegen sollten durchgebraten werden.

Beilagen Trockenreis, Baked potatoes (s.d.).

Wein Leichter Rotwein.

Variationen
- Außerhalb der Wildsaison läßt sich dieses Gericht auch mit Schweinskoteletts zubereiten.

Das Spicken der Koteletts

1
Die Koteletts mit einer Messerspitze oder Spicknadel 3 bis 4mal einstechen

2
Die Öffnungen mit feinen Speckstreifen füllen

3
Die Koteletts beidseitig goldbraun braten

Schnell gebratene Wildschweinkoteletts, mit Birnenschnaps und Wacholder gewürzt, garniert mit knapp gegarten Birnen. Das Ganze von einer leichten Wildrahmsauce begleitet.

Wildschweinkoteletts mit Birnen

Die Birnen schälen, vierteln und Kerngehäuse entfernen. In wenig Wasser mit Zitronensaft knapp weich kochen. Warm halten.
Die Koteletts auf beiden Seiten rasch anbraten und warm stellen. Den Bratenfond etwas entfetten, mit Williamine ablöschen. Stark aufkochen. Wildfond beigeben. Um die Hälfte reduzieren. Zimtstengel und zerdrückte Wacholderbeeren mitkochen. Zuletzt Rahm zufügen. Nochmals etwas eindicken lassen. Die Sauce über die Koteletts gießen und mit den Birnen garnieren.

Bemerkungen Man kann auch Birnen aus der Dose verwenden und diese in etwas Williamine marinieren lassen.

Beilagen Nudeln, Spätzle, Preiselbeeren.

Wein Bordeaux, Rioja, Spätburgunder.

**
V Kann vorbereitet werden
Arbeitsaufwand: 20 Minuten
Bratzeit: 5 bis 8 Minuten

Für 4 Personen
8 Wildschweinkoteletts (Frischling), dünn geschnitten, mit Knochen
4 saftige Birnen
2 Eßl. Zitronensaft
2 Eßl. Butter
½ Zimtstengel
2 Eßl. Williamine
3 bis 4 Wacholderbeeren
2½ dl Wildfond (s. d.)
1½ dl Rahm (nach Belieben, evtl. Doppelrahm)

Variationen

– Der Rahm kann weggelassen werden. In diesem Fall den Wildfond stark reduzieren und, was natürlich geschmacklich noch besser ist, die Sauce zuletzt mit Butter aufschlagen. Übrigens lassen sich die Birnen durch Feigen oder Trauben ersetzen. In diesem Fall statt Williamine Cognac verwenden.

Ein in Weißwein marinierter Hasenrücken, in Butter gebraten und mit einer gut gewürzten Apfelwein / Calvados-Sauce überzogen.

Hasenrücken mit Calvados

***
V Kann vorbereitet werden
Arbeitsaufwand: 15 Minuten
Marinierzeit: 12 Stunden
Bratzeit: 12 bis 15 Minuten

Für 2 Personen
1 Hasenrücken (ca. 500 g)
⅛ l Weißwein
½ Zwiebel
1 Lorbeerblatt
½ Teel. Oregano
¼ Teel. gebrochener schwarzer Pfeffer
1 Eßl. Butter
Salz, Pfeffer, Muskat
3 Eßl. Calvados
4 Eßl. Apfelwein
⅛ l Wildknochenfond (s. d.)
1 Prise Cayennepfeffer
½ dl Rahm

Weißwein, grobgeschnittene Zwiebel, Lorbeerblatt, Oregano und Pfeffer aufkochen. Filets auf der Innenseite des Hasenrückens mit dem Messer auslösen und vorsichtig abtrennen. Rücken und Filets in eine Schüssel legen, mit der Weinbeize übergießen und 12 Stunden im Kühlschrank ziehen lassen. Hasenrücken und Filets abtropfen, mit Küchenpapier abtupfen und in Butter goldbraun anbraten. Filets aus der Pfanne nehmen. Hasenrücken mit Salz, Pfeffer und Muskat bestreuen, zudecken und 15 Minuten auf kleinem Feuer weiterbraten. Mit Calvados begießen und flambieren. Warm stellen. Apfelwein und Wildfond zum Bratenfond gießen. Rahm und Cayennepfeffer zugeben. Die Sauce separat servieren.

Bemerkungen Zu diesem Hasenrücken werden keine Preiselbeeren oder ähnliche Beilagen serviert.

Beilagen Pommes mousseline.

Wein Leichter Rotwein oder Apfelwein.

Variationen

– Mit «Pommes en l'air» garnieren.
– Rahm weglassen.

Kräutermarinade für Wildfleisch

Wacholderbeeren und Pfefferkörner mit dem Wellholz zerdrücken. Gemüse kleinschneiden. Alle Zutaten gut mischen, das Fleisch damit übergießen (Bratenstücke damit einreiben). 24 Stunden kühl ruhen lassen. Für geschnetzeltes Wildfleisch das Öl durch Weißwein ersetzen.

Für 1 kg
2 Eßl. Cognac
1 dl Erdnußöl
6 Wacholderbeeren
12 Pfefferkörner
Rosmarin, Majoran, Thymian
1 Karotte
½ Stück Sellerie
1 Lauchstengel (Porree)
1 kleiner Tannenzweig
1 Knoblauchzehe, durchgepreßt

Ein besonders delikates, rasch zubereitetes Wildgericht: Reh- oder Hirschfleisch, in feine Scheibchen geschnitten, in Butter rasch gebraten, mit Pilzen, in einer gehaltvollen Rotweinsauce.

Wildragout mit Steinpilzen

Kräutermarinade wie oben angegeben, aber mit den halben Zutaten zubereiten. Fleisch damit übergießen und 24 Stunden zugedeckt ziehen lassen.
Fleisch aus der Marinade nehmen, gut abtropfen lassen. Die Butter erhitzen und das in feine Scheiben geschnittene Fleisch kurz anbraten. Mit Salz und Pfeffer würzen. Fleisch herausnehmen und warm stellen. Feingehackte Schalotten in den Bratenfond geben, etwas anziehen lassen, dann die in Scheiben geschnittenen Steinpilze dazugeben. Beides ca. 5 Minuten dünsten. Mit Cognac ablöschen. Die Pilze über das Fleisch geben. Fond gut aufkratzen und mit Rotwein auffüllen. Die Sauce bis zu einem Drittel einkochen lassen. Gewürze, Wildfond und Sauerrahm zugeben. Nochmals kurz eindicken lassen. Das Fleisch mit der Sauce übergießen.

Bemerkungen Wichtig ist, daß das Fleisch sehr schnell gebraten wird, bevor es Flüssig-

**
V Kann nur teilweise vorbereitet werden
Arbeitsaufwand: 20 Minuten
zus. Marinierzeit: 24 Stunden
Bratzeit: 5 Minuten

Für 4 Personen
600 g in Scheibchen geschnittenes Wildfleisch ohne Knochen (Reh oder Hirsch)
Kräutermarinade (s. d., jedoch nur halbe Zutaten;)
2 Eßl. Butter
6 Schalotten
200 g Steinpilze, frisch oder aus der Dose
2 Eßl. Cognac
2 dl Rotwein
1 dl Wildfond

1 dl Sauerrahm
1 Prise Origano
Salz, Pfeffer

keit ziehen kann. Deshalb gut abtropfen und eventuell kurz auf Küchenpapier trocknen lassen.

Beilagen Knöpfli, Nudeln oder Trockenreis.

Wein Sehr guter Rotwein, z.B. Bordeaux, Spätburgunder (beste Qualität).

Variationen
– Auch Eierschwämme oder andere Pilze verwenden.

Im Ofen gebratener Rehrücken in einer ganz hervorragenden Wildrahmsauce, garniert mit Trauben und frischen Feigen.

Rehrücken mit Feigen und Trauben

***
V Kann vorbereitet werden (mit Ausnahme des Fertigmachens der Sauce)
Arbeitsaufwand: 20 Minuten
Bratzeit: 12 bis 20 Minuten

Für 4 Personen
1 kg Rehrücken, gehäutet
2 Eßl. eingesottene Butter
Salz, Pfeffer, Paprika
1½ Eßl. Wildknochenfond (s. d.)
2 Eßl. Rotwein
160 g Tafelbutter
8 frische Feigen
Je 150 g weiße und rote Trauben
1 Eßl. Tafelbutter

Butter in einer Bratkasserolle erhitzen. Den Rehrücken mit Salz, Pfeffer und Paprika würzen. In die heiße Butter geben. Kasserolle in den Ofen schieben. Wird er «saignant» gewünscht, nur etwa 12 bis 15 Minuten im Ofen lassen. Wer ihn «à point» vorzieht, läßt ihn etwa 16 bis 20 Minuten braten. Den Wildknochenfond unterdessen in ein Pfännchen geben und auf kleinem Feuer erwärmen. Rotwein zugeben, gut mischen. Dickflüssig einkochen. Die Pfanne von der Herdplatte wegziehen, einen Moment abkühlen lassen, dann die Butter flockenweise mit dem Schwingbesen unter die Sauce schlagen. Nach Bedarf nachwürzen. Die Feigen halbieren und mit den Traubenbeeren in wenig Butter heiß machen.
Den Rehrücken aus der Kasserolle heben, auf ein Brett legen und in der Küche tranchieren: das Fleisch mit einem Messer beiderseitig längs des Knochens auslösen. Die Filets leicht schräg in ca. 1½ bis 2 cm dicke Tranchen schneiden. Die Fleischstücke wieder auf den Knochen geben. Mit den heißen Feigen und Trauben garnieren. Die Sauce separat dazu servieren.

Bemerkungen Sollte das Fleisch beim Auslösen noch zu rot sein, dann nochmals kurz in den Ofen geben.

Beilagen Keine oder Spätzle, Nudeln.

Wein Bordeaux, z. B. St-Emilion.

Variationen
- Nur weiße und rote Trauben verwenden.
- Trauben durch frischgekochte Birnenschnitze ersetzen.
- Früchte weglassen, dafür Brombeersauce (s. d.) dazu servieren.

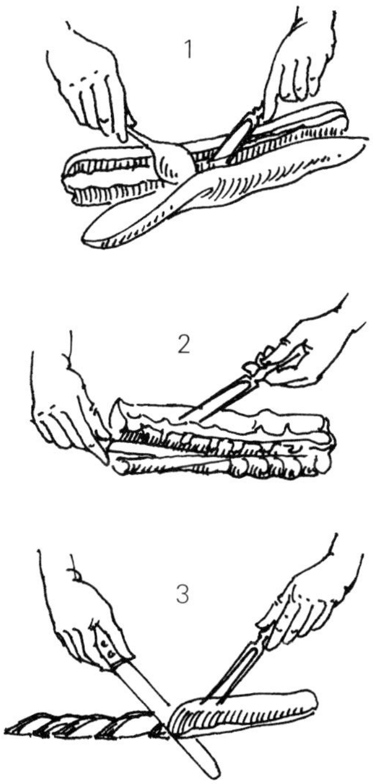

Das Tranchieren

1
Rückenfleisch beidseitig des Rückenwirbels mit dem Messer lösen, dann mit einem Löffelrücken vom Knochengerüst seitlich abschieben

2
Die Filets auf der Innenseite ebenfalls loslösen, indem man die Klinge parallel zum Rückenwirbel auf der Innenseite der Rippenknochen nach außen gleiten läßt

3
Fleisch schräg in Tranchen schneiden. Nach Belieben wieder auf das Knochengerüst setzen, so daß der Rücken wieder geformt wird.
Die Filets dazuservieren

Ein attraktiver Rehrücken zum Kaltservieren: Wie üblich rosa gebraten, nach dem Erkalten mit einem gutgewürzten Gänseleberschaum gefüllt und mit Orangenscheiben garniert.

Rehrücken in Gänseleber

***
V Kann vorbereitet werden
Arbeitsaufwand: 15 Minuten
Bratzeit: 30 bis 40 Minuten

Für 6 Personen
1 Rehrücken (ca. 1,8 kg)
2 Eßl. Butter
1 Teel. Wildgewürzmischung
Salz, Pfeffer
2 große Dosen Mousse de foie gras (Gänseleberschaum)
Thymian
3 dl Sulze (aus Sulzpulver)
1 Orange
3 bis 4 Lorbeerblätter
Einige Wacholderbeeren
Preiselbeerkonfitüre als Beilage

Rehrücken mit Wildgewürz bestreuen und in Aluminiumfolie einpacken. Backofen auf 220° vorheizen. Rehrücken 30 Minuten bei 220° braten. Dann Folie öffnen, Rücken salzen und pfeffern, einige Butterflocken daraufgeben und 10 Minuten bräunen lassen. Folie wieder schließen und das Fleischstück darin erkalten lassen.
Den Fleischsaft mit der Mousse de foie gras und etwas Thymian gut mischen. Rücken zu beiden Seiten des Knochens der Länge nach lösen. Seitlich schräg in Tranchen schneiden und diese mit der Mousse de foie gras bestreichen. Den Rücken wieder zusammensetzen. Mit der lauwarmen Sulze bestreichen und mit Orangenscheiben, Lorbeerblättern und Wacholderbeeren garnieren.

Bemerkungen Dieser Rehrücken eignet sich sehr gut als Mittelpunkt eines kalten Buffets. Er läßt sich einen Tag im voraus zubereiten, wenn er gesulzt wird.

Beilagen Preiselbeerkonfitüre, Toasts und Butter, evtl. frische gesalzene Brioches (s. d.).

Wein Bordeaux, z. B. St-Emilion, Burgunder (Pommard, Chambolle-Musigny), Spätburgunder (durchgegoren), evtl. roter Aßmannshausener.

Variationen
- Man kann den Rehrücken auch ganz in Gänselebermousse einhüllen. In diesem Fall entfällt das Sulzen.
- Anstelle von Orangenscheiben mit Orangenfilets (s. Grapefruits) garnieren.

Sehr oft schon wurde ich nach einem Rezept für eine Wildpastete gefragt. Hier ist nun ein Grundrezept, das nach Belieben abgewandelt werden kann.

Pâté de lièvre en croûte

Butter und Schweinefett mit dem gesiebten Mehl zwischen den Fingern zerreiben. Salz, Eigelb und 2 Eßlöffel Wasser mischen. Rasch zu einem Teig kneten und restliches Wasser nach Bedarf zufügen. Es soll ein fester, glatter Teig entstehen. 2 Stunden kühl ruhen lassen. Das Fleisch des Hasenrückens vom Knochen lösen. In ca. 1 cm dicke Streifen schneiden und in eine Schüssel geben. Mit wenig Wacholderpulver, Majoran und Thymian bestreuen und mit Cognac oder Madeira begießen. 2 Stunden ruhen lassen.
Hasenfleisch mit Speck durch die Hackmaschine drehen. Schalotten fein hacken und in Butter anziehen lassen. Zum Fleisch geben und alles nochmals durchdrehen. Eier und Rahm darunterziehen. Mit Salz, Majoran und Thymian würzen. Die Form mit Butter ausstreichen. Den Boden und die Wände mit 3 mm dick ausgerolltem Teig auslegen. Hasenfleisch abgießen und Cognac oder Madeira unter die Masse mischen. Masse und Fleischstreifen wechselweise in die Form einfüllen. Vorstehenden Teig darüberlegen. Einen Deckel aus dem restlichen Teig ausschneiden. 3 runde Luftlöcher markieren. Den zurückgebogenen Teig mit Eigelb bestreichen und den Deckel gut ankleben. Die Pastete mit Eigelb bestreichen. Aus Teigresten Förmchen ausstechen und den Deckel und die Luftlöcher damit verzieren. 20 Minuten bei 220° backen. Pastete kurz aus dem Ofen nehmen und Dampflöcher aufstechen. Dieses Verfahren verhindert das Einsinken des Teigdeckels. 30 bis 40 Minuten bei 220° weiter backen. Nach dem Erkalten mit Sulze auffüllen (die Sulze nach Vorschrift zubereiten und mit Madeira verfeinern). Die Pastete kühl stellen, bis die Sulze fest ist. Sie

**
V Kann vorbereitet werden
Arbeitsaufwand: 60 Minuten, Ruhenlassen des Teiges sowie Auskühlzeit: 24 Stunden
Backzeit: 50 bis 60 Minuten

Für 8 bis 10 Personen
(Form von ca. 32 cm Länge)
160 g Butter
100 g Schweinefett
500 g Mehl
3 Teel. Salz
2 Eigelb
2 dl Wasser

Füllung
1 Hasenrücken (Wildhase)
1 Prise Wacholderpulver
Majoran, Thymian
1 dl Cognac oder Madeira
600 g Wildhasenfleisch ohne Knochen
100 g Magerspeck
4 Schalotten
1 Eßl. Butter
2 Eier
1 dl Rahm
Salz, Pfeffer
Butter für die Form
1 Ei zum Bestreichen
1 Beutel Sulzpulver
1 Eßl. Madeira

kann 4 bis 5 Tage im Kühlschrank aufbewahrt werden.

Bemerkungen Vor dem Sulzen prüfen, ob die Pastete keine Löcher aufweist. Sollte irgendwo eine kleine Öffnung zu sehen sein, diese mit frischer Butter verstreichen, damit keine Flüssigkeit austreten kann.

Beilagen Sauce Cumberland, Brombeersauce (s. d.) oder eine ähnliche Wildbeilage. Pariser Brot oder Toasts mit Butter.

Wein Guter Bordeaux oder ein anderer körpervoller Rotwein (z. B. Veltliner oder Rioja).

Variationen
- Geröstete Haselnüsse oder geschälte Pistazien unter die Masse geben.
- Die Hälfte des Wildfleisches mit Schweine- oder Kalbfleisch mischen.
- Fasanen- oder Entenfleisch verwenden.
- Etwas Orangensaft, geriebene Orangenschale und evtl. Grand Marnier oder Cognac zufügen.
- Wer eine besonders weiche, schmelzende Pastetenmasse liebt, kann anstelle von Magerspeck Spickspeck oder frische Butter unter die Fleischmasse mischen. In diesem Fall Fettzugabe auf 200 g erhöhen.

INNEREIEN
etwas für Kenner

Man liebt sie, oder man lehnt sie ab.
Ich gehöre zu denen, die Innereien sehr gern
essen, wenn sie gut zubereitet sind.
Egal, ob es sich um Kutteln, Schweinsnieren
oder delikate Kalbsleber handelt. Damit Innereien
wirklich zart und gut werden, muß man
mit ihnen umzugehen wissen.
Wie man es macht, steht in den einzelnen
Rezepten, die genau befolgt werden sollten.

INNEREIEN – KULINARISCH WERTVOLL

Fast alle Menschen, die gerne gut essen und auch mit Freude kochen, lieben die Innereien. Kaum eine andere Fleischsorte lässt so viele Variationsmöglichkeiten zu und verlangt gleichzeitig eine besonders liebevolle Zubereitung. Das mag experimentierfreudige Hobbyköche besonders reizen. Zu den in der gepflegten Küche brauchbaren Innereien zählen Leber, Niere, Bries (Milken), Rückenmark, Hoden, Herz und Hirn, natürlich auch Zunge.
Innereien müssen so frisch wie möglich sein. Auf die spezielle Behandlung, das schonende Kochen und das Würzen habe ich in den einzelnen Rezepten hingewiesen.
Eines allerdings dürfen Sie nie vergessen, wenn Sie ein «Innereien-Fan» sind: Fragen Sie Ihre Gäste vorher, ob sie Ihre Begeisterung für Innereien teilen.
Für Zweifelsfälle habe ich immer eine Fleischreserve zum Kurzbraten im Kühlschrank.

Eines meiner liebsten Gerichte aus der chinesischen Küche: zarte Leber, rasch gebraten mit kleinen Zwiebelchen oder Schalotten und frischem Gemüse, diskret mit Ingwer gewürzt.

Leber nach chinesischer Art

2 Teelöffel Maispuder, 1 Eßlöffel Sherry, leicht verquirltes Eiweiß und 1 Teelöffel Sojasauce gut mischen. Leber von Hand in Streifen schneiden, unter die Marinade mischen und 20 Minuten ziehen lassen. Schnee-Erbsen fädeln. Schalotten oder Perlzwiebeln schälen. Erdnußöl mit 1 Prise Salz erhitzen. Schalotten oder Perlzwiebeln längs halbieren. Im Öl ganz leicht unter Wenden anbraten. Auf kleinem Feuer 5 Minuten halb zugedeckt dünsten. Schnee-Erbsen und Ingwerwurzel zugeben und unter Rühren halbgar dünsten. Das Gemüse soll knackig bleiben und darf seine Farbe nicht verlieren. Beiseite stellen. 1 Eßlöffel Erdnußöl in einer zweiten Pfanne erhitzen. Leber samt Marinade hineingeben und unter ständigem Rühren 2 bis 6 Minuten anziehen lassen. Aus der Pfanne nehmen. 1 Teelöffel Maispuder, 2 Teelöffel Sojasauce und 2 Eßlöffel Sherry mit ½ Tasse Wasser mischen. In die Pfanne geben und unter Rühren aufkochen, bis die Sauce gebunden ist. Mit Glutamat und durchgepreßtem Knoblauch nachwürzen. Leber unmittelbar vor dem Essen zur Sauce geben, langsam erwärmen, aber nicht kochen!
Mit chinesisch wirkendem Geschirr präsentieren und mit Stäbchen essen. Reis dazu servieren.

Bemerkungen Die Kalbsleber kann durch Kaninchen- oder Geflügelleber ersetzt werden. In der chinesischen Küche wird das Salz ganz oder zum großen Teil durch Glutamat ersetzt. Dieses Gewürz betont den Eigengeschmack der verwendeten Hauptzutaten. Die Ingwerwurzel kann durch kandierten Ingwer oder Ingwerpulver ersetzt werden.

**
V Kann weitgehend vorbereitet werden
Arbeitsaufwand:
20 Minuten
Marinierzeit:
20 Minuten
Kochzeit:
15 Minuten

Für 4 Personen
300 g Kalbsleber am Stück
3 Teel. Maispuder
3 Eßl. herber Sherry
1 Eiweiß
3 Teel. Sojasauce
250 g frische Kefen (Schnee-Erbsen)
6 Schalotten oder Perlzwiebeln
2 Eßl. Erdnußöl
Salz
1 Eßl. frische, gehackte Ingwerwurzel
1 Teel. Monosodium Glutamat
1 kleine Knoblauchzehe

Beilagen Trockenreis.

Wein Am besten Bier, evtl. Jasmintee und Saké oder sehr leichter Rotwein, evtl. Rosé.

Variationen
- Kaninchen- oder Geflügelleber verwenden.
- Anstelle von Schnee-Erbsen grune Erbsen nehmen.
- Frisches Gemüse durch Sojasprossen oder feingeschnittene Bambussprossen ersetzen.

Eines der zartesten und raffiniertesten Gerichte, die es gibt: Kalbsleberscheiben, im Butter gedünstet und mit Schalottenpüree und Kapern überzogen. Etwas für Leute, die gern etwas Neues entdecken.

Foie de veau aux câpres

***
V Kann teilweise vorbereitet werden (Leber erst vor dem Servieren braten oder dünsten)
Arbeitsaufwand: 15 Minuten
Bratzeit: 5 Minuten

Für 4 Personen
4 Scheiben Kalbsleber zu 150 g
2 Eßl. Butter
4 Eßl. gehackte Schalotten
1 Eßl. gehackte Petersilie
1 Knoblauchzehe
3 Eßl. Rahm
Salz, Pfeffer
2 Eßl. Kapern

Schalotten, durchgepreßten Knoblauch und Petersilie in 1 Eßlöffel Butter unter Rühren 3 Minuten dünsten. Zudecken und bei kleiner Hitze garen. Mit dem Rahm in den Mixer geben und fein pürieren. Das Schalottenpüree mit Salz und Pfeffer würzen.
Die Lebertranchen in der restlichen Butter beiderseitig leicht anbraten. Das Schalottenpüree nochmals erwärmen und auf die Leberschnitten verteilen. Gut abgetropfte Kapern darüberstreuen. Die Leber sollte innen leicht rosa bleiben.
Leberschnitten direkt auf vorgewärmten großen Tellern servieren.

Bemerkungen Besonders gut schmecken diese Leberschnitten auch, wenn sie auf einem Einsatz auf Dampf gegart und zum Schluß mit Schalottenpüree belegt werden.

Beilagen Salzkartoffeln oder Pariser Brot.

Wein Pinot gris, leichter Rotwein oder gehaltvoller Weißwein, z.B. Rheinwein.

Etwas, was man sich nicht alle Tage leistet: frische Entenleber, rasch in Butter gebraten, pikant gewürzt, von gedämpften Äpfeln begleitet – eine wirkliche Delikatesse!

Foie gras frais aux pommes

(Frische Entenleber mit Äpfeln)

Von der Entenleber eventuelle Gallenrückstände (grüne Spuren zwischen den beiden Leberlappen) entfernen. Ein gut geschliffenes Messer in heißes Wasser tauchen und die Leber leicht schräg in ca. 1 cm dicke Scheiben schneiden. Die knapp gekochten Äpfel in eine gebutterte Auflaufform legen, mit Butterflöckchen bestreuen und im Ofen bei Oberhitze ganz kurz überbacken. Man kann sie auch in einer Bratpfanne ganz kurz in Butter wenden. Die Leberscheiben beiderseitig ca. 2 Minuten in der eingesottenen Butter braten. Mit Salz und Pfeffer würzen und warm stellen. Bratenfond mit Sherry und Portwein aufkochen. Kalbsjus zugeben. Auf großem Feuer auf 3 bis 4 Eßlöffel einkochen lassen. Die frische Butter (40 g) in Stücken zugeben und mit dem Schwingbesen unter die Sauce rühren. Dabei die Pfanne von der Heizquelle wegziehen. Mit Salz und Cayennepfeffer nachwürzen.
Die Sauce über die Leberschnitten gießen und mit den Apfelschnitzen garnieren.

Bemerkungen Die Äpfel können auch ohne Überbacken oder Braten dazugegeben werden. Wichtig ist aber in diesem Fall, daß sie frisch gekocht aus dem Dampf kommen. Die Leberportionen können knapp bemessen werden. Man kann davon nicht allzuviel essen.

Beilagen Frisches Weißbrot.

Wein Spitzenwein aus Bordeaux. Für Liebhaber evtl. Haute-Sauternes oder Rheinwein (ist aber wirklich Geschmackssache).

***
V Kann teilweise vorbereitet werden (Leber muß à la minute gebraten werden)
Arbeitsaufwand: 20 Minuten, zusätzlich Zubereitung der Apfelschnitze
Bratzeit: 5 Minuten

Für 4 Personen
1 frische Entenleber
12 Apfelschnitze (vorgekocht wie «Pommes en l'air», s. d.)
20 g Butter für die Form und die Butterflocken
2 Eßl. eingesottene Butter
Salz, Pfeffer, Cayennepfeffer
4 Eßl. Sherry (trocken) oder Weißwein
4 Eßl. Portwein
2 Eßl. konzentrierter Kalbsjus (glace de viande)
40 g frische Butter

Variationen
- Äpfel durch frische, längshalbierte Feigen ersetzen, die nur rasch in Butter gewendet werden.
- 2 Eßlöffel Rosinen in Sherry und Portwein einlegen und zuletzt zum Bratenfond geben. Äpfel evtl. weglassen.
- Bratenfond der Leber mit Madeira ablöschen und evtl. Äpfel durch gedünstete Traubenbeeren ersetzen.
- Nach diesem Rezept auch Kalbsleber zubereiten.

Für meinen Geschmack die beste Art, zarte Kalbsleber zuzubereiten: rasch in Butter gebraten, mit Zwiebeln und Kräutern.

Kalbsleber «Marianne»

**
V Kann teilweise vorbereitet werden (Leber unbedingt erst unmittelbar vor dem Essen braten)
Arbeitsaufwand: 10 Minuten
Bratzeit: 2 bis 3 Minuten

Für 4 Personen
600 g Kalbsleber, von Hand in Scheibchen geschnitten
2 Eßl. eingesottene Butter
1 gehackte Zwiebel
Salz, schwarzer Pfeffer aus der Mühle
2 Eßl. frische Butter
2 Eßl. gehackte Petersilie
Gemischte Kräuter (Rosmarin, Thymian, Salbei, Basilikum)

1 Eßlöffel Butter in einer großen Bratpfanne erhitzen. Die Leber unter Wenden rasch anbraten. In einer zweiten Pfanne den restlichen Eßlöffel Butter erhitzen und die Zwiebeln 3 bis 4 Minuten darin dünsten. Die Leber aus der Pfanne nehmen, anrichten, mit Salz und viel Pfeffer würzen und warm stellen. Frische Butter, Petersilie und Kräuter in den Bratfond der Leber geben. Erwärmen, Zwiebeln zugeben, gut mischen und unter die Leber ziehen. Sofort servieren.

Bemerkungen Es lohnt sich, für das Dünsten der Zwiebeln eine zweite Pfanne zu verwenden!

Beilagen Trockenreis oder feine Nudeln.

Wein Guter Rotwein, z.B. Burgunder, Côte Rôtie, Dôle.

Variationen
- Den Bratenfond mit etwas Madeira oder Marsala aufkochen und die Sauce zuletzt mit der Butter leicht aufschlagen.
- Kräuter durch feingehackte Salbei ersetzen.

Blätterteigpastetchen, gefüllt mit einer interessanten Nierchen / Morchel-Mischung in einer Portweinsauce. Man kann sie sowohl als Vorspeise wie auch als Hauptgericht auf den Tisch bringen.

Bouchées «Bergerac»

**
V Kann vorbereitet werden
Arbeitsaufwand: 1 Stunde
Backzeit: 25 Minuten

Für 8 Pastetchen
30 g getrocknete Morcheln
500 g Blätterteig
1 Eiweiß
2 Eigelb
400 g Kalbsnieren, «geschnetzelt»
2 Eßl. Butter
Salz, weißer Pfeffer
2 Eßl. fein gehackte Schalotten
1 dl Boillon
1 Eßl. Mehl
2 Eßl. weißer Portwein
1 dl Rahm
¼ Teel. Oregano
Muskatnuß

Backofen auf 180° einschalten. Morcheln für 2 Stunden in kaltes Wasser legen. Blätterteig 3 mm dick auswallen. 16 Quadrate von 6 cm Seitenlänge ausschneiden. Bei 8 dieser Teigvierecke mit dem Teigrädchen einen quadratischen Deckel markieren. 8 Teigvierecke auf ein mit kaltem Wasser abgespültes Kuchenblech legen. Am Rand mit verquirltem Eiweiß bestreichen. Je ein Teigstück daraufsetzen. Wieder mit Eiweiß bestreichen und zuletzt die Vierecke mit dem markierten Deckel daraufsetzen. 1 Eigelb zerquirlen und die Oberflächen damit bestreichen; dabei darauf achten, daß es nicht seitlich hinuntertropft. Bei 180° 25 Minuten backen. Die Bouchées sollen schön goldgelb und fest werden, damit sie nach dem Backen nicht zusammenfallen. Aus dem Ofen nehmen, etwas erkalten lassen, dann mit einem spitzen Messer den Teigdeckel heraustrennen. Das weiche Innere der Pastetchen sorgfältig herausziehen.
Nieren in 1 Eßlöffel Butter ganz kurz anbraten, bis sie nicht mehr blutig sind. Aus der Pfanne nehmen, mit 1 Prise Pfeffer bestreuen. Schalotten im Bratenfond 5 Minuten dünsten. Morcheln aus dem Einlegewasser nehmen, mehrmals in kaltem Wasser waschen, gut trocknen, klein schneiden, zu den Schalotten geben, Bouillon beifügen und zugedeckt 15 Minuten dämpfen. Inzwischen Mehl mit 1 Eßlöffel Butter 2 bis 3 Minuten dünsten, ohne Farbe annehmen zu lassen. Mit Portwein ablöschen. Morcheln mit Schalotten und Kochflüssigkeit beifügen. Rahm und Oregano zugeben und 10 Minuten auf kleinem Feuer unter gelegentlichem Rühren kochen. Die Sauce soll sämig, aber nicht allzu dick werden. 7 bis 8 Minuten vor dem Anrichten die Blätterteighüllen wieder in den vorgeheizten Ofen geben und kurz auf-

backen. Deckel nur 2 bis 3 Minuten mitbacken. Die gekochte Sauce mit Salz, Pfeffer und Muskatnuß würzen. Eigelb verquirlen. Etwas Sauce daraufgießen, gut mischen und zur Sauce in die Pfanne geben. Nierchen samt Saft beifügen und unter Rühren bis knapp vors Kochen bringen. Sofort vom Feuer nehmen. Nach Bedarf noch mit wenig Salz nachwürzen.
Füllung in die heißen, knusprigen Bouchées einfüllen. Blätterteigdeckel wieder aufsetzen. Am besten die Bouchées auf vorgewärmte Teller anrichten. Restliche Füllung kann separat dazu serviert werden.

Bemerkungen Natürlich kann man auch gekaufte Pastetenhüllen verwenden. Sie sind allerdings meistens nicht so zart und knusprig, wie wenn man sie selber zubereitet. Noch einfacher ist es, wenn man die Nierchenfüllung auf in Butter gerösteten oder getoasteten Toastbrotschnitten anrichtet. Dann wird dieses Gericht zu einer «Croûte Bergerac».

Beilagen Als Vorspeise keine Beilagen dazu reichen. Salat paßt schlecht dazu, weil der Essig sich mit dem feinen Aroma der Sauce schlägt. Als Hauptgericht serviert, können diese Bouchées mit grünen Erbschen oder zarten Kefen (Schnee-Erbsen) ergänzt werden.

Wein Beaujolais, Pinot noir, Dôle, Spätburgunder.

Variationen
- Wenn keine Nierchen erhältlich sind, eventuell «geschnetzeltes» Kalb- oder Geflügelfleisch verwenden.
- Man kann auch Schweinsnieren nach diesem Rezept zubereiten. In diesem Fall die Morcheln durch Champignons oder Pfifferlinge (Eierschwämme) ersetzen (Nieren vor dem Braten 30 Minuten in Milch einlegen).

Zarte Kalbsnieren mit Kräuterduft aus der Provence. Ein Gericht, das schnell zubereitet ist und viel hermacht.

Kalbsnieren «Mas de Provence»

Die Kalbsnieren am Stück im eigenen Fett rundum hellbraun anbraten. Erkalten lassen. Die Nieren in ½ cm dicke Scheiben schneiden (quer, nicht längs!). In der Butter beiderseitig ganz kurz anbraten (bis sie nicht mehr blutig sind). Mit Cognac begießen und das Fleisch sofort aus der Pfanne nehmen und auf einem Kerzenrechaud warmstellen. Mit Salz und Pfeffer bestreuen. Schalotten oder Zwiebeln, zerdrückte Wacholderbeeren, Estragon, Zucker, kleingeschnittene Tomate ohne Saft, durchgepreßte Knoblauchzehe und Cayennepfeffer in den Bratenfond geben. 2 bis 3 Minuten dünsten. Mit Weißwein ablöschen. Auf die Hälfte einkochen lassen. Rahm zufügen. Nochmals einkochen, bis die Sauce sämig ist. Über die Nieren verteilen. Mit Petersilie bestreuen und sofort servieren.

Bemerkungen Die Nieren dürfen in der Sauce auf gar keinen Fall mehr kochen, da sie sonst zäh werden!

Beilagen Salzkartoffeln oder Trockenreis oder auch nur frisches Pariser Brot.

Wein Côtes-du-Rhône, evtl. auch Pinot noir oder Spätburgunder.

Variationen
- Als Vorspeise die Hälfte der Zutaten verwenden und auf Toasts anrichten.
- Lammnieren verwenden (nur für Liebhaber dieser Sorte geeignet).

***
V Kann weitgehend vorbereitet werden (Nieren im letzten Moment in der Sauce kurz erwärmen)
Arbeitsaufwand: 30 Minuten
Bratzeit: 2 bis 3 Minuten

Für 4 Personen
600 g Kalbsnieren am Stück, mit wenig Fett
1 Eßl. Butter
1 Eßl. Cognac
Salz, Pfeffer
2 Eßl. gehackte Schalotten oder Zwiebeln
3 Wacholderbeeren
¼ Teel. Estragon
¼ Teel. Zucker
1 Tomate, geschält und gewürfelt
1 durchgepreßte Knoblauchzehe
1 Eßl. Weißwein
1½ dl Rahm
1 Prise Cayennepfeffer
1 Eßl. gehackte Petersilie

Auch Schweinsnierchen schmecken ausgezeichnet, wenn sie richtig zubereitet werden. Hier werden sie in einer pikanten Senfsauce mit Kräutern zubereitet und mit kleinen Kartoffeln garniert.

Nieren in Senfsauce

*
V Läßt sich weitgehend vorbereiten

Für 4 Personen
600 g Schweinsnieren
5 dl Milch
600 g kleine Kartoffeln
2 Eßl. Kochbutter
Salz, Pfeffer
1 Eßl. scharfer Senf (Dijon)
1 dl Rahm
1 Eßl. italienische Kräutermischung (s. d.)

Nieren in Scheiben schneiden. In eine Schüssel geben und mit Milch begießen. 2 Stunden ziehen lassen. Kartoffeln schälen und im Dampf kochen. Nieren gut abtropfen, auf Küchenpapier trocknen. Beiderseitig in Kochbutter anbraten. Die Nieren aus der Pfanne nehmen, warm stellen und mit Salz und Pfeffer bestreuen. Senf, Rahm und italienische Kräuter in den Bratenfond geben. Aufkochen und unter Rühren so lange reduzieren lassen, bis die Sauce sämig wird. Die Nieren nochmals ganz kurz in der Sauce erwärmen, aber nicht mehr kochen, sonst werden sie hart. In einer vorgewärmten Platte anrichten und mit den Kartoffeln garnieren.

Bemerkungen Durch das Einlegen in Milch verlieren die Schweinsnieren ihren oft etwas zu aufdringlichen Geschmack.

Beilagen Gemüse nach Belieben.

Wein Leichter Rotwein.

Variationen
- Kräutermischung durch viel frisch gehackten Estragon ersetzen.
- Kleine Paprikaschotenwürfelchen (Peperoni) mitdünsten.
- Dijonsenf durch «Moutarde de Meaux» (aus grobgemahlenem Senf) ersetzen.
- Rindsnieren verwenden.
- Vor dem Anrichten mit gedünsteten Peperoni-(Paprikaschoten)-streifen mischen.

Einmal anders: Leber und Nieren gekocht und kalt serviert, mit einer pikanten Senfsauce.

Leber und Nieren im Sud mit Senfsauce

**
V Kann vorbereitet werden
Arbeitsaufwand: 15 Minuten
Kochzeit: 30 Minuten

Für 4 Personen
500 g Kalbsleber am Stück, enthäutet
1 Stück Kalbsniere, enthäutet und entfettet
50 g Spickspeck
1 l Fleischbrühe
Pfeffer

Sauce
2 hartgekochte Eier
1 Eßl. Zwiebeln, feingehackt
4 Eßl. scharfer Senf (Dijon)
5 Eßl. saurer Halbrahm (saure Sahne)
1 Prise Zucker
1 Eßl. Petersilie, gehackt
Salz, Pfeffer

Die Leber am besten vom Metzger mit dem Speck spicken lassen. Eine leichte Fleischbrühe zubereiten und Kalbsleberstück sowie Nieren ½ Stunde auf kleinem Feuer kochen. Im Sud erkalten lassen, in sehr feine Scheiben schneiden. Mit Pfeffer bestreuen.

Sauce
Alle Zutaten außer den Eiern gut mischen. Eier halbieren, das Eigelb herausnehmen und durch ein Sieb in die Sauce streichen. Eiweiß hacken und ebenfalls zufügen. Mit Salz und Pfeffer nachwürzen.

Bemerkungen Die Leber schmeckt auch gut, wenn sie nicht gespickt wird. Ohne den Speck ist dieses Gericht kalorien- bzw. joulearm.

Beilagen Frisches Brot.

Wein Leichter Rot- oder Weißwein.

Variationen
- Mit Schnittlauchsauce (s. d.) servieren.

ZARTE LEBERN UND NIEREN

Durch falsche Behandlung werden Lebern und Nieren unweigerlich hart. Auf was es beim Braten ankommt:
- Lebern und Nieren nur ganz kurz bei mittelgroßer Hitze braten, die Heizplatte aber so einstellen, daß sie keinen Saft bilden können.
- Nie in der Sauce kochen lassen. Am besten nach dem Braten aus der Pfanne nehmen und warmstellen. Ich dünste sogar Schalotten oder Zwiebeln separat und gebe sie erst beim Anrichten zum Fleisch.

Kalbshirn auf Schalotten-Dampf gegart und mit frischer Butter übergossen, delikat und einfach.

Kalbshirn in Butter

**

V Kann teilweise vorbereitet werden
Arbeitsaufwand: 15 Minuten
Kochzeit: 5 Minuten

Für 4 Personen
400 g Kalbshirn
4 Schalotten
Salz, weißer Pfeffer
50 g Tafelbutter
1 Zitrone

Das Hirn in lauwarmes Wasser legen. Sorgfältig häuten (mit den Fingerspitzen zwischen den Furchen durchgehen lassen) und anschließend gut abspülen. Schalotten grob hacken. Mit ⅛ Liter Wasser in eine Pfanne mit Dampfaufsatz legen. Hirn in den mit Butter ausgestrichenen Aufsatz legen. 5 Minuten im Dampf garen. Mit Salz und Pfeffer würzen. Butter erhitzen, bis sie hellbraun wird. Über das angerichtete Hirn gießen. Mit Zitronenschnitzen servieren.

Bemerkungen Das Hirn ist gar, sobald es fest und weiß wird.

Beilagen Grüne Erbsen, Kefen (Schnee-Erbsen), Blattspinat.

Wein Leichter Weißwein, herber Rosé.

Variationen
- Mit Beurre blanc (s. d.) oder Schalottenbutter servieren (zerlassene Butter in diesem Fall weglassen).
- Kalbsmilken (Bries) kann ebenfalls auf diese Art zubereitet werden.

Rindszunge in einer gut gewürzten Sojasauce geschmort – von der chinesischen Küche inspiriert.

Rindszunge an Sojasauce

*

V Kann vorbereitet werden
Arbeitsaufwand: 20 Minuten
Kochzeit: 3 Stunden (im Dampfkochtopf 1 Stunde)

Rindszunge mit der gespickten Zwiebel und 1 Liter Wasser aufsetzen. 3 Stunden kochen (im Dampfkochtopf nur 1 Stunde). Kalt abspülen und schälen. 500 g Zunge in dünne Scheiben schneiden. (Rest für ein anderes Gericht verwenden oder am nächsten Tag kalt servieren). Erdnußöl erhitzen. Schalotten oder Zwiebelgrün zufügen, unter Wenden 2 bis 3 Minuten dünsten. Zungenscheiben, durchgepreßten Knoblauch, Tomatenpüree und Zucker zufügen. Anziehen lassen, dann mit Jerez ablöschen. Sojasauce zugeben. Zugedeckt 10 Minuten schmoren lassen. Maispuder mit 2 bis 3 Eßlöffeln Wasser verrühren. Die Sauce damit binden. Frischgeriebenen Meerrettich unter die Sauce ziehen und mit Salz und Pfeffer nachwürzen.

Bemerkungen Beim Kochen der Zunge im Dampfkochtopf ebenfalls 1 Liter Wasser zugeben (Ausnahme).

Beilagen Trockenreis, eventuell Pistazienreis (s. d.), knapp gekochtes Gemüse.

Wein Leichter Rot- oder Weißwein, Rosé oder Bier.

Variationen
- Meerrettich durch frisch geriebene Ingwerwurzeln ersetzen.
- Nach Belieben Gemüse mitdünsten, z. B. Paprikaschoten, Broccoli, grüne Erbsen oder Bohnen usw.

Für 4 Personen
1 Rindszunge aus dem Salz
1 Zwiebel, gespickt mit 1 Lorbeerblatt und Nelke
1 Eßl. Erdnußöl
Salz, Pfeffer
2 Eßl. gehackte Schalotten oder Zwiebelgrün
1 Knoblauchzehe
1 Teel. Tomatenpüree
½ Teel. Zucker
⅛ l herber Jerez (Sherry)
3 Eßl. Sojasauce
1 Eßl. frischgeriebener Meerrettich
1 Teel. Maispuder (Maisstärke)
1 Prise Cayennepfeffer

Rasch gebratene Geflügellebern, auf Äpfeln serviert, die in Madeira gekocht wurden, pikant gewürzt. Eine Vorspeise oder ein kleines Abendessen.

Geflügellebern auf Äpfeln

Äpfel schälen, halbieren, das Kernhaus entfernen und die Schnittflächen sofort mit Zitronensaft bestreichen. Madeira mit ⅛ Liter Wasser und Zucker aufkochen. Äpfel hineingeben und zugedeckt knapp garkochen. Im Sud belassen. Lebern in feine Scheiben schneiden. Schalotten in der Hälfte der Butter 3 bis 4 Minuten hellgelb dünsten. Beiseite stellen. 5 Minuten vor

*
V Kann teilweise vorbereitet werden
Arbeitsaufwand: 30 Minuten
Kochzeit: 15 Minuten (im Dampfkochtopf nur 5 Minuten)
Bratzeit: 3 Minuten

dem Anrichten restliche Butter erhitzen. Die Lebern darin rasch anbraten, bis sie nicht mehr blutig sind. Schalotten dazumischen, von der Herdplatte wegziehen. Pikant mit Thymian, Cayennepfeffer, schwarzem Pfeffer und nach Bedarf Salz würzen. Die warmen Äpfel aus dem Sud nehmen, auf warme Teller stellen und die Lebern darüber verteilen.

Bemerkungen Die Äpfel können vorgekocht und während des Anbratens der Lebern wieder schnell heiß gemacht werden.

Beilagen Frisches Brot oder keine.

Wein Leichter Weiß- oder Rotwein.

Variationen
- Kalbs- oder Schweinslebern verwenden.
- Man kann die Äpfel auch grob raffeln, mit den Schalotten anziehen lassen und zum Schluß unter die Lebern ziehen.

Für 4 Personen
400 g Geflügellebern
2 große Äpfel
1 Teel. Zitronensaft
⅛ l Madeira
1 Eßl. Zucker
2 Eßl. eingesottene Butter
1 Eßl. Schalotten, feingehackt
1 Prise Thymian
1 Prise Cayennepfeffer
Salz, schwarzer Pfeffer

SCHALOTTEN ODER ZWIEBELN?

Oft werde ich gefragt, weshalb in vielen Rezepten anstelle der Zwiebeln Schalotten aufgeführt sind. Das hat wirklich seinen Grund. Schalotten, eine kleine, etwas längliche Zwiebelsorte mit würzigem, knoblauchähnlichem Geschmack, eignet sich besonders für die Zubereitung feiner Saucen. So passen Schalotten zum Beispiel besser zu delikatem Fisch, zu Morcheln oder anderen Pilzen oder für den Sud raffinierter Saucen, wie Beurre blanc und Sauce béarnaise, als die gewöhnlichen Zwiebeln. Leider sind Schalotten nicht immer und überall erhältlich. Aber wenn man sie auf dem Markt sieht, sollte man nicht versäumen, etwas davon einzukaufen.

Ein Gedicht von einem Fleischgericht: zarte Kalbsleber und -nieren mit Kalbfleisch und Champignons in einer leichten Rahmsauce.

Geschnetzeltes «Méli-Mélo»

**
V Muß im letzten Moment gebraten werden
Arbeitsaufwand: 30 Minuten
Bratzeit: 5 Minuten

Für 4 Personen
200 g Kalbsleber
200 g Kalbfleisch
200 g Kalbsnieren
100 g Champignons
1 Eßl. feingehackte Schalotten
2 Eßl. Butter
Salz, Pfeffer
Oregano
Paprika
3 Eßl. Whisky
4 Eßl. Rahm
1 Teel. gehackte Petersilie

Kalbsleber, Kalbfleisch und Kalbsnieren von Hand in feine Scheibchen schneiden. Champignons vierteln, Schalotten fein hacken.
Die Butter erhitzen. Das Fleisch unter Wenden rasch anbraten. Sobald es etwas Farbe annimmt, aus der Pfanne nehmen, warm stellen und mit Salz, Pfeffer und Oregano würzen. Schalotten und Champignons im Bratenfond 2 bis 3 Minuten dünsten. Whisky, Fleischsaft, der sich beim Warmstellen gebildet hat, und Rahm zugeben und aufkochen. Die Sauce mit Salz, Pfeffer und Paprika würzen. Auf kleinem Feuer etwas eindicken lassen. Das Fleisch zur Sauce geben. 1 bis 2 Minuten erwärmen, ohne kochen zu lassen. In eine Servierkasserolle geben und mit Petersilie bestreuen.

Bemerkungen Das Fleisch nur ganz kurz braten, bis es nicht mehr blutig ist. Erst nachher würzen, damit es zart bleibt und in der Pfanne keinen Saft zieht.

Beilagen Frisch gedünstetes Gemüse oder Trockenreis oder Pommes Darphin (s. d.).

Wein Bordeaux, Rioja, Spätburgunder.

Variationen
- Whisky weglassen und mit viel Estragon würzen.
- Whisky durch Madeira ersetzen, Rahm weglassen.
- Preisgünstige Variante: Schweinslebern und -Nieren sowie Schweinefleisch verwenden und Whisky durch Weißwein ersetzen.

Kalbsbries, Nieren, Leber- und Champignonscheibchen in einer würzigen Gänselebersauce, auf Toasts serviert. Ein garantierter Erfolg.

Croûtes Maître Jacques

Kalbsbries in Bouillon 10 Minuten vorkochen, häuten und in ca. 3 mm dicke Scheiben schneiden. Champignons waschen, in Scheiben schneiden und mit Zitronensaft beträufeln. Tomaten kurz in heißes Wasser tauchen und schälen. Kalbsleber und Kalbsnieren ebenfalls in feine Scheiben schneiden.
1 Eßlöffel Butter erhitzen, Schalotten beigeben, auf schwachem Feuer ca. 10 Minuten dünsten. Champignons und kleingeschnittene Tomaten zufügen und mitdünsten. Mit Marsala und Madeira ablöschen, Gänseleberschaum zur Sauce geben, gut auflösen, mit Provencekräutern, Salz und Pfeffer pikant würzen und leicht einkochen. Mit Rahm verfeinern. Die Brotscheiben toasten. Kalbsleber und Kalbsnieren in der restlichen Butter unter ständigem Wenden braten, bis sie nicht mehr roh sind. Briesscheiben zugeben, kurz weiterdünsten. Vom Feuer nehmen, mit Cognac begießen und mit Salz und Pfeffer würzen.
Toastscheiben auf vorgewärmte Teller legen, Fleisch darauf anrichten und die heiße Sauce darüber verteilen. Mit Petersilie bestreuen.

Bemerkungen Dieses Gericht kann ohne Toast und mit doppelten Fleischmengen auch als Hauptspeise gereicht werden.

Beilagen Keine.

Wein Leichter Rotwein oder spritziger Weißwein, z. B. Schweizer Weißwein, Bodenseewein.

Variationen
- Nur Kalbsbries verwenden.
- Auf frischen Artischokenböden servieren und Toasts weglassen.

**
V Kann teilweise vorbereitet werden
Arbeitsaufwand: 20 Minuten
Kochzeit: 20 Minuten

Für 2 Personen
100 g Kalbsmilken (Kalbsbries)
2½ dl Bouillon
2 Eßl. gehackte Schalotten
1 Eßl. gehackte Petersilie
150 g Champignons
¼ Teel. Zitronensaft
100 g Kalbsleber
100 g Kalbsnieren
3 Eßl. Butter
5 Eßl. Marsala
2 Eßl. Madeira
2 Tomaten
2 Eßl. Gänseleberschaum
¼ Teel. Provencekräutermischung (s. d.)
Salz, Pfeffer
2 Eßl. Rahm
4 Scheiben Toastbrot
1 Eßl. Cognac

Zarte Kalbsmilken (Kalbsbries), rasch gebraten und ergänzt durch Apfelscheiben und Calvadossauce.

Kalbsmilken mit Äpfeln

**
V Sauce muß im letzten Moment gebunden werden
Arbeitsaufwand: 20 Minuten
Zusätzliche Kochzeit der Milken: 10 Minuten
Bratzeit: 5 Minuten

Für 4 Personen
800 g Kalbsmilken (Kalbsbries)
1 Zwiebel, gespickt mit Lorbeerblatt und Nelke
Salz, schwarzer Pfeffer aus der Mühle
2 Äpfel
1 Eßl. Zitronensaft
1 Trüffel (evtl. Konserve), nach Belieben
3 Eßl. Calvados
1½ dl Kalbsmilkensud
1 Teel. Senf
1 Prise Cayennepfeffer
1 Eigelb
1,2 dl Rahm
2 Eßl. Butter

Die gespickte Zwiebel im Salzwasser aufkochen. Kalbsmilken beigeben und je nach Größe 10 Minuten auf kleinem Feuer ziehen lassen. In der Kochflüssigkeit abkühlen lassen. Äpfel schälen (Kerngehäuse ausstechen) und wie für Apfelküchlein in Ringe schneiden. Die Apfelringe mit Zitronensaft bestreichen, damit sie weiß bleiben. Die Trüffel in dünne Scheiben schneiden. Einlegeflüssigkeit aufbewahren.
Die Kalbsmilken schälen und von allen Unreinheiten befreien. In 1 cm dicke Scheiben schneiden. Mit Salz und Pfeffer würzen und in 1 Eßlöffel Butter beiderseitig 3 Minuten braten. Mit 1 Eßlöffel Calvados ablöschen. Aus der Pfanne nehmen und warm stellen. Die Apfelringe in der restlichen Butter leicht anbraten (darauf achten, daß sie nicht zerfallen!). Herausnehmen. Den Fond mit dem Milkensud und eventuell dem Einlegesaft der Trüffel ablöschen. Auf großem Feuer 1 bis 2 Minuten einkochen lassen. Mit Senf, Cayennepfeffer und restlichem Calvados abschmecken. Das Eigelb mit dem Rahm verrühren. Zur Sauce geben. Nur noch langsam erwärmen, nicht mehr kochen, sonst gerinnt das Eigelb. Die Sauce über die Milken gießen und das Ganze mit Trüffelscheiben und Apfelringen garnieren.

Bemerkungen Kalbsmilken nur kurz braten, und zwar erst unmittelbar vor dem Servieren.

Beilagen Salzkartoffeln oder luftig geschlagenes Kartoffelpüree (Pommes mousseline) sowie Trockenreis passen gut dazu.

Wein Guter Burgunder, z.B. Côtes-de-Beaune oder Spätburgunder.

Variationen
- Äpfel weglassen.
- Calvados durch wenig Dill ersetzen.
- Eigelb weglassen und Sauce stark einkochen.

Eine delikate Mischung: Milken (Kalbsbries) und Morcheln an einer samtigen Sauce, diskret gewürzt.

Kalbsmilken mit Morcheln

Kalbsmilken in kochende Fleischbrühe geben und 10 Minuten ziehen lassen. Nach dem Erkalten von allen Unreinigkeiten befreien. Morcheln in kaltes Wasser einlegen (eventuell Stiele entfernen), Schalotten fein hacken und in Butter 2 bis 3 Minuten anziehen lassen. Die Morcheln zu den Schalotten geben (große der Länge nach halbieren oder vierteln). Gut wenden, mit etwas Einlegewasser ablöschen. Deckel abheben und so lange weiterkochen, bis alle Flüssigkeit verdampft ist. Mit Salz, Pfeffer und Muskatnuß würzen. Majoran und Rahm zufügen. Auf kleinem Feuer einkochen, bis der Rahm sämig wird. Die Kalbsmilken in kleine feine Scheiben schneiden. Unter die Morcheln mischen und noch 5 Minuten auf sehr kleinem Feuer ziehen lassen. Nochmals nachwürzen.

Bemerkungen Es ist wichtig, daß die Morcheln gut gewaschen werden, bevor man sie einlegt, damit kein Sand in die Sauce kommt. Kalbsmilken sollen nicht länger gekocht werden, sie dürften eigentlich noch leicht rosa sein.

Beilagen Trockenreis, feine Nudeln, Dampfkartoffeln.

Wein Nur das Feinste ist hier gut genut: z. B. weißer Burgunder oder Bordeaux, erstklassiger Frankenwein.

Variationen
- Auf Toasts oder in kleinen Blätterteig-Pastetchen servieren oder als Feuilletés (s. d.).
- Mit wenig Sauce miracle überziehen und ganz kurz unter Oberhitze überbacken.
- Ganz raffiniert: auf frischgekochte Artischockenböden verteilen.

**
V Kann vorbereitet werden (nur noch Milken beifügen im letzten Moment)
Arbeitsaufwand: 15 Minuten
Kochzeit: 20 Minuten

Für 4 Personen
300 g Kalbsmilken (Kalbsbries)
3 dl Fleischbrühe
40 g getrocknete Morcheln
2 Schalotten
2 Eßl. Butter
Salz, Pfeffer, Muskatnuß
1 Prise Majoran
¼ l Rahm (wenn möglich Doppelrahm)

Kutteln an einer leichten Safran-Gemüsesauce. Eine Abwechslung auf dem Küchenzettel und für Liebhaber dieser Fleischsorte etwas Neues.

Kutteln mit Gemüsestreifen

*
V Kann vorbereitet werden
Arbeitsaufwand: 20 Minuten
Kochzeit: 1 Stunde (im Dampfkochtopf nur 20 Minuten)

Für 4 Personen
600 g Kutteln (Kaldaunen) am Stück (vorgekocht vom Metzger)
Salz, Pfeffer
1 Zwiebel, gespickt mit 1 Lorbeerblatt und 1 Nelke
2 dl Weißwein
2 dl Fleischbrühe
1 Karotte
1 Lauchstengel (Porree)
1 Zwiebel
1 Eßl. Butter
1 Prise Safran
⅛ l Rahm
1 Eigelb
2 Eßl. Schnittlauch, gehackt

Kutteln in kleine Vierecke schneiden. Mit der gespickten Zwiebel, Weißwein und Fleischbrühe kochen. Inzwischen Karotte, Lauch und Zwiebel in sehr feine Streifen schneiden. In Butter 1 bis 2 Minuten dünsten. Safran und Rahm zugeben. 5 Minuten kochen. Mit Salz und Pfeffer würzen. Die Kutteln abgießen und Sud auffangen. Zwiebel entfernen. Sud in die Pfanne geben, auf ⅛ l einkochen lassen. Eigelb mit Rahm verquirlen, unter Rühren in den Kuttelsud geben. Knapp vors Kochen bringen. Anrichten und mit Schnittlauch bestreuen.

Bemerkungen Man kann auch Kutteln verwenden, die in Streifen geschnitten sind.

Beilagen Kartoffeln in der Schale gekocht oder Kartoffeln in Silberfolie oder Bauernbrot.

Wein Leichter Rot- oder Weißwein.

Variationen
- Rahm und Eigelb weglassen.
- Safran durch wenig Curry ersetzen.

UND DAS GIBT'S DAZU

Oft bestimmt die Beilage zu Fisch- oder Fleischgerichten, ob ein Menü leicht oder überladen ist. Immer mehr verzichtet man auf üppige, kohlehydratreiche Beilagen zugunsten kleiner, leichter Garnituren oder frischer Gemüse. Eine gute Gewohnheit, die besonders delikate Gerichte voll zur Geltung kommen läßt. Auch fühlt man sich nach einem Essen ohne schwere Beilagen so leicht, wie wenn man kaum etwas gegessen hätte. Natürlich geht das nicht immer.
Große Esser, junge Leute und Kinder mögen es, wenn es zu Sauce Nudeln oder Kartoffelstock gibt. Aber im kleinen Kreis kann man sich an dieses Prinzip halten. Wer einmal damit angefangen hat, findet Spaß daran.

PASSENDE BEILAGEN – ÜBERLEGT KOMBINIERT

Was paßt zu welchem Gericht? Das ist die große Frage. Oft betrachtet man Beilagen als ein unbedingtes Muß. Man stellt sie mitunter wahllos zusammen und vergißt dabei, daß weniger mehr sein könnte. Beilagen sollen das Hauptgericht nicht konkurrenzieren, sondern richtig ergänzen. Das sollte man sich immer überlegen, bevor man in dieser Hinsicht einen großen, aber unnötigen Aufwand betreibt. Wichtig ist auch die optische Seite. Servieren Sie nicht unbedingt Blumenkohl zu einer hellen Sauce oder Nudeln. Verzichten Sie aber im Winter auf eine fade schmeckende Tomate, die nur aus farblichen Gründen mitserviert wird, ein bißchen Grün genügt vollauf, um ein Gericht auf angenehme Weise attraktiv zu gestalten. Servieren Sie auf keinen Fall Salat zu einem Saucengericht. Reichen Sie ihn als Vorspeise. Auf diese Art kommt er voll zur Geltung und ist erst noch bekömmlicher.

Eine attraktive Art, fritierte Kartoffeln zu servieren: Kartoffelscheiben, die sich durch die Hitze des Ölbades zu kleinen Kissen aufblähen.

Pommes de terre soufflées

Die Kartoffeln so schälen, daß sie eine gleichmäßige, ovale Form annehmen (Reste für eine Suppe verwenden!). Der Länge nach in 2 bis 3 mm dicke Scheiben schneiden, in reichlich Wasser waschen und in einem Küchentuch oder auf Küchenpapier gut trocknen.
Das Öl auf 180° erhitzen. Die Kartoffelscheiben portionenweise 8 bis 10 Minuten vorfritieren (blanchieren). Nicht zu viele auf einmal in die Fritüre geben. Dauernd bewegen, damit sie nicht zusammenkleben und gleichmäßig vorgebacken werden. Die Kartoffeln auf saugfähiges Küchenpapier geben. Sie können in diesem Zustand einige Stunden aufbewahrt werden. Unmittelbar vor dem Essen das Öl auf 200 bis 220° erhitzen. Die Kartoffeln 2 bis 3 Sekunden fertigbacken und aufgehen lassen. Sie sollen goldgelb, aber nicht hart werden. Auf Küchenpapier abtropfen lassen.
Die gut abgetropften, aber noch heißen Kartoffeln mit Salz bestreuen und auf Tortenpapier oder Papierservietten anrichten. Diese Kartoffeln sind eine exklusive Beilage zu festlichen Fleischgerichten.

Bemerkungen Die Kartoffeln müssen mit großer Sorgfalt zubereitet werden, damit sie so schön aufgehen, daß kleine Kissen entstehen. Am besten eignen sich gut gelagerte Kartoffeln (z. B. Bintje) dazu. Es lohnt sich, zuerst ein Muster anzufertigen, um zu sehen, ob die Kartoffelscheiben die richtige Dicke haben. Auch kann man bei dieser Gelegenheit die Hitze des Öls entsprechend regulieren. Wenn man die Zubereitung einmal «im Griff» hat, geht es so schnell wie bei Pommes frites.

*
V Kann weitgehend vorbereitet werden (die Kartoffeln dürfen aber erst in letzter Minute fertiggebacken werden)
Arbeitsaufwand: 15 Minuten
Backzeit: 8 bis 10 Minuten pro Portion

Für 4 Personen
800 g Kartoffeln von möglichst gleicher Größe
Erdnußöl für die Fritüre (Ölbad)
Salz

Eine beliebte Kartoffelbeilage: gekochte Kartoffelscheiben, mit Zwiebeln gebraten und mit frischer Petersilie bestreut.

Pommes de terre à la lyonnaise

*
V Kann vorbereitet werden
Arbeitsaufwand: 10 Minuten
Bratzeit: 15 Minuten

Für 4 Personen
600 g Kartoffeln, in der Schale gekocht
2 bis 3 Eßl. Butter
Salz, Pfeffer
1 Zwiebel
1 Eßl. Petersilie, gehackt

Die gekochten Kartoffeln schälen und in 2 mm dicke Scheiben schneiden. Zwiebel fein hakken.
In einer Bratpfanne 2 bis 3 Eßlöffel Butter erhitzen. Die Kartoffelscheiben zugeben und mit Salz und Pfeffer würzen. Unter gelegentlichem Wenden ca. 12 Minuten braten. Unterdessen in einer zweiten Pfanne 1 Eßlöffel Butter erhitzen und die Zwiebeln darin anziehen lassen. Zu den Kartoffeln geben und unter gelegentlichem Rühren noch 3 bis 4 Minuten fertig braten.
Die fertig gebratenen Kartoffeln auf einer vorgewärmten Platte anrichten und mit der Petersilie bestreuen.

Bemerkungen Die Lyoner Kartoffeln passen sehr gut zu Grillfleisch oder Braten.

Originell und aromatisch: rohe Kartoffelscheiben, mit Rosmarinnadeln in Butter gebraten. Besonders gut zu gebratenem Fleisch.

Rosmarinkartoffeln

*
V Kann vorbereitet werden
Arbeitsaufwand: 15 Minuten
Bratzeit: 40 Minuten

Für 6 bis 8 Personen
1 kg Kartoffeln

Kartoffeln gut waschen und schälen, mit dem Kartoffelmesser in feine Scheiben schneiden. In einem Tuch gut trocknen. Mit wenig Salz, Pfeffer und Muskat würzen.
Die Hälfte der Butter in einer mittelgroßen Bratpfanne zerfließen lassen, die gewürzten und mit Rosmarin vermischten Kartoffeln hineingeben, mit der Bratschaufel zu einem festen Ku-

3 Eßl. klarifizierte Butter
Salz, schwarzer Pfeffer, Muskatnuß
2 Teel. frischer Rosmarin, gehackt

chen formen, die restliche Butter in Flocken darüber verteilen. Auf großem Feuer ein wenig anbraten lassen, dann kleinstellen und zudekken. Nicht umrühren. Nach ca. 40 Minuten prüfen, ob die Kartoffeln gar sind.
Auf eine runde Platte stürzen. Das Ganze muß wie ein goldgelber Kuchen aussehen.

Bemerkungen Dieses Kartoffelrezept läßt sich beliebig abwandeln. Anstelle von Rosmarin kann man z.B. Majoran, Thymian, Basilikum, Dill oder Kümmel verwenden. Am besten schmeckt dieses Gericht, wenn man es mit neuen Kartoffeln zubereitet.

Kartoffeln in Aluminiumfolie verpackt, fettlos gebraten, als Beilage zu vielen Fleisch- oder Gemüsegerichten.

Kartoffeln in Silberfolie

(Baked potatoes)

*
V Kann vorbereitet werden
Arbeitsaufwand: 10 Minuten
Backzeit: 40 bis 50 Minuten

Für 4 Personen
8 mittelgroße Kartoffeln
1 Teel. Öl
Salz, Pfeffer
Tafelbutter
Aluminiumfolie

Kartoffeln sauber waschen und bürsten. Mit einer Gabel mehrmals einstechen. In entsprechend große, mit Öl bestrichene Aluminiumfolienstücke einpacken. Dabei Kartoffeln zuerst auf die Folie legen, oben zusammenfalten, dann seitlich schließen und glattstreichen.
40 bis 50 Minuten bei 200° im Ofen backen. Garprobe machen. Mit einer Nadel durch die Folie stechen und prüfen, ob das Innere weich ist. Die Kartoffeln mit der Folie kreuzweise einschneiden und von unten her das weiße Kartoffelinnere etwas nach oben drücken. Mit Salz und Pfeffer würzen und mit einem kleinen Stück Butter belegen.

Bemerkungen Diese Kartoffeln bleiben im abgestellten Backofen mindestens 10 bis 15 Minuten heiß.

Variationen
- Mit Sauerrahm (saure Sahne) servieren, evtl. Schnittlauch darunterziehen.
- Mit Kräuterquark belegen.

Gratin dauphinois – mit oder ohne Ei und Käse, das ist die altbekannte Streitfrage. Meisterköche waren und sind sich auch heute nicht darüber einig. Fest steht, daß man in seiner engeren Heimat, im Dauphiné, in der Gegend von Grenoble, diesen «Gratin des Gratins» nur mit Rahm oder bestenfalls mit Milch und Rahm und einer Spur Knoblauch zubereitet.
Hier das Rezept des «Ur-Gratins». Es stammt von Michel Rostang in Sassenage (Restaurant «Rostang») und wurde durch fünf Generationen überliefert. Schon der Ururgroßvater Jamalion aus Pont de Beauvoisin verwöhnte damit Napoleon, bevor sich dieser nach Elba einschiffte.

Le Gratin dauphinois

Kartoffeln schälen und unter fließendem Wasser gut waschen (nicht ins Wasser legen!). Die Kartoffeln in sehr feine Scheiben schneiden. Eine nicht zu hohe Gratinform mit der angeschnittenen Knoblauchzehe ausreiben und großzügig ausbuttern. Die Kartoffeln hineingeben und mit Milch bedecken. Mit Salz und Pfeffer bestreuen. Auf dem Herd oder im Ofen (Tonform) zum Kochen bringen. Dann 2½ dl Rahm zufügen, gut durchrühren und die Kartoffeln mit der restlichen, in Flocken geschnittenen Butter bestreuen. Ofen auf 200 °vorheizen und bei dieser Temperatur 1½ bis 2 Stunden backen. Während dieser Zeit nach und nach den restlichen Rahm zufügen und den Gratin von Zeit zu Zeit leicht aufrühren, damit sich keine harte Kruste bildet. Die Oberfläche des Gratins soll schön braun, aber nicht hart werden. Auch darf der Gratin nicht austrocknen. Der Rahm soll zu einer sämigen Creme eindicken. In der Form servieren.

**
V Kann vorbereitet werden
Arbeitsaufwand: 20 Minuten
Backzeit: 1½ bis 2 Stunden

Für 6 Personen
1 kg Kartoffeln (weiße, zartschmelzende Sorte)
1 Knoblauchzehe
½ l Milch (bzw. soviel, dass die Kartoffeln gerade bedeckt sind, je nach Kartoffelsorte)
½ l Rahm
100 g Butter
Salz, Pfeffer

Luftig gerührtes und mit etwas Rahm verfeinertes Kartoffelpüree, eine delikate Beilage zu Saucengerichten.

Pommes mousseline

*
V Kann vorbereitet werden
Arbeitsaufwand: 15 Minuten
Kochzeit: 20 bis 30 Minuten (im Dampfkochtopf nur 6 bis 8 Minuten)

Für 4 Personen
750 g Kartoffeln
¼ l Milch
Salz, Muskatnuß
3 Eßl. Rahm (Sahne)

Kartoffeln in der Schale weichkochen (im Dampfkochtopf ca. 8 Minuten). Abgießen, etwas verdampfen lassen, dann, noch heiß, schälen. Durch ein Sieb passieren. Die Milch aufkochen und nach und nach unter das Püree mischen. Dann auf kleinem Feuer tüchtig schwingen, bis das Püree luftig wird. Mit Rahm verfeinern und, wenn nötig, mit Salz und Muskat nachwürzen.

Variationen

- Zur Abwechslung mit viel frischgehackter Petersilie oder Schnittlauch mischen.

Eine beliebte Beilage, die man auch in kleinen Kuchenblechen backen und portionenweise servieren kann: rohe Kartoffeln, in Stäbchen geschnitten und in Butter gebacken.

Pommes darphin

*
V Kann vorbereitet werden
Arbeitsaufwand: 20 Minuten
Bratzeit: 15 bis 20 Minuten

Für 4 Personen
500 g Kartoffeln
Salz
2 Eßl. eingesottene Butter

Kartoffeln waschen, schälen, trocknen und mit einem Gemüsehobel in feine, lange Streifen schneiden. Auf ein Tuch legen, zudecken und 5 bis 10 Minuten liegen lassen. Butter in einer Bratpfanne erhitzen, die Kartoffeln hineingeben und mit wenig Salz bestreuen. 5 Minuten auf mittelgroßem Feuer anbraten lassen, dann Feuer kleinstellen und die Kartoffeln mit der Bratschaufel zu einem Kuchen zusammendrücken. Mit einem knapp sitzenden Deckel oder mit einem Teller zudecken. 15 bis 20 Minuten bei sehr kleiner Hitze weiterbacken. Vor dem Servieren stürzen. Paßt sehr gut als Beilage zu gebratenem oder grilliertem Fleisch oder auch zu Spiegeleiern und Salat.

Bemerkungen Man kann die Kartoffeln in kleine bebutterte Kuchenbleche geben, mit Aluminiumfolie abdecken, im Ofen backen (200°) und zum Servieren stürzen. Diese Portionen sehen auf dem Teller hübsch aus.

Variationen
- Zwiebelstreifen unter die Kartoffeln mischen.
- Etwas feingehackten Speck zugeben.
- Nach halber Bratzeit feingehackte Kräuter über die Kartoffeln streuen.

Diese kleinen Kartoffelpfannkuchen sind ein «Hit» zu festlichem Fleisch, schmecken aber auch ausgezeichnet als fleischloses Hauptgericht.

Crêpes «Parmentier»

Die Kartoffeln in der Schale weichkochen. Abtropfen und etwas verdampfen lassen. Warm schälen und passieren oder zerstoßen. Die Milch erhitzen. Die Kartoffeln zufügen und gut mischen. Rahm oder Sauerrahm, Eier und Mehl dem erkalteten Püree zugeben. Mit Salz, Pfeffer und Muskatnuß würzen. 30 Minuten ruhen lassen. Der Teig soll leicht flüssig sein, wie ein Omelettenteig. In Butter kleine Pfannkuchen ausbacken. Heiß servieren.

Bemerkungen Diese Crêpes passen als Garnitur zu gebratenem oder grilliertem Fleisch.

Beilagen Als Hauptgericht serviert, viel Salat.

Wein Apfelwein oder leichter Landwein.

Variationen
- Feingehackten Schinken oder Speck unter den Teig ziehen.
- Zwiebeln zufügen.
- Als Schnellgericht mit Kartoffelpüree (aus Paket oder Resten) zubereiten.
- Omelettenteig zubereiten und rohe Kartoffeln dazureiben.

*
V Kann vorbereitet werden
Arbeitsaufwand: 20 Minuten, zusätzlich Ruhezeit des Teiges 30 Minuten
Backzeit: 15 bis 20 Minuten

Für 4 bis 6 Personen
500 g Kartoffeln
2 bis 3 Tassen Milch
3 Eßl. Mehl
3 Eßl. Rahm oder Sauerrahm
6 Eier
Salz, weißer Pfeffer
1 Prise Muskatnuß
3 Eßl. eingesottene Butter

Eine einfache, aber raffinierte Kartoffelbeilage: im Ofen gebacken und vor dem Servieren mit Zitronensaft gewürzt. Herrlich zu Lammgerichten oder Grillfleisch.

Zitronenkartoffeln

*
V Kann vorbereitet werden
Arbeitsaufwand: 15 Minuten
Bratzeit: 20 bis 25 Minuten

Für 4 Personen
600 g Kartoffeln
Salz, Pfeffer
2 Eßl. Olivenöl
Saft von 2 Zitronen
1 Eßl. Petersilie, gehackt

Die Kartoffeln schälen, waschen und längs in Schnitze schneiden. In wenig Salzwasser 5 Minuten vorkochen (am besten 2 Minuten in den Dampfkochtopf geben). Abgießen und gut abtropfen lassen. Ein Kuchenblech oder eine große Tonform mit Olivenöl bestreichen. Die Kartoffeln darauf verteilen. Mit wenig Salz und Pfeffer bestreuen und das restliche Öl darübergeben. Bei 220° 20 bis 25 Minuten backen. Vor dem Servieren mit Zitronensaft begießen und mit Petersilie bestreuen.

Bemerkungen Man kann die Kartoffeln auch in der Schale vorkochen, muß sie aber heiß schälen und sofort weiterverarbeiten.

Variationen
- Für Knoblauchliebhaber nach halber Backzeit etwas Knoblauchsaft über die Kartoffeln verteilen.
- Zu Lammfleisch Petersilie durch frischgehackte Pfefferminze ersetzen.

Ein sehr leichter Kartoffelgratin, der im Gegensatz zum «Gratin Dauphinois» nur mit Fleischbouillon zubereitet und mit wenig Käse überbacken wird. Eine Beilage, die immer Anklang findet.

Kartoffeln nach Savoyerart

*
V Kann vorbereitet werden

Backofen auf 200° vorheizen. Kartoffeln in dünne Scheiben schneiden, in einer Auflaufform einordnen und mit der Bouillon begießen.

Mit Salz und Pfeffer würzen. Butter erwärmen und die Oberfläche der Kartoffeln damit bestreichen. In den Backofen schieben (unterste Rille) und 25 bis 30 Minuten überbacken. 5 Minuten vor Ende der Backzeit mit Käse bestreuen. Vor dem Servieren nochmals mit flüssiger Butter bepinseln.

Variationen
- Kräuterbutter in Flocken schneiden und 5 Minuten vor Ende der Grillzeit unter die Kartoffeln mischen.
- Kartoffeln in Würfel schneiden, mit gehackten Zwiebeln, wenig zerdrücktem Knoblauch und Tomatenwürfeln mischen, dann, wie beschrieben, in Bouillon dünsten.
- Etwas Kalbsjus zugeben und vor dem Anrichten mit gehackter Petersilie bestreuen.
- Butter durch Olivenöl ersetzen und mit gehackten Kräutern und durchgepreßtem Knoblauch würzen.

Arbeitsaufwand: 15 Minuten
Backzeit: 25 bis 30 Minuten

Für 4 Personen
750 g rohe Kartoffeln
2 Eßl. Butter
3 Eßl. geriebener Parmesan
¼ l Bouillon
Salz, Pfeffer

Eine attraktive Art, Trockenreis zu servieren: mit frischer Butter und Pistazien.

Riz créole à la pistache

Wasser und Salz aufkochen. Reis zufügen und auf mittlerem Feuer 15 bis 18 Minuten kochen. Abgießen. Eine Auflaufform gut ausbuttern, den Reis hineingeben. Mit Folie leicht abdekken und im schwach geheizten Backofen ausdämpfen lassen oder unmittelbar vor dem Anrichten unter Wenden kurz in Butter erwärmen. Pistazien in wenig Butter anziehen lassen und unter den Reis mischen.

Bemerkungen Der Reis läßt sich auch auf einem gelochten Aufsatz über Dampf warm halten.

Variationen
- Anstelle von Pistazien kann man gehackte Mandeln, Zitronensaft und -schale (gerieben), Rosinen, kleine gedünstete Peperoniwürfelchen oder Maiskörner unter den Reis mischen.

*
V Kann vorbereitet werden
Arbeitsaufwand: 5 Minuten
Kochzeit: 15 bis 18 Minuten

Für 4 Personen
240 g Langkornreis
Wasser
Salz
2 Eßl. frische Butter
2 Eßl. gehackte Pistazien

Eine nicht sehr übliche, aber ausgezeichnete Beilage zu Wildgeflügel: gehackter Wirsing, in wenig Fleischbouillon gedünstet.

Wirsing, gedünstet

*
V Kann vorbereitet werden
Arbeitsaufwand: 15 Minuten
Kochzeit: 15 bis 20 Minuten

Für 4 Personen
1 Wirsing
1 Zwiebel
2 Eßl. Butter
1/8 l Bouillon
Salz, Pfeffer

Wirsing entblättern, Strunk und Rippen entfernen. Mittelfein hacken. Zwiebel hacken und in Butter anziehen lassen. Wirsing beifügen und wenig Bouillon dazugeben. Auf kleinem Feuer knapp weich kochen. Der Wirsing sollte noch «al dente» sein. Bouillon nur nach Bedarf zufügen. Vor dem Anrichten mit Salz und Pfeffer nachwürzen.

Bemerkungen Paßt gut zu gebratenen Rebhühnern, Fasan oder Wachteln.

In Butter gedünstete, zarte Kefen (die oft auch Schnee-Erbsen genannt werden), garniert mit winzig kleinen, gerösteten Brotwürfelchen.

Kefen mit gerösteten Brotwürfelchen

*
V Kann vorbereitet werden
Arbeitsaufwand: 15 Minuten
Kochzeit: 10 Minuten

Für 4 Personen
1 kg frische, zarte Kefen
1½ Eßl. Butter
2 Eßl. gehackte Schalotten
Salz, Pfeffer
2 Scheiben Toastbrot
2 Knoblauchzehen

Kefen fädeln und waschen. ½ Eßlöffel Butter erhitzen. Schalotten darin anziehen lassen. Kefen zugeben, gut wenden und praktisch ohne Flüssigkeit mit gut schließendem Deckel 10 Minuten dünsten. Die Kefen sollen nur halbgar werden und müssen leicht knackig bleiben. Mit Salz und Pfeffer würzen. Inzwischen das Brot in sehr kleine Würfelchen schneiden. In der restlichen Butter goldgelb rösten. Mit durchgepreßtem Knoblauch beträufeln. Die Croûtons vor dem Anrichten mit den Kefen mischen.

Bemerkungen Die Brotwürfelchen müssen sehr klein sein (ca. ½ cm), damit dieses Gemüsegericht attraktiv aussieht.

Variationen
- Brotwürfelchen weglassen.
- Anstelle des Brotes sehr fein geschnittene und in Butter gedünstete Schinkenstreifchen zufügen.
- Kefen ohne Butter im Dampf garen (im gelochten Aufsatz auf kochendes Wasser stellen).

Zartes Gemüse, mit wenig Speck oder Schinken in Butter gedünstet, eine farbenfrohe Beilage zu Fleischgerichten.

Macédoine de légumes

(gemischtes Gemüse)

*
V Kann vorbereitet werden
Arbeitsaufwand: 20 bis 30 Minuten
Kochzeit: 10 bis 12 Minuten

Für 4 bis 6 Personen
250 g kleine Kartoffeln
100 g Perlzwiebeln oder Schalotten
200 g Karotten
200 g grüne Bohnen
250 g Rosenkohl (evtl. tiefgekühlt)
100 g Champignons
100 g Schinken oder Magerspeck
2 Eßl. klarifizierte Butter
Salz, Pfeffer

Kartoffeln, Perlzwiebeln (bzw. Schalotten) und Karotten schälen. Bohnen fädeln und Rosenkohl putzen. Champignons längs halbieren. Schinken oder Magerspeck in feine Scheibchen schneiden.
Schinken oder Speck unter Rühren in der Butter anziehen lassen. Kartoffeln ganz, halbiert oder geviertelt (je nach Größe), Perlzwiebeln, in Stengelchen geschnittene Karotten und Rosenkohl zufügen. 2 bis 3 Minuten anziehen lassen. Bohnen sowie ½ Tasse Wasser dazugeben. Gut schließenden Deckel aufsetzen. 10 Minuten auf kleinem Feuer dünsten. Champignons zufügen. 10 Minuten weiterschmoren. Mit Salz und Pfeffer würzen.

Bemerkungen Diese Gemüse können als Vorspeise serviert werden und eignen sich auch als Beilage zu Braten oder Grillfleisch. Ich bereite sie absichtlich nur knapp gedünstet zu.

Variationen
- Schinken oder Speck weglassen.
- Über dem Dampf garen und zuletzt mit wenig frischer Butter mischen.

Maisfritters sind kleine Küchlein aus Maiskörnern, Crevetten und gutgewürztem Pfannkuchenteig. Sie sehen hübsch aus und passen als Beilage zu den verschiedensten Gerichten.

Maisfritters «Malibu»

**
V Kann vorbereitet werden
Arbeitsaufwand: 20 Minuten
Backzeit: 20 Minuten

Für 4 Personen
300 g Peperoni (Paprikaschoten) gehackt
100 g Bleichsellerie, gehackt
1 Dose Sweet-corn (Zuckermaiskörner)
90 g Crevetten
120 g Zwiebeln, gehackt
1 Knoblauchzehe
2 Eier
3 Eßl. Mehl
Salz, Pfeffer
6 bis 8 Tropfen Tabasco
1 Messerspitze Korianderpulver
1 Eßl. Öl oder eingesottene Butter

Peperoni und Sellerie hacken und in eine Schüssel geben. Maiskörner, gehackte Crevetten, Zwiebeln und durchgepreßten Knoblauch daruntermischen. Verquirlte Eier und Mehl zugeben, mit Salz, Pfeffer, Tabasco und Koriander würzen. Alles zu einem festen Teig verarbeiten. Flache Küchlein formen und in heißem Öl oder Butter golden ausbacken. Im schwach erhitzten Backofen, mit Aluminiumfolie zugedeckt, warm halten.

Bemerkungen Mit einem reichen gemischten Salat voraus ergeben diese Maisküchlein (Zutaten verdoppeln) ein sehr gutes und sättigendes fleischloses Mittagessen (eventuell mit Tomatensauce). Man kann sie aber auch für Gäste als Vorspeise (nur mit Sojasauce) oder als raffinierte Beilage zu grilliertem Fleisch vorsehen.

Eine Blumenkohlzubereitung, die etwas in Vergessenheit geraten ist, aber gut schmeckt und dekorativ aussieht.

Blumenkohl nach polnischer Art

*
V Kann vorbereitet werden
Arbeitsaufwand: 15 Minuten
Kochzeit: 15 bis 20 Minuten (im Dampfkochtopf nur 5 bis 6 Minuten)

Blumenkohl 5 Minuten in Salzwasser legen und anschließend in gewürztem Milchwasser knapp weich kochen. Sorgfältig in Röschen teilen. Eier hacken. Mit Petersilie mischen. Butter erwärmen. Ei/Petersilien-Mischung darin kurz wenden. Über den Blumenkohl verteilen.

Bemerkungen Der Blumenkohl läßt sich nach dem Kochen besser als im rohen Zustand in schöne Röschen teilen. Die Milch wird beigegeben, damit er weißer bleibt. Bei der Zubereitung im Dampfkochtopf die Milch weglassen. Ganz gekochter Blumenkohl wird vor dem Kochen in Salzwasser gelegt, damit eventuelle Raupen auskriechen (mit Blume nach unten legen).

Für 4 Personen
1 mittelgroßer Blumenkohl
6 Eßl. Milch
½ l Wasser
Salz, Pfeffer
2 hartgekochte Eier
2 Eßl. gehackte Petersilie
30 g Butter

Variationen
- Im Dampf kochen (gelochten Aufsatz verwenden) und beim Anrichten die Garnitur darübergeben.
- Feingehackten, leicht gedünsteten Schinken unter die Garnitur mischen.

Die beste Zubereitungsart für Zucchetti: leicht gebraten, mit wenig Olivenöl, dann im eigenen Saft gedünstet und mit etwas Knoblauch und Basilikum gewürzt. Die ideale Beilage zu grilliertem oder gebratenem Fleisch.

Zucchetti mit Basilikum

*
V Kann vorbereitet werden
Arbeitsaufwand: 5 Minuten
Kochzeit: 15 Minuten

Für 4 Personen
500 g Zucchetti
Salz, Pfeffer
1 Eßl. Olivenöl
1 Knoblauchzehe
2 Eßl. gehacktes Basilikum

Zucchetti waschen und ungeschält in kleine, ca. 5 cm lange und fingerdicke Stengelchen schneiden.
Olivenöl erhitzen. Zucchetti hineingeben. Unter Wenden anziehen lassen. Feuer kleinstellen. Knoblauch durchpressen und beigeben. Mit Salz und Pfeffer würzen. Die Zucchettistengelchen sollen langsam garen und dürfen ganz leicht Farbe annehmen. Es soll dabei keine Flüssigkeit entstehen. 2 bis 3 Minuten vor Ende der Garzeit das gehackte Basilikum zufügen.

Variationen
- Vor der Beigabe der Zucchetti 2 geschälte und kleingeschnittene Tomaten im Olivenöl dünsten, bis keine Flüssigkeit mehr vorhanden ist, und anstelle von Basilikum Provencekräuter benutzen.

Eine originelle Beilage zu Wildgerichten, Ente oder Schweinebraten: Rosenkohl mit Zwiebeln gedünstet, dann passiert und mit Rahm verfeinert.

Rosenkohlpüree

*
V Kann vorbereitet werden
Arbeitsaufwand: 15 Minuten
Kochzeit: 20 Minuten

Für 4 Personen
1 kg Rosenkohl
1 Zwiebel
2 Eßl. Butter
2 dl Bouillon
1 dl Rahm (nach Belieben)
Salz, Pfeffer

Rosenkohl putzen. Zwiebel hacken und in Butter anziehen lassen. Rosenkohl zugeben. Mit Bouillon begießen und weich dünsten. Das Gemüse gut abtropfen, durch das Sieb streichen, wieder in die Pfanne geben und unter Rühren auf kleinem Feuer trocknen, bis keine Flüssigkeit mehr vorhanden ist. Nach und nach Rahm zufügen und mit Salz und Pfeffer nachwürzen.

Bemerkungen Durch die Rahmbeigabe wird das Püree feiner. Ohne Rahm bleibt es fester und kräftiger.

Eine neue Art, grüne Bohnen zuzubereiten: knapp gekocht, mit Bohnenkraut und Zitronensaft gewürzt.

Grüne Bohnen mit Zitrone

*
V Kann vorbereitet werden
Arbeitsaufwand: 10 Minuten
Kochzeit: 15 bis 20 Minuten

Für 4 Personen
500 g grüne Bohnen
½ Kaffeel. Bohnenkraut, gehackt
1 Eßl. gesalzene Butter
Weißer Pfeffer
½ Kaffeel. Zwiebelsalz
1 Zitrone

Bohnen fädeln und mit lauwarmem Wasser gut waschen. Bohnen samt Bohnenkraut in 2 dl Wasser ungedeckt und ohne Salz 15 bis 20 Minuten kochen. Sie sollten leicht knackig bleiben. Bohnen abgießen und gesalzene Butter in Flocken daruntermischen. Mit weißem Pfeffer, Zwiebelsalz und evtl. 2 bis 3 Tropfen Zitronensaft nachwürzen. Mit sehr dünn geschnittenen Zitronenscheiben garnieren.

Bemerkungen Die gesalzene Butter verleiht den Bohnen gerade die richtige Gesalzenheit. Man kann natürlich gewöhnliche Tafelbutter nehmen und das Salz selbst dosieren.

Süß-saure, pikante Zwiebelchen, in Tomatensauce mit Rosinen gekocht, eine Beilage aus der Provence, die ausgezeichnet zu Schweinebraten oder gekochtem Rindfleisch paßt und auch als Garnitur zu Fleischterrinen und Pasteten serviert werden kann.

Provence-Zwiebeln

Die Zwiebeln schälen. Zu diesem Zweck die Zwiebeln portionenweise für ein paar Sekunden in kochendes Wasser geben, abspülen und anschließend schälen. Das Tomatenpüree im Essig auflösen, Salz, Pfeffer, Zucker und 7 dl Wasser zugeben und unter Rühren aufkochen. Die Zwiebeln mit den Sultaninen hineingeben. Öl, Lauch, Sellerie, Karotte und Petersilie zufügen und mit Cayennepfeffer würzen. Etwa 45 Minuten leise köcheln lassen. Von Zeit zu Zeit umrühren. Die Zwiebeln dürfen nicht zerkochen. Am Schluß probieren. Die Sauce muß pikant sein. Nach Belieben nochmals Cayennepfeffer zugeben.

Bemerkungen Ihrer pikanten Sauce wegen sind diese Provence-Zwiebeln z. B. zu Schweinsfilet im Teig eine echte Attraktion.

*
V Kann vorbereitet werden
Arbeitsaufwand: 30 Minuten
Kochzeit: 45 Minuten

Für ca. 12 Personen
1 kg kleine Perlzwiebeln
6 Eßl. Tomatenpüree
120 g Puderzucker
120 g Sultaninen oder Rosinen
2 Eßl. Olivenöl
¼ l Weinessig
½ Lauchstengel
1 Stück Sellerieknolle
1 Karotte
1 Büschel Petersilie
Salz, Cayennepfeffer, Pfeffer

Lauch (Porree) ist so vielfältig, daß es sich zu einem kräftigen Begleitpüree verarbeiten läßt, das verschiedene Gerichte auf angenehme Art bereichern kann.

Mousse de poireaux

(Lauchpüree)

Lauch putzen, dabei die allzu grünen Enden entfernen. In Stücke schneiden. In Butter anziehen lassen, mit wenig Wasser ablöschen und 30 bis 40 Minuten zugedeckt dünsten. Einige schöne Lauchstücke für die Dekoration

*
V Kann vorbereitet werden
Arbeitsaufwand: 15 Minuten

Kochzeit: 30 bis 40 Minuten (im Dampfkochtopf nur 10 bis 12 Minuten)

Für 4 Personen
1½ kg Lauch (Porree)
2 Eßl. Kochbutter
1½ dl Rahm
Salz, Pfeffer
1 Teel. Kräutersalz

zurückbehalten. Restlichen Lauch im Mixer pürieren. Das Püree in die Pfanne zurückgeben und unter Rühren verdampfen lassen, bis keine Flüssigkeit mehr vorhanden ist. Rahm langsam zugeben, dabei weiterrühren. Mit Salz, Pfeffer und Kräutersalz würzen. In einer vorgewärmten Schüssel anrichten und mit den zurückbehaltenen Lauchstücken garnieren.

Bemerkungen Dieses Lauchpüree läßt sich bis zum Anrichten im Wasserbad warm halten. Es ist eine delikate Beilage zu gebratenem oder grilliertem Fleisch oder Geflügel.

Frische grüne Erbsen, mit Lattich gedünstet und mit Süßrahmbutter verfeinert – ein Gedicht von einem Gemüsegericht.

Grüne Erbsen «à la française»

**
V Kann vorbereitet werden
Arbeitsaufwand: 15 Minuten
Kochzeit: 30 bis 35 Minuten

Für 4 Personen
1 kg frische grüne Erbsen
50 g frische Perlzwiebeln
2 Stück Lattich
3 Eßl. Süßrahmbutter
1 Eßl. Petersilie, gehackt
½ Kaffeel. Kräutersalz
Weißer Pfeffer, Salz
1 Kaffeel. Zucker

Erbsen entschoten, Perlzwiebeln schälen, Lattichblätter lösen und waschen. Erbsen in 2 Eßlöffeln Butter 1 bis 2 Minuten dünsten. Zwiebeln, Petersilie, Kräutersalz, Pfeffer und Zucker beifügen. Kein Wasser zugeben. Erbsen mit einigen halbierten Lattichblättern zudecken. Deckel aufsetzen und ca. 20 Minuten bei kleiner Hitze dünsten. Topf öffnen, Lattich entfernen und restliche Butter zufügen. Die rohen Lattichblätter zu Bündchen zusammenrollen, zu den Erbsen legen, nachwürzen und nochmals 10 Minuten dünsten.

Bemerkungen Bei diesem Gericht lohnt es sich, Süßrahmbutter zu verwenden. Er paßt geschmacklich genau zum Gemüse. Das Gemüse soll im eigenen Saft schmoren. Der Lattich gibt, wenn die Pfanne gut verschlossen ist, genügend Flüssigkeit ab. Sonst wenig Mineralwasser (kein Leitungswasser) zufügen.

Variationen
- Lattichblätter können durch Kopfsalat ersetzt werden.

Schöne reife Tomaten, bestreut mit Kräutern und einer Spur Knoblauch, eine leichte aromatische Beilage zu Reis-, Nudeln- oder Grillgerichten.

Kräutertomaten

*

V Kann vorbereitet werden
Arbeitsaufwand: 10 Minuten
Bratzeit: 20 Minuten

Für 4 Personen
4 schöne große Tomaten
Salz, Pfeffer
1 Eßl. Olivenöl
1 Eßl. Petersilie, gehackt
1 Eßl. gemischte Kräuter (Rosmarin, Basilikum, Bohnenkraut, Salbei)
1 bis 2 Knoblauchzehen

Tomaten halbieren, mit wenig Salz bestreuen, 2 bis 3 Minuten ziehen lassen. Etwas Saft abgießen. Eine Auflaufform mit wenig Öl bestreichen. Die Tomaten mit der Schnittfläche nach oben hineinlegen. 10 Minuten bei 200° schmoren lassen. Aus dem Ofen nehmen und mit Kräutern, durchgepreßtem Knoblauch und viel Pfeffer aus der Mühle bestreuen. Restliches Öl darüberträufeln. 10 Minuten weiterschmoren. In der Form servieren.

Bemerkungen Diese Tomaten schmecken nur im Sommer oder Herbst gut, wenn sie reif und aromatisch sind.

Variationen
- Wenig geriebenes Brot darüberstreuen, mit 1 Eßlöffel Öl beträufeln und ca. 5 Minuten länger backen.
- Nur mit Basilikum und etwas mehr Knoblauch bestreuen.

Originelle Beilage zu Fleischgerichten, z.B. zu Wild oder Grilladen: Maiskugeln aus Sweet-corn, mit einer süßen Überraschung gefüllt.

Maiskroketten mit Trauben

*

V Kann vorbereitet werden
Arbeitsaufwand: 30 Minuten, zusätzlich Auskühlzeit
Backzeit: 20 Minuten

Maiskörner gut abtropfen lassen. In 1 Teelöffel Butter 1 bis 2 Minuten anziehen lassen. Mit der dicken Béchamelsauce mischen. Gut nachwürzen. Die Masse auf ein gebuttertes Blech gießen (ca. 2 cm hoch) und erkalten lassen. Mit einem Ring oder Glas runde Plätzchen ausstechen. In der Mitte eine Vertiefung anbringen, je eine Traubenbeere einsetzen und zu Kugeln formen. Diese zuerst in Mehl, dann im verquirlten Eigelb und zuletzt im geriebenen Brot wenden. In eingesottener Butter oder im Ölbad ausbacken.

Bemerkungen Als Beilage zu Wildgerichten ohne Sauce oder Grilladen.

Für 4 bis 6 Personen
1 Dose Sweet-corn-Mais
1¼ dl dicke Béchamelsauce
1 Teel. Butter
2 Eigelb
Salz, Pfeffer
100 g Traubenbeeren
2 Eßl. Mehl
4 bis 5 Eßl. geriebenes Brot
Eingesottene Butter oder Öl zum Backen

Äpfel, so zubereitet, daß sie nichts von ihrem Aroma verlieren und beim Zufügen als Beilage keine Flüssigkeit abgeben.

Pommes «en l'air»

Äpfel schälen, halbieren, Kerngehäuse entfernen und jede Hälfte in 3 Schnitze teilen. In ein Sieb geben und über dem Dampf garkochen (am besten in Kochgeschirr mit Siebaufsatz).

Bemerkungen Diese Äpfel eignen sich besonders gut als Beilage zu verschiedenen Gerichten, z. B. Leber, gebratene Ente usw.

*
V Kann vorbereitet werden
Arbeitsaufwand: 10 Minuten
Kochzeit: 10 bis 20 Minuten (je nach Apfelsorte)

500 g Äpfel (Sorte, die nicht zu schnell zerfällt)

1
Kochtopf halbhoch mit Wasser füllen

2
Siebeinsatz aufsetzen

3
Rohe Äpfel hineingeben und zugedeckt weichdämpfen

Eine originelle und gute Spinatbeilage, die Fleischgerichte ohne Sauce auf attraktive Art bereichern kann.

Spinat mit Rosinen und Pignoli

*
V Kann vorbereitet werden
Arbeitsaufwand: 15 Minuten
Kochzeit: 10 Minuten

Für 4 Personen
1 kg zarter Blattspinat
1 Eßl. Butter
50 g Rosinen
1 Eßl. Cognac oder Sherry
50 g Pinienkerne
Salz
Wenig Cayennepfeffer

Rosinen in Cognac oder Sherry legen. Spinat putzen und gut waschen. Ohne Beigabe von Wasser dünsten, bis er zusammenfällt, aber noch halbgar ist. Abgießen. Butter erhitzen. Spinat hineingeben und unter Wenden darin dünsten, bis keine Flüssigkeit mehr vorhanden ist. Rosinen und Pinienkerne zufügen. Nochmals gut durchdünsten. Mit Salz und Cayennepfeffer abschmecken.

Bemerkungen Darauf achten, daß das Spinatwasser wirklich ganz verdampft, bevor die übrigen Zutaten beigegeben werden.

Variationen
– Auf Toasts geben und als Vorspeise servieren.

Während eines eher schlechten, wenn auch außerordentlich vornehmen Diners in London hielt ich mich ausschließlich an das vorzügliche Garlic bread und trank guten Bordeaux dazu. Seither gehört es zu meinen liebsten Beilagen – sofern der Knoblauch nicht störend wirkt.

Garlic bread

*
V Kann weitgehend vorbereitet werden
Arbeitsaufwand: 10 Minuten
Backzeit: 3 bis 4 Minuten

Die Brötchen oder Brotstücke oben kreuzweise einschneiden. Knoblauch durchpressen und mit der Butter gut vermischen. Die Einschnitte dicht mit Knoblauchbutter bestreichen. Die Brötchen in den gut vorgeheizten

Ofen geben (auf ein Backblech stellen) und bei 220 °aufbacken, bis die Butter schmilzt. Sofort warm servieren.

Verwendungsmöglichkeiten
- Spinatsalat (s. d.), Bouillon, Grillfleisch, gekochter Meerfisch usw.
- Zu einem guten Glas Rotwein als Zwischenmahlzeit, Aperitif usw.

Für 4 Personen
4 kleine Weißbrötchen oder 4 Scheiben Pariser Brot (4 cm dick geschnitten)
50 g gesalzene Butter
4 Knoblauchzehen

Originelle, gebackene Brotscheiben, mit verschieden aromatisierter Butter bestrichen, die ich anstelle von Garlic bread serviere, wenn meine Gäste den zu intensiven Knoblauchgeschmack nicht mögen.

Croûtons mit Sauerampfer

Brotscheiben beiderseitig kurz in Butter backen. Auf eine Platte geben. Sauerampfer mit durchgepreßtem Knoblauch mischen. Auf die Brötchen verteilen. Mit wenig Salz und Pfeffer bestreuen. Mit Rahm beträufeln und sofort servieren.

Roquefort-Croûtons

Butter mit Roquefort zu einer gleichmäßigen Masse verarbeiten. Die Brotscheiben dicht damit bestreichen. Auf ein Blech legen und bei 200 °ca. 8 Minuten backen. Der Belag auf den Brötchen darf nur schmelzen und soll nicht braun werden.
Noch besser werden die Croûtons, wenn man sie zuerst in wenig Butter beiderseitig in der Bratpfanne röstet.

Wichtig: Bei Verwendung von Toastbrot, die Scheiben halbieren oder vierteln.

*
V Kann weitgehend vorbereitet werden
Arbeitsaufwand: 10 Minuten
Backzeit: 3 bis 4 Minuten

Für 4 Personen
8 Scheiben Pariser Brot oder 4 Scheiben Toastbrot
3 Eßl. Butter
20 g Roquefort
2 Eßl. feingehackter Sauerampfer
Salz, Pfeffer
1 Knoblauchzehe
2 Eßl. Doppelrahm

Gewürzte Orangen-Croûtons

Für 4 Personen
8 Scheiben Pariser Brot oder 4 Scheiben Toastbrot
4 Portionen Kräuterbutter
2 Teel. Orangenessenz
Salz, Pfeffer aus der Mühle

Brotscheiben toasten. Inzwischen Kräuterbutter mit Orangenessenz gut mischen. Mit Salz und Pfeffer pikant würzen. Die Butter auf die Croûtons streichen. Sofort servieren.

Croûtons mit Nußbutter

Für 4 Personen
8 Scheiben Pariser Brot oder 4 Scheiben Toastbrot
50 g Butter
2 Eßl. geriebene Haselnüsse
Salz, Pfeffer aus der Mühle
½ Teel. Paprika

Butter und Nüsse mit einer Gabel gut verarbeiten. Mit Salz, Pfeffer und Paprika würzen. Auf die getoasteten Brotscheiben streichen.

Kleinigkeiten machen Freude und können ein einfaches Gericht zu einer Spezialität aufwerten. Dieses würzige Blätterteiggebäck gehört auch dazu. Es paßt gut zu Salaten oder exquisiten Suppen.

Blätterteigfladen mit Sesam

*
V Kann vorbereitet werden
Arbeitsaufwand: 10 Minuten
Backzeit: 10 Minuten

Für 12 kleine Fladen
500 g Blätterteig
Salz, Pfeffer
2 Eigelb
2 Eßl. Sesamsamen (Reformhaus)

Blätterteig 3 mm dick ausrollen. Runde Plätzchen von ca. 7 bis 8 cm Durchmesser ausstechen. Auf ein kalt abgespültes Blech legen. Mit einer Gabel dicht einstechen. Eigelb verquirlen, mit wenig Salz und Pfeffer würzen. Die Teigplätzchen damit bestreichen. Mit Sesamsamen bestreuen. 10 Minuten bei 200° backen. Die Fladen dürfen goldgelb, aber nicht braun werden. Frisch servieren.

Bemerkungen Diese Fladen schmecken nur frischgebacken wirklich gut. Sie lassen sich aber vorbereiten, sogar auch tiefkühlen.

Selbstgemachtes Chutney, eine wertvolle Bereicherung für ein Currygericht oder als Beilage zu kaltem Fleisch.

Mango-Chutney

Mangofrüchte und Äpfel schälen. In Würfelchen schneiden. Knoblauch durchpressen. Eingemachten und frischen Ingwer sowie Zedrat fein hacken. Senfkörner und Nelken in ein Stückchen Mull binden. Alle Zutaten zusammen wie Konfitüre 1 Stunde kochen. Nach Bedarf würzen. Das Gewürzsäcklein entfernen, heiß in Gläser füllen und sofort verschließen.

Bemerkungen Als Beilage zu Currygerichten oder in schönen Gläsern als attraktives Geschenk. Dieses Mango-Chutney ist im Kühlschrank 2 Monate haltbar. Geschenkgläser mit entsprechendem Hinweis versehen. – Ist kein Zedrat erhältlich, kann man Zitronat verwenden.

**
V Kann vorbereitet werden
Arbeitsaufwand: 15 Minuten, zusätzlich 1 Stunde Kochzeit

Für 5 Gläser à 350 g
3 Mangofrüchte
750 g saure Äpfel, z. B. Granny Smith
2 Knoblauchzehen
150 g Ingwer (in Sirup eingelegt)
1 frische Ingwerwurzel
150 g Zedrat (beim Konditor erhältlich)
75 g Senfkörner
4 Nelken
250 g Rohzucker
½ l weißer Weinessig
100 g Korinthen
100 g Rosinen
1 Prise Piment, gemahlen
Salz
1 Teel. Pfeffermischung (S. 429)

Begleitbutter einmal anders: mit Wacholder, Knoblauch und Zitronensaft gewürzt und mit frischgehackten Kräutern bereichert. Eine originelle Beilage zu Grillfleisch, Fisch oder Kartoffeln.

Wacholderbutter

Schalotten fein hacken. Knoblauch durchpressen. Die Wacholderbeeren mit einem Küchenmesser oder Wellholz zerdrücken. Butter in eine Kasserolle geben. Langsam schmelzen lassen. Schalotten, Knoblauch und Wacholderbeeren hineingeben. Dabei ständig rühren. Die Butter darf keine Farbe annehmen. Unter Rühren dünsten, bis die Schalotten weich sind (ca. 10 Minuten). Die Butter von der Herdplatte wegziehen. Mit Salz, Pfeffer, Zitronensaft, Petersilie und Schnittlauch mischen.

*
V Kann vorbereitet werden
Arbeitsaufwand: 10 Minuten, zusätzlich Kühlzeit

Für 6 Personen
4 Schalotten
2 Knoblauchzehen
12 Wacholderbeeren
200 g Tafelbutter
Salz, Pfeffer aus der Mühle
1½ Zitrone

1 Eßl. gehackte Petersilie
1 Eßl. feingeschnittener Schnittlauch

Bemerkungen Zu Salzkartoffeln, Geschwellten, Grillfleisch oder pochiertem Fisch servieren.

Zwei weitere Rezepte für aromatisierte Butter, die beide zu grillierten Fischen, Meeresfrüchten oder hellem Fleisch passen.

Estragonbutter

*
V Kann vorbereitet werden
Arbeitsaufwand: 20 Minuten

Für 6 Personen
50 g frische Estragonblätter
100 g Tafelbutter
Salz, weißer Pfeffer
½ Knoblauchzehe

Estragonblätter gut waschen, auf Küchenpapier etwas abtropfen lassen, mit Butterstückchen in den Mixer geben. 1 Eßlöffel kaltes Wasser zufügen. Zu einer gleichmäßigen Paste mixen. Durchgepresste Knoblauchzehe zugeben und mit Salz und Pfeffer würzen. Auf einem Stück Aluminiumfolie zu einer Rolle formen, einwickeln und im Kühlschrank festwerden lassen.

Bemerkungen Diese Butter einige Zeit vor Gebrauch aus dem Kühlschrank nehmen, damit sie auf dem Fisch oder Fleisch zerfließt.

Variationen
– Andere Kräuter verwenden.

Pistazienbutter

**
V Kann vorbereitet werden
Zubereitungszeit: 20 Minuten

Für 6 Personen
50 g Pistazien
100 g Tafelbutter
Salz, weißer Pfeffer

Pistazien in kochendes Wasser geben, abgießen und von den braunen Häutchen befreien. Pistazien mit 1 Teelöffel kaltem Wasser, kleingeschnittener Butter und wenig Salz in den Mixer geben. Mit Pfeffer nachwürzen, in Aluminiumfolie einrollen und im Kühlschrank aufbewahren.

SAUCEN
und was man dafür braucht

Ich habe es schon wiederholt gesagt und geschrieben, möchte es hier aber bewußt noch einmal festhalten: Die Zubereitung einer Sauce ist nicht nur eine Kunst, sondern eine Sache der Auffassung! Denn eine Sauce ist das A und O der guten Küche.
Gute Saucen können nur Menschen zubereiten, die wirklich gern gut essen; die Technik der Zubereitung ist dazu eine notwendige Basis.
Diese Behauptung ist hundertprozentig hieb- und stichfest: Wie oft bekommt man Saucen vorgesetzt, die diese Bezeichnung nicht verdienen und die einem die Freude am Essen verderben können. Allerdings sind in den letzten Jahren Tunke und «Kleister» vielerorts verschwunden. Wassersaucen gibt es noch immer, aber erfreulicherweise auch viele leichte und neue Saucen. Die Tendenz, kein Mehl oder andere Bindemittel für diese Zubereitungen zu verwenden, ist zu begrüßen. Allerdings bietet diese etwas exklusive Art des Kochens im Alltag gewisse Schwierigkeiten. Wer es aber versuchen möchte, findet in diesem Kapitel alle Voraussetzungen dafür.
Ebenfalls aufgeführt habe ich ganz einfache, moderne Saucen, die vielfältig verwendbar sind und deren Zubereitung keine Probleme bietet.

KURZE SAUCE – GUTER KOCH LANGE SAUCE – SCHLECHTER KOCH

Anonyme Saucen sind wertlos. Eine Sauce soll Charakter haben, gleichgültig, ob es sich um einen klaren Jus, eine feine Rahmsauce oder eine leichte Gemüse- oder Quarksauce handelt. Wichtigste Voraussetzung zum Erreichen dieses Ziels sind die Konzentration der Sauce, das subtile Würzen und die Qualität der Zutaten. So wird die Sauce auch die richtige Konsistenz – also Dichtigkeit und Gebundenheit – aufweisen, vorausgesetzt, man befolgt genau die Anweisungen eines – guten – Rezeptes.

Wenn Sie Fisch kaufen, lassen Sie sich im Feinkostgeschäft Gräten und Köpfe mitgeben. Damit läßt sich ein Fond für feine Fischsaucen auf Vorrat zubereiten, den man tiefkühlen kann.

Fumet de poisson

Alle Zutaten, ausgenommen Pfeffer, zusammen aufkochen. 15 Minuten kochen. Pfeffer zugeben und 5 Minuten kochen. Erkalten lassen, absieben und bis zur Verwendung kühl stellen oder einfrieren.

Bemerkungen Als Saucenfond läßt sich dieser Fumet de poisson nach Belieben durch Kochen reduzieren. Als Basis für Rotweinsaucen den Weißwein durch Rotwein ersetzen, 100 g Champignons, 2 Lorbeerblätter und 5 Knoblauchzehen zufügen. Diese Fischbouillon nennt man in der Fachsprache «Fond de poisson au vin rouge».
Bei Verwendung des Dampfkochtopfes die Wassermenge auf 5 dl reduzieren und je nach Weiterverwendung passieren und noch etwas einkochen (für Saucen).
Oft werden Zwiebeln und Gräten vor dem Auskochen in wenig Butter leicht gedünstet. Das erhöht den Geschmack, verleiht aber dem Fumet Fettstoffe, die bei der Zubereitung sehr feiner Saucen oft unerwünscht sind.
Zitrone sollte nur zugegeben werden, wenn ein leicht säuerlicher Geschmack der Sauce erwünscht ist.
Fischsuppen werden bedeutend besser, wenn man sie mit diesem Fond anreichert (Zitrone und evtl. Weißwein weglassen).

*
V Kann vorbereitet werden
Arbeitsaufwand:
5 Minuten
Kochzeit:
15 Minuten (im Dampfkochtopf nur 5 Minuten)

Grundrezept für 2 Liter
1½ bis 2 kg Fischgräten und -köpfe
100 g geschnittene Zwiebeln
2 bis 3 Petersilienstengel
2½ dl Weißwein
Saft von ½ Zitrone (nach Belieben)
2 Liter Wasser
½ Teel. weiße Pfefferkörner

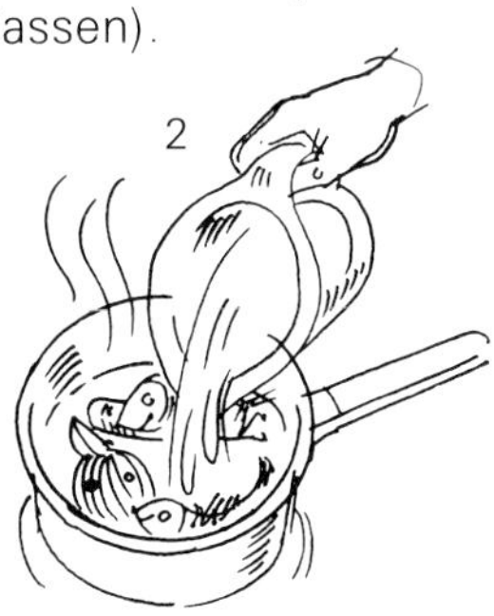

1
Alle Zutaten für den Sud zusammen aufkochen.
15 Minuten kochen lassen

2
Nach dem Erkalten absieben

Eine vielseitig verwendbare Saucenbasis, ein für feine Fleischgerichte unübertroffenes Hilfsmittel.

Kalbsjus

(als Saucenbasis)

*

V Kann vorbereitet werden
Arbeitsaufwand: 25 Minuten
Kochzeit: 3 bis 4 Stunden (im Dampfkochtopf nur 1 bis 1¼ Stunde)

Für 1 Liter
1,2 kg Kalbsknochen
2 Eßl. eingesottene Butter
1 Eßl. Tomatenpüree
100 g Karotten
80 g Knollensellerie
1 Zwiebel
1 Knoblauchzehe, ungeschält
1 Tomate
4 l Wasser
2 Eßl. Salz
Wenig Pfeffer
Kräuter (Thymian, Salbei, Rosmarin)

Die Knochen in einer Bratkasserolle in der Butter stark anbraten. Tomatenpüree zugeben. Die Gemüse putzen, kleinschneiden und mitbraten. Tomate kurz in heißes Wasser tauchen, schälen, kleinschneiden und mit dem Knoblauch zufügen.
Sobald die Gemüse Farbe angenommen haben, überschüssiges Fett abgießen und mit Wasser bedecken. Mit Salz und Pfeffer würzen, Kräuter zugeben und auf kleinem Feuer kochen. Ab und zu Schaum entfernen. 3 bis 4 Stunden auf ein Viertel der Flüssigkeit einkochen lassen.
Durch ein Haarsieb gießen, wieder in die Pfanne geben und nochmals einkochen lassen.

Bemerkungen Bei der Zubereitung im Dampfkochtopf nur 1 Liter Wasser zufügen. Anschließend bei offenem Topf auf die gewünschte Dicke einkochen. Der Kalbsjus läßt sich gut einfrieren (am besten in Kleinportionen!).
Vorsicht bei Tomatenpüree: Nicht zuviel beifügen, damit es nicht vorherrscht, was bei gewissen Saucen unerwünscht ist. Das Püree nur leicht anziehen lassen. Durch zu starkes Braten wird es schwarz und bitter.

Glace de viande

Der Kalbsjus kann so lange eingekocht werden, bis sich eine braune, dickflüssige Sauce bildet, die man in kleinen Dosen für die Verstärkung von Fleischsaucen verwenden kann (s. d.).

Bemerkungen Glace de viande läßt sich ca. 1 Woche im Kühlschrank aufbewahren. Man kann dieses Konzentrat auch tiefkühlen: in Eiswürfelbehälter gießen, einfrieren, herauslösen, in Plastikbeutel geben und wieder in die Truhe legen.

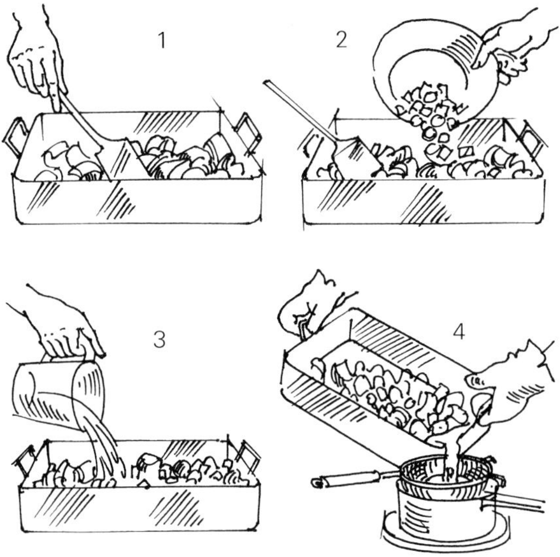

1
Die Knochen in einer Bratkasserolle stark anbraten

2
Kleingeschnittenes Gemüse zugeben und leicht Farbe annehmen lassen

3
Nach dem Entfetten mit Wasser bedecken und 3 bis 4 Stunden kochen

4
Durch ein Haarsieb gießen, wieder in die Pfanne geben und nach Belieben eindicken lassen

Unter Duxelles versteht man eine Mischung aus gehackten Champignons und Zwiebeln oder Schalotten, die oft mit etwas gehacktem Schinken angereichert wird. Sie dient vor allem für Füllungen, z.B. für Fleisch und Fisch.

Duxelles

Zwiebeln und Schalotten in Butter anziehen lassen. Die Champignons zufügen und kurz mitdünsten. Nach Belieben Tomatenpüree zugeben und 10 bis 15 Minuten dünsten. Mit Salz und Pfeffer würzen und zugedeckt erkalten lassen. Je nach Verwendung wird der Duxelles gehackter Schinken zugegeben.

Bemerkungen Soll helles Fleisch oder zarter Fisch mit der Duxelles gefüllt werden, läßt man das Tomatenpüree besser weg und verwendet Schalotten anstelle von Zwiebeln. Bei Fischen den Schinken weglassen.
Je nach Verwendung läßt sich die klassische Duxelles mit Fleisch, Brot, Gemüse usw. mischen.

**
V Kann vorbereitet werden
Arbeitsaufwand: 20 Minuten
Kochzeit: 10 bis 15 Minuten

125 g Champignons, fein gehackt
2 Zwiebeln, fein gehackt
1 Schalotte, fein gehackt
Salz, Pfeffer
1 Eßl. Tomatenpüree (nach Belieben)
70 g Schinken (nach Belieben), gehackt
2 Eßl. Butter

Unter Mirepoix versteht man in der französischen Küche kleingeschnittenes Gemüse mit Gewürzen und nach Belieben etwas Speck oder Schinken, die zur Herstellung eines Saucenfonds mit den Knochen gebraten oder bei der Zubereitung eines Bratens direkt mit dem Fleisch in der Bratkasserolle geröstet werden. Sie geben jeder Sauce Gehalt und Aroma.

Mirepoix

*
V Kann vorbereitet werden
Arbeitsaufwand: 10 Minuten
Bratzeit: 10 bis 20 Minuten

100 g Karotten, in sehr kleine Würfelchen geschnitten
100 g Zwiebeln, in sehr kleine Würfelchen geschnitten
50 g in Würfel geschnittenen Speck oder Schinken (nach Belieben)
1 Lorbeerblatt
1 Prise Thymian
1 Eßl. gehackte Petersilie
1 Knoblauchzehe (nach Belieben)
1 Eßl. eingesottene Butter

Alle Zutaten mit dem durchgepreßten Knoblauch in Butter 15 bis 20 Minuten dünsten.

Bemerkungen Mirepoix wird als Basis für die Zubereitung von Fleisch-, Fisch- und Tomatensaucen verwendet. Man kann, je nach Art der Sauce, auch in kleine Würfel geschnittenen Sellerie zufügen. Je nach Verwendungszweck wird der Speck oder Schinken weggelassen (zum Beispiel für sehr feine Saucen, die keinen Nebengeschmack haben dürfen). Oft genügt auch das Mitbraten eines Schinkenknochens.

Hier eine klassische Saucenbasis für Wildgerichte. Man kann diesen Fond während der Wildzeit auf Vorrat zubereiten und einfrieren oder so eindicken, daß eine sogenannte Glace de viande entsteht.

Wildknochenfond I

*
V Kann vorbereitet werden
Arbeitsaufwand: 15 Minuten
Kochzeit: 4 bis 6 Stunden (im Dampfkochtopf nur 1 Stunde, s. Kalbsjus)

Die Knochen und Wildabfälle in der Butter anbraten, Mirepoix beifügen und nochmals rösten. Gewürze beigeben, mit dem Weißwein ablöschen und dünsten, bis die Flüssigkeit leicht bindet. Mit 2 Liter Wasser auffüllen und unter häufigem Entfetten langsam kochen. Kochzeit

mindestens 3 bis 4 Stunden. Am Schluß durch ein Sieb gießen. Eventuell nochmals etwas einkochen und abschmecken.
Der Wildknochenfond läßt sich zu einer «Glace de viande» einkochen. Dieser Extrakt wird nach dem Erkalten so fest, daß man ihn mit dem Messer schneiden kann. Im Kühlschrank läßt er sich ca. 8 Tage aufbewahren. Sowohl Fond wie Glace de viande lassen sich in Kleinportionen tiefkühlen.

Verwendung Zum Verlängern und Verstärken von Wildsaucen. Verleiht auch einem Wildpfeffer, der ohne Blut zubereitet wird, etwas Farbe. Ideal als Basis für Wildrahmsauce.

1½ Eßl. Butter
1,250 kg kleingehackte Wildknochen und Wildabfälle
100 g Mirepoix (Sellerie, Karotten, Zwiebeln, in Würfelchen geschnitten, Petersilienstengel, s. (S.)
1½ dl Weißwein
Wacholderbeeren, Nelke, Thymian, Oregano, Rosmarin
¼ Zimtstengel
Salz, Pfeffer
½ Eßl. Tomatenpüree

Dies ist die Variante eines Wildfonds für Wildsaucen, die mit Rotwein zubereitet und zum Schluß mit Butter verfeinert werden.

Wildknochenfond II

(für Reh- oder Hasenrücken)

Die Rehknochen in der heißen Butter anbraten, bis sie braun werden. Die in Stücke geschnittene Zwiebel, Karotte, Sellerie und Pfefferkörner zugeben und leicht anziehen lassen. Fett weggießen. Kleingeschnittene Tomaten und Tomatenpüree zufügen. 2 bis 3 Minuten anziehen lassen, dann mit dem Rotwein ablöschen. Mit 2 Liter Wasser auffüllen. Aufkochen und mit der Schaumkelle mehrmals gut abschäumen. 2 bis 3 Stunden leise kochen lassen und immer wieder abschäumen. Durch ein feines Sieb passieren. Wieder in die Pfanne geben und einkochen, bis eine dicke Paste übrigbleibt. Bis zum Gebrauch im Kühlschrank aufbewahren (4 bis 5 Tage haltbar).

Bemerkungen Das Tomatenpüree wird vor allem wegen der Farbe zugegeben, deshalb ja nicht überdosieren, sonst schmeckt die Sauce zu stark nach diesem Gemüse! Tomaten und Tomatenpüree werden in der Butter leicht angezogen, sie werden dadurch aromatischer.

*
V Kann vorbereitet werden
Arbeitsaufwand: 15 Minuten
Kochzeit: 2 bis 3 Stunden (im Dampfkochtopf nur 40 Minuten, s. Kalbsjus)

1½ kg feingehackte Rehknochen
2 Eßl. eingesottene Butter
1 Zwiebel
1 Karotte
1 kleines Stück Sellerieknolle
1 Eßl. Pfefferkörner
2 bis 3 frische Tomaten
1 Teel. Tomatenpüree
3 dl Rotwein

SAUCEN VON GRUND AUF ZUBEREITEN

In diesem Kapitel sind alle Basisrezepte enthalten, die es ermöglichen, Saucen von Grund auf selbst zuzubereiten.
Ich habe sie vor allem für jene Kochbegeisterten aufgeschrieben, die den größeren Aufwand nicht scheuen. Außerdem wurde ich in den letzten Jahren so oft danach gefragt, daß ich gerne auf dieses Thema eingehe.
Anderseits kann man ja nicht übersehen, daß diese Zubereitungsart für den Alltag eine Ausnahme bildet. Welche Hausfrau hat zu Hause nicht ein ganzes Arsenal von Würfeln, Gläsern und Beuteln, mit deren Hilfe sie sich das Saucenkochen leichter macht.
Dagegen ist nichts einzuwenden, wenn diese Produkte richtig eingesetzt werden. Wer sie auch für die Rezepte dieses Buches verwenden will, kann beispielsweise einen Knochenfond durch klare Sauce (Würfel oder Tube) ersetzen, ohne dafür den Ablauf des Rezeptes verändern zu müssen.

So kann man eine ausgezeichnete Wildrahmsauce zubereiten, die Saucenfans gefallen wird.

Wildrahmsauce

**
V Kann vorbereitet werden
Arbeitsaufwand: 20 Minuten
Kochzeit: 10 Minuten

Für 4 Personen
¼ l Wildknochenfond (s. d.)
1 Messerspitze Wacholderpulver
⅛ l Rahm
1 Eßl. Johannisbeergelee
Bratenfond (Bratensatz) vom Wildfleisch

Wildknochenfond aufkochen, Wacholderpulver, Rahm, Bratenfond und Johannisbeergelee zugeben und nach Bedarf nachwürzen. Etwas eindicken lassen und separat zum gebratenen Wild servieren.

Bemerkungen Je nach Art des Wildgerichtes können die Knochen des Fonds variiert werden. Für Wildente zum Beispiel das Knochengerüst des Vogels grob hacken und verwenden (vorher Brüstchen und eventuell Schenkel abtrennen).

Immer wieder werde ich gefragt, wie man im Privathaushalt eine gute Béarnaise herstellen kann. Hier ein Rezept, das, wenn man sich genau an die Anleitung hält, absolut «narrensicher» ist.

Sauce béarnaise

Essig mit feingehackter Schalotte, einem halben Teelöffel Estragon, dem Kerbel und den zerdrückten Pfefferkörnern in eine kleine Pfanne geben. Aufkochen und bis zur Hälfte einkochen lassen. Diese konzentrierte Mischung absieben und erkalten lassen.
So vorgehen, wie bei Sauce hollandaise (s. d.) beschrieben, und anstelle des Zitronensaftes das Essigkonzentrat zu den Eigelb geben. Sobald die ganze Butter verarbeitet ist, einen Teelöffel feingeschnittenen Estragon zugeben und eventuell noch etwas nachwürzen. Sofort lauwarm servieren und *nicht* auf ein Rechaud (Warmhalteplatte) stellen.

Bemerkungen Geronnene Sauce béarnaise kann man gelegentlich noch retten, wenn man ½ Teelöffel kalten Zitronensaft in eine Schüssel gibt und die Sauce darin neu aufschlägt. Bis zum Servieren die Sauce béarnaise in der Küche neben den Herd stellen, damit sie nicht zu stark erkaltet, und vor dem Anrichten nochmals kurz im Wasserbad aufschlagen.

Variationen
- Sauce Magenta: Estragon durch frischgehackte Kräuter (Rosmarin, Basilikum und Thymian) und geschälte, feingeschnittene Tomaten ersetzen.
- Sauce Choron: 1 Eßlöffel Tomatenpüree zufügen.
- Sauce Foyot: 1 Teelöffel Glace de viande (s. d.) daruntermischen.
- Sauce arlésienne: 1 Eßlöffel kleine Tomatenwürfelchen und zwei feingehackte Sardellen darunterziehen.
- Sauce Souwaroff: Wenig Glace de viande (s. d.) und 1 Teelöffel gehackte Trüffel zugeben.

**
V Kann vorbereitet werden (allerdings erst knapp vor dem Essen)
Arbeitsaufwand: 15 Minuten
Kochzeit des Sudes: 10 Minuten

Für 4 Personen
½ dl Essig (wenn möglich Estragonessig)
1 Schalotte
1½ Teel. gehackte Estragonblätter
1 Prise Kerbel (getrocknete Blätter oder Pulver)
Salz
5 schwarze Pfefferkörner
3 Eigelb
150 bis 200 g Butter

- Sauce paloise: Estragon durch frischgehackte Pfefferminzblätter ersetzen und als Reduktion einen konzentrierten Pfefferminz-Aufguß verwenden.
- Sauce Beauharnais: 2 Eßlöffel Estragonbutter (s. d.) unter die Sauce béarnaise mischen (Beilage zu Grillfleisch).

Sauce béarnaise

1
Essig, Schalotte, Estragon, Kerbel und Pfefferkörner in einer kleinen Pfanne einkochen

2
Die Reduktion nach dem Erkalten durch ein Sieb in ein Wasserbadpfännchen gießen

3
Eigelb zugeben

4
Im Wasserbad rühren, bis die Eigelb binden und im Schneebesen hängenbleiben

5
Das Pfännchen aus dem Wasserbad nehmen und die Butterstückchen unter die Sauce schwingen

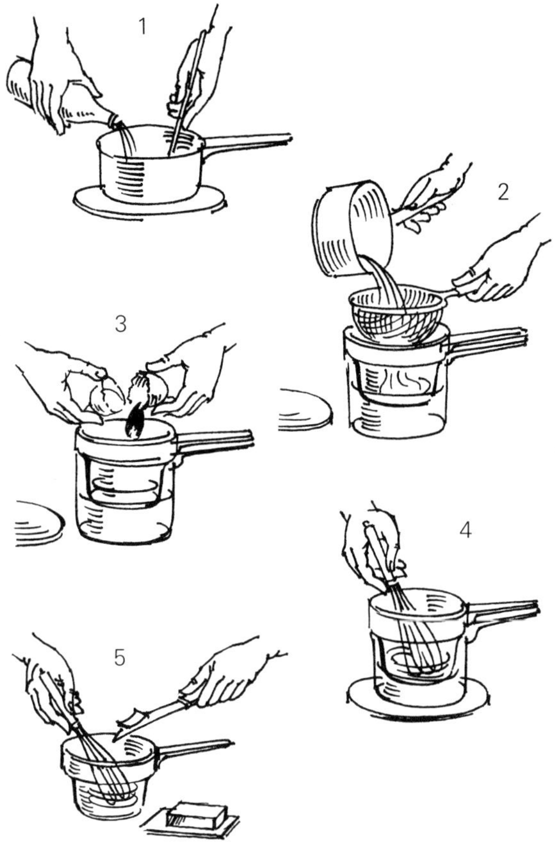

Viele scheuen die Zubereitung dieser herrlichsten aller Buttersaucen, oft sogar Fachleute! Allerdings zu Unrecht, denn wenn man weiß, wie, ist die Zubereitung eigentlich sehr einfach. Man braucht freilich etwas Mut dazu, die Butter so richtig durchzukochen, damit schließlich eine sämige, weiße Sauce entsteht. Probieren Sie es doch einmal! Nach dem ersten gelungenen Experiment werden Sie stolz auf das Resultat sein.

Beurre blanc

(Weiße Buttersauce)

Schalotten, Pfeffer, Petersilie, Sellerieblatt und Mirepoix mit Essig und Weißwein oder Fumet de poisson 30 Minuten kochen. Dann absieben, die Flüssigkeit wieder in eine kleine Pfanne geben und bis zu einem Drittel einkochen lassen. Die Flüssigkeit abmessen und pro Person 1 Eßlöffel davon wieder in die Pfanne geben. Mit wenig Salz würzen. Die Butter (40 bis 50 g pro Eßlöffel Flüssigkeit) in kleine Stücke schneiden. Die Reduktion aufkochen, die kalte Butter nach und nach dazuschwingen. Sobald sie sämig ist, aus der Pfanne in eine Sauciere abgießen.

Bemerkungen Die Beurre blanc darf, im Gegensatz zu vielen anderslautenden Angaben, richtig durchgekocht werden. Die Dicke der Sauce kann gegen Ende der Kochzeit mit Zugabe von 1 bis 2 Eßlöffeln Wasser bestimmt werden. Durch das Schwingen der Butter mit Flüssigkeit, speziell mit Essig, entsteht eine Emulsion. Das Gelingen dieser Sauce hängt davon ab, daß man im richtigen Moment anrichtet. Die Sauce zersetzt sich, sobald sie nur noch Butter und keine Flüssigkeit enthält. Man kann ihr zur Sicherheit gegen Schluß mit den letzten Butterstückchen noch 1 bis 2 Eßlöffel Rahm zugeben. Dieses Vorgehen erlaubt auch

**
V Kann weitgehend vorbereitet werden (im letzten Moment noch schwingen!)
Arbeitsaufwand: 25 Minuten
Kochzeit: 30 Minuten

Für 4 bis 6 Personen
2 Eßl. Schalotten, gehackt
1 Teel. Pfeffer, gebrochen
1 Zweiglein Petersilie
1 Stück Sellerieblatt
2 Eßl. Mirepoix (feingehacktes Gemüse)
½ Tasse / 1,2 dl Weißweinessig
½ Tasse / 1,2 dl Weißwein oder Fumet de poisson (s. d.)
150 bis 200 g Tafelbutter
Salz

das Aufwärmen der Sauce vor dem Servieren. Die Sauce au beurre blanc paßt zu allen delikaten pochierten oder grillierten Fischen, z. B., klassisch, zu Hecht, Loup de mer (Wolfsbarsch), Saiblingen oder Turbot (Steinbutt).

Variationen

- Kein Mirepoix, nur Schalotten zugeben und diese nicht absieben, sondern in der Sauce belassen.
- Beim Schwingen der Sauce etwas herben Wermut (Noilly Prat) oder etwas Pernod zugeben.
- Der fertigen Sauce nach Wunsch folgendes zufügen: Muschelpüree (feingehackte Moules); Duxelles (s. d.); Sardellenpüree; Kräuter (z. B. Basilikum, Dill, Estragon).

Eine herrliche, allerdings etwas üppige Sauce zu selbstgemachten Teigwaren aus Rahm, Käse und Basilikum.

Italienische Rahmsauce mit Basilikum

**
V Kann teilweise vorbereitet werden
Arbeitsaufwand: 5 Minuten
Kochzeit: 2 bis 3 Minuten

Für 4 Personen
1½ dl Rahm
10 g Butter
30 g Parmesan (möglichst frisch gerieben)
1 Eßl. Basilikum, frisch gehackt
Salz, schwarzer Pfeffer, Muskatnuß

Rahm und Butter in eine kleine Pfanne geben. Aufkochen lassen, dann Käse und Basilikum zugeben. Zu einer dickflüssigen Sauce einkochen lassen. Mit Salz, Pfeffer und Muskatnuß würzen. Mit den Teigwaren mischen und sofort sehr heiß servieren.

Bemerkungen Die Sauce darf wirklich erst im letzten Moment zu den Teigwaren gegeben werden, sonst wird sie aufgesogen. Vergessen Sie nie, daß der Käse stets frisch gerieben werden muß. Durch das Liegenlassen in geriebenem Zustand verliert er sofort sein Aroma.

Variationen

- Basilikum durch 1 Teel. gehackte Salbeiblätter ersetzen.

Eine leichte Sauce, passend zu gekochten Artischocken, Spargel oder für delikate Salate.

Vinaigrette nach französischer Art

Alle Zutaten mit dem Schneebesen gut verrühren. So lange schlagen, bis sich das Öl nicht mehr trennt.

Bemerkungen Diese Sauce nicht im Kühlschrank aufbewahren oder rechtzeitig vor dem Servieren herausnehmen.

Variationen
- 1 Eßlöffel scharfer Senf, wenig durchgepreßten Knoblauch und Provencekräutermischung zufügen.
- 1 Teelöffel scharfer Senf (Dijon), 4 Eßlöffel Rahm und 4 durchgepreßte Knoblauchzehen zugeben. Kräuter weglassen.
- Kräuter durch 1 Eßlöffel Estragon und 1 Prise Kerbel ersetzen.
- 1 hartgekochtes Eigelb durch ein Sieb streichen, mit etwas Senf, 2 durchgepreßten Knoblauchzehen und gehacktem Eiweiß zugeben.
- Jerez-Essig verwenden.

*
V Kann vorbereitet werden
Arbeitsaufwand: 10 Minuten

8 Eßl. Olivenöl (beste Qualität)
1½ Eßl. Zitronensaft oder Weinessig
Salz, Pfeffer
1 Eßl. gemischte Kräuter nach Belieben (Schnittlauch, Petersilie, Rosmarin, Thymian, Kerbel, Estragon)

Eine leichte Dillsauce, die man zu Fisch und gekochtem Fleisch servieren kann.

Dillsauce

Sauerrahm oder Joghurt mit Eigelb verrühren, Dill und Gewürze dazumischen. Nach Belieben leicht erwärmen. Paßt auch zu Fisch.

Bemerkungen Der Dill kommt besser zur Geltung, wenn man die Sauce 1 bis 2 Stunden vor dem Essen zubereitet. Mit Joghurt zubereitet wird diese Sauce etwas leichter, aber säuerlich.

*
V Kann vorbereitet werden
Arbeitsaufwand: 5 Minuten

Für 4 Personen
2 dl Sauerrahm oder Joghurt
1 Eigelb
1 Teel. Dillspitzen
3 Spritzer Worcester
Salz, Pfeffer

Eine Tartaresauce ohne Mayonnaise. Paßt gut zu Roastbeef oder kaltem Braten.

Tartarequark

*
V Kann vorbereitet werden
Arbeitsaufwand: 10 Minuten

Für 4 Personen
200 g Quark
Je 1 Messerspitze Kräutersalz und Paprika
1 Teel. Senf
Saft von ½ Zitrone
1 Zwiebel, feingerieben
Dill, Schnittlauch, Petersilie
1 Teel. Kapern
1 Teel. saure Gurken, feingehackt

Senf und Zitronensaft gut verrühren. Unter den Quark ziehen. Zwiebel, gehackte Kräuter, Kapern und Gurken dazumischen. Mit Kräutersalz und Paprika würzen.

Bemerkungen Damit die Kräuter ihr Aroma an den Quark abgeben können, 2 bis 3 Stunden vor dem Servieren zubereiten.

Diese samtige Zwiebelsauce schmeckt gut zu Siedfleisch, Grilladen, aber auch zu gekochtem, kräftigem Meerfisch.

Zwiebelsauce

*
V Kann vorbereitet werden
Arbeitsaufwand: 10 Minuten
Kochzeit: 25 Minuten (in der Schnellbratpfanne nur 8 Minuten)

Für 4 Personen
4 große Zwiebeln
2 Eßl. Kochbutter
1½ Eßl. französischer Senf (Dijon)
1 dl Rahm
Salz, Pfeffer

Die Zwiebeln in feine Streifen schneiden. Butter erwärmen, Zwiebeln hineingeben. Unter Wenden dünsten, bis sie hellgelb werden. Senf und Rahm zufügen. Weiterkochen, bis die Sauce sämig wird. Mit Salz und Pfeffer würzen. Man kann die Sauce auch nach dem Kochen durch ein Sieb streichen und nochmals kurz erwärmen.

Bemerkungen Als Beilage zu grilliertem Rind- oder Schweinefleisch servieren. Die Sauce kann auch in der Schnellbratpfanne zubereitet werden. Nach dem Andünsten 2 Eßlöffel Wasser zufügen und den Rahm erst nach dem Öffnen der Pfanne beigeben. Ebenfalls noch etwas eindicken lassen.

Variationen
- Als Beilage zu zartem Fleisch oder Fisch Senfmenge auf ½ Teelöffel reduzieren.
- Rahm durch Rahmquark ersetzen und als Beilage zu Kartoffeln in der Schale oder Baked potatoes (s.d.) servieren.

Eine pikante Sauce aus Sauerrahm (saurer Sahne) oder Joghurt und scharfem Senf – das Richtige zu gekochter Zunge oder Siedfleisch.

Kalte Kapernsauce

Sauerrahm mit Senf gut mischen. Kapern darunterziehen und mit Tabasco abschmecken.

Bemerkungen Sauerrahm macht die Sauce aromatischer, Joghurt ist leichter.

*
V Kann vorbereitet werden
Arbeitsaufwand: 5 Minuten

Für 4 Personen
2 dl Sauerrahm oder Joghurt
2 Eßl. scharfer Senf (Dijon)
2 Eßl. gehackte Kapern
3 Tropfen Tabasco

Für 10 Personen
5 dl Sauerrahm oder Joghurt
50 g scharfer Senf (Dijon)
50 g gehackte Kapern
wenig Tabasco

Die wundervollste aller Saucen, ein Rezept, das mir ein prominenter französischer Küchenchef verraten hat. Sie ist leichter als die berühmte Sauce hollandaise, ohne Tücken bei der Zubereitung und läßt sich im Kühlschrank aufbewahren und wieder erwärmen!
Ich habe diese Wundersauce deshalb Sauce miracle getauft.

«Sauce miracle»

«Wundersauce»

Alle Zutaten in eine Schüssel geben, mit dem Schwingbesen mischen. In ein Wasserbad stellen. Erhitzen und so lange schlagen, bis eine sämige Sauce von der Konsistenz einer Hollandaise entsteht. Sofort nach der Zubereitung in ein kaltes Gefäß umgießen.

Bemerkungen Diese Sauce kann im Kühlschrank einige Tage aufbewahrt werden. Sie dient zum Binden eines Fonds oder zum Gratinieren eines delikaten Gerichtes. Die Sauce miracle ist etwas leichter als die Sauce Hollandaise, viel einfacher in der Zubereitung und Aufbewahrung und weniger empfindlich bei der Weiterverarbeitung. Zum Wiedererwärmen wird sie im Wasserbad aufgeschlagen. Dabei nicht mehr zu stark erwärmen und sofort wieder aus dem Wasserbad nehmen.

**
V Läßt sich im voraus zubereiten
Zubereitungszeit: 10 Minuten

Für 4 Personen
2 Eigelb
1,6 dl Doppelrahm (Crème de Gruyère) oder Rahm

Variationen
- Mit verschiedenen Reduktionen, z. B. Fischfond, aromatisiertem Essig, herbem Wermut usw., zubereiten oder verdünnen.
- Nach Belieben Kräuter beimischen.
- Kapern oder grünen Pfeffer zugeben.
- Mit feingeschnittenem, gedämpftem Gemüse mischen.

Eine samtene Sauce zu Fisch oder kaltem Fleisch aus Kresse, Schalotten oder Zwiebeln, Weißwein und Sauerrahm.

Kalte Kressesauce

*
V Kann vorbereitet werden
Arbeitsaufwand: 10 Minuten

Für 8 Personen
200 g Gartenkresse
2 Eßl. Schalotten, gehackt
1 dl Weißwein
1 Teel. Estragon, gehackt
Salz, Pfeffer
1 Knoblauchzehe, durchgepreßt
2 dl Rahm oder Sauerrahm

Schalotten mit Weißwein und Estragon 3 Minuten auf großem Feuer kochen. Gartenkresse waschen, gut ausdrücken und beifügen. 1 Minute mitkochen. Erkalten lassen. Rahm in einem kleinen Pfännchen unter Rühren 5 Minuten einkochen. Ebenfalls erkalten lassen. Kressemischung und Rahm zusammen in den Mixer geben. Zu einer grünen Sauce mixen. Mit Knoblauch, Salz und Pfeffer nachwürzen. Kühl servieren.

Bemerkungen Diese Sauce mindestens 1 Stunde vor dem Essen zubereiten, damit sie aromatisch wird. Sauerrahm nicht einkochen!

Eine leichte, aromatische Tomatensauce, die als Basis für Fleisch- oder andere Saucen verwendet werden kann oder, so wie sie ist, als Beilage zu Teigwaren oder anderen Gerichten.

Coulis de tomates

*
V Kann vorbereitet werden
Arbeitsaufwand: 20 Minuten

Die gehackten Zwiebeln in Öl oder Butter ca. 5 Minuten dünsten. Kleingeschnittene Tomaten und Knoblauch zugeben. Unter Rühren so lange kochen, bis alle Flüssigkeit verdunstet ist. Würzen. Nach Belieben 1 Zweig Petersilie oder 1 Kräuterbündel mitkochen. Durch ein Sieb streichen.

Bemerkungen Je nach Verwendung wird die Menge der Zwiebeln reduziert oder sogar weggelassen (zum Beispiel als Begleitsauce zu zartem Fisch). Die Zwiebeln lassen sich auch durch ein paar Schalotten ersetzen. Sie sind feiner im Geschmack.
Oft werden auch die Tomaten nur geschält, klein gewürfelt und nur sehr kurz gekocht, dann diskret gewürzt und so über die Gerichte verteilt. Allerdings muß man für diese Zubereitungsart erstklassige und ganz ausgereifte Tomaten verwenden.

Kochzeit: 20 bis 30 Minuten (in der Schnellbratpfanne nur 6 bis 10 Minuten)

Für 4 Personen
2 Zwiebeln
Salz, Pfeffer
500 g geschälte, entkernte und ausgedrückte Tomaten
1 Knoblauchzehe, durchgepreßt
2 Eßl. Olivenöl oder Butter
1 Zweiglein Petersilie oder 1 Kräuterbündel (Basilikum, Rosmarin, Salbei)

Luftiger Schaum aus Avocado und Quark, mit Estragon gewürzt, als Beilage oder Vorspeise geeignet oder als Füllung für kleine Windbeutel oder Brioches.

Mousse à l'avocat

Avocados schälen, halbieren, Kern entfernen, in Stücke schneiden und mit Zitronensaft, Schalotte oder Zwiebel und Quark im Mixer und pürieren. Mit durchgepreßtem Knoblauch und Estragon gut mischen. Rahm darunterziehen und mit Salz und Pfeffer pikant würzen.

Bemerkungen Wenn diese Mousse unmittelbar vor dem Essen zubereitet wird, Quark und Rahm vorher kühl stellen.

Variationen
- Aparte Beilage zu grilliertem Meerfisch.
- Wieder in halbe Avocadoschalen einfüllen und mit Salatkompositionen servieren.
- Als «Dip» servieren (Selleriestangen, Karotten und andere Gemüse zum Eintauchen dazu servieren).
- Mit Crevetten mischen und als Cocktail servieren (Estragon weglassen).
- Estragon durch Basilikum ersetzen.

**
V Kann vorbereitet werden
Arbeitsaufwand: 15 Minuten

Für 4 Personen (als Beilage)
2 reife Avocado-Birnen
1 Teel. Zitronensaft
2 Eßl. Rahmquark
Salz, Pfeffer
1 Knoblauchzehe
1 Schalotte oder ¼ Zwiebel
1 Eßl. frischgehackter Estragon
3 Eßl. steifgeschlagener Rahm

Eine Senfsauce, die mit Quark zubereitet wird. Sie paßt gut zu hartgekochten Eiern, Siedfleisch oder Kartoffeln in der Schale.

Sauce dijonnaise

**
V Kann vorbereitet werden
Arbeitsaufwand:
10 Minuten

Für 4 Personen
150 g Quark
1 Eigelb (von hartgekochtem Ei)
2 Eßl. scharfer Senf (Dijon)
1 Teel. Zitronensaft
1 Teel. Öl
Salz, Pfeffer

Zuerst das Ei hartkochen. Eigelb herausnehmen und im Mörser oder mit einer Gabel zerdrücken. Senf dazumischen und Öl tropfenweise dazugeben. Zitronensaft daruntrarbeiten, dann Quark daruntermischen. Mit Salz und Pfeffer würzen.

Bemerkungen Das Eiweiß kann ebenfalls gehackt und als Garnitur auf einen Salat gestreut werden.

Eine Beilagesauce, die sowohl zu Fisch als auch zu Fleisch paßt.

Schalottenbutter

*
V Kann vorbereitet werden
Arbeitsaufwand:
10 Minuten
Kochzeit:
20 Minuten

60 g Schalotten, fein gehackt
¼ l Weißweinessig
100 g Süßrahmbutter
¼ Kaffeel. Salz
1 Prise Pfeffer, weiß, gemahlen

Gehackte Schalotten und Essig in einem kleinen Pfännchen auf kleinem Feuer zugedeckt 20 Minuten dünsten, bis alle Flüssigkeit aufgesogen ist. Butter aus dem Kühlschrank nehmen, in kleine Stücke schneiden und in eine Schüssel geben. Gedünstete Schalotten durch ein feines Sieb streichen. Bei Küchentemperatur weich gewordene Butter mit dem Schwingbesen luftig schlagen. Schalottensaft, Salz und Pfeffer daruntermischen.

Bemerkungen Diese Butter kann weich geschwungen oder in fester Form serviert werden. Will man sie fest werden lassen, am besten eine Rolle formen und in den Kühlschrank geben. In Portionen schneiden und nicht zu hart servieren, damit sie auf dem nicht allzu heißen Fischfleisch rasch schmelzen kann.

Variationen
– 2 bis 3 Tropfen Pernod oder frischgehacktes Fenchelkraut zufügen (paßt nur zu Fisch).
– Wenn die Butter zu Fleisch serviert wird, etwas Senf daruntermischen.

Eine Sauce, ähnlich wie Mayonnaise, aber um vieles leichter.

Leichte Mayonnaise

Eigelb mit Senf verrühren. Das Öl tropfenweise unter ständigem Rühren beifügen. Quark verrühren und mit Zitronensaft und Knoblauch beifügen. Eiweiß steifschlagen. Locker unter die Mayonnaise ziehen. Mit Salz und Pfeffer würzen.

Bemerkungen Das Eiweiß darf erst unmittelbar vor dem Servieren zugegeben werden.

Variationen
- Kräuter darunterziehen.
- Mit gehackten Zwiebeln, Salzgurken und Kapern mischen.

*
V Kann vorbereitet werden
Arbeitsaufwand:
10 Minuten

1 Eigelb
150 g Rahmquark
1 Eßl. scharfer Senf, Dijon
2 Eßl. Öl
1 Eßl. Zitronensaft
Salz, Pfeffer
1 Knoblauchzehe, durchgepreßt
1 Eiweiß

Eine leichte, pikante Gemüsesauce, die als Beilage zu Siedfleisch und Terrinen serviert werden kann.

Sauce Ratatouille

Die Paprikaschoten halbieren und entkernen. Im Ofen oder auf dem Grill rösten, bis sich die Haut abziehen läßt. Aubergine schälen, in Scheiben schneiden, mit Salz bestreuen und 10 Minuten ziehen lassen, dann kalt abspülen und auf Küchenpapier trocknen.
Olivenöl erhitzen. Paprika, Zwiebelringe, kleingeschnittene Tomaten und Aubergine darin anziehen lassen. Durchgepreßten Knoblauch und Weißwein zufügen. 20 Minuten kochen. Das Gemüse soll ganz weich werden. Gehackte Sardellen, kleingeschnittene Oliven und Kräuter zugeben und etwas erkalten lassen. Dann die Mischung durch ein Sieb pressen oder im Mixer pürieren. Mit Salz und Pfeffer nachwürzen. Kalt servieren.

Bemerkungen Man kann die Zutaten dieser Sauce auch roh im Mixer pürieren. In diesem Fall das Öl weglassen.

*
V Kann vorbereitet werden
Arbeitsaufwand:
20 Minuten
Kochzeit:
20 Minuten

Für 6 bis 8 Personen
2 Eßl. Olivenöl
je 1 rote, gelbe und grüne Paprikaschote
2 Zwiebeln
5 geschälte Tomaten
1 Aubergine
Salz, Pfeffer aus der Mühle
2 Knoblauchzehen
1 dl Weißwein
4 Sardellenfilets
8 schwarze Oliven
2 Eßl. Provencekräuter

Etwas für Knoblauchliebhaber: eine herrliche, leichte Sauce aus Joghurt, Knoblauch und Mandeln, die ausgezeichnet zu Lamm, Siedfleisch, Schweinefleisch oder gekochtem Meerfisch paßt.

Türkische Knoblauchsauce

Durchgepreßten Knoblauch unter den Joghurt mischen. Mandeln zugeben und nach Belieben mit Salz und Pfeffer würzen.

Bemerkungen Diese Sauce sollte am Tag der Zubereitung gegessen werden. Am nächsten Tag nimmt der Knoblauch, wie übrigens auch bei einem Aiolli (Knoblauchsauce aus der Provence), einen unangenehmen Geschmack an.

*
V Kann vorbereitet werden
Arbeitsaufwand: 5 Minuten

Für 6 Personen
1,8 dl Joghurt
3 Stück Knoblauchzehen
2 Eßl. Mandeln, geschält, gerieben
Salz, Pfeffer

Eine leichte Gemüsesauce aus Auberginen, Knoblauch, Rahm oder Joghurt, mit Pfeffer und Petersilie vollendet. Zu Braten oder gekochtem Fleisch.

Sauce à l'aubergine

Die Auberginen schälen, mit Salz bestreuen und 10 Minuten ziehen lassen. Dann kalt abspülen, auf Küchenpapier trocknen und in kleine Würfel schneiden. Mit Milch begießen. 1 Stunde ruhen lassen. Abgießen und 3 Eßl. Milch auffangen. Die Auberginenwürfel mit sehr wenig Milch und durchgepreßtem Knoblauch weichkochen. Im Mixer pürieren. Mit Rahm, saurem Halbrahm oder Joghurt mischen. Gut würzen. Mit Petersilie mischen.

Bemerkungen Das Auberginenpüree darf nicht zu dünn werden, deshalb bei der Milchzugabe vorischtig sein.

**
V Kann vorbereitet werden
Arbeitsaufwand: 15 Minuten, zusätzlich Marinierzeit und 10 Minuten Kochzeit

Für 4 Personen
2 Auberginen
Salz
2 dl Milch
1 Knoblauchzehe
1 dl Doppelrahm, saurer Halbrahm (Sahne) oder Joghurt
Pfeffer
1 Eßl. Petersilie, gehackt

Eine interessant gewürzte Quarksauce, die bei vielen Zubereitungen eine schwere Mayonnaise vorteilhaft ersetzt.

Pikante Kräutersauce

*
V Kann vorbereitet werden
Arbeitsaufwand: 10 Minuten

200 g Quark (Magerquark oder Rahmquark)
1 Eßl. Zitronensaft
1 Eßl. Olivenöl
1 Teel. Senf, Dijon
1 Eßl. Orangensaft
2 hartgekochte Eier
1 Teel. abgeriebene Orangenschale
2 Eßl. gehackte Kräuter (Petersilie, Basilikum, Rosmarin, Majoran)
Salz, Pfeffer

Eigelb durch ein Sieb streichen. Mit Öl und Senf zu einer Paste verrühren. Quark durchrühren, mit Zitronen- und Orangensaft und Orangenschale zur Senfcreme geben. Kräuter und feingehacktes Eiweiß zufügen. Mit Salz und Pfeffer würzen.

Bemerkungen Bei der Verarbeitung von Quark darf man nicht zuviel Flüssigkeit zugeben, sonst wird die Sauce zu dünn. Deshalb Masse für Zitronen- und Orangensaft genau beachten.

Als Abwechslung zu Wild anstelle der wohlbekannten Preiselbeeren: eine Sauce aus Brombeeren, Rotwein und Gewürzen.

Brombeersauce

*
V Kann vorbereitet werden
Arbeitsaufwand: 10 Minuten
zus. Marinierzeit: 1 Stunde
Kochzeit: 10 Minuten

Für 6 Personen (als Beilage)
500 g Brombeeren
250 g Zucker
⅛ l Rotwein
½ Teel. Zimt
1 Prise Nelkenpulver
1 Prise Cayennepfeffer

Brombeeren in eine Schüssel geben. Zucker darüberstreuen, gut vermischen und Beeren mit einer Gabel leicht zusammendrücken. 1 Stunde ziehen lassen. Wein mit Zimt und Nelkenpulver aufkochen. Brombeeren hineingeben. Unter Rühren zu Marmelade kochen (ca. 10 Minuten). Cayennepfeffer zugeben. Erkalten lassen.

Bemerkungen Man kann diese Brombeersauce auch einmachen. In diesem Falle 350 g Zucker nehmen, die Marmelade heiß einfüllen und sofort gut verschließen. Bei Gebrauch als Beilage zu Wild die Sauce mit etwas Rotwein verdünnen.

Variationen
- Preiselbeeren lassen sich ebenfalls auf diese Art zubereiten.

GEMÜSE
keine Routinesache

Gemüse galt lange Zeit auch bei uns als ein Stiefkind der Kochkunst, es wurde und wird noch allzuoft als banale, lieblos zubereitete Beilage zum Hauptgericht serviert. Dabei verdienen die meisten Gemüse, daß man sie mit Sorgfalt zubereitet und sie sogar als eigenständiges Gericht auf den Tisch bringt. In südlichen Ländern versteht man mehr davon – dort wird das Gemüse tatsächlich gesondert serviert. Entweder als Vorspeise oder nach dem Hauptgericht. Das aber bedingt eine perfekte Zubereitung und womöglich etwas Phantasie. Wichtig ist vor allen Dingen, daß Gemüse nicht «verkocht» werden. Viele Gourmets lieben sie noch leicht knackig, etwa so, wie sie in der chinesischen Küche zubereitet werden. Solche Gemüsegerichte, die man ohne weitere Beilagen auftischen kann, finden Sie auf den folgenden Seiten. Sie eignen sich auch besonders gut als Vorspeisen.

GEMÜSE UND KOCH-METHODEN

Verfechter einer neuen, modernen Küche kochen Gemüse oft nur fürs Auge so schön knackig und frisch in der Farbe. Dieses Resultat erreichen Sie zum Beispiel, indem Sie Bohnen oder schön tournierte (zurechtgeschnittene) Karotten in viel stark gesalzenes Wasser geben, das Sie nachher wegschütten. Aromatischer wird Gemüse, wenn man es mit wenig Flüssigkeit im Dampfkochtopf gart oder ganz ohne Wasser dünstet. Bei dieser Kochmethode ist die Gefahr des Verkochens ausgeschaltet, und das Gemüse sieht erst noch sehr appetitlich aus. Man braucht dafür gut schließende Kochtöpfe aus Chromstahl, die eigens für diese Kochmethode entwickelt wurden.

Im Ofen geschmorte Kohlrabi mit gut gewürzten Pilzen, eine attraktive Vorspeise oder eine Gemüsebeilage zu einem einfachen Kartoffelgericht.

Kohlrabi mit Pilzen

Kohlrabi schälen. Mit Bouillon in den Dampfkochtopf geben und 5 Minuten unter Druck garen. Aushöhlen, dabei einen Rand von mindestens 1 cm stehen lassen. Schalotten oder Zwiebeln in Butter hellgelb dünsten. Geputzte und eventuell halbierte Pilze zugeben. Unter Wenden 2 bis 3 Minuten mitdünsten. Mit Salz und Pfeffer würzen. Majoran, Petersilie und Rahm zufügen. Bei mittelgroßem Feuer einkochen lassen, bis der Rahm sämig wird. Die Kohlrabi mit den Pilzen füllen. Eine feuerfeste Form mit Butter bestreichen. Die Kohlrabi hineinsetzen. Bouillon aus dem Dampfkochtopf zugießen. Die Pilzfüllung mit wenig Käse bestreuen. 20 Minuten bei 200° schmoren lassen. Wenn nötig mit einer Aluminiumfolie abdecken. Mit einem spitzen Messer kontrollieren, ob die Kohlrabi gar sind. Wenn nötig noch etwas im Ofen belassen.

Bemerkungen Pilze geben beim Dünsten viel Flüssigkeit ab. Rahm erst zugeben, wenn fast alles verdampft ist.

Variationen
- Tomaten oder halbweich gekochte Zwiebeln mit Pilzen füllen.
- Rahm weglassen und etwas Sauce miracle (s. d.) über die Pilze geben. Käse weglassen.

*
V Kann vorbereitet werden
Arbeitsaufwand:
20 Minuten
Kochzeit:
15 Minuten (im Dampfkochtopf nur 5 Minuten)
Backzeit:
20 Minuten

Für 4 Personen
8 Kohlrabi
Salz, Pfeffer
200 g frische Pilze (z. B. Pfifferlinge)
1 Eßl. gehackte Schalotten oder Zwiebeln
1 Eßl. Butter
1 Teel. frischgehackten Majoran
1 Teel. Petersilie, feingehackt
2 Eßl. Rahm
2 Teel. geriebener Käse
⅛ l Fleischbrühe
Butter für die Form

Frische Artischockenböden sind wirklich eine Delikatesse, besonders wenn sie mit einer feinen Fleischfüllung zubereitet und mit der interessanten «Sauce miracle» überbacken werden.

Gefüllte Artischockenböden

**
V Erst unmittelbar vor dem Servieren überbacken
Arbeitsaufwand: 20 Minuten
Kochzeit: 30 bis 35 Minuten
Backzeit: 5 bis 10 Minuten

Für 4 Personen
4 große Artischocken
4 Eßl. Zitronensaft
Salz, Pfeffer, Muskatnuß
75 g gehacktes Rindfleisch
75 g gehacktes Schweinefleisch
1½ Eßl. Butter
1 Eßl. gehackte Schalotten oder Zwiebeln
½ Teel. Tomatenpüree
½ Teel. Basilikum, gerieben
2 Eßl. Weißwein
2 dl Sauce miracle (s. d.)

Stiele knapp unter dem Artischockenboden abbrechen (dies ist besser als abschneiden, weil dabei die harten Fasern des Bodens herausgezogen werden). Rest des Stiels so abschneiden, daß die Artischocken gut stehen. Die äußeren zähen Blätter mit einer Küchenschere abschneiden. Die Spitze oder das obere Viertel der Artischocken mit einem scharfen Messer um ein Viertel stutzen. Alle Schnittflächen sofort großzügig mit Zitronensaft einreiben, damit sie nicht braun werden! 30 bis 35 Minuten (je nach Größe) in 3 Liter Salzwasser kochen. Sie sind gar, sobald man mit Leichtigkeit ein großes Blatt herauszupfen kann. Nach dem Kochen so weit abkühlen, bis sich die Artischocken anfassen lassen. Alle grünen, großen Blätter und auch die kleinen, lilafarbenen ausziehen. Das «Heu» mit einem kleinen Silberlöffelchen entfernen. Dabei vorsichtig vorgehen, damit der zarte Boden nicht verletzt wird.
Backofen auf 220° vorheizen. Hackfleisch in 1 Eßlöffel Butter 5 Minuten anbraten. Schalotten zugeben und 5 Minuten mitdünsten. Tomatenpüree und Wein daruntermischen. Mit Salz, Pfeffer, Muskatnuß und Basilikum würzen. Eine flache Auflaufform mit der restlichen Butter bestreichen. Artischockenböden hineingeben, mit Fleisch füllen und mit Sauce miracle überziehen. Bei Oberhitze 5 bis 10 Minuten überbacken.
Besonders hübsch sehen sie als Vorspeise aus, wenn man die einzelnen Artischockenböden in feuerfesten Portionenförmchen gratiniert und serviert.

Bemerkungen Die entfernten großen Artischockenblätter lassen sich mit Vinaigrette kalt servieren oder für eine delikate Artischockensuppe (s. d.) verwenden. Man kann auch die Artischockenblätter ausdrücken und in eine Cremesuppe geben (Sud verwenden).

Beilagen Keine.

Wein Dôle, Pinot noir, junger, kühler Beaujolais, evtl. Weißwein, z. B. Frankenwein.

Variationen
- Bratenreste fein hacken und verwenden.
- Gehacktes Lammfleisch als Füllung schmeckt besonders gut (mit Knoblauch würzen).
- Rasch gebratene, in feine Scheibchen geschnittene Nierchen einfüllen, mit Sauce bedecken und überbacken.
- Fleisch durch gehackte Champignons ersetzen.

1
Die Spitze der Artischocken mit einem scharfen Messer um einen Viertel stutzen

2
Die äußern, zähen Blätter mit einer Schere abschneiden

3
Alle Schnittflächen mit Zitronensaft einreiben

4
Nach dem Kochen alle Blätter ausziehen

5
Das «Heu» und die kleinen lilafarbenen Blättchen sorgfältig aus dem Artischockenboden lösen

Brüsseler Endivien mit Champignons in Portwein geschmort und mit wenig Rahm verfeinert – eine Delikatesse!

Endives au porto

Die Endivien gut waschen. Am untern Ende ½ cm abschneiden, dann der Länge nach halbieren. Die Champignons in Scheiben schneiden und sofort mit Zitronensaft beträufeln. Die Champignons in Portwein 5 Minuten kochen. 1 Eßlöffel Butter in einer nicht zu hohen Pfanne (Braisière) erhitzen, die Endivien hineinlegen, mit Salz und Pfeffer bestreuen und mit dem Portwein (Kochflüssigkeit der Champignons) begießen. Zugedeckt 20 Minuten dünsten lassen. Rahm beifügen. 10 Minuten einkochen. Mit Salz und Pfeffer würzen. Gleichzeitig den Backofen auf 220 °vorheizen. Eine Gratinplatte mit 1 Teelöffel Butter bestreichen. Die sehr gut abgetropften Endivien hineinlegen. Die Champignons und die Sauce darüber verteilen. Mit Käse bestreuen. 10 Minuten bei 220 ° überbacken, bis auf der Oberfläche des Gerichtes braune Flecken entstehen.

Bemerkungen In der Gratinform auf den Tisch bringen. Man kann die Endivien auch in kleinen individuellen, ovalen Gratinformen zubereiten und servieren (besonders hübsch als Vorspeise).

Beilagen Wenn als Hauptgericht serviert, passen Crêpes Parmentier sehr gut. Als Vorspeise genügt frisches Brot.

Wein Leichter Rot- oder Weißwein, eventuell auch Rosé de Provence.

Variationen
- Die Endivien können auch vor dem Gratinieren mit dünnen Schinkenscheiben umwikkelt werden. So lassen sie sich auch als Hauptgericht servieren.
- Die Endivien ganz belassen, Herz (innere Blätter) entfernen, mit Hackfleisch füllen.

**
V Kann vorbereitet werden
Arbeitsaufwand: 30 Minuten
Backzeit: 10 Minuten

Für 4 Personen
8 Stück Endivien
150 g Champignons
2 Teel. Zitronensaft
⅛ l Portwein
1 Eßl. Butter
⅛ l Rahm
1 Teel. Butter
2 Eßl. Greyerzer Käse, gerieben
Salz, weißer Pfeffer

Das ist der Gemüsegratin – ein garantierter Erfolg, sogar als Vorspeise ohne weitere Beilage in Portionenförmchen serviert.

Spinatgratin mit Champignons

*
V Kann vorbereitet werden
Arbeitsaufwand: 20 Minuten, dazu ggf. Auftauzeit
Backzeit: 30 Minuten

Für 4 bis 6 Personen
750 g frischer (oder ca. 600 g tiefgekühlter) Blattspinat
4 Schalotten
2½ Eßl. Butter
200 g frische Champignons
Salz, Pfeffer, Muskatnuß
2½ dl Rahm
1 Knoblauchzehe
1½ Eßl. Mehl
50 g geriebener Käse (Greyerzer, Appenzeller, Raclette)
Butterflocken
Butter für die Form

Spinat ohne Wasser vorkochen, bis er zusammenfällt. Sehr gut ausdrücken. Gehackte Schalotten in 1 Eßlöffel Butter dünsten, Spinat und feingeschnittene Champignons zugeben. Mehrmals wenden, bis alle Flüssigkeit verdampft ist. Mit Salz, Pfeffer und durchgepreßtem Knoblauch pikant würzen. Backofen auf 220° vorheizen.
Rahm in einer kleinen Pfanne langsam erwärmen. Je 1½ Eßlöffel Butter und Mehl zu einer Kugel verarbeiten und diese unter Rühren im Rahm auflösen. Sobald dieser gebunden ist, vom Feuer nehmen. Mit Salz, Pfeffer und Muskatnuß gut würzen. Gratinform ausbuttern, Spinat hineingeben und die Rahmsauce darübergießen. Mit Käse und Butterflocken bestreuen und bei 220° rund 30 Minuten gratinieren.

Bemerkungen Wichtig ist, daß der Spinat gut ausgedrückt und anschließend so lange gedünstet wird, bis keine Flüssigkeit mehr vorhanden ist. Geschieht dies nicht sorgfältig, verwässert der Spinatsaft die Sauce. Der Gratin wird in der Form auf den Tisch gebracht. Er schmeckt vorzüglich als Beilage zu grilliertem Fleisch, als fleischloses Gericht oder ganz einfach als Vorspeise. Er kann im voraus bereitgestellt werden, so daß man ihn vor dem Essen nur noch in den Ofen schieben muß.

Beilagen Keine oder evtl. frisches Pariser Brot, wenn als Vorspeise serviert.
Als fleischloses Hauptgericht passen dazu Kartoffeln in der Schale, Pommes frites, Rösti (Bratkartoffeln nach Schweizerart), Pommes darphin (s. d.).

Wein Wenn als Vorspeise serviert, den Wein des nachfolgenden Ganges dazureichen.

Variationen
- Brokkoli läßt sich auf dieselbe Art zubereiten. Bei Verwendung dieses Gemüses die Champignons weglassen.
- Mehl weglassen. In diesem Fall aber den Rahm in ein kleines Pfännchen geben und bis zur Hälfte einkochen, bevor er über den Spinat gegossen wird.
- 1 dl Rahm durch Sauce miracle (s. d.) ersetzen.

Ein höchst einfaches, aber ungewöhnliches Gemüsegericht, das auch als Vorspeise Anklang findet: delikates, junges Gemüse in einer sehr leichten Buttersauce, in einer knusprigen Blätterteighülle präsentiert.

Vol-au-vents aux légumes

*
V Kann vorbereitet werden (Pastetchen aber erst vor dem Servieren einfüllen)
Arbeitsaufwand: 15 Minuten
Kochzeit: 10 bis 20 Minuten
Backzeit: 10 Minuten

Für 4 Personen
4 Blätterteighüllen
600 g Gemüse (z. B. frische Erbsen, Karotten, Kefen [Schnee-Erbsen], Bohnen, Kohlrabi, Lauch usw.)
1 dl Weißwein
2 Eßl. feingehackte Schalotten
Salz, Pfeffer
50 g frische Butter

Weißwein und Schalotten stark aufkochen. Geputztes und kleingeschnittenes Gemüse zugeben. Halb zugedeckt knapp weich dünsten, dann würzen. Das Gemüse sollte knackig bleiben. Inzwischen Blätterteighüllen im Ofen erhitzen. Das Gemüse abgießen und die Kochflüssigkeit auffangen. In ein Pfännchen geben und bis zu ½ dl einkochen. Butter in kleine Stücke schneiden. Mit dem Schwingbesen unter den Gemüsesaft schwingen. Gemüse in die heißen Pastetchen füllen und mit der Sauce begießen. Sofort heiß servieren.

Bemerkungen Dieses Gericht ist so einfach, daß nur die allerbesten Zutaten gut genug sind. Deshalb nur wirklich zartes Gemüse und den besten Blätterteig verwenden (vom guten Konditor oder selbst herstellen, s. d.).

Beilagen Keine.

Wein Leichter Weiß- oder Rotwein. Wenn als Vorspeise serviert, den Wein des Hauptgerichtes servieren.

Variationen

- Mit einigen gedünsteten Scheibchen Kalbsbries (Kalbsmilken) bereichern.
- Champignons zugeben.
- Butter durch 2 bis 3 Eßlöffel Sauce miracle (s. d.) ersetzen.

1
Gemüse wie beschrieben dünsten

2
Das Gemüse abgießen und Kochflüssigkeit auffangen

3
Kochflüssigkeit in ein Pfännchen geben und bis zu ½ dl einkochen

4
Pfanne von der Herdplatte wegziehen. Kleingeschnittene Butter mit dem Schneebesen unter den Gemüsesaft schwingen

5
Gemüse in die heißgemachten Pastetenhüllen einfüllen

6
Sauce darüber verteilen

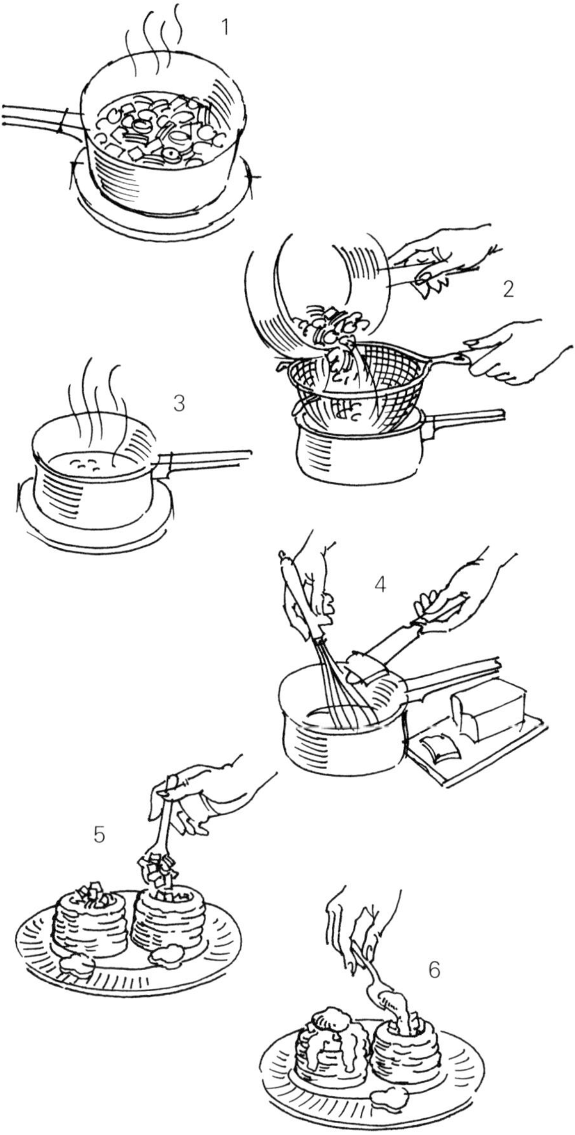

Dieser Blumenkohl mit seiner aparten Käse / Sardellen-Sauce ist so nahrhaft, daß man ihn ruhig als Hauptgericht servieren kann, besonders wenn er von einem einfachen Kartoffelgericht begleitet wird.

Blumenkohlgratin «Luigi»

Die grünen Blumenkohlblätter und den Strunk entfernen. Den Blumenkohl 15 Minuten in Salzwasser einlegen, damit eventuell vorhandene Räupchen herausgespült werden. 3 dl der Milch mit so viel Wasser und dem Salz aufkochen, daß der Blumenkohl von Flüssigkeit bedeckt ist. Den Blumenkohl mit den Röschen nach unten in die Pfanne geben. Ca. 30 Minuten knapp weich kochen (im Dampfkochtopf nur 7 bis 10 Minuten). Sardellenfilets fein hakken.
Zwiebeln in 1 Eßlöffel Butter in einem Pfännchen 2 bis 3 Minuten dünsten. Mit 1 dl passiertem Blumenkohlsud und ebensoviel Milch ablöschen. Unter Rühren auf die Hälfte einkochen. Sardellenfilets zugeben. Raclettekäse in kleine Würfelchen schneiden. In der Sauce schmelzen lassen. Mit Salz (Achtung: Sardellen sind bereits gesalzen) und Pfeffer nachwürzen. Rahm und Eigelb verquirlen. Etwas Sauce dazurühren. Die Mischung zur Sauce geben und knapp vors Kochen bringen. Den Blumenkohl in eine mit wenig Butter ausgestrichene Auflaufform legen. Mit Sauce begießen. Käse und Butterflocken darüber verteilen. Bei Oberhitze im Backofen bei 220° 15 Minuten überbacken. In der Form auf den Tisch bringen. Dieser Blumenkohl kann als Vorspeise serviert werden oder ergibt mit einem Kartoffelgericht (z. B. Baked potatoes) eine fleischlose Mahlzeit.

Bemerkungen Der Blumenkohl kann auch nach dem Kochen in Röschen geteilt und in Portionenförmchen gratiniert werden.

*
V Kann vorbereitet werden
Arbeitsaufwand:
15 Minuten,
zusätzlich Einlegezeit
15 Minuten
Kochzeit:
30 Minuten (im Dampfkochtopf nur 10 Minuten)

Für 4 Personen
1 Blumenkohl
Salz
4 dl Milch
4 Sardellenfilets
½ Zwiebel, gehackt
50 g Butter
150 g Raclettekäse oder Greyerzerkäse
Pfeffer
4 Eßl. Rahm
2 Eigelb
2 Eßl. geriebener Parmesan

Beilagen Baked potatoes, Kartoffeln in der Schale, Pommes frites, Rösti (Bratkartoffeln nach Schweizerart) oder Galettes aux pommes de terre (s. d.).

Wein Leichter Landwein.

Variationen
- Mittelgroße Soufflééförmchen verwenden und in jedes 1 Eßlöffel Rahm, 1 frisches Ei, dann den Blumenkohl geben, mit der Sauce bedecken und 10 Minuten überbacken.

Eine interessante und pikante Gemüsezubereitung, die man als Saucengericht oder als Beilage zu Teigwaren oder Reis servieren kann.

Gemüse-Stroganoff

*
V Kann vorbereitet werden
Arbeitsaufwand: 30 Minuten
Kochzeit: ca. 20 Minuten

Für 4 Personen
2 große Zwiebeln
3 Eßl. Butter
200 g Champignons
1 Teel. Zitronensaft
1 rote Peperone
¼ l Sauerrahm
2 Eßl. Tomatenpüree
1 Teel. Paprika, edelsüß
Wenig Rosenpaprika
Salz, Pfeffer
½ Teel. Dill
1 große Gewürzgurke
500 g Zucchetti
2 Auberginen

Zwiebeln hacken. In 2 Eßlöffeln Butter 2 bis 3 Minuten dünsten. Champignons waschen, in feine Scheiben schneiden und mit Zitronensaft mischen. Peperone halbieren, entkernen und in feine Streifen schneiden. Alle Gemüse ohne Beigabe von Flüssigkeit knapp weichdünsten. Inzwischen Auberginen und Zucchetti ungeschält in ½ cm dicke Scheiben schneiden. Restliche Butter in einer großen Bratpfanne erhitzen. Auberginen und Zucchetti zugeben und unter öfterem Wenden leicht anbraten, bis sie knapp gar sind (ca. 20 Minuten). Sauerrahm, Tomatenpüree und edelsüßen Paprika gut mischen. Zum Zwiebel/Champignon-Gemüse geben. Mit Salz, Pfeffer, Rosenpaprika (scharf) und Dill nachwürzen. Bei kleiner Hitze erwärmen. Auberginen und Zucchetti zufügen. Gewürzgurke in feine Streifen schneiden. Das Gericht damit bestreuen. Die Beigabe von etwas Glace de viande (s. d.) oder Fleischextrakt gibt diesem Gericht noch mehr Würze.

Bemerkungen Auberginenscheiben vor dem Braten mit Salz bestreuen, ziehen lassen, kalt abspülen oder mit Küchenpapier abtupfen. Dieses Vorgehen nimmt diesem Gemüse eine gewisse Bitterkeit.

Beilagen Nudeln, Reis oder Grillfleisch.

Variationen
- Auberginen und Zucchetti durch anderes Gemüse ersetzen, z. B. Karotten, Wirsing, Brokkoli.

Eine Zubereitungsart für Gemüse, die wieder aktuell ist: Lattich oder anderes Gemüsepüree, mit Ei und Rahm (Sahne) gebunden und im Wasserbad zu einem Pudding gekocht.

Lattichpudding

*
V Kann vorbereitet werden
Arbeitsaufwand: 15 Minuten
Kochzeit: 1 Stunde, evtl. zusätzlich Kühlzeit

Für 6 Personen
6 Eier
2 dl Rahm
Salz, Pfeffer, Muskatnuß
½ Teel. Kräutersalz
1,2 kg Lattich
2 Eßl. Butter
1 Tomate

Eier und Rahm in einem großen Gefäß schaumig schlagen. Mit Salz, Pfeffer, Muskatnuß und Kräutersalz würzen. Lattichblätter vom Strunk lösen. Blätter gut waschen, abtropfen und in Streifen schneiden. Rechteckige Terrine oder Cakeform gut ausbuttern. Lattich mit der Eicreme vermengen. In die Form einfüllen. Im Wasserbad bei 200° 1 Stunde backen. Erkalten lassen, stürzen und mit Tomatenschnitzen garnieren. Sollte der Pudding an der Oberfläche zu schnell Farbe annehmen, mit einer Aluminiumfolie decken. Warm servieren.

Bemerkungen Dieser Pudding läßt sich auch mit Spinat zubereiten und kann als Fleischbeilage warm serviert werden. In diesem Fall in kleine Förmchen abfüllen und Garnitur weglassen.

Beilagen Wenn als Hauptgericht serviert, einen Kartoffelgratin oder «Coulis de tomates» (s. d.).

Wein Leichter Rotwein.

Variationen
- Kleine Portionenformen verwenden.
- Lattich evtl. durch Wirsing oder Rosenkohl ersetzen.

Frische Steinpilze, auf diese Art zubereitet, schmecken so gut, daß sie als Einzelgericht serviert werden können, zum Beispiel als Vorspeise oder als Zwischengang einer raffinierten Mahlzeit.

Steinpilze mit Schalotten

*
V Kann vorbereitet werden
Arbeitsaufwand: 20 Minuten
Kochzeit: 5 bis 6 Minuten

Für 4 Personen
500 g frische Steinpilze
3 Eßl. Olivenöl
1 Eßl. gehackte Schalotten
1 Knoblauchzehe (nach Belieben)
2 Eßl. gehackte Petersilie
Salz, Pfeffer

Die Köpfe der gut gewaschenen Steinpilze in dünne Scheiben schneiden. Stiele hacken. Beides in 2 Eßlöffeln Olivenöl knapp gar dünsten. Dabei immer rühren und die Hitze so stellen, daß keine Flüssigkeit austritt. In einer separaten Pfanne Schalotten und durchgepreßten Knoblauch im restlichen Olivenöl anziehen lassen. Alles mischen, mit Salz, Pfeffer und Petersilie bestreuen und sofort servieren.

Bemerkungen Man kann auch die Schalotten zuerst anziehen lassen und dann die Steinpilze zufügen, aber die beschriebene Methode ergibt ein besseres Resultat. Oft gibt man den Steinpilzen am Schluß noch ein wenig Zitronensaft zu. Ich finde dies aber schade, weil sie dadurch einen säuerlichen Geschmack bekommen. Die Pilze unmittelbar vor dem Essen dünsten und bis zum Servieren auf einem Kerzenrechaud warm halten.

Variationen
- Cèpes à la provencale:
  Genau gleiche Zubereitung, aber mit mehr Knoblauch. Zuletzt werden in Olivenöl oder Butter geröstete kleine Brotcroûtons beigemischt.

- Cèpes farcies:
  Die gehackten Stiele der Steinpilze mit gehackten Schalotten und einer Spur Knoblauch in Olivenöl dünsten. Die Köpfe ganz lassen und in einer separaten Pfanne ebenfalls in Öl dünsten. Inzwischen 2 Eßlöffel frischgeriebenes Weißbrot mit wenig Milch anfeuchten. 1 Eßlöffel Zitronensaft und 1 Eßlöffel gehackte Petersilie zufügen. Zu den Schalotten und gehackten Pilzen ge-

ben, kurz mitdünsten. Die Steinpilze mit der Höhlung nach oben in eine flache Gratinplatte legen. Mit der vorbereiteten Mischung füllen, mit wenig geriebenem Brot bestreuen, etwas Öl darüberträufeln und kurz überbacken.

Auf diese Art zubereitet schmeckt Fenchel auch Tischgästen, die ihn sonst nicht besonders mögen: gedünstet oder im Dampf gekocht und mit schmelzendem Käse überbacken.

Fenchel mit Käse

*
V Kann vorbereitet werden
Arbeitsaufwand: 5 Minuten
Kochzeit: 12 bis 13 Minuten (im Dampfkochtopf nur 4 Minuten)
Backzeit: 15 Minuten

Für 4 Personen
4 schöne Fenchelknollen
Salz, Pfeffer aus der Mühle
2 Tomaten
1 Teel. Butter
1 Eßl. gehackte Zwiebeln
100 g Käse, z. B. Greyerzer oder Emmentaler
2 Eßl. Rahm
Butter für die Form

Fenchelknollen der Länge nach halbieren. Im Dampfkochtopf mit 1 dl Wasser und wenig Salz knapp weich kochen. Abgießen und Saft auffangen. Tomaten kurz in heißes Wasser tauchen, kalt abspülen, schälen und in kleine Würfel schneiden. Butter erhitzen. Zwiebeln darin anziehen lassen, dann Tomaten zufügen. 5 Minuten unter Wenden dämpfen.
Fenchelknollen in eine gebutterte Gratinform geben. Mit dem Tomaten/Zwiebel-Gemüse bedecken. Käse reiben. Mit Rahm und 2 Eßlöffeln Sud aus dem Dampfkochtopf mischen. Über den Fenchel und die Tomaten verteilen. 15 Minuten bei ca. 200° überbacken. Die Käsemasse sollte nur leicht Farbe annehmen. Mit Pfeffer bestreuen.

Variationen
- Zwiebeln und Tomaten weglassen (besonders wenn der Fenchel als Beilage zu Fleisch vorgesehen wird). In diesem Fall nur ca. 8 Minuten überbacken, d.h., bis der Käse schmilzt.
- Fenchel in Scheiben schneiden vor dem Garen.
- Fenchelscheiben abwechslungsweise mit vorgekochten Kartoffelscheiben in die Form einfüllen.

ERFINDEN SIE IHR EIGENES NUDEL- ODER REISGERICHT

Bei mir ist es oft so, daß die besten Gerichte entstehen, wenn ich überraschend aus dem gerade in der Küche Vorrätigen kochen muß.
An einem Sonntag etwa, wenn ich nur für zwei Personen eingekauft habe und sechs zum Essen erscheinen.
Dann gibt es meistens aus den Zutaten, die für zwei Mahlzeiten berechnet waren, etwas ganz Neues.
Zum Beispiel einen «kreativen» Reis oder eine Spezialsauce, die man zu Spaghetti oder Nudeln servieren kann.
Zum «Strecken» hat man ja vieles zu Hause, zum Beispiel geschälte Tomaten aus der Dose, tiefgekühlte Gemüse, getrocknete Pilze und anderes mehr.
Versuchen Sie es das nächste Mal.
Und wer weiß, vielleicht schicken Sie mir Ihr neues Rezept zu.
Es würde mich freuen!

Dieses Spaghettigericht bereite ich stets bei Tisch zu, damit der Eierguß schön heiß und flüssig bleibt. Das Hantieren mit dem Rechaud bei Tisch sorgt für Behaglichkeit. Jedenfalls wird bei mir zu Hause die Zubereitung dieser Spaghetti jedesmal zu einem kleinen Fest.

Spaghetti alla carbonara

Spaghetti in viel Salzwasser «al dente» kochen. Magerspeck oder Schinken in kleine Würfel schneiden.
Speck oder Schinkenwürfelchen im Öl anziehen lassen. Ei, Parmesan und Rahm verrühren. Mit wenig Salz, Pfeffer und Oregano würzen. Butter zu den Speck- oder Schinkenwürfelchen geben und zerfließen lassen. Die gut abgetropften Spaghetti zufügen und unter Wenden erwärmen. Die Eimischung darübergießen. Alles mit zwei Spezialgabeln durchziehen, ganz wenig anziehen lassen und sofort servieren. Nochmals mit Pfeffer bestreuen und nach Belieben geriebenen Parmesan dazuservieren.

Bemerkungen Die Sauce muß heiß werden, soll aber noch flüssig bleiben, und das Eigelb darf nicht ausscheiden. Der Parmesan sollte immer frisch gerieben werden. Die Zutaten wurden nur für 2 Personen angegeben, weil ich nie mehr auf einmal zubereite. Wenn mehr Gäste bei Tisch sind, wiederhole ich die ganze Prozedur mit separat bereitgestellten Zutaten nach dem Schöpfen der zwei ersten Portionen, die ich auf vorgewärmte Teller verteile. Dadurch bleibt der Sauce keine Zeit, von den Teigwaren aufgesogen zu werden, und die Spaghetti schmecken genau richtig.

Beilagen Keine.

Wein Chianti classico, Merlot, Valpolicella.

*
V Muß «à la minute» zubereitet werden
Arbeitsaufwand: 15 Minuten
Kochzeit der Spaghetti: 8 bis 12 Minuten

Für 2 Personen
160 bis 200 g Spaghetti
80 g Magerspeck oder Schinken
½ Eßl. Olivenöl
3 Eßl. Tafelbutter
1 großes Ei
2 Eßl. geriebener Parmesan
1½ dl Rahm
Salz, wenig Pfeffer aus der Mühle, wenig Oregano

Selbstgemachte Teigwaren sind wieder groß in Mode. Bei diesem Gericht lohnt sich der Arbeitsaufwand. Die Füllung ist so pikant und gut, daß man von diesen Tortelloni nicht genug bekommen kann.

Tortelloni mit grüner Füllung

*
V Kann vorbereitet werden
Arbeitsaufwand: 45 Minuten, zusätzlich Ruhenlassen des Teiges
Kochzeit: 10 bis 15 Minuten

Für 6 Personen
500 g Mehl
5 Eier
Salz

Füllung
300 g Ricotta oder Speisequark
½ Zwiebel
1 Eßl. Butter
300 g gehackter Spinat, tiefgekühlt
2 Eßl. gehackte Petersilie
1 Prise Oregano oder Salbeipulver
2 Eier
Salz, Pfeffer
100 g frisch geriebener Parmesan (oder halb Parmesan, halb Pecorino)

Mehl sieben. Eine Vertiefung anbringen, verquirlte Eier und Salz hineingeben. Rasch zu einem Teig verarbeiten. Je nach Mehlqualität evtl. noch etwas Wasser zugeben. 1 Stunde ruhen lassen.
Ricotta oder Speisequark in ein Tüchlein geben und gut ausdrücken. Zwiebel fein hacken. In Butter 2 bis 3 Minuten dünsten. Gut ausgedrückten Spinat zugeben. Unter Wenden dämpfen, bis alle Flüssigkeit verdunstet ist. Petersilie zugeben, ganz kurz mitdünsten. Erkalten lassen. Mit Ricotta oder Quark, Oregano oder Salbeipulver und Eiern mischen. Mit Salz und Pfeffer würzen. Käse darunterziehen.
Teig mit der Nudelmaschine oder dem Teigroller so dünn wie möglich ausrollen. Runde Plätzchen von ca. 6 cm Durchmesser ausstechen. Je einen kleinen Löffel Füllung daraufgeben. Die Ränder mit Wasser befeuchten und die Teigplätzchen zu Krapfen zusammenfalten. Gut andrücken, damit die Füllung nicht ausläuft. Die beiden Enden der Krapfen etwas ausziehen und gut miteinander verschlingen. Die Tortelloni in viel Salzwasser oder Bouillon (wenn ohne Sauce serviert) knapp weich kochen.

Bemerkungen Das Ausrollen des Nudelteiges ist eine Kraftanstrengung. Deshalb ist eine kleine Nudelwalze zu empfehlen. Solche Apparate sind in Haushaltausführung im Spezialgeschäft erhältlich, und die Anschaffung lohnt sich unbedingt, wenn man ein «Teigwaren-Fan» ist. Anstelle der Tortelloni kann man einfache Ravioli formen (runde Teigplätzchen füllen, zusammenklappen und Ränder gut andrücken). Damit spart man viel Zeit. Mit Pecorino wird die Füllung viel pikanter. Allerdings muß man für den spezifischen Geschmack dieses Käses etwas übrighaben. Ich finde die Tortelloni in dieser Form besonders gut. Unbedingt darauf achten, daß sowohl Quark wie auch Spinat sehr gut ausgedrückt werden!

Beilagen Coulis de tomates (s.d.) oder Basilikumsauce (s.d.) oder einfach nur geriebener Parmesan oder Sbrinz und geschmolzene Butter.

Wein Italienischer Rotwein, z.B. Chianti.

Variationen
- Mit Hackfleischfüllung.
- Spinat weglassen, dafür mehr Ricotta oder Quark und italienische Kräutermischung zugeben.

Nudeln müssen nicht immer auf italienische Art zubereitet sein. Dieses neue französische Rezept ist einen Versuch wert.

Nouilles panachées

**
V Kann weitgehend vorbereitet werden
Arbeitsaufwand: 45 Minuten
Kochzeit: 10 bis 15 Minuten

Für 4 Personen
250 g mittelbreite Eiernudeln
2½ dl Fleischbouillon
50 g Zwiebeln
1 Lorbeerblatt
1 Nelke
250 g Kalbsmilken (Kalbsbries)
6 mittelgroße Scampi
250 g Spinat
20 g Butter
1 Eßl. gehackte Schalotten
1 Knoblauchzehe

Nudeln in Salzwasser «al dente» kochen. Bouillon erhitzen. Zwiebel, Lorbeerblatt und Nelke zugeben. Kalbsmilken 10 Minuten in der Bouillon ziehen lassen. Im Sud etwas abkühlen lassen. Kalbsmilken von Haut und Unreinheiten befreien und in 1 cm große Würfel schneiden. ½ Liter Wasser erhitzen, die Scampi 10 Minuten kochen, abgießen, schälen und dabei den Darm entfernen (kleiner brauner Faden). Die Scampi in ca. 3 mm dicke Scheiben schneiden. Spinatblätter waschen. Ganz wenig Butter erhitzen, Schalotten und durchgepreßten Knoblauch kurz darin anziehen lassen. Spinat zugeben und unter Wenden 5 bis 10 Minuten dünsten. Kochflüssigkeit ganz verdampfen lassen. Mit Salz und Pfeffer würzen. Rahm auf kleinem Feuer erwärmen. Käse zugeben und unter gelegentlichem Rühren ein wenig einkochen lassen. Mit Krebsbutter, wenig

Salz, Pfeffer
2½ dl Rahm
2 Eßl. geriebener Sbrinz
1 Eßl. Krebs- oder Hummerbutter (Feinkostgeschäft)
1 Eßl. Cognac
1 Prise Cayennepfeffer
1 Prise Muskatnuß

Salz, Cognac, Cayennepfeffer und Muskatnuß abschmecken. Inzwischen die Nudeln in der restlichen Butter in einer Bratpfanne erwärmen. Spinat, Milkenwürfel und Scampischeibchen zugeben. Gut durchrühren. Mit der Sauce begießen, gut mischen und sofort servieren.

Bemerkungen Dieses Gericht kann auch als Vorspeise serviert werden. In diesem Fall die Zutaten halbieren. Noch raffinierter werden diese Nudeln, wenn man die Scampi durch frische Flußkrebse ersetzt (Mai/Juni).

Beilagen Keine (aber voraus viel grüner Salat).

Wein Côtes-du-Rhône, Beaujolais (kühl serviert) oder ein anderer leichter Rot- oder auch Weißwein, z. B. Riesling.

1
Teig mit dem Nudelholz ½ cm dick ausrollen. In Stücke schneiden, die in die Maschine passen

2
Gewünschte Dicke einstellen und durch Drehen den Teig durchwalzen. Diese Operation mehrmals wiederholen bis die gewünschte Dicke erreicht ist

3
Teigstreifen auf dem speziellen Aufsatz in die gewünschte Nudelbreite schneiden

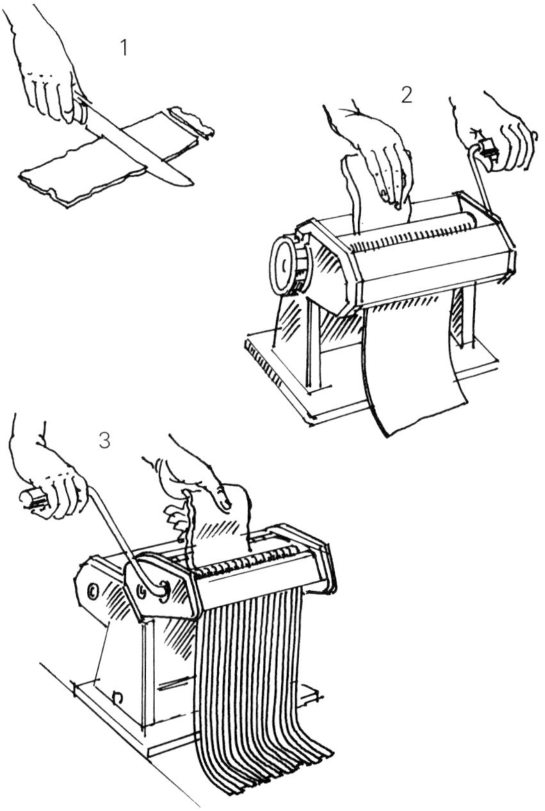

Wenn Sie es noch nicht haben, hier das Grundrezept dafür:

Für ca. 750 g Teigwaren (ohne Füllung)

500 g Mehl
5 frische Eier
Salz

Das Mehl auf ein Teigbrett sieben, eine Vertiefung anbringen und die leicht verquirlten Eier und wenig Salz hineingeben. Alles gut mischen und 10 Minuten kneten. Der Teig soll fest, aber nicht brüchig sein. Sollte er zu weich sein, etwas Mehl zufügen. Ist er zu trocken, kann man etwas Wasser darunterkneten. Den Teig 15 Minuten kühl ruhen lassen. Das Auswallen ist von Hand etwas schwierig. Es gibt aber sehr gute kleine Nudelmaschinen, die es sich lohnt anzuschaffen, wenn man öfters Teigwaren selbst herstellen möchte.

Paßt zu folgenden Rezepten:
Kalbskoteletts à la grand-mère
Gefüllte Schweinskoteletts
Lammkoteletts
Schweinskoteletts an Senf-Rahm-Sauce
Schweinskoteletts mit Aprikosen

HAUS-GEMACHTE TEIGWAREN SCHMECKEN EINFACH AM ALLERBESTEN

Ein sättigendes fleischloses Gericht mit besonderer Note. Die Nudeln werden gemischt mit frischgedünstetem Spinat und in einer Ei/Rahm-Sauce serviert.

Spinatnudeln

Nudeln in viel Salzwasser knapp weich kochen («al dente»). Spinat ohne Wasser zugedeckt dünsten, bis er «zusammenfällt». Gut ausdrükken und mit dem Wiegemesser grob hacken. Butter zerfließen lassen, Spinat zufügen, kurz dünsten, dann mit Milch und Rahm ablöschen.

*
V Kann weitgehend vorbereitet werden
Arbeitsaufwand: 10 Minuten

Für 4 Personen
500 g Nudeln
400 g Blattspinat
2 Eßl. Butter
1½ dl Milch
2 dl Rahm
100 g Parmesankäse, gerieben
Salz, Pfeffer, Muskatnuß
1 Eigelb
1 Teel. italienische Kräutermischung (s. d.)

Langsam aufkochen. Die Hälfte des Käses, Salz, Pfeffer, Kräutermischung und Muskatnuß zufügen. Nudeln gut abtropfen lassen und in einer vorgewärmten Schüssel anrichten. Die Sauce von der Heizquelle wegziehen. Das Eigelb mit dem Schwingbesen darunterrühren. Die Sauce über die Nudeln geben. Mit dem restlichen Käse bestreuen. Sofort servieren.

Bemerkungen Am besten schmeckt dieses Gericht, wenn man selbstgemachte Nudeln (s. d.) verwendet. Darauf achten, daß der Spinat sehr gut ausgedrückt wird, damit er die Sauce nicht verwässert und unansehnlich macht.

Beilagen Keine.

Wein Merlot, Veltliner, guter roter Landwein.

Variationen
- Spinat läßt sich durch frischgehackten Mangold ersetzen.
- Parmesan durch Pecorino (italienischer Schafskäse) ersetzen.

Es braucht nicht immer Fleisch auf den Tisch zu kommen. Dieser ausgezeichnete Gemüse-Risotto schmeckt so gut, daß ich ihn immer wieder als Hauptgericht koche und je nach Jahreszeit variiere. Hier die beste Variante mit Artischocken, Steinpilzen und Auberginen.

Risotto mit Gemüse

*
V Kann teilweise vorbereitet werden
Arbeitsaufwand: 20 Minuten
Kochzeit: 18 Minuten

Für 4 Personen
4 Artischocken
2 Zitronenscheiben
2 kleine Auberginen

Artischocken putzen, zurechtschneiden und in Salzwasser mit Zitronenscheiben kochen (s. d.) Nach dem Erkalten Artischockenböden freilegen. Auberginen ungeschält in ca. 4 mm dicke Scheiben schneiden. Mit Salz bestreuen. 10 Minuten ruhen lassen. Steinpilze in eine Schüssel geben. Mit heißer Bouillon begießen und 15 Minuten ziehen lassen. Zwiebel hacken und in Butter 2 bis 3 Minuten unter Rühren

anziehen lassen. Reis zugeben und kurz mitrösten. Mit Weißwein ablöschen. Lorbeerblatt, durchgepreßten Knoblauch und Nelke beifügen. Sobald der Wein aufgesogen ist, Steinpilze mit ca. ¼ l Bouillon zugießen. Ab und zu rühren. Restliche Bouillon nach und nach zufügen. Der Risotto sollte noch leicht körnig und suppig bleiben. Würzen.
Inzwischen die Auberginen mit Küchenpapier trockentupfen und beidseitig in 3 Eßlöffeln Olivenöl hellbraun braten. Aus der Pfanne nehmen und warm stellen. Tomatenwürfel in das restliche Öl geben und 3 bis 4 Minuten auf großem Feuer dünsten.
Sobald der Reis gekocht ist, die Hälfte des Käses, kleingewürfelte Artischockenböden und Rahm darunterziehen. Nochmals kurz erwärmen. In eine halbhohe, vorgewärmte Schüssel anrichten. Die Tomaten in die Mitte geben und die Auberginenscheiben rundherum anordnen. Restlichen Käse dazuservieren.

20 g getrocknete Steinpilze
1 l Gemüsebouillon (evtl. aus Würfeln)
1 große Zwiebel
2 Eßl. Butter
350 g italienischer Reis (Vialone)
⅛ l Weißwein
1 Lorbeerblatt
2 Knoblauchzehen
1 Gewürznelke
4 Eßl. Olivenöl
2 Tomaten, geschält
100 g rezenter Käse (z. B. Greyerzer oder Appenzeller)
3 Eßl. Rahm
Salz, Pfeffer

Bemerkungen Die Auberginen nach dem Backen auf ein Küchenpapier legen und mit der Bratschaufel etwas plattdrücken, damit das überschüssige Öl herausgepreßt wird. Sie werden dadurch bekömmlicher. Die Artischokkenblätter können mit einem Löffel ausgedrückt und das Artischockenfleisch ebenfalls unter den Reis gemischt werden. Wer diese Arbeit nicht tun will, kann die Blätter für eine nächste Mahlzeit kalt mit Vinaigrette (s.d.) servieren.

Beilagen Keine.

Wein Guter südlicher Rot- oder Weißwein.

Variationen
- Eine besonders delikate Version: Steinpilze durch getrocknete Morcheln ersetzen. In diesem Fall Auberginen weglassen.
- Anstelle der erwähnten Gemüse folgende Kombinationen:
  frische grüne Erbsen oder Schnee-Erbsen (Kefen), Pfifferlinge (Eierschwämme) und Tomaten oder Zucchetti, Auberginen und Tomaten oder in Streifen geschnittene Karotten, grüne Erbsen und als Garnitur Brokkoli.

Ein Reis für Fischliebhaber: Risotto gut abgeschmeckt mit Fisch, Scampi und Muscheln – ein Gedicht.

Risotto mit Fisch und Meerfrüchten

**
V Kann vorbereitet werden
Arbeitsaufwand: 15 Minuten
Kochzeit: 20 Minuten

200 g Scampi
200 g kleine Tintenfische oder 200 g Meerfisch (ohne Gräten)
500 g Miesmuscheln (Moules)
1 kleine Zwiebel
4 Pfefferkörner
1 Eßl. Olivenöl
1 große Zwiebel, fein gehackt
240 g Reis (Vialone)
¼ l Weißwein
⅓ l Hühnerbouillon
½ Lorbeerblatt
1 Gewürznelke
2 Knoblauchzehen
Salz, Pfeffer
1 Eßl. Basilikum, gehackt
2 Eßl. Petersilie, gehackt
4 Eßl. Rahm (Sahne)
1 Stück Butter

Die Scampi seitlich an der Bauchseite mit einer Schere aufschneiden. Sorgfältig aus der Schale heben. Den gut sichtbaren Darm (dunkelbrauner Faden am Kopfende) herausziehen. In 1 cm große Stücke schneiden. Muscheln mit grobgeschnittener kleiner Zwiebel und Pfefferkörnern aufkochen, bis sich die Schalen öffnen. Schalen entfernen.
Gehackte Zwiebel in Öl erhitzen. Gereinigte, kleingeschnittene Tintenfische oder Meerfisch und Reis zugeben. 2 bis 3 Minuten dünsten. Mit Wein ablöschen. Einkochen lassen, dann nach und nach warm gemachte Hühnerbrühe zufügen. Lorbeerblatt, Nelke, durchgepreßten Knoblauch und Basilikum mitkochen. Nach 15 Minuten Scampi zufügen. Mit Salz und Pfeffer würzen. 10 Minuten ziehen lassen. Darauf achten, daß der Reis nicht trocken wird. Wenn nötig, noch etwas Hühnerbrühe oder Wasser zufügen. Rahm und Muscheln zugeben, aufkochen, vom Herd wegziehen. Butter unter den Reis mischen. Sofort anrichten, mit Petersilie bestreuen.

Bemerkungen Dieser Reis wird ohne Käse serviert.

Beilagen Keine, aber Salat voraus.

Wein Südlicher Weißwein, z. B. Orvieto seco, Blanc de Blanc.

Variationen
- Etwas gedünsteter Blattspinat unter den Reis ziehen.
- Andere Meerfrüchte oder Fisch verwenden.

DESSERTS
köstlich und leicht

Wie gerne möchte man doch ein gutes Essen
mit etwas Süßem abschließen und
verzichtet oft aus wohlbekannten Gründen darauf.
Aber besonders wenn Gäste da sind,
ist ein schönes Dessert fast ein «Muß».
Probieren Sie aus, was ich hier für Sie
aufgeschrieben habe. Es sind «Gedichte»
aus Beeren, Früchten, leichten Cremes, Rahm
und Eis. Das schönste von allen
ist das Fruchtsorbet, das nach dem einfachsten
Rezept am besten gelingt.

WAS IST DOPPELRAHM?

Dieser Zutat werden Sie in diesem Buch oft begegnen. Es handelt sich dabei um einen dickflüssigen Spezialrahm (Sahne) mit einem Fettgehalt von mindestens 45%. Doppelrahm braucht man nicht zu schlagen. Er wird flüssig zu Früchten oder Desserts verwendet. Meistens ist er etwas zu dick und kann mit halbfettem Rahm (Sahne) oder Kaffeerahm etwas verdünnt werden. Immer mehr findet er aber auch Verwendung in der Spezialitätenküche und für die Zubereitung feiner Saucen. In Frankreich kennt man ihn unter der Bezeichnung «Crème fraîche» oder «Crème double», in der Schweiz auch als «Crème de Gruyère». Es darf aber nicht verschwiegen werden, daß dieser Rahm pro 100 g ca. 350 Kalorien bzw. 1465 joule enthält!
Für Desserts kann man ihn durch leichtgeschlagenen Rahm (Schlagsahne) evtl. auch durch eine Mischung von saurer und frischer Sahne ersetzen.

Ein luftiger Schaum aus frischen Kastanien zubereitet, ein Dessert für Verwöhnte.

Mousse aux marrons

**
V Kann vorbereitet werden
Arbeitsaufwand: 40 Minuten
Kochzeit: 40 bis 50 Minuten (im Dampfkochtopf nur 12 bis 15 Minuten)

Für 6 Personen
500 g Kastanien
¼ Teel. Salz
5 Eßl. Milch
½ Teel. Vanille-Extrakt
100 g Zucker
3½ dl Rahm
2 Eßl. Cognac
2 Eiweiß

Die Kastanien auf der gewölbten Seite mit einem scharfen Messer einschneiden und entweder in der Grillpfanne oder im Ofen rösten, bis sie aufspringen, oder 5 Minuten in Salzwasser vorkochen. Die braune Schale und die innern Häutchen entfernen, solange die Kastanien noch warm sind. Die geschälten Kastanien in eine Pfanne geben, mit Wasser knapp bedecken, Salz zugeben und 40 bis 50 Minuten kochen. Die Kastanien abgießen und durch das dünnste Sieb der Passiermaschine drücken.
Milch mit dem Vanille-Extrakt aufkochen, die passierten Kastanien beifügen und unter Rühren stark einkochen lassen, bis ein dickes Mus entsteht. Die Hälfte des Zuckers und gut 1 dl Rahm beifügen und nochmals etwas einkochen. Die Masse erkalten lassen. Cognac zugeben und zu einem glatten Püree verarbeiten. Eiweiß mit dem restlichen Zucker steifschlagen. Unter das Kastanienpüree heben und kalt stellen. Restlichen Rahm steif schlagen und ebenfalls kühl stellen. Kurz vor dem Servieren das Püree mit dem Rahm mischen. In einen Spritzsack mit Sterntülle einfüllen und die Mousse in schöne hohe Gläser dressieren.

Bemerkungen Nach Belieben die Mousse mit je einem Marron glacé garnieren.

Beilagen Süße Blätterteigspiralen.

Variationen
- Die Mousse aux marrons wird zu einem Schnelldessert, wenn man Maronenpüree aus der Dose verwendet. Das Püree wie beschrieben mit Cognac mischen, Eischnee und zuletzt Rahm darunterziehen. Der Cognac kann auch durch Grand-Marnier oder Kirsch ersetzt werden.

Viele leichte Desserts werden ergänzt durch natürliche Fruchtsaucen.

Himbeersauce

*
V Kann vorbereitet werden
Arbeitsaufwand: 10 Minuten
Zusätzliche Marinierzeit: 15 Minuten

Für 4 Personen
400 g Himbeeren
2 Eßl. Zucker
1 Eßl. Zitronensaft

Himbeeren, Zucker und Zitronensaft mischen. 15 Minuten ziehen lassen. Im Mixer pürieren. Nach Belieben durch ein Sieb streichen, damit die Kerne zurückbleiben.

Bemerkungen Etwas Zitronensaft erhöht den Wohlgeschmack der Himbeeren. Bei Erdbeeren darf man die Menge noch etwas erhöhen.

Variationen
- Andere Beeren oder kleingeschnittene Früchte verwenden (Pfirsiche vorher schälen).

Süße Melonenkugeln, an einer Melonen-Ingwersauce – einfach, aber exquisit.

Melonentraum

**
V Kann vorbereitet werden
Arbeitsaufwand: 20 Minuten
zus. Kühlzeit: 30 Minuten

Für 4 Personen
3 mittelgroße, reife Melonen (am besten Cantaloup)
4 bis 5 Eßl. Zucker
3 Stücke kandierten Ingwer (in Sirup eingelegt)
⅛ l Rahm (Sahne)

Melonen quer halbieren. Kern entfernen. Mit einem Kugelausstecher sorgfältig aushöhlen. 4 Schalen beiseitestellen. Die Melonenkugeln mit 2 Eßlöffeln Zucker bestreuen und kühlstellen. Restliches Melonenfleisch, auch unschön geformte Kugeln, mit 2 Eßlöffeln Ingwersirup, Zucker und Rahm im Mixer pürieren. Ingwer fein hacken und unter die Sauce ziehen. Wenn nötig die Sauce mit wenig Sirup verdünnen. Die Melonenkugeln in 4 halbe Melonenschalen bergartig einfüllen. Etwas Ingwersauce darüber verteilen. Restliche Sauce separat servieren.

Bemerkungen Ob Melonen reif sind, spürt man bei Fingerdruck am entgegengesetzten Ende des Stieles und am Aroma, den die Frucht abgibt.

Variationen
- Beeren unter die Melonenkugeln mischen.

Ein leichtes, kühles Fruchtgelee, schön in der Farbe und erfrischend im Geschmack. Dazu kühler Rahm – eine interessante Kombination.

Kühles Weichselgelee

**
V Kann vorbereitet werden
Arbeitsaufwand:
15 Minuten
Kochzeit:
10 Minuten, zusätzlich Kühlzeit 2 bis 3 Stunden

Für 4 Personen
750 g entsteinte Weichselkirschen
⅛ l Johannisbeersaft (in kleinen Flaschen erhältlich)
1 Eßl. Zitronensaft
100 g Zucker
2 Eßl. Kartoffelmehl
¼ l Rahm oder nordische Sauermilch

Weichseln mit dem Wiegemesser grob hakken. Zucker, Zitronensaft und ½ dl Wasser aufkochen. Weichseln zugeben und 10 Minuten kochen. Kartoffelmehl in Johannisbeersaft gut verrühren. Zu den Weichseln geben, rühren, bis eine gebundene Masse entsteht. In Gläser füllen, abkühlen und 2 bis 3 Stunden im Kühlschrank fest werden lassen. Bei Tisch kühlen, flüssigen Rahm oder Sauermilch darübergießen.

Bemerkungen Sowohl Gelee als auch Rahm müssen kühl serviert werden. Lauwarm ist dieses Dessert nur halb so gut.

Variationen
– Dieses Dessert kann man auch mit Himbeeren oder Johannisbeeren zubereiten.

In einer Likörmischung marinierte Ananasstückchen, mit Erdbeeren gemischt und kühl serviert.

Fraises «Côte d'Yvoire»

**
V Kann vorbereitet werden
Arbeitsaufwand:
10 Minuten
Marinierzeit:
1 Stunde

Für 4 Personen
1 frische Ananas
⅛ l Orangensaft
4 Eßl. Zucker
1 Eßl. Zitronensaft
4 Eßl. Grand Marnier
2 Eßl. Kirsch
1 Eßl. Rum
250 g Erdbeeren

Die Ananas schälen und in ca. 6 mm dicke Ringe schneiden. Das harte Mark der Scheiben ausstechen. Die Ringe zu kleinen Fächern schneiden, dabei den Saft in einer Schüssel auffangen. Die Ananasstücke mit Orangensaft, 3 Eßlöffeln Zucker und Zitronensaft mischen. Spirituosen ebenfalls mischen und ¾ davon über die Ananas gießen. Mindestens 1 Stunde kühl stellen.
Die Erdbeeren waschen, entstielen und halbieren. In eine Schüssel legen, 1 Eßlöffel Zucker und restliche Spirituosenmischung zufügen.

Die Erdbeeren sollen nur feucht sein. Umrühren, bis der Zucker ganz gelöst ist. Bis zur Verwendung kühl stellen. Die Erdbeeren erst zuletzt mit den Ananasstückchen mischen, sonst verfärbt sich das Ganze rot.
Ananas und Erdbeeren mischen. In einer hübschen Glasschale anrichten und kühl servieren.

Variationen
- Läßt sich auch über Zitronen-, Weißwein- oder Champagnersorbet anrichten.
- Anstelle der Spirituosenmischung (Grand Marnier, Kirsch und Rum) kann man dieses delikate Dessert auch mit ⅛ l Muskatwein zubereiten.

Frische Ananasscheiben, bei Tisch mit Erdbeersauce und Rahm (Sahne) ergänzt. Einfach, aber raffiniert.

Ananas aux fraises

**
V Kann vorbereitet werden
Arbeitsaufwand: 15 Minuten

Für 4 Personen
4 dicke Scheiben (½ cm) frische Ananas
500 g Erdbeeren
2 Eßl. Zucker
2 Eßl. Erdbeerlikör
⅛ l Doppelrahm

Erdbeeren waschen, entstielen und im Mixer mit Zucker und Erdbeerlikör pürieren. Doppelrahm gut verrühren, damit er nicht dick bleibt, sondern sämig flüssig wird. Ananas schälen, in Scheiben schneiden und auf Teller anrichten. Mit einer Klarsichtfolie überziehen und in den Kühlschrank stellen. Erdbeersauce und Rahm in zwei hübsche Krüge abfüllen und ebenfalls kühl stellen. Bei Tisch zuerst Erdbeersauce, dann wenig kühlen Rahm über die Ananasscheiben gießen.

Bemerkungen Sollte der Doppelrahm zu dick sein, kann man ihn mit 1 Eßlöffel gewöhnlichem Rahm verdünnen. Er soll sämig, aber leicht fließend sein.

Variationen
- Die Erdbeeren können durch Brombeeren ersetzt werden.
- Ist kein dicker Doppelrahm vorhanden, kann man gewöhnlichen Rahm halbsteif schlagen.

Frische Feigen, kühl und raffiniert serviert – ein rasch zubereitetes, exklusives und erfrischendes Dessert.

Frische Feigen mit Kümmel

**
V Kann vorbereitet werden
Arbeitsaufwand: 15 Minuten

Für 4 Personen
8 bis 12 frische Feigen
4 Teel. Kümmellikör
¼ l Rahm (wenn möglich Doppelrahm)
2 Eßl. Zucker

Feigen schälen, längs halbieren (wenn es große Feigen sind) und in vorgekühlte Schalen anrichten. Mit Kümmellikör beträufeln und bis zum Servieren kalt stellen.
Rahm mit Zucker halbsteif schlagen und dazuservieren. Doppelrahm muß weder gezuckert noch geschlagen werden.

Beilagen Sablés (s. d.), Zitronenstangen (s. d.).

Variationen
- Kümmel durch Kirsch ersetzen und Himbeersauce (s. d.) dazu servieren.
- Feigen in Portwein ganz kurz aufkochen und eingekühlt mit Rahm (wie beschrieben) servieren.

Erdbeeren in einer Erdbeersauce, die mit Rahm und Kirsch verfeinert wird. Einfacher geht es nicht mehr. Aber das Resultat ist begeisternd.

Fraises à la fraise

**
V Kann vorbereitet werden
Arbeitsaufwand: 15 Minuten

Für 4 Personen
750 g Erdbeeren
3 Eßl. Zucker
4 Eßl. Rahm
1 Eßl. Kirsch oder Grand Marnier
½ Teel. Vanilleextrakt

500 g Erdbeeren waschen, entstielen, in eine Schüssel geben und mit 2 Eßlöffeln Zucker bestreuen (große Beeren halbieren).
Restliche Erdbeeren waschen und entstielen, kleinschneiden und im Mixer pürieren. Mit Rahm, Kirsch oder Grand Marnier, 1 Eßlöffel Zucker und Vanilleextrakt mischen.
Die ganzen Erdbeeren in eine schöne Schale oder in Portionengläser geben. Mit der Erdbeersauce begießen und mit je 1 Erdbeere garnieren. Kühl servieren.

Bemerkungen Dieses Dessert läßt sich mit je einer Kugel Vanille-Rahmeis bereichern.

Variationen
- Nach Belieben einige Kiwischeiben unter die Erdbeeren mischen.

Das leichteste aller Früchtedesserts: geschälte Pfirsichscheiben in Wein, Zucker und Zitronensaft mariniert. Eine Nachspeise, die nicht belastet und sehr gut schmeckt.

Pfirsich in Wein

Arbeitsaufwand: 30 Minuten

Für 4 Personen
1 kg Pfirsiche (am besten gelbe Sorte)
4 Eßl. Zucker
4 Eßl. Zitronensaft
1 dl Weißwein

Pfirsiche ganz kurz in sehr heißes Wasser tauchen. Die Früchte schälen, in feine Schnitze schneiden. Sofort mit Zitronensaft, Weißwein und Zucker mischen. 2 Stunden im Kühlschrank ziehen lassen. Kühl servieren.

Bemerkungen Darauf achten, daß die Pfirsiche reif, aber dennoch nicht zu weich sind, damit man sie gut schneiden kann. Lassen sich die Steine nicht herauslösen, die Schnitze auf der Frucht schneiden.

Beilagen Zartes Buttergebäck, z.B. Sablés.

Variationen
- Mit Beeren mischen.
- Mit Peach Brandy (Pfirsichlikör), Grand-Marnier oder Bénédictine-Likör beträufeln.
- Wein durch Marsala ersetzen.
- Anstelle von Wein Orangensaft verwenden.
- Besonderer Hit: frische halbe Feigen auf die Pfirsiche legen und leicht geschlagenen Rahm oder Doppelrahm, den man mit Grand-Marnier aromatisieren kann, dazu servieren. Alles muß sehr kühl auf den Tisch kommen.
- Weiße Pfirsiche verwenden und Weißwein weglassen.

Verschiedene Beeren, mit einem delikaten Eierguß leicht überbacken. In kleinen individuellen Pfännchen serviert, eine herrliche Überraschung für Gourmets.

Gratin aux petits fruits

*
V Kann vorbereitet werden
Arbeitsaufwand: 10 Minuten
Marinierzeit: 1 Stunde
Backzeit: ca. 30 Minuten

Für 4 Personen
80 g Johannisbeeren
80 g Heidel- oder Brombeeren
60 g Himbeeren
4 Eßl. Zucker
1 Eßl. Himbeergeist oder Kirsch
2 Eier
¼ l Doppelrahm
¼ Teel. Vanilleextrakt
1 Eßl. Puderzucker

Die Johannisbeeren waschen, abstreifen und in eine Schüssel geben. Heidel- oder Brombeeren auslesen und waschen. Mit den ebenfalls ausgelesenen Himbeeren und den Johannisbeeren mischen. 2 Eßlöffel Zucker und Himbeergeist oder Kirsch darübergeben und 1 Stunde ziehen lassen.
Eier, restlichen Zucker und Rahm gut verrühren. Vanilleextrakt zugeben. Kleine, flache, feuerfeste Eierpfännchen mit Butter bestreichen. Die gemischten Beeren in die Pfännchen verteilen. Den Guß darübergeben. 30 Minuten im Backofen bei 180° überbacken. Nach den ersten 10 Minuten Backzeit mit Puderzucker bestreuen. Der Gratin soll leicht fest, aber nicht zu trocken werden.
In den Pfännchen auf einem Teller mit kleinen Servietten oder Papierunterlagen servieren.

Bemerkungen Dieser Gratin sollte nicht mehr flüssig sein, aber auch nicht trocken werden. Deshalb die Backzeit richtig bemessen und lieber die Gäste etwas warten lassen, damit er «im Idealzustand» auf den Tisch kommt.

Beilagen Mandelbögen (s. d.), Sablés (s. d.) oder Löffelbiskuits.

Variationen
- Beeren durch andere, in feine Scheiben geschnittene Früchte ersetzen, z. B. Kiwis, Mangos oder andere Sorten.
- Doppelrahm durch gewöhnlichen Rahm ersetzen.
- Nur 4 Eßlöffel Rahm verwenden, dem Guß dafür 150 g Rahmquark zufügen.
- Eier weglassen und nur ⅛ Liter Doppelrahm (gemischt mit 2 Eßlöffeln Zucker und Likör) über die Beeren gießen.

Halbe Grapefruits und kühles Eis, mit einer Meringuehaube (Meringue=Baiser) versehen und kurz überbacken. Leicht und delikat.

Délice norvégien

Grapefruits halbieren. Das Fruchtfleisch mit dem Grapefruitmesser vorsichtig von der Schale lösen. Das Fruchtfleisch den Trennhäuten entlang herausschneiden, so daß halbe geschälte Schnitze entstehen (s.S. 41). Die Grapefruitstücke in eine Schüssel geben. Mit Kirsch und 2 Eßlöffeln Zucker mischen. Im Kühlschrank 1 Stunde ziehen lassen. Die Schalenhälften aufbewahren.
Eigelb, restlichen Zucker und Vanilleextrakt zu einer weißlichen Creme schwingen. Eiweiß mit Salz steifschlagen. Eicreme mit Eischnee und kandierten Früchten vorsichtig mischen. Die Grapefruitschalen halbhoch mit Vanilleeis füllen. Grapefruitschnitzchen darüber verteilen. Die Meringage (=Meringuemasse, Baisermasse) mit Hilfe des Dressiersackes mit großem Einsatz auf die Füllung dressieren. Mit Puderzucker bestäuben und im Ofen bei 240° Oberhitze kurz anbräunen – die Meringage darf nicht schwarz, sondern nur leicht hellbraun werden.
Sofort servieren.

*
V Kann vorbereitet werden (erst im letzten Moment anbräunen)
Arbeitsaufwand: 20 Minuten, zusätzlich 1 Stunde Marinierzeit
Backzeit: 5 Minuten

Für 4 Personen
2 gelbe Grapefruits
2 Eßl. Kirsch
6 Eßl. Zucker
2 Eigelb
½ Teel. Vanilleextrakt
3 Eiweiß
1 Prise Salz
2 Eßl. gehackte kandierte Früchte
½ Packung Vanilleeis
1 Eßl. Puderzucker

Bemerkungen Für dieses Dessert läßt sich alles vor dem Essen separat bereitstellen: Eis, bereits portioniert in den Grapefruitschalen (im Tiefkühlabteil aufbewahren!), marinierte Grapefruitschnitze und Meringage, wobei am besten das Eiweiß erst unmittelbar vor Gebrauch untergezogen wird. Der Ofen wird 10 bis 15 Minuten vor Ende der Mahlzeit eingeschaltet. 5 Minuten vor dem Überbacken die mit Eis gefüllten Grapefruitschalen aus dem Tiefkühler nehmen, füllen und überbacken.

Variationen
- Vanilleeis durch Orangensorbet ersetzen.
- Kandierte Früchte weglassen und einige Himbeeren, Erdbeeren oder Brombeeren auf das Eis legen.

Frische Himbeeren, mit einer zarten Mandelmasse überzogen und im Ofen kurz überbacken. Leicht und fein!

Framboises en surprise

*
V Kann vorbereitet werden (erst im letzten Moment Beeren und Eischnee mischen)
Arbeitsaufwand: 15 Minuten
Backzeit: 10 bis 15 Minuten

Für 4 Personen
125 g geriebene Mandeln
100 g Puderzucker
3 Eier
40 g Himbeeren
1 Eßl. Milch
Puderzucker zum Bestreuen
Butter für die Form

Eigelb mit Puderzucker zu einer Creme schlagen. Mandeln daruntermischen und Milch zugeben. Die steifgeschlagenen Eiweiße sorgfältig darunterziehen. Die Hälfte der Masse in die ausgebutterte Form geben, die Himbeeren darauf verteilen, mit Puderzucker bestreuen und mit der restlichen Masse zudecken. 10 bis 15 Minuten im mittelheißen Ofen (180°) bakken. Mit Puderzucker bestreuen und warm servieren.

Bemerkungen Von Hand geschlagenes Eiweiß geht beim Backen schöner auf. Für dieses Dessert lohnt sich der Mehraufwand.

Wein Süßer Dessertwein, z. B. Muskat, Mosel.

Variationen
- Läßt sich auch mit Erdbeeren oder Brombeeren zubereiten.

Der zarteste und leichteste Früchtekuchen: Pfirsichscheiben auf hauchdünnem Teig, ein Dessert, dem auch Linienbewußte nicht zu widerstehen brauchen.

Galette aux pêches

(Leichter Pfirsichkuchen)

**
V Kann vorbereitet werden
Arbeitsaufwand: 20 Minuten
Backzeit: 20 bis 25 Minuten

Blätterteig so dünn wie möglich auswallen (2 mm). 2 Plätzchen von ca. 16 cm Durchmesser ausschneiden. Auf ein bebuttertes Blech legen. Den Teig ganz dicht mit einer Gabel einstechen. Pfirsiche kurz in kochendes Wasser tauchen, dann die Haut abziehen. Die Früchte halbieren und in sehr feine Scheiben schneiden. Sollten sich die Pfirsichsteine nicht lösen, auf der Frucht Schnitze schneiden. Die Pfirsichschnitze kranzförmig auf dem Teig anordnen, mit Zitronensaft beträufeln. Bei 220° 10 Minuten backen. Mit Zucker und Butterflocken bestreuen und 10 bis 15 Minuten weiterbacken. Lauwarm servieren.

Bemerkungen Nicht vergessen, den Teig mit der Gabel einzustechen, sonst wölbt er sich während des Backens, und Butter und Zucker rinnen auf das Blech.

Beilagen Doppelrahm oder steifgeschlagener Rahm.

Wein Vin de Muscat (Frontignan), Muskat-Morio oder weißer Portwein.

Variationen
- Mit Äpfeln oder Birnen zubereiten (Backzeit um ca. 5 Minuten verlängern und ½ Eßlöffel mehr Zucker verwenden).
- Teig mit Heidelbeeren belegen (in diesem Fall einen Rand hochziehen wegen des Saftes) und mit wenig Zucker bestreuen.

Für 4 Personen
100 g Blätterteig
3 Pfirsiche
1 Eßl. Zitronensaft
2 Eßl. Zucker
40 g Butter
Butter für das Blech

Klassisch und einfach: Leicht gezuckerte, schöne, reife Erdbeeren auf Zitroneneis, bei Tisch mit Champagner oder Sekt übergossen.

Fraises à la champenoise

Die Erdbeeren halbieren oder vierteln. Mit Zukker und Zitronensaft mischen. 10 Minuten ziehen lassen. Sorbet in vorgekühlte Gläser füllen. Mit Erdbeeren bedecken. Den Champagner oder Sekt bei Tisch darübergießen.

Bemerkungen Zitronensorbet kann man selbst zubereiten oder fertig kaufen. Zitroneneis läßt sich ebenfalls verwenden.

**
V Kann vorbereitet werden
Arbeitsaufwand: 10 Minuten

Pro Person
200 g Erdbeeren
1 Eßl. Zucker
1 Teel. Zitronensaft
1 Kugel Zitronensorbet (s. d.)
1 Babyflasche Champagner

Die einfachste und beste Zubereitungsart für Sorbet (Früchteeis). Vor allem aus Beeren hergestellt schmeckt es hervorragend.

Sorbet aux fruits

(Fruchtsorbet)

**
V Kann vorbereitet werden
Arbeitsaufwand: 10 Minuten zusätzlich Gefrierzeit

Für 4 Personen
600 g Erdbeeren oder Himbeeren, Heidelbeeren, schwarze Johannisbeeren (oder beliebiges Fruchtmark, auch von exotischen Früchten, wie Mangos, Melone, Kiwis usw.)
160 g Puderzucker
2 Eßl. Zitronensaft

Erdbeeren entstielen, waschen und mit dem Zucker und dem Zitronensaft 2 bis 3 Minuten pürieren. Das Püree in die Eismaschine geben und unter Rühren eine Stunde gefrieren lassen. Motor abstellen und ½ Stunde weiter gefrieren lassen. Vor dem Servieren mit dem Schwingbesen gut durcharbeiten. In hohe Sektkelche füllen oder in Kugelform abstechen (am besten oval, mit zwei Dessertlöffeln).

Bemerkungen Man kann dieses Sorbet auch ohne Apparat gefrieren, muß aber während der ersten Stunde die Sorbetmasse mehrmals durchrühren, damit sich keine Eiskristalle bilden.
Bei süßem Fruchtfleisch 1 Eßlöffel Zitronensaft zugeben.

Variationen

- **Fruchtsorbet** (auf Sirupbasis):
  600 g frische Ananas (oder anderes Fruchtfleisch), in Würfel geschnitten. Zuckersirup aus 2,5 dl Wasser und 150 g Zucker. Wasser und Zucker zusammen aufkochen. Erkalten lassen. Mit Ananaswürfeln mischen und im Mixer pürieren. Durch ein Sieb streichen, dann in der Eismaschine 1 Stunde gefrieren. Vor dem Servieren gut durchrühren.

Bemerkungen Sorbets in hohen Kelchgläsern servieren oder einen Löffel in heißes Wasser tauchen, eiförmige Kugeln aus der Masse stechen und auf Teller legen. Keinen Rahm dazu servieren.

Variationen

- Bei Beerensorbets frische Beeren der Zubereitung dazu servieren.
- Eisbecher komponieren mit Früchten des Sorbets und einer Fruchtsauce mit dem gleichen Aroma.

- Verschiedene Sorbetsorten auf Teller fächerartig anrichten (lohnt sich nur bei einer größeren Anzahl von Gästen).
- Sorbet kombinieren mit Beeren oder exotischen Früchten, hausgemachtem Pudding
- in zarten Biskuittulpen servieren (s. d.)

Ein attraktives, leicht gefrorenes Quarkdessert mit Dörrzwetschgen – ein Dessert, das aus dem Vorrat zubereitet werden kann. Kleine Raffinesse: mit Armagnaczwetschgen garnieren.

Coupe glacée aux pruneaux

Die Zwetschgen über Nacht in kaltes Wasser legen. Im Einlegewasser 15 bis 20 Minuten kochen. Gut abtropfen, im Mixer mit 1 bis 2 Eßlöffeln Einlegewasser pürieren. Mit Zucker und Rahmquark gut mischen. Mit dem Schwingbesen gut durchrühren. Rahm mit Vanilleextrakt steifschlagen. Zur Creme geben, die Creme in einen Dressiersack (Spritze) mit gezackter Tülle einfüllen. In schöne Gläser dressieren. 1 Stunde im Tiefkühler gefrieren lassen. Vor dem Servieren mit einer Armagnaczwetschge garnieren.

Bemerkungen Diese Coupes können mehrere Tage im voraus zubereitet werden. Allerdings muß man sie dann 1 Stunde vor dem Servieren aus der Tiefkühltruhe in den Kühlschrank stellen, damit sie etwas auftauen.
Sind keine Armagnaczwetschgen erhältlich, kann man die Zwetschgen selbst in Armagnac oder Cognac einlegen und anschließend mit wenig Einlegesaft der übrigen Zwetschgen und dem Armagnac oder Cognac weich kochen.

Beilagen Teegebäck, z. B. Mandelbögen (s. d.).

*
V Kann vorbereitet werden
Arbeitsaufwand: 15 Minuten, zusätzlich Einlegezeit der Zwetschgen 20 Minuten
Kochzeit: 15 bis 20 Minuten (im Dampfkochtopf nur 5 bis 6 Minuten)
Kühlzeit: 1 Stunde

Für 4 Personen
200 g Dörrzwetschgen ohne Stein
70 g Zucker
200 g Rahmquark (Sahnequark)
1 dl Rahm
1 Teel. Vanilleextrakt
4 Zwetschgen, in Armagnac eingelegt

Ein leichtes und dekoratives Dessert: frische Himbeeren mit gekühltem Sherry und Pistazieneis.

Ballon rose «à la pistache»

**
V Muß im letzten Moment zusammengestellt werden
Arbeitsaufwand: 5 Minuten

Für 1 Person
35 g Himbeeren, frisch oder tiefgekühlt
3 Eßl. Rahm
3 Eßl. trockener Sherry (Jerez)
1 Eßl. Zucker
1 Kugel Pistazieneis

Großes Burgunderglas im Kühlschrank vorkühlen. Die Himbeeren mit Rahm, Sherry und Zukker in den Mixer geben und pürieren. Durch ein Sieb passieren und in ein schönes Ballonglas gießen. Das Pistazieneis in die Mitte geben. Sofort servieren.

Bemerkungen Bei tiefgekühlten Himbeeren weniger Zucker zufügen.

Variationen
- Läßt sich auch mit anderem Eis zubereiten, z. B. mit Himbeer- oder Erdbeereis.
- Zusätzlich mit ganzen Beeren dekorieren.

Eine ebenso raffinierte wie gelungene Kombination: Erdbeersorbet, Kiwischeiben, Portwein und Rahm (Sahne). Ein dekoratives Dessert, das in schönen Gläsern serviert werden sollte.

Rêve aux Kiwis

**
V Kann weitgehend vorbereitet werden (erst im letzten Moment in die Gläser füllen)
Arbeitsaufwand: 10 Minuten

Für 4 Personen
4 Kugeln Erdbeersorbet (s. Früchtesorbet)
2 bis 3 Kiwis
¼ l Portwein
¼ l Rahm

Schöne Kelchgläser vorkühlen. Kiwis schälen und in feine Scheiben schneiden. Portwein kühl stellen. Rahm steifschlagen.
Je 1 Kugel Erdbeersorbet in jedes Glas geben. Einige Kiwischeiben dazulegen und mit Portwein auffüllen. Mit steifgeschlagenem Rahm und einer Kiwischeibe garnieren.

Bemerkungen Für dieses Dessert ist nur das beste Sorbet gut genug. Anstelle von Kiwis können Stachelbeeren verwendet werden (halbieren, in Portwein marinieren und erst dann für dieses Dessert verwenden).

Ein zartes, tulpenförmiges Gebäck, gefüllt mit Früchtesorbet – eines der schönsten Desserts, die man lieben Gästen vorsetzen kann.

Tulipe glacée

(Sorbet-Tulpe)

**
V Kann vorbereitet werden (Sorbet erst vor dem Servieren in die Teigtulpen füllen)
Arbeitsaufwand: 20 Minuten, zusätzlich Ruhezeit des Teiges
Backzeit: 20 bis 30 Minuten (für alle Teigtulpen)

Für 8 Personen
30 g Zucker
1½ bis 2 Eiweiß (ca. 50 g), je nach Größe der Eier
50 g gesiebtes Mehl
50 g Butter
Butter für das Blech
8 Kugeln Früchtesorbet, z. B. aus schwarzen Johannisbeeren (Cassis), Himbeeren oder Mango (s. d.)

Gesiebtes Mehl mit dem Zucker mischen. Eiweiß und lauwarme, geschmolzene Butter zufügen und zu einer glatten Masse verarbeiten. 30 Minuten kühl stellen. Backofen auf 180° vorheizen. Ein rechteckiges Kuchenblech mit Butter bestreichen. In genügend großen Abständen pro Tulpe je 1 Eßlöffel Teig daraufgeben und mit dem Rücken des Löffels zu 10 bis 12 cm großen Kreisen verstreichen. Je nach Blechgröße können 2 bis 4 Tulpen auf einmal gebacken werden. Unter ständiger Kontrolle bei 220° 5 bis 6 Minuten backen. Der Rand darf leicht hellbraun werden. Nach dem Backen sofort vom Blech lösen und über eine Orange oder Tasse legen, so daß eine tulpenartige Form entsteht.
Die Tulpen auf eine Platte oder in Portionenschalen anrichten. Aus dem Früchtesorbet Kugeln formen und je eine große oder zwei kleine davon in die Mitte einer Tulpe geben.

Bemerkungen Sollte Teig übrigbleiben, kann daraus in beliebiger Form Gebäck zum Kaffee oder Tee gebacken werden. Er kann aber auch eingefroren und später in ähnlicher, evtl. kleinerer Form gebacken und beispielsweise mit Schokolade- oder Ingwerrahm gefüllt werden.

Variationen
- Tulpen etwas größer machen und mit drei sehr kleinen verschiedenen Sorbetkugeln füllen.
- Mit gekauftem Eis füllen und evtl. mit etwas steifgeschlagenem Rahm garnieren.
- Besonders raffiniert: Sorbet mit wenig frischgehackten Kräutern bestreuen (z. B. Birnensorbet mit Pfefferminzblätter, Kirschensorbet mit Basilikum).

Das Formen der Tulpen

1
Je 1 Eßlöffel Teig in genügend großen Abständen auf ein bebuttertes Kuchenblech geben

2
Nach dem Backen sofort mit einem Spatel vom Blech lösen

3
Die Teigplätzchen noch warm über eine Tasse legen und formen

4
Die Tulpen auf eine Platte oder auf Portionenteller stellen und füllen

Eine überaus harmonische Zusammenstellung: Vanilleeis mit Pfirsich und einer aromatischen Brombeersauce.

Pfirsich / Brombeer-Becher

**

V Kann weitgehend vorbereitet werden (erst im letzten Moment zusammenstellen)
Arbeitsaufwand: 15 Minuten

Für 4 Personen
2 frische Pfirsiche oder 4 halbe Dosenpfirsiche
2 Eßl. Zitronensaft
400 g Brombeeren, frisch oder tiefgekühlt
2 Eßl. Zucker
1 Eßl. Brombeerlikör
4 Scheiben oder Kugeln Vanilleeis

Frische Pfirsiche kurz in heißes Wasser legen, dann schälen und sofort mit Zitronensaft beträufeln. Brombeeren mit Zucker aufkochen. Durch ein Sieb streichen und erkalten lassen. Die Brombeersauce mit dem Brombeerlikör mischen. Je eine Scheibe oder Kugel Vanilleeis auf vorgekühlte Teller legen. Mit den Pfirsichen belegen und mit der Brombeersauce überziehen.

Bemerkungen Besonders geeignet sind für dieses Dessert weiße sehr reife Pfirsiche.

Variationen
- Mit gerösteten Mandelsplittern bestreuen.
- Vanilleeis etwas auftauen lassen, mit Krokant (s. d.) mischen und wieder einfrieren.
- Brombeeren durch Himbeeren ersetzen.
- Brombeersauce heiß über das Eis geben!

Eine selbstgebackene Schale aus Meringuemasse (Baisermasse), gefüllt mit Rahmeis, Bananen und Kiwis oder anderen exotischen Früchten – ein dekoratives, festliches Dessert.

Pavlova

**
V Kann vorbereitet werden (Früchte und Rahmeis erst vor dem Servieren einfüllen)
Arbeitsaufwand: 40 Minuten, zusätzlich 5 Stunden Trocknungszeit

Für 6 Personen
4 Eiweiß
100 g Puderzucker
100 g Kristallzucker
1 Teel. Essig
½ Teel. Vanilleextrakt
2 Eßl. Maispuder
½ Teel. eingesottene Butter
2 Kiwis
1 große oder 2 kleine Bananen
3 Eßl. Grand Marnier
¼ l Rahm (Sahne)
4 Kugeln Vanille-Rahmeis

Eiweiß zu Schnee schlagen. Wenn es steif zu werden beginnt, Puder- und Kristallzucker nach und nach darunterziehen. Essig, Vanilleextrakt und Maispuder beigeben. Die Masse muß immer fest bleiben. 2 rechteckige Backbleche mit Aluminium- oder Backfolie auslegen. Leicht mit Butter bestreichen. Einen Dressiersack mit Stern- oder Rundeinsatz mit der Masse füllen und einen Boden von 16 cm Ø sowie 4 gleich große Kreise auf die Bleche spritzen. Im Backofen bei 100° bis max. 120° etwa 1 Stunde trocknen lassen (darf keine Farbe annehmen). Ofentüre einen Spalt offenlassen, damit sich kein Dampf bildet.
Kiwis und Bananen schälen, in Scheiben schneiden, mit Grand Marnier begießen und ca. 30 Minuten kühl stellen. Rahm steifschlagen. Den Rand des Meringuebodens mit wenig Rahm bestreichen, so daß der erste Ring darauf halten bleibt. Diesen wiederum bestreichen und den zweiten Ring daraufsetzen. Damit fortfahren, bis alle Ringe aufgebaut sind. Die Pavlova lagenweise mit den Früchten (einige Kiwischeiben für die Garnitur zurückbehalten) und Vanille-Rahmeis füllen. Das Ganze mit Kiwischeiben und Rahmrosetten garnieren.

Bemerkungen Es empfiehlt sich, nach der halben Trocknungszeit der Meringues die beiden Bleche auszuwechseln, damit beide gleich viel Ober- und Unterhitze bekommen. In einem Heißluftofen erübrigt sich das Auswechseln.

Variationen
- Man kann auch eine kleine Schüssel mit der Öffnung nach unten auf ein Backblech legen, mit einer Schicht Seidenpapier überziehen und mit Baisermasse bedecken. Nach dem Backen erhält man so die Schale zum Füllen.

Diverse Füllungen

- Erdbeeren mit Rahm;
- Erbeeren und Kiwis,
  evtl. mit Früchte-Sorbet (s. d.);
- Salat aus exotischen Früchten;
- Melonenscheiben mit Ingwer.

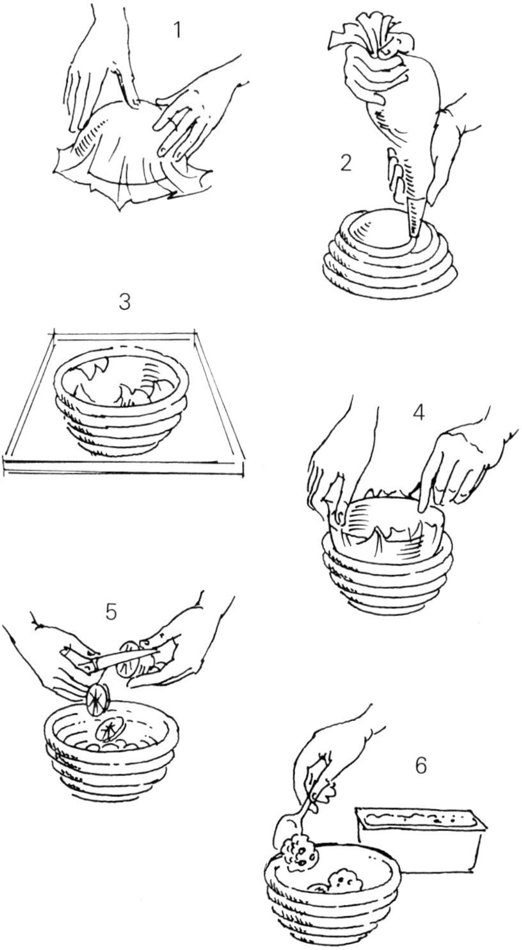

Das Formen der Pavlova

1
Kleine Schüssel mit der Öffnung nach unten auf ein Backblech legen und mit einer Schicht Seidenpapier oder Alufolie überziehen

2
Meringage (Baisermasse) in einen Dressiersack füllen und die Schüssel damit überziehen

3
Das Ganze nach dem Backen wenden

4
Schüssel und Folie nach dem Erkalten herausziehen

5
Die Pavlova nach Belieben füllen: mit Obstsalat, Erdbeeren und Rahm usw.

6
oder lagenweise mit Rahmeis und Früchten

Ein interessanter Kontrast: kühles Rahmeis mit heißer Himbeersauce. Schnell und gut, auch für Gäste.

Rahmeis mit heißer Himbeersauce

*
V Kann vorbereitet werden
Arbeitsaufwand: 10 Minuten

Für 4 Personen
4 Portionen Rahmeis
400 g Himbeeren (evtl. tiefgekühlt)
4 Eßl. Zucker
1 Eßl. Zitronensaft
2 Eßl. Himbeergelee
2 Eßl. Himbeergeist

Himbeeren mit Zitronensaft, Zucker und Himbeergelee mischen. Auf kleinem Feuer erwärmen. Himbeergeist zufügen. In eine vorgewärmte Sauciere geben. Brennend auftragen und über das Rahmeis verteilen.

Bemerkungen Die Sauce brennt nur, wenn sie heiß ist. Wenn Kinder mitessen, auf den Himbeergeist verzichten, dafür steifgeschlagenen Rahm dazureichen.

Beilagen Zitronenstangen (s. d.) oder Blätterteigspiralen (s. d.).

Variationen
- Brombeeren oder Heidelbeeren verwenden.
- Beeren durch Sauerkirschen ersetzen und auf Nußeis servieren.
- Feingeschnittene Aprikosen auf diese Art zubereiten und über Mandel- oder Pistazieneis geben.

Frische Ananas, in karamelisiertem Zucker gewendet, mit Orangensaft und einer interessanten Likörmischung abgelöscht und flambiert und zuletzt – mit schwarzem Pfeffer gewürzt. Eine pikante Komposition.

Frische Ananas mit Pfeffer

(Ananas frais au poivre)

**
V Kann vorbereitet werden
Arbeitsaufwand: 10 Minuten

Grand Marnier, Mokkalikör und Benediktiner mischen und in eine hübsche Flasche abfüllen (reicht für 2 Zubereitungen oder 4 Portionen).

Die Butter in einer Flambierpfanne zerfließen lassen. Den Zucker darin hellbraun rösten. Mit Orangensaft ablöschen. Die Ananasscheiben hineinlegen und wenden. Mit viel Pfeffer bestreuen. Die Likörmischung zugeben, erwärmen und flambieren. Sofort mit einer Kugel Rahmeis servieren.

Bemerkungen Am besten eignet sich für dieses Rezept eine Pfeffermischung, bestehend aus ⅓ schwarzem Pfeffer, ⅓ weißem Pfeffer und ⅓ Piment.

Für 2 Personen
4 Scheiben frische Ananas
4 Eßl. Grand Marnier
1 Eßl. Mokkalikör
2 Eßl. Benediktiner
1 Eßl. Butter
3 Eßl. Zucker
4 Eßl. Orangensaft
Pfeffer aus der Mühle
2 Kugeln Vanille-Rahmeis

1
Zucker in einer Flambierpfanne hellbraun rösten

2
Mit Orangensaft ablöschen

3
Die Ananasscheiben hineinlegen und wenden

4
Likörmischung zugeben

5
Erwärmen und flambieren

6
Mit frischgemahlenem Pfeffer bestreuen

Ein Schnelldessert, das aus dem Vorrat zubereitet werden kann, was ihm aber nicht anzusehen ist.

Flambiertes Vanille-Eis

**

V Kann vorbereitet werden
Arbeitsaufwand: 15 Minuten
zus. Gefrierzeit: 2 Stunden

Für 4 Personen
750 g Vanille-Rahmeis
1 Glas bittere Orangenmarmelade
4 Eßl. geschälte, gehackte Nüsse (Mandeln, Haselnüsse, Walnüsse), geröstet
1 dl Curaçao (Orangenlikör)

Eis im Kühlschrank etwas aufweichen lassen (es darf nicht zerfließen). Den Viertel davon in eine Puddingform mit glatten Wänden oder in eine runde Schüssel geben. Etwas Marmelade darüber geben und mit 1 Eßlöffel gerösteten Nüssen bestreuen. Wiederum Rahmeis einfüllen, mit Marmelade und Nüssen bedecken. Diese Operation nochmals wiederholen und mit Rahmeis abschließen. Die Schüssel in die Tiefkühltruhe oder ins Tiefkühlfach des Kühlschrankes stellen. 2 Stunden gefrieren lassen. 10 Minuten vor dem Servieren aus dem Kühlschrank nehmen, auf eine Platte stürzen. Orangenlikör in einer kleinen Saucenpfanne oder einem schönen Schöpflöffel am Tisch über einer Kerze erwärmen, anzünden und brennend über das Eis gießen.

Bemerkungen Das Eis löst sich beim Stürzen besser, wenn man ein heißes, feuchtes Tuch für einen Augenblick über die Schüssel legt. Die Nüsse lassen sich am besten in einer trokkenen Bratpfanne rösten.

Beilagen Zitronenstangen (s.d.) Sablés (s.d.).

Variationen
– Dieses Rezept läßt sich auch für andere Eis- und Marmeladesorten anwenden. Der Likör kann geschmacklich dazu ausgesucht werden.

KOMPOTT
ein Hauch von Nostalgie

Die große Zeit der einfachen, natürlichen Obstdesserts ist wieder da. Kompott mag jeder, besonders nach einem etwas reichhaltigen Essen. Kompott heißt aber nun nicht, daß man einfach Obst mit Zucker und Wasser garkocht. Kleine Zugaben machen daraus etwas Besonderes. Zum Beispiel: Dörrzwetschgen, im Tee gekocht und mit etwas Cognac parfümiert; Traubenbeeren, diskret gewürzt mit Nelken und Koriander; Birnen, in Rotwein gekocht, mit kandiertem Ingwer – das und noch vieles mehr finden Sie in diesem Abschnitt meines Buches.
Die Zuckerbeigabe können Sie nach Wunsch reduzieren oder aber, wie es immer häufiger geschieht, durch etwas künstlichen Süßstoff ersetzen, was niemand merkt, wenn man das Kompott leicht würzt oder mit Likör oder Branntwein aromatisiert.
Die Gäste werden es Ihnen danken.

Feigenkompott

*
V Kann vorbereitet werden
Arbeitsaufwand: 10 Minuten
Einlegezeit: 12 Stunden
Kochzeit: 15 bis 20 Minuten

Für 4 Personen
200 g getrocknete Feigen (beste Qualität)
¼ l Weißwein
1 Lorbeerblatt
2 Eßl. Rum
3 Stückchen kandierter Ingwer

Die Feigen über Nacht einlegen. Dann samt dem Lorbeerblatt im Wein weichkochen. Aus der Pfanne nehmen, den Saft etwas einkochen lassen, den Rum und den Ingwer zufügen und die Feigen mit dem würzigen Saft übergießen.

Bemerkungen Kandierter Ingwer ist trocken oder in Sirup eingelegt erhältlich.

Birnenkompott mit Ingwer

*
V Kann vorbereitet werden
Arbeitsaufwand: 10 Minuten
Kochzeit: 8 bis 10 Minuten

500 g Birnen
¼ l Rotwein
½ Zimtstengel
150 g Zucker
2 bis 3 Stückchen Ingwer, kandiert

Birnen waschen, schälen, entkernen und in Schnitze schneiden. Mit dem Rotwein, Zimtstengel und Zucker kochen. Kandierte Ingwerstückchen zufügen.

Bemerkungen Kandierter Ingwer ist trocken oder in Sirup eingelegt erhältlich. Bei Verwendung von eingelegtem Ingwer kann man etwas Ingwersirup zum Wein geben (Zuckermenge etwas reduzieren).

Grapefruitkompott

*
V Kann vorbereitet werden
Arbeitsaufwand: 15 Minuten
Kochzeit: 2 bis 3 Minuten

Für 6 Personen
4 Grapefruits
½ l Wasser
100 g Zucker
2 Eßl. Wodka

Wasser und Zucker zu Sirup kochen. Geschälte Grapefruitschnitze dazugeben und kurz aufkochen. Wodka zugeben.

Bemerkungen Wie man geschälte Schnitze auslöst, sehen sie auf S. 41.

Variationen
- Nach diesem Rezept kann man auch Orangenkompott zubereiten. Wodka durch Grand-Marnier oder anderen Orangenlikör oder durch Cognac ersetzen.

Aprikosenkompott mit Ingwer

Aprikosen waschen, halbieren und entsteinen. Ingwer kleinschneiden. 3 bis 4 Steine aufbrechen und die Kerne herausnehmen, kurz in heißes Wasser legen und wie Mandeln schälen. Zu den Aprikosen geben. 5 dl Wasser mit dem Zucker kochen, bis ein dünner Sirup entsteht (ca. 10 Minuten). Die Aprikosen mit den Kernen ca. 15 Minuten leise «köcheln» lassen. Nach 10 Minuten den Ingwer beigeben. Zum Schluß den Honig in den Sirup rühren und das Kompott auskühlen lassen.

Bemerkungen Wer sich die Arbeit mit den Aprikosenkernen ersparen will, kann dem Kompott wenig Mandelessenz zufügen (Achtung beim Dosieren!). Fehlt der kandierte Ingwer, kann auch gemahlener Ingwer verwendet werden. ½ Teelöffel genügt. Dieses Kompott kann lauwarm oder kalt serviert werden.

*
V Kann vorbereitet werden
Arbeitsaufwand: 25 Minuten
Kochzeit: 15 Minuten

Für 4 Personen
750 g Aprikosen
50 g kandierter Ingwer
80 g Zucker
3 Eßl. Honig

Pfirsichkompott «Barsac»

Pfirsiche waschen und halbieren. Ungespritze Orangen und Zitrone waschen und in ½ cm dicke Scheiben schneiden. Wein und Zucker unter Beigabe von Orangen- und Zitronenscheiben zu leichtem Sirup kochen (ca. 10 bis 15 Minuten).
Die Pfirsichhälften ebenfalls in den Sirup geben und 5 Minuten kochen. Inzwischen sollen die Schalen von Orangen und Zitronen weich sein.
Zum Anrichten je zwei Pfirsichhälften pro Person mit Orangen- und Zitronenscheiben garnieren.

Bemerkungen Weiße Pfirsiche sind für dieses Kompott delikater als gelbe. Allerdings müssen die Früchte reif sein.

**
V Kann vorbereitet werden
Arbeitsaufwand: 15 Minuten
Kochzeit: 5 bis 10 Minuten

Für 4 Personen
750 g Pfirsiche
2 Orangen
1 Zitrone
½ l Sauternes (oder ein anderer gehaltvoller Weißwein, z. B. Moselwein)
120 g Zucker

Orangen nach Sevilla-Art

V Kann vorbereitet werden
Arbeitsaufwand: 15 Minuten
Kochzeit: 5 Minuten

Für 4 Personen
800 bis 1000 g Orangen (evtl. bittersüße aus Sevilla)
¼ l Grenadinesirup
⅛ l Weißwein
2 bis 3 Nelkenköpfchen
Saft einer Zitrone
1 Orangenschale
1 bis 2 Gläschen Orangenlikör

Die Orangen zuerst gründlich waschen. Die äußerste Schicht einer Orangenschale in hauchfeine Streifchen schneiden. Die Orangen sorgfältig und gründlich schälen, entkernen und in feine Scheiben oder Schnitze teilen. Sirup mit dem Weißwein aufkochen, Nelkenköpfchen, Zitronensaft, Likör und Orangenstreifchen zufügen. Kurz ziehen lassen und heiß über die Orangen gießen.

Bemerkungen Vor dem Servieren mindestens eine halbe Stunde ziehen lassen. Noch besser ist dieses Kompott, wenn es bereits am Vortag zubereitet wird. Wie man geschälte Schnitze auslöst, können Sie unten sehen.

1
Die äußerste Schicht der Orangenschalen mit einem Spezialmesser in hauchfeine Streifen schneiden

2
Die Orangen nach gründlichem Schälen in geschälte Schnitze teilen

3
Sirup mit Weißwein aufkochen

4
Gewürze und Orangenstreifen zugeben.
Kurz ziehen lassen

5
Heiß über die Orangenschnitze gießen

Dörrzwetschgen-kompott

*
V Kann vorbereitet werden
Arbeitsaufwand: 10 Minuten, zusätzlich 15 Minuten Einlegezeit
Kochzeit: 15 bis 20 Minuten

Für 4 Personen
200 g fleischige Dörrzwetschgen
5 dl Schwarztee
1 Teelöffel Vanillezucker
1 bis 2 Eßl. Armagnac oder Cognac

Die Zwetschgen kurz in lauwarmem Wasser aufquellen lassen, dann abtropfen und in dem mit Vanillezucker gesüßten Tee weichkochen. Mit Armagnac oder Cognac abschmecken und eventuell nachzuckern. Lauwarm oder kalt servieren.

Bemerkungen Man kann bereits entsteinte Zwetschgen kaufen.

Beilagen Steifgeschlagener Rahm oder Vanillecreme.

Kirschkompott in Rotwein

**
V Kann vorbereitet werden
Arbeitsaufwand: 10 Minuten
Kochzeit: 25 Minuten

Für 4 Personen
750 g Weichselkirschen oder andere Sorte
½ l roter Bordeaux
80 g Zucker
¼ Teel. gemahlener Zimt
75 g Johannisbeergelee

Kirschen waschen und entstielen. Wein mit Zucker leicht einkochen (15 Minuten). Mit Zimt würzen. Die Wein/Zucker-Mischung und das Johannisbeergelee verrühren und erwärmen. Die Kirschen 10 Minuten darin ziehen lassen. Das Kirschkompott in Glasschalen lauwarm oder kalt servieren.

Bemerkungen Die genaue Kochzeit hängt von der Kirschsorte ab.

Birnen in Wein

**
V Kann vorbereitet werden
Arbeitsaufwand: 20 Minuten, zusätzlich Kühlzeit
Kochzeit: 30 bis 35 Minuten

Für 6 Personen
150 g Zucker
1 gute Messerspitze Zimt

Den Wein mit Zucker, Zimt, Nelke, Orangen- und Zitronenscheiben aufkochen und auf kleinem Feuer eine Viertelstunde ziehen lassen. Die Birnen sorgfältig schälen (Stiele stehen lassen), im Wein weichgaren, herausnehmen und in eine Kompottschüssel stellen. Dann den Wein einkochen lassen, bis er leicht sämig ist, und – etwas abgekühlt – über die Birnen gießen.

1 Nelkenköpfchen
je 2 Orangen- und Zitronenscheiben
½ l Beaujolais
6 Birnen (Pastoren- oder Gute-Luise-Birnen)

Bemerkungen Die Birnen sollen weich werden, dürfen aber nicht zerfallen.

Variationen

- Solange der Wein noch warm ist, kann man auch 1 bis 2 Eßlöffel Cassisgelee (schwarze Johannisbeeren) darin auflösen. Das verleiht dem Kompott ein ungewöhnliches, herb-süßes Aroma.
- Raffiniert ist die Beigabe von etwas schwarzem Pfeffer aus der Mühle.
- Äpfel lassen sich auf dieselbe Art zubereiten.

SÜSSE EVERGREENS

Die herrlichsten aller Süßspeisen, nach bewährten Rezepten zubereitet, krönen ein festliches Essen. Allerdings ist dies das Schlemmerkapitel meines Buches. Kalorien dürfen da nicht gezählt werden, denn diese Desserts schmecken nur wirklich gut, wenn man mit guten Zutaten nicht spart. Auch Meisterköche, die sich bemühen, ihren Gästen leichte Gerichte vorzusetzen, fahren schwerbeladene Dessertwagen an den Tisch des Gastes, wo meistens ein oder zwei dieser Evergreens dabei sind.

SIND DESSERTS NOCH GEFRAGT?

Diese Frage stellte ich mir auch, als ich dieses Kapitel in Angriff nahm. Beobachtungen und Umfragen haben mir dann gezeigt, daß es wohl viele Gourmets gibt, die Süßspeisen konsequent ablehnen, weil sie für ihre Linie fürchten, daß aber mindestens ebenso viele ein Dessert nach Großmutterart über alles schätzen. Diesen nun seien diese Seiten gewidmet.
Wer «leichte Desserts» vorzieht, findet eine ganze Anzahl davon auf den Seiten 313 bis 336.

Eine feine, aber heikle Sache und deshalb von allen Anfängern gemieden. Wenn Sie aber diese Anleitung genau befolgen, können Sie sich ohne Furcht an dieses luftige Dessert wagen.

Soufflé à la vanille

(Grundrezept)

Die Souffléform mit Butter ausstreichen. Mit Puderzucker bestreuen, dabei die Wände der Form ebenfalls zuckern. Überschüssigen Zucker herausklopfen.
Milch mit der aufgeschlitzten Vanilleschote aufkochen. Butter in einer kleinen Pfanne erwärmen. Mehl zufügen und unter ständigem Rühren 3 Minuten dünsten. Die Pfanne von der Heizquelle wegziehen. Die inzwischen etwas abgekühlte Milch unter Rühren zugeben. Zucker zugeben. Wieder auf die Platte stellen und 3 bis 4 Minuten zu einer gleichmäßigen dicken Creme kochen. Die Pfanne abermals vom Herd wegziehen, die leicht verquirlten Eigelb zufügen und alles gut durcharbeiten. Die Eiweiß mit dem Salz steifschlagen. ¼ des Eiweißes mit der Masse gut mischen. Restliches Eiweiß mit dem Spatel locker daruntermischen. Die Masse bis zu ¾ Höhe in die Form einfüllen. Die Oberfläche des Soufflés mit dem Spatel oder einem Messer kreisförmig einkerben. Bei 180° 20 bis 25 Minuten backen. Mit Puderzucker bestreuen und sofort servieren.

Bemerkungen Der Vanillegeschmack wird etwas intensiver, wenn man der Masse etwas Vanilleextrakt zufügt.

Beilagen Löffelbiskuits oder leichtes Gebäck (s. Mandelbögen, Sablés).

Wein Eine Zeitlang etwas aus der Mode gekommen, jetzt aber wieder sehr gefragt: Muskat (z. B. Frontignan), Grenache oder Moselwein.

*
V Kann vorbereitet, darf aber erst im letzten Moment gebacken werden (s. Soufflé-Tricks, S.350)
Arbeitsaufwand: 15 Minuten
Backzeit: 20 bis 25 Minuten

Für 4 Personen
3 Eßl. Butter
4 Eßl. Mehl
3 dl Milch
1 Vanilleschote
1 Eigelb
100 g Puderzucker
4 Eiweiß
1 Prise Salz
Butter für die Form
Puderzucker zum Bestreuen

WAS MAN BEIM SOUFFLÉ NICHT TUN DARF

- Das Soufflé im voraus backen. Immer erst in den Ofen schieben, wenn die Gäste mit dem Hauptgericht beinahe fertig sind. Das Soufflé kann nie warten, es fällt sofort zusammen.
- Den Ofen vorzeitig öffnen.
  Das Soufflé muß 15 bis 20 Minuten bei geschlossener Ofentür gebacken werden. Wenn Sie die Tür vorher öffnen, fällt es zusammen.
- Das Eiweiß lange vor dem Backen unter die Masse ziehen. ¾ des Eischnees erst unmittelbar vor dem Einschieben in den Ofen locker unterziehen.
- Nie das Mengenverhältnis des Rezeptes verändern. Beim Zufügen von Likör oder Fruchtpüree usw. die Milchmenge entsprechend reduzieren.
- Die Form zu wenig oder zu stark einfüllen. Wenn zu wenig Masse darin ist, steigt das Soufflé schlechter. Ist zu viel in der Form, kann es überlaufen.
  ¾ Höhe ist richtig.
- Bei zu hoher Temperatur backen.
  180° ist genau richtig.

Variationen

Schokoladensoufflé

Der Soufflémasse 100 g im Wasserbad aufgelöste dunkle Schokolade und 1 zusätzliches Eiweiß zufügen. Nur 80 g beigeben. Kleine Raffinesse: Schokolade mit 2 Eßlöffeln Kaffee auflösen.

Vanillesoufflé mit Kirschen

Genau wie beschrieben vorgehen. Die Mehlbeigabe um ½ Eßlöffel erhöhen. Der Masse vor der Beigabe des Eigelbs 300 g ausgesteinte Kirschen und 1 Eßlöffel Kirsch zufügen.

Soufflé «Arlequin»

½ Grundmasse für Vanillesoufflé
½ Grundmasse für Schokoladensoufflé

Die beiden Massen abwechselnd in die Form einfüllen, dabei jedesmal etwas drehen, damit die Schichten verschoben aufeinanderliegen. Wie beschrieben backen und mit Puderzucker oder gesüßtem Schokoladepulver bestreuen.

Zitronen- oder Orangensoufflé
Grundmasse wie beim Vanillesoufflé zubereiten, aber Vanilleschote weglassen. 3 Eßlöffel Zitronen- oder Orangensaft und 2 Teelöffel Zitronen- oder Orangenschale gerieben beigeben. Das Aroma kann durch Beigabe von Zitronen- oder Orangenessenz (Naturprodukt) etwas verstärkt werden.

Zarte kleine Pfannkuchen, gefüllt mit einer selbst zubereiteten und mit Grand Marnier parfümierten Vanillecreme.

Crêpes soufflées

Mehl, Salz, verquirlte Eier und Milch zu einem glatten Teig rühren. 1 Stunde stehen lassen. Butter zerfließen lassen und unter den Teig mischen, 8 kleine Omeletten backen. Eiweiß steifschlagen. Mit der Crème pâtissière und dem Grand Marnier sorgfältig mischen. Die Füllung auf die frischgebackenen Crêpes verteilen. Einrollen und mit Puderzucker bestreuen.

Bemerkungen Die frischgebackenen Crêpes auf einem Teller aufeinanderschichten, mit Aluminiumfolie abdecken und bei kleinster Hitze im Ofen warm halten!

Beilagen Nach Belieben Weißweinschaum (evtl. parfümiert mit Likör), Himbeer- oder Erdbeersauce (s. d.).

Variationen
- Füllung mit halbierten Erdbeeren mischen und Erdbeersauce dazureichen.
- Creme mit Krokant (s. d. «Crème au pralin») mischen.
- Füllung mit Karamel parfümieren.
- Gefüllte Crêpes mit Puderzucker bestreuen und ganz kurz unter dem Grill überbräunen.

*
V Kann vorbereitet werden
Arbeitsaufwand: 30 Minuten, zusätzlich Zubereitungszeit für die Vanillecreme (s. S. 350)

Für 4 Personen
120 g Mehl
Salz
2 Eier
¼ l Milch
20 g Butter
Eingesottene Butter zum Backen der Omeletten

Füllung
2 Eiweiß
¼ l Crème pâtissière (s. d.)
1 Eßl. Grand Marnier oder anderer Likör
Puderzucker zum Bestreuen

SOUFFLÉ-TRICKS

- Die Soufflémasse nach dem Einfüllen mit einem Spatel oder Messer ringsum einkerben, damit das Soufflé beim Backen aufspringt.
- Garprobe: Stricknadel oder Messer mit dünner Klinge vor dem Anrichten (frühestens nach 20 Minuten Backzeit) einstechen. Beim Herausziehen soll nichts mehr daran hängenbleiben.
- Damit das Soufflé noch besser aufgeht: die Form vor dem Backen 2 bis 3 Minuten in ein leise kochendes Wasserbad stellen. Dies ermöglicht das Vorbereiten des Soufflés. In der Restaurantküche werden Soufflés auf diese Art während der Essenszeit bereitgestellt, um im richtigen Moment in den Ofen geschoben zu werden. Die Form vor dem Einschieben in den Backofen abtrocknen. Ausnahme: Schokoladensouflé, das ohne Vorbehandlung in den Ofen kommt.
- Die Form nur bis ¾ Höhe mit Butter bestreichen – so kann das Soufflé beim Backen besser steigen.
- Soufflé ca. 5 Minuten vor Ende der Backzeit mit etwas Puderzucker bestreuen, der durch die Hitze karamelisiert wird.
- Das Soufflé geht besser auf, wenn das Eiweiß von Hand geschlagen wird (alte Konditor-Weisheit).

Vanillecreme für delikate Füllungen

(Crème pâtissière)

*
V Kann vorbereitet werden
Arbeitsaufwand: 20 Minuten
Kochzeit: ca. 5 Minuten

Milch oder Rahm mit dem aufgeschlitzten Vanillestengel aufkochen. Zucker und Eigelb zu einer weißen, sämigen Creme schlagen. Die Eicreme mit dem gewärmten Rahm oder Milch im Wasserbad schlagen, bis eine sämige Creme entsteht. Erkalten lassen.

Bemerkungen Die heiße Creme mit etwas Zucker bestreuen, damit sich beim Erkalten keine Haut bildet. Man kann der Milch oder dem Rahm beim Aufkochen 1 Eßlöffel Maispuder zufügen. Die Creme wird dadurch etwas dicker, aber weniger fein. Für Füllungen, die nicht ausfließen dürfen, wie z. B. für das Rezept «Crêpes soufflées», ist dieses Vorgehen zu empfehlen.

¼ l Milch oder Rahm
1 Vanillestengel
4 Eigelb
50 g Zucker

Variationen
- Der Creme etwas Krokant beifügen (s. S. 352) «Crème au pralin»).
- Feingehackte kandierte Früchte zugeben.

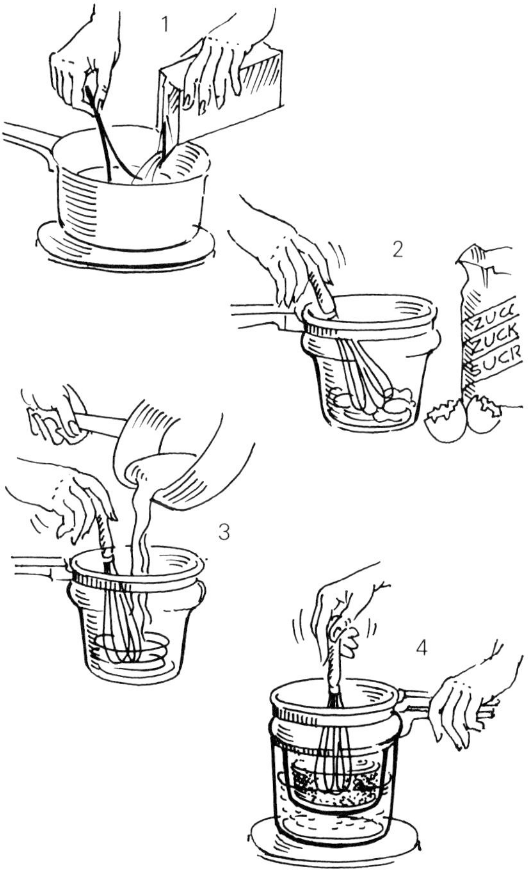

Die Zubereitung im Wasserbad

1
Milch oder Rahm mit Vanillestengel aufkochen

2
Zucker und Eigelb zu einer weißlichen, sämigen Creme schlagen

3
Warme Milch oder Rahm unter Rühren zugeben

4
Im Wasserbad schlagen, bis eine gebundene Creme entsteht

Eine der besten Cremes überhaupt, nach «Großmutterart» zubereitet, mit Eigelb, Rahm und Karamel und mit Krokant bestreut.

Crème au pralin

*

V Kann vorbereitet werden
Arbeitsaufwand: 20 Minuten
Kochzeit: ca. 5 Minuten

Für 4 bis 5 Personen
½ l Rahm (Sahne) oder Milch
1 Vanillestengel
150 g Zucker
6 Eigelb
1 Prise Zimt
2 bis 3 Tropfen Zitronensaft
6 Eßl. Rahm zum Garnieren

Krokant
100 g Zucker
100 g geschälte Mandeln
3 bis 4 Tropfen Zitronensaft
½ Teel. Butter
Aluminiumfolie

Rahm oder Milch mit aufgeschlitztem Vanillestengel im Wasserbad erwärmen. 100 g Zukker und Eigelb zu einer weißlichen Creme schlagen. Die Eicreme mit dem erwärmten Rahm (bzw. Milch) und Zimt im Wasserbad schlagen, bis eine sämige Creme entsteht. Restlichen Zucker in eine trockene Bratpfanne geben. Mit 1 Eßlöffel Wasser und Zitronensaft hellbraun karamelisieren. Karamel in der heißen Creme auflösen. Erkalten lassen. Für den Krokant die Mandeln grob hacken. Zucker karamelisieren. Mandeln und Zitronensaft zufügen. Gut mischen. Aluminiumfolie auf dem Tisch ausbreiten, mit Butter bestreichen und die Krokantmasse daraufgießen. Erkalten lassen. Mit dem Wellholz zerdrücken. 1 dl Rahm steifschlagen. Die erkaltete Creme mit Rahmrosette garnieren und mit Krokant bestreuen.

Bemerkungen Die heiße Creme mit etwas Zucker bestreuen, damit sich beim Erkalten keine Haut bildet.

WEIN ZU DESSERTS?

Nicht sehr üblich ist es bei uns, zu Süßspeisen einen Wein zu kredenzen. Früher war dies bei festlichen Galadîners an der Tagesordnung.
Ich habe diese Sitte bei mir ab und zu wieder eingeführt, und zwar mit großem Erfolg. Ein kleines Gläschen süßen Wein zu einem mit Liebe zubereiteten, vielleicht etwas altmodischen Dessert ist eine kulinarische Besonderheit. Deshalb habe ich da und dort bei den Dessertrezepten den passenden Wein erwähnt.

Die berühmteste aller Charlotten auf Cremebasis ist die «Charlotte russe». Sie wurde von Antonin Carême (1784–1833), dem berühmten französischen Kochkünstler und Pâtissier, für Außenminister und hohe Polizeibeamte kreiert und zunächst unter der Bezeichnung «Charlotte parisienne» serviert. Carême lieferte seine wunderbar aufgebauten Gebilde auf Bestellung und dekorierte sie bereits damals mit den inzwischen klassisch gewordenen Löffelbiskuits. Die Charlotte russe ist auch heute noch Inbegriff eines festlichen Desserts.

Charlotte russe

(Grundrezept)

Die Milch mit dem aufgeschlitzten Vanillestengel zum Kochen bringen, vom Feuer nehmen und etwas ziehen lassen. Die Gelatine in kaltes Wasser legen. Eigelb mit dem Zucker zu einer sämigen, weißlichen Creme schlagen. Die heiße Milch unter Rühren unter die Eicreme mischen. Die Creme wieder auf die Heizquelle stellen und knapp bis vors Kochen rühren, dann sofort vom Herd nehmen. Die Gelatine gut ausdrücken, zur heißen Creme geben und gut schwingen. Die Creme unter wiederholtem Rütteln der Schüssel abkühlen lassen. Damit die Creme keine Haut bekommt, mit etwas Zucker bestreuen. Sobald die Creme leicht anzieht (sie darf noch nicht fest sein!), den steifgeschlagenen Rahm darunterziehen. Eine Charlotten- oder Springform mit Löffelbiskuits auskleiden. Dazu die Löffelbiskuits auf einer Seite geradeschneiden und entlang dem Rand der Form ganz dicht nebeneinanderstellen, Rundung der Biskuits nach oben.

Die Creme vorsichtig einfüllen, dabei darauf achten, daß die Löffelbiskuits nicht umkippen. 2 bis 3 Stunden im Kühlschrank fest werden lassen.

**
V Kann vorbereitet werden
Arbeitsaufwand: 40 Minuten
Kochzeit: 10 Minuten
Kühlzeit: 3 bis 4 Stunden

Für 6 bis 8 Personen
200 g Löffelbiskuits
¼ l Milch
1 Vanillestengel
5 Blatt Gelatine
4 Eigelb
150 g Zucker
¼ l Rahm
Rahm (Sahne) zum Garnieren nach Belieben

Zubereitung der Charlotte
(einfache Methode)

1
Springformring auf eine runde Platte stellen, mit Löffelbiskuits auskleiden. Dazu die Biskuits auf einer Seite geradeschneiden und dem Rand des Ringes entlang ganz dicht nebeneinanderstellen. Sie können mit wenig steifgeschlagenem Rahm oder Honig leicht angeklebt werden, damit sie nicht umfallen.

2
Die Creme vorsichtig einfüllen. Sie darf nicht mehr flüssig sein, sonst werden die Biskuits in die Creme gezogen

3
Nach dem Festwerden der Creme den Ring entfernen

4
Die Charlotten nach Belieben garnieren

Die Charlotte auf eine Platte mit Tortenpapier stürzen. Nach Belieben die Oberfläche ebenfalls mit Löffelbiskuits (sternförmig von der Mitte aus) und mit Rahmrosetten garnieren.

Bemerkungen Die Charlotte läßt sich besser stürzen, wenn man die gestürzte Form mit einem feuchten warmen Tuch belegt. Auf diese Art löst sich die Gelatinecreme vom Boden der Form. Man kann die Charlotte auch zubereiten, ohne sie stürzen zu müssen: Springformrand auf eine runde Platte stellen, Biskuits am Rand anordnen, Creme einfüllen und nach dem Festwerden einfach den Ring lösen. Allerdings kann man bei diesem Verfahren kein Tortenpapier unterlegen. Es würde im Kühlschrank feucht und unansehnlich werden. Die Charlotten- oder Springform läßt sich auch mit dünnen Biskuitscheiben oder Biskuitrouladenscheiben auskleiden.

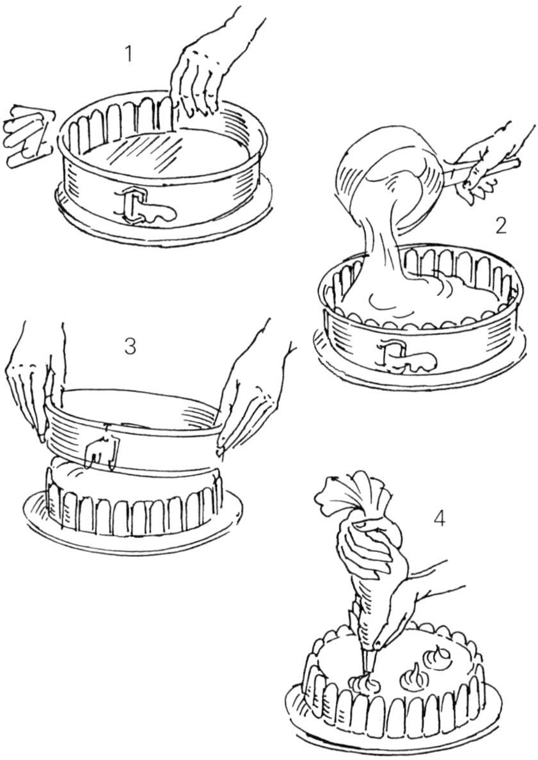

Garnituren für Charlotten Da sind der Phantasie keine Grenzen gesetzt. Die Charlotte kann mit Teegebäck (z. B. Mandelbögen, s. d.), Zukkermandeln, Silberdragées, Zuckerperlen, Fruchtgelée, Schokoladeplättchen, kandierten Früchten usw. garniert werden. Klassisch ist, wie bereits erwähnt, das Garnieren mit Löffelbiskuits, Rahm (Sahne) und Früchten, die für die Füllung verwendet wurden.

Variationen

- Man kann der Charlotte russe nach Belieben 1 bis 2 Eßlöffel einer Spirituose beigeben, zum Beispiel Grand Marnier, Kirsch, Rum oder Cognac.

Weitere Charlotten

Sie werden nach dem Grundrezept zubereitet und mit verschiedenen Zutaten abgewandelt:

- **Charlotte à l'ananas**
  Mit Rum parfümierte Ananasstückchen zufügen. Mit Ananas und Schlagrahm (Schlagsahne) garnieren.

- **Charlotte mit Früchten**
  Beeren bzw. auch Aprikosen oder Pfirsiche pürieren oder kleinschneiden und unter die noch weiche Creme mischen, bevor der Rahm zugegeben wird. 1 bis 2 Blatt Gelatine mehr zugeben. Mit Früchten und Rahm garnieren.

- **Charlotte mit Nüssen oder Mandeln**
  Der Milch beim Aufkochen geschälte, feingeriebene Nüsse oder Mandeln zugeben. Mehrere Stunden stehen lassen, dann passieren und nach dem Grundrezept weiterverarbeiten. Man kann die Mandeln oder Nüsse auch in der Creme belassen. Die Charlotte wird dadurch aber etwas sandig und gröber in der Konsistenz.

- **Charlotte au chocolat**
  Der Grundcreme 150 g in 2 Eßlöffeln Wasser im Wasserbad aufgelöste dunkle Schokolade (Crémant oder Couverture) zufügen.

- **Charlotte aux marrons glacés**
  Der Creme vor dem Einfüllen 200 g zerbrökkelte Marrons glacés (überzuckerte Kastanien) und 2 bis 3 Eßlöffel Rum oder Whisky beifügen. Mit Marrons glacés garnieren.

- **Charlotte aux fruits confits**
  Der Creme kleingewürfelte kandierte Früchte zufügen. Mit kandierten Früchten und Rahm garnieren.
- **Charlotte aux kumquats**
  Der Creme kleingeschnittene Kumquats (aus der Dose) zufügen und nach Belieben garnieren. Man kann auch Mandarinen aus der Dose verwenden.
- **Charlotte à l'orange**
  Der Creme nach dem Erkalten ca. 1 dl Orangensaft zufügen. 1 Blatt Gelatine mehr verwenden, damit sie garantiert fest wird. Mit geschälten Orangenschnitzen garnieren.
- **Charlotte tricolore**
  Bei Zubereitung einer großen Charlotte kann man 3 verschiedene Cremes herstellen. Zum Beispiel Vanille, Erdbeer und Schokolade bzw. Mokka. Die Cremes wechselweise in die Form füllen, das heißt, jede Schicht zuerst fest werden lassen, damit sie die Form bewahrt.

Ein sehr feiner Mandelpudding, nach altem, gutem Rezept bereitet, mit Himbeeren garniert und mit einer Himbeersauce serviert. Ich kann von dieser Süßspeise nie genug zubereiten!

Blanc Manger aux framboises

**
V Kann vorbereitet werden
Arbeitsaufwand: 30 Minuten, zusätzlich Ruhezeit 1 Stunde
Kochzeit: 10 Minuten

Milch, 120 g Zucker, Mandeln und aufgeschlitzten Vanillestengel oder Vanilleextrakt zusammen aufkochen. Vom Feuer nehmen, Mandelessenz zugeben und 1 Stunde zugedeckt ziehen lassen. Gelatine in 3 dl kaltes Wasser legen. 400 g Himbeeren in eine Schüssel geben und mit 2 Eßlöffeln Zucker und Zitronensaft mischen. Ebenfalls 1 Stunde ruhen lassen.

Mandelmilch durch ein Haarsieb abgießen. Die Mandeln zuletzt auspressen, dann wegwerfen. Die Mandelmilch in eine saubere Pfanne geben und nochmals erwärmen, aber nicht mehr aufkochen. Gut ausgepreßte Gelatine darin auflösen. Erkalten lassen, ab und zu rühren. Sobald die Creme dicklich wird, Rahm steifschlagen und darunterziehen. In eine runde Schüssel füllen, mit Folie zudecken und im Kühlschrank fest werden lassen (3 bis 4 Stunden). Himbeeren mit dem Saft durch ein Sieb streichen oder im Mixer pürieren.
Die Schüssel mit dem Blanc Manger kurz in heißes Wasser tauchen. Auf eine runde Platte stürzen. Rahm steifschlagen, mit 1 Eßlöffel Zucker süßen, in einen Dressiersack füllen und den ganzen Pudding mit Rahmrosetten überziehen. Mit den verbliebenen Himbeeren garnieren. Die Himbeersauce separat dazu servieren.

Bemerkungen Ein Blanc Manger ist eine Spezialität, die bereits im Mittelalter bekannt war. Allerdings wurde es damals mit Geflügelbouillon zubereitet und mit Honig gesüßt. – Noch besser schmeckt die Himbeersauce, wenn man 1 Eßlöffel Framboise (Himbeergeist) oder Kirsch zugibt. Wenn man sehr wenig Zeit hat, kann man die Mandelmilch aus Mandelpüree (im Reformhaus erhältlich) und Vanillezucker zubereiten. Je nach Saison läßt sich das Blanc Manger mit anderen Früchten garnieren und mit konzentrierten Fruchtsäften aus Dosen servieren. Das Blanc Manger kocht man am besten in einer emaillierten Pfanne, damit es schön weiß bleibt.

Variationen
- Himbeeren durch andere Beeren ersetzen.
- Mit Saisonfrüchten garnieren.
- In kleine Puddingformen füllen und mit Fruchtsauce oder Kompott servieren.
- Mandeln durch Walnüsse oder Haselnüsse ersetzen.
- Kleingehackte dunkle Schokolade unter die Masse ziehen. Mit Aprikosensauce (Zubereitung wie Himbeersauce) servieren.

Für 6 Personen
½ l Milch
150 g Zucker
200 g Mandeln, geschält und gerieben
1 Vanillestengel oder
1 Teel. Vanilleextrakt
2 Teel. Mandelessenz
500 g Himbeeren (evtl. tiefgefroren)
1 Eßl. Zitronensaft
¼ l Rahm
5 Blatt Gelatine
⅛ l Schlagrahm zum Garnieren

Der Kirschenclafouti ist eine Spezialität aus dem Limousin. Die Kirschen werden mit einem Biskuitteig bedeckt und im Ofen gebacken. Ich habe den Guß ein wenig geändert, damit er leichter wird.

Clafouti à ma façon

*
V Kann vorbereitet werden
Arbeitsaufwand: 10 Minuten
Backzeit: 1 Stunde

Für 4 Personen
500 g schwarze Kirschen (evtl. entsteint)
1 Teel. Butter

Guß
3 Eier
375 g Rahmquark
90 g Zucker
1½ Eßl. Maispuder
1 Prise Salz
1 Teel. Vanille-Extrakt
Butter für die Form
Puderzucker zum Bestreuen

Eine nicht zu tiefe Auflaufform oder eine Kuchenform aus Porzellan mit Butter bestreichen. Die Kirschen hineingeben. Eier, Quark, Salz, Vanille-Extrakt und Zucker schaumig rühren. Das gesiebte Mehl darunterziehen. Die Kirschen mit diesem Guß begießen. Auf den untersten Rost des Backofens stellen und 1 Stunde bei 200° backen. Warm servieren.

Bemerkungen Geschmacklich besser wird dieser Clafouti, wenn die Kirschen nicht entsteint werden. Der Clafouti geht beim Backen auf, fällt aber schnell zusammen.

Variationen
- Dieser Clafouti läßt sich auch mit Zwetschgen (entsteint und halbiert) oder mit Mirabellen (entsteint) zubereiten.

Dieser warme Apfelkuchen gehört zu meinen liebsten Desserts. Gerne verzichte ich dafür auf das Hauptgericht.

Tartes chaudes «St. Maxime»

*
V Kann vorbereitet werden
Zubereitungszeit: 30 Minuten
Backzeit: 15 Minuten

Backofen auf 200° vorheizen. Blätterteig 3 mm dick auswallen. Rechtecke von 8 x 10 cm schneiden. Aus Teigabfällen 1 cm breite Streifen ausrädeln. Teigrechtecke auf ein kalt abgespültes rechteckiges Backblech legen. Jedes Rechteck dem Rand entlang mit Eiweiß

Für 8 Kuchen von 8 x 10 cm
500 g mittelgroße Äpfel (am besten Boskoop)
500 g Blätterteig
1 Eiweiß
2 Eigelb
6 Eßl. Zucker
3 Eßl. Milch
6 Eßl. Mandeln, geschält und gerieben
2 Eßl. Zucker zum Bestreuen
1 Eigelb zum Bestreichen
4 Eßl. Apfel- oder Quittengelee

bestreichen. Die schmalen Teigstreifen ringsum als Rand aufsetzen.
Eigelb mit Zucker schaumig schlagen. Milch und Mandeln daruntermischen. Äpfel schälen und Kernhaus entfernen, in Schnitze schneiden. Die Eigelb-/Mandel-Mischung auf die Teigrechtecke verteilen. Die Apfelschnitze darauf anordnen. Mit Zucker bestreuen und Teigränder mit verquirltem Eigelb bestreichen. 15 Minuten bei 220°backen. Apfel- oder Quittengelee in einer kleinen Pfanne erwärmen. Mit Pinsel nach dem Backen auf die Äpfel auftragen. Lauwarm servieren.

Bemerkungen Die Kuchen lassen sich vorbacken und unmittelbar vor dem Servieren im Backofen erwärmen.

Variationen
- Mann kann diese «Tartes» auch mit Zwetschgen, Birnen oder Aprikosen zubereiten.

LIEBEN SIE FRÜCHTE-KUCHEN?

Vielleicht geht es Ihnen wie mir. Ich mag Früchtekuchen besonders gern. Allerdings verzichte ich oft darauf, wenn ich daran denke, daß ein Stück davon beinahe so viele Joule enthält wie ein ganzes Mittagessen. Deshalb getraue ich mich nicht, meinen Gästen Früchtekuchen als Dessert zu servieren.
Als Alternative habe ich den «Clafouti à ma façon» (S.358) ausgearbeitet, ein Kirschenkuchen ohne Teigboden, der auch mit Zwetschgen, Aprikosen oder anderen Früchten und Beeren zubereitet werden kann. Oder die ganz herrliche «Galette aux pêches» (S.324), ein Früchtekuchen mit hauchdünnem Teigboden, den ich je nach Saison mit Äpfeln, Birnen oder Aprikosen backe. Ab und zu stelle ich einen Früchtekuchen auf ein rustikales Buffet.

Äpfel, in Butter gedünstet, mit Whisky abgelöscht, auf einem leichten Teigboden, warm, mit kühlem Rahm serviert.

Apfelkuchen nach irischer Art

Blätterteig so dünn wie möglich ausrollen. Blech kalt abspülen, mit dem Teig belegen. Einen Rand hochziehen der ca. 1 cm über den Blechrand hinausragt. Den Teigboden sehr dicht mit einer Gabel einstechen. Mit einer Aluminiumfolie und weißen Bohnen belegen. Den Teigboden 15 Minuten blind backen. Inzwischen die Äpfel schälen, entkernen und in nicht zu dünne Schnitze schneiden. Butter in einer großen Bratpfanne erhitzen. Die Äpfel zugeben und unter Wenden leicht anbraten. Mit Zucker und Zimt bestreuen. Leicht karamelisieren lassen. Mit Whisky ablöschen. Zugedeckt einige Minuten dünsten, bis die Äpfel fast gar sind. Sie dürfen nicht zerfallen. Die Apfelschnitze auf dem vorgebackenen Teigboden anordnen. 5 Minuten vor dem Servieren in den vorgeheizten Ofen (230°) schieben. Warm, mit kühlem, leicht geschlagenem Rahm oder Doppelrahm servieren.

Bemerkungen Bei Verwendung von Doppelrahm (crème fraîche), etwas gewöhnlichen Rahm zugeben, bis der Rahm fließt. Keinen Zucker zufügen, der Kontrast mit dem süßen Kuchen ist das Besondere an dieser Komposition.

Variationen
- Ein ähnlicher Kuchen läßt sich mit Birnen und Birnenbranntwein (Williamine) zubereiten. Zimt weglassen.

**
V Kann vorbereitet werden
Arbeitsaufwand:
30 Minuten
Backzeit:
20 Minuten

Für ein Kuchenblech von 24 cm Ø
300 g Schnellblätterteig (s. d.)
750 g Äpfel (weiche Sorte, z. B. Boskoop)
2 Eßl. Butter
80 g Rohzucker
1 Teel. Zimtpulver
2 Eßl. Whisky (wenn möglich Irish Whisky)
⅛ l Rahm/Sahne (evtl. Doppelrahm)

Eine besonders aromatische Variante des wohlbekannten Karamelpuddings, ähnlich zubereitet, aber mit kräftigem Orangenaroma.

Orangenköpfchen nach spanischer Art

*
V Kann vorbereitet werden
Arbeitsaufwand: 20 Minuten, zusätzlich Kühlzeit
Kochzeit: 40 Minuten

Für 8 Köpfchen
200 g Zucker für den Karamel
1 Teel. Zitronensaft
1 Eßl. Wasser
2 Orangen
¾ l Milch
1 Zimtstange
1 Vanillestengel
4 Eier
2 Eigelb
150 g Zucker

Für den Karamel den Zucker in ein Pfännchen geben. Unter Rühren braun werden lassen. Sobald der Zucker karamelisiert, Zitronensaft und 1 Eßlöffel Wasser zufügen. Die Pfanne von der Heizquelle wegziehen und 8 kleine Soufflé-formen mit Karamel ausgießen. Die Orangen gut waschen, trocknen und mit einem Spezialmesser dünn schälen. Die Schalen aufheben. Die weißen Häutchen von den Orangen entfernen. Geschälte Schnitze aus den Trennhäuten lösen. Je 2 Schnitze in jede Form auf den Karamel legen. Milch mit Zimtstengel und Vanillestengel aufkochen. Von der Herdplatte wegziehen. Die Orangenschale hineingeben und 10 Minuten ziehen lassen. Eier, Eigelb und Zucker zu einer Creme schlagen, nach und nach Milch zugeben (Zimt und Vanille entfernen). Diese Mischung passieren und die Förmchen damit füllen. In ein Wasserbad stellen und im Ofen bei 180° 40 Minuten kochen. Die Formen erkalten und 4 Stunden im Kühlschrank fest werden lassen. Vor dem Servieren stürzen.

Bemerkungen Es ist wichtig, daß das Wasser des Wasserbades nie zum Kochen kommt. Während der Kochzeit beaufsichtigen. Man kann diese Köpfchen auch im Dampfkochtopf zubereiten (in Aluminiumfolie einpacken, auf Siebeinsatz stellen, ca. 2 cm hoch Wasser einfüllen und ca. 8 bis 10 Minuten unter Druck garen). Vanillestengel vor dem Mitkochen aufschlitzen.

Variationen

- Köpfchen auf einen großen Teller legen. Mit einem halben, gekochten Pfirsich, einer Scheibe zwei- oder dreifarbiges Eis und einem Ananasring servieren. Ein solches Dessert wird in Spanien «Pijama» genannt.

Ein dekorativ aussehender, nicht minder guter Aprikosenkuchen, der verkehrt gebacken wird, damit die Früchte mit einer aromatischen Karamelschicht überzogen werden.

Tarte à l'envers aux abricots

**
V Kann vorbereitet werden
Arbeitsaufwand: 25 Minuten, zusätzlich Ruhezeit des Teiges 1 Stunde
Backzeit: 30 bis 35 Minuten

Für eine Springform von 24 cm Ø
125 g Mehl
100 g Butter
½ Kaffeel. Salz
50 g Puderzucker
750 g Aprikosen
50 g Zucker
½ Teel. Zimt
Barack-Pálinka (Aprikosenlikör) oder Apricot Brandy (nach Belieben)

Mehl und 70 g Butter zwischen den Fingern zu gleichmäßigen Krümeln zerreiben. Mit Salz und 1 Eßlöffel Wasser rasch zu einem Teig verarbeiten und zu einer Kugel formen. Zugedeckt 1 Stunde kühl stellen. Backofen auf 260° vorheizen.
Boden und Wände der Springform dicht mit 30 g Butter bestreichen. Mit dem Puderzucker bestreuen. Die Aprikosen waschen, abtrocknen, halbieren, entsteinen und mit der gewölbten Seite nach unten in die Form legen. Dabei gut zusammenstoßen, damit möglichst wenig Hohlräume entstehen. Die restlichen Aprikosen darüberlegen. Mit Zucker bestreuen und Zimt darüber verteilen. Mit Butterflocken belegen. 15 Minuten bei 260° backen. Sobald der Zucker am Rand der Form karamelisiert, den Kuchen aus dem Ofen nehmen. Den Teig 3 mm dick ausrollen. Ein rundes Plätzchen, 1½ cm größer als die Form, ausschneiden, über die Aprikosen legen und seitlich gut bis zum Boden der Form hinunterstoßen. Mit einer Gabel mehrmals einstechen. Ofentemperatur auf 220° reduzieren und 15 bis 20 Minuten weiterbacken. Der Teig soll goldbraun werden.
Die Form aus dem Ofen nehmen, 3 bis 4 Minuten ruhen lassen, dann auf eine Tortenplatte stürzen. Mit Aprikosenlikör beträufeln. Lauwarm oder kalt servieren.

Bemerkungen Man kann diesen Kuchen im voraus zubereiten und vor dem Servieren im Backofen kurz aufbacken, bis er lauwarm ist.

Wein Muskateller, Grenache, Moselwein.

Variationen
- Anstelle von Aprikosen Reineclaudes oder Mirabellen verwenden.

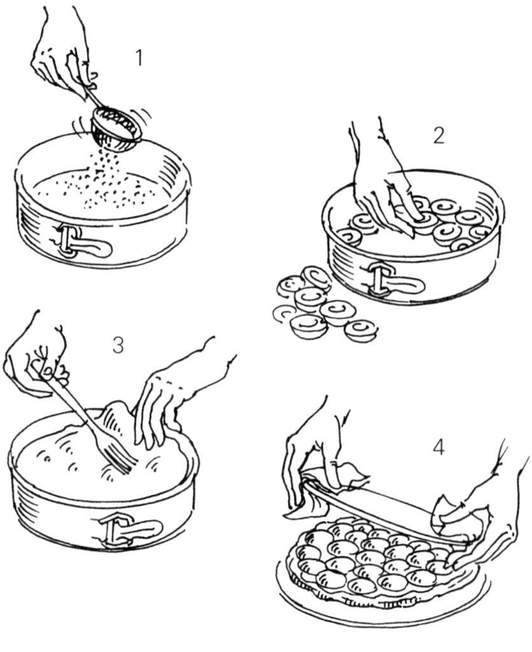

1
Die dicht mit Butter bestrichene Springform durch ein Sieb mit Puderzucker bestreuen

2
Die Aprikosenhälften mit der gewölbten Seite nach unten in die Form legen. Die Früchte gut zusammenstoßen, damit wenig Hohlräume entstehen. Die restlichen Aprikosen darüberlegen

3
Die Aprikosen nach dem Vorbacken mit einem Teigdeckel belegen. Den Teig seitlich gut bis zum Boden der Form herunterstoßen

4
Den Kuchen nach dem Backen auf eine Platte stürzen (zuerst Ring entfernen)

Eine klassische Torte, die wieder mehr zu Ehren kommt, weil sie nicht nur sehr gut ist, sondern auch attraktiv aussieht: Biskuitrouladenstücke, mit einer festen Vanillecreme zusammengefügt. Ein Meisterstück, das auch von Ungeübten ausgeführt werden kann.

Tourte Royale

*
V Kann vorbereitet werden
Arbeitsaufwand: 40 Minuten, zusätzlich Backen des Biskuits (s. d.)

Für 6 bis 8 Personen
1 Portion Biskuitrouladenteig (s. d.)
5 Eßl. Himbeer- oder Johannisbeerkonfitüre

Zuerst eine Biskuitroulade zubereiten und diese mit Konfitüre füllen. Erkalten lassen. Für die Puddingmasse Eigelb, Zucker und Salz zu einer sämigen Creme schlagen. Inzwischen die Milch mit dem Vanillestengel heiß werden lassen. Vom Feuer nehmen, ein wenig abkühlen lassen. Dann die Milch langsam unter stetem Rühren über die Eicreme gießen. Alles wieder aufs Feuer setzen, unter Rühren heiß werden lassen, bis eine Creme entsteht, die die

Holzkelle bedeckt. Unter keinen Umständen kochen lassen, sonst gerinnen die Eier. (Sicherer gelingt die Creme, wenn man sie im Wasserbadpfännchen herstellt.) Gelatine in kaltes Wasser legen, gut ausdrücken und unter die lauwarme Creme ziehen. Rahm steifschlagen und daruntermischen, sobald die Creme leicht anzieht.
Eine Puddingform gut ausbuttern und mit Zukker ausstreuen. Mit ca. ½ cm dicken Tranchen der Biskuitroulade auskleiden und die inzwischen ziemlich ausgekühlte Puddingmasse einfüllen. Erkalten lassen und stürzen.
Zur kühlgestellten Tourte Royale kann man Fruchtsauce (s. d.) servieren.

Bemerkungen Wenn man wenig Zeit hat oder aus anderen Gründen auf die beschriebene Zubereitung verzichten will, kann man gekaufte Biskuitroulade verwenden und die Puddingmasse aus einem Päckchen zubereiten.

Wein Sauternes, Muskat, Moselwein.

Butter und Zucker für die Form

Puddingmasse
40 g Zucker
3½ dl Milch
4 Eigelb
1 Vanillestengel
1 Prise Salz
6 Blatt Gelatine
2 dl Rahm

1
Biskuitroulade in ½ cm dicke Scheiben schneiden

2
Ausgebutterte Schüssel mit den Biskuitscheiben auskleiden

3
Die ziemlich ausgekühlte Creme vorsichtig einfüllen. Darauf achten, daß die Biskuitscheiben nicht weggeschwemmt werden

4
Nach dem Erkalten und Festwerden stürzen

Eine besonders festliche und sehr delikate Torte, die etwas Geduld und Arbeit verlangt: Blätterteig mit aufgesetztem Rand und kleinen Kugeln aus Brühteig, mit einer delikaten Vanillecreme gefüllt.

Tourte St-Honoré

**
V Kann vorbereitet werden
Arbeitsaufwand: 40 Minuten zusätzlich Herstellung des Brühteiges
Backzeit: 20 Minuten und Zeit zum Erkalten

Für 8 Personen
300 g Blätterteig (vom Konditor)
½ Teel. Butter für die Form
600 g Brühteig (s. d.)
1 Eigelb

Karamel
100 g Zucker
2 Eßl. Wasser
1 Eßl. Zitronensaft

St-Honoré-Creme
100 g Zucker
6 Eigelb
1 Eßl. Mehl oder Maispuder
1 Teel. Vanille-Extrakt
2 Blatt Gelatine
4 Eiweiß
3 dl Rahm
100 g kandierte Früchte, fein gehackt (nach Belieben)
2 Eßl. Kirsch, Grand-Marnier oder Rum
1 dl Rahm zum Garnieren

Kuchenblech von ca. 24 cm Durchmesser mit Butter bestreichen. Blätterteig ca. ½ cm dick auswallen. Das Blech damit auslegen, dabei keinen Rand formen. Mehrmals mit einer Gabel einstechen. Ein Drittel des Brühteiges abschneiden und mit beiden Händen zu einer fingerdicken Rolle formen und als Ring am Rande des Bleches auflegen. Mit einem verquirlten Eigelb bestreichen. Aus dem restlichen Brühteig kleine, nußgroße Kugeln abstechen und ebenfalls auf ein bebuttertes Blech legen. Beide Bleche 10 Minuten kühl stellen. Beides anschließend im Backofen bei 180 ° 15 bis 20 Minuten backen. Vorsicht: Die kleinen Kugeln werden rascher braun als der Kuchen. Den Teigboden «blind» backen, d. h. mit Aluminiumfolie belegen und mit weißen Bohnen beschweren.

Für die Creme Zucker, Eigelb, Mehl und Vanilleextrakt im Wasserbad dickschlagen. Gelatine in kaltes Wasser einlegen, auspressen und in der heißen Creme lösen. Steifgeschlagenes Eiweiß darunterschlagen. Vom Feuer nehmen und bis zum Kaltwerden rühren. Rahm steifschlagen. Unter die Creme ziehen.
Restlichen Zucker karamelisieren. Mit 2 Eßlöffeln Wasser und Zitronensaft ablöschen. Die kleinen gebackenen Kugeln kurz hineintauchen und auf den Rand der Torte kleben. Die Creme nach Belieben mit kandierten Früchten und Likör mischen. In die abgekühlte Torte einfüllen und eventuell mit steifgeschlagenem Rahm garnieren. Die kleinen Brühteigkugeln mit Karamel bestreichen.

Bemerkungen Die Torte sollte am Herstellungstag gegessen werden.

Wein Muskatwein, italienischer Süßwein, Moselweine.

Variationen

- **St-Honoré mit Orangen** Gelatine in ½ Tasse Orangensaft (am besten von Blutorangen) auflösen. Unter die noch heiße Creme ziehen. 1 Teelöffel Orangenessenz zufügen und kandierte Früchte durch feingehacktes Orangeat ersetzen. Mit Grand-Marnier parfümieren.

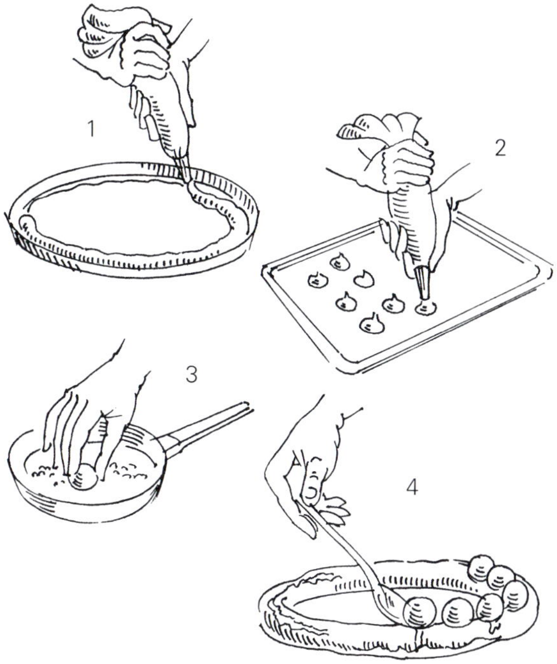

1
Das Blech mit Blätterteig auslegen. Einen Rand aus Brühteig anbringen (am besten mit dem Spritzsack)

2
Aus dem restlichen Brühteig kleine Kugeln auf ein bebuttertes Blech geben

3
Die gebackenen Kugeln in warmen, noch flüssigen Karamelzucker tauchen

4
In regelmäßigen Abständen auf den gebackenen Brühteigring aufsetzen. Mit Karamel bestreichen

Eine delikate bayrische Creme auf einem mürben Tortenboden, gefüllt mit Pfirsichen. Eine festliche, leichte Torte.

Eugénie aux pêches

**
V Kann vorbereitet werden
Arbeitsaufwand: 1 Stunde
Ruhezeit des Teiges: 12 Stunden
Kochzeit: 10 Minuten, zusätzlich Kühlzeit

Butter in kleine Stücke schneiden. Mit gesiebtem Mehl, 2 Eßlöffeln Zucker, Salz und Mandeln mischen. 1 Eigelb und Vanilleextrakt zufügen. Sehr rasch zu einem Teig verarbeiten. 12 Stunden im Kühlschrank ruhen lassen (in Aluminiumfolie einpacken!)

Für 8 Personen
(Springform von 20 cm Ø)
6 reife gelbe Pfirsiche
60 g Butter
120 g Mehl
130 g Zucker
1 Prise Salz
25 g Mandeln, geschält und gerieben
5 Eigelb
¼ Teel. Vanilleextrakt
6 Blatt Gelatine
¾ l Milch
1 Vanillestengel
75 [illegible] schwarze Schokolade (Créma[illegible])
¼ l Rah[illegible]
2 Eßl. Kirs[illegible]
3 Eßl. Erdb[illegible]konfitüre

Die Gelatine in kaltes Wasser legen. Milch mit dem Vanillestengel aufkochen, vom Feuer nehmen und 10 Minuten ziehen lassen. Die 4 Eigelb mit dem restlichen Zucker schlagen, bis eine weißliche Creme entsteht. Die heiße Milch unter Rühren unter die Eicreme mischen. Wieder aufs Feuer stellen und knapp bis vors Kochen rühren, dann sofort vom Herd nehmen. Vanillestengel entfernen. Die Schokolade zu Spänen reiben. Gelatine gut ausdrükken, zur warmen Creme geben und unter Rühren auflösen. Die Creme durch ein Sieb streichen. Abkühlen lassen, bis sie leicht anzieht. 1½ dl Rahm steifschlagen und mit 4 kleingeschnittenen Pfirsichen, Schokolade und Kirsch locker unter die Creme ziehen. Eine Springform von 20 cm Ø mit Aluminiumfolie auskleiden. Die Masse einfüllen und im Kühlschrank fest werden lassen.

Den Teig 3 mm dick ausrollen. Einen zweiten Springformboden in der gleichen Größe mit Teig belegen. Sehr dicht mit einer Gabel einstechen. Keinen Rand formen, sondern vorstehenden Teig mit einem Messer abschneiden. Die Teigabfälle nochmals ausrollen. und 8 kleine Plätzchen von ca. 4 cm Ø und 1 Plätzchen von ca. 5 cm Ø ausstechen. Auf ein kleines Blech legen. Teigboden 15 Minuten und Plätzchen 10 Minuten bei 180 °C backen. Der Teig darf nur leicht Farbe annehmen.

Den gebackenen Teigboden nach dem Erkalten mit Konfitüre bestreichen. Mit der bestrichenen Seite nach unten auf den festgewordenen Pudding legen. Den Pudding mitsamt der Folie aus der Form heben und auf eine Kuchenplatte stürzen. Die Folie sorgfältig abziehen. Die Teigplätzchen in gleichmäßigen Abständen am Rand der Torte anordnen. Das größere runde Plätzchen in die Mitte legen. Restlichen Rahm steifschlagen und die Plätzchen mit einem Rahmtupfer versehen und je ein kleines Stück Pfirsich daraufsetzen. Bis zum Servie[illegible] [illegible]tellen.

Bemerkunge[illegible] De[illegible] Kühlschrank in Folie [illegible] wahren oder 1 bis [illegible] Monate auch tiefkühle[illegible] Es lohnt sich deshal[illegible] [illegible]enge zu verdoppeln. Er kann für delikate Obst[illegible]ten verwendet werden.

Versuchen Sie nicht diese Torte mit frischer Ananas oder Kiwis zuzubereiten. Diese beiden Früchte enthalten ein Enzym, das das Festwerden – bewirkt durch die Gelatine – verhindert. Ich habe es mehrmals versucht, bis ich daraufgekommen bin.

Variationen
- Die Pfirsiche können durch Erdbeeren, Himbeeren und Brombeeren ersetzt werden.

Einer der einfachsten und zugleich besten Obstkuchen, die es gibt: zarter, geriebener Teig, mit Sauerkirschen belegt und mit Gelee überzogen.

Sauerkirschkuchen

Die entsteinten Kirschen mit dem Zucker in eine Schüssel geben. 3 Stunden ziehen lassen. Die Kirschen in einem Sieb abtropfen lassen und den Saft auffangen. Unterdessen den Teig 3 mm dick ausrollen und das gebutterte Blech damit auslegen. Mit einer Gabel mehrmals einstechen und dicht mit den gut abgetropften Kirschen belegen. Bei 230° 35 Minuten backen. Wenn nötig mit Aluminiumfolie abdekken. Inzwischen den Kirschsaft mit dem Zitronensaft und 1 dl Wasser zu Sirup kochen. Das Kartoffelmehl in 2 bis 3 Eßlöffel Wasser auflösen, zum Sirup geben und unter Rühren auf kleinem Feuer kochen, bis sich eine geleeartige Masse bildet. Über den gebackenen, noch warmen Kuchen verteilen und erkalten lassen.

Variationen
- Mit steifgeschlagenem Rahm servieren.
- Nach diesem Rezept kann man auch Aprikosen-, Heidelbeer- oder Brombeerkuchen zubereiten.
- Sirupguß ersetzen durch Himbeergelee.
- Mit schwarzen Kirschen zubereiten (nur 60 g Zucker verwenden).

**
V Kann vorbereitet werden
Arbeitsaufwand: 20 Minuten, zusätzlich Teigzubereitung (S. 396)
Backzeit: ca. 35 Minuten

Für ein rundes Kuchenblech von 24 cm Ø
1 kg entsteinte Sauerkirschen (Weichseln)
100 g Zucker
400 g geriebener Teig (s. d.)
Butter für das Blech
1 Eßl. Zitronensaft
1 Eßl. Kartoffelmehl

Ein klassisches, überaus gutes Dessert, die Weinschaumcreme aus Italien, die man auf vielfache Art abwandeln kann. Kenner schätzen vor allem die Zubereitung nach einfachstem Rezept.

Zabaione

(Sabayon)

**

V Muß unmittelbar vor dem Servieren geschlagen werden

Für 4 Personen
6 Eigelb
100 g Zucker
½ Teel. abgeriebene Zitronenschale
¼ l Marsala

Eigelb mit dem Zucker in einer kleinen Pfanne schlagen. Zitronenschale und Marsala zugeben und unter ständigem Rühren auf kleinem Feuer kochen, bis eine dicke, schaumige Masse entsteht. Sobald die Creme steigt, in Tassen oder Gläser füllen.

Bemerkungen Vorsichtige bereiten diese Creme im Wasserbad zu. Profis hingegen geben alle Zutaten in ein Pfännchen und erhitzen sie mutig unter Schwingen, bis die gewünschte Konsistenz erreicht wird. Die Masse darf aber nie kochen. Gefahr droht, wenn das Ganze überhitzt wird, dann nämlich «pochieren» die Eier durch, das heißt, das Eigelb wird fest, und es bilden sich Klümpchen.

Variationen
- Mit Champagner, Asti oder Sekt.
- Außer Wein noch Likör zugeben (z. B. Maraschino, Cointreau, Grand Marnier usw.).
- Mit Porto oder Sherry zubereiten.
- Anstelle von Zitronenschale oder Vanilleextrakt zur Abwechslung geriebene Orangen- oder Mandarinenschale zufügen.

Sabayon-Desserts
(nach Belieben warm oder kalt)
- Sabayon auf frischem Fruchtsalat oder exotischer Früchtemischung anrichten.
- Über zerbröckelte Marrons glacés verteilen.
- Wenig pürierte Kiwifrüchte zugeben und mit 2 bis 3 Scheiben Kiwi garnieren.
- Pistazieneis oder Zitronensorbet in ein großes Glas geben und mit warmem Sabayon auffüllen.
- Sabayon als Sauce zu Pudding servieren.

Hier eine exotische Abwandlung des klassischen Sabayon, mit Saké oder Sherry und Kumquats zubereitet.

Sabayon mit Kumquats

Saké, Zucker und Eigelb gut verrühren. Auf kleinem Feuer tüchtig schwingen, bis die Masse dick und schaumig wird. 1 Eßlöffel Saft aus der Dose und Ingwerpulver zugeben. Den Sabayon auf den kleingeschnittenen Kumquats (ohne Saft) anrichten. Bei Verwendung von frischen Kumquats etwas mehr Zucker zufügen. Warm servieren.

Bemerkungen Dieser Sabayon läßt sich auch kalt servieren. In diesem Fall die Weinschaumcreme mit Gelatine fest werden lassen (s. Rezept «Kalter Sabayon Mireval»).

**
V Darf erst im letzten Moment geschlagen werden
Arbeitsaufwand: 15 Minuten

Für 4 Personen
2½ dl Saké (Reiswein) oder herber Sherry
100 g Zucker
5 Eigelb
½ Teel. Ingwerpulver
½ Dose Kumquats

Eine interessante Teeschaumcreme mit Dörrzwetschgen, die in Cognac oder Armagnac gelegt werden.

Sabayon au thé

Dörrzwetschgen für 3 Stunden in den Tee legen. Die Zwetschgen darin weichkochen. Den Tee abgießen und mit Cognac oder Armagnac mischen. Eigelb und Zucker schaumig schlagen. Auf mittlerem Feuer mit dem Schwingbesen dick rühren, dabei nach und nach den Tee zufügen. Vanilleextrakt zugeben. Die Zwetschgen in Gläser verteilen. Den Sabayon nach dem Kaltschlagen mit steifgeschlagenem Rahm mischen und über die Zwetschgen geben.

Bemerkungen Die Schaumcreme darf nicht zu lange stehen, sonst fällt sie zusammen. Will man das Dessert im voraus zubereiten, dann vor dem Mischen mit dem Rahm 2 Blatt Gelatine unterziehen (s. Rezept «Kalter Sabayon Mireval»).

**
V Kann vorbereitet werden
Arbeitsaufwand: 15 Minuten
Kochzeit der Zwetschgen: 10 Minuten, zusätzlich Einlegezeit 3 Stunden

Für 4 Personen
12 Dörrzwetschgen (ohne Stein)
2 Eßl. Cognac oder Armagnac
6 Eigelb
1 Teel. Vanilleextrakt
100 g Zucker
¼ l starker Schwarztee
⅛ l Rahm

Weichselkirschen, in Rotwein und Gewürzen gekocht, warm mit Rahmeis angerichtet und mit steifgeschlagenem Rahm (Sahne) garniert.

Weichseln nach Baslerart

**
V Kann weitgehend vorbereitet werden
Arbeitsaufwand: 10 Minuten
Kochzeit: 10 Minuten

Für 4 Personen
500 g entsteinte Weichselkirschen
2 dl Rotwein
1 Gewürznelke
½ Zimtstengel
4 Eßl. Zucker
4 Kugeln Schokolade-Rahmeis
¼ l Rahm

Wein mit Nelke, Zimt und Zucker aufkochen. Die Kirschen zufügen und nochmals aufwallen lassen. Dann die Kirschen mit dem Schaumlöffel aus dem Sirup heben. Die Flüssigkeit auf die Hälfte einkochen lassen. Die Kirschen in Dessertschalen verteilen. Den Sirup darübergießen. Je 1 Kugel Rahmeis auf die lauwarmen Kirschen geben und mit steifgeschlagenem Rahm garnieren.

Bemerkungen Die Rahmeiskugeln können in vorgekühlte Gläser gefüllt und ins Tiefkühlfach gestellt werden. Die Kirschen lassen sich vorkochen und vor dem Servieren rasch erwärmen und über das Eis gießen. Den steifgeschlagenen Rahm bereits im Dressiersack im Kühlschrank bereithalten.

Eines der einfachsten, aber besten Apfeldesserts: halbe Äpfel, mit Rahm (Sahne) übergossen, mit Zucker und Zimt bestreut und im Ofen leicht karamelisiert. Etwas für Verwöhnte, die sonst alles kennen.

Rahmäpfel

*
V Kann vorbereitet werden
Arbeitsaufwand: 20 Minuten
Backzeit: 30 Minuten

Den Backofen auf 200° vorheizen. Die Äpfel schälen, quer halbieren und das Kerngehäuse entfernen, ohne daß ein durchgehendes Loch entsteht. Eine Auflaufform gut ausbuttern. Zucker und Zimt mischen.
Die Äpfel mit der Schnittfläche nach oben in die Form legen. Mit 4 Eßlöffeln Zimtzucker bestreuen. Den Rahm in die Höhlungen des

Kerngehäuses gießen, bis ein Teil davon über die Äpfel hinweg in die Form fließt. 30 Minuten bei 200° überbacken. Mit dem restlichen Zimtzucker bestreuen und nochmals in den Ofen schieben, bis die Äpfel karamelisiert sind. Die Äpfel sollten nicht zerfallen und dürfen nicht allzu braun werden.

Bemerkungen Die Äpfel dürfen nicht allzulange vor dem Backen geschält werden, sonst verfärben sie sich. Mit etwas Zitronensaft bleiben sie weiß. Die Säure der Zitrone verfälscht aber das Aroma.

Variationen
- Birnen können auf dieselbe Art zubereitet werden.

Für 4 Personen
4 Äpfel, feste Sorte
6 Eßl. Zucker
1 Teel. Zimt
¼ l Rahm
Butter für die Form

Ein Schnelldessert: Schokoladenbiskuits, mit Kirsch beträufelt, darüber Brombeeren mit Brombeerlikör und über das Ganze eine gesüßte Rahmhaube.

Brombeeren nach Schwarzwälderart

Brombeeren mit Zucker und Brombeerlikör mischen. 12 Beeren für die Garnitur zurückbehalten. Das Schokoladenbiskuit in 1½ cm große Würfel schneiden. In eine Schüssel geben und mit Kirsch beträufeln. Rahm steifschlagen. ¼ davon für die Garnitur zurückbehalten. Den Rest lagenweise mit den Biskuitwürfeln in Ballongläser füllen. Die Brombeeren darauf verteilen. Mit wenig Rahm und den zurückbehaltenen Beeren garnieren.

Bemerkungen Die Biskuitwürfel dürfen nicht zu groß sein. Je nach Geschmack kann mehr oder weniger Kirsch zugefügt werden.

Variationen
- Biskuit durch zerkleinerte Makronen ersetzen.

**
V Kann vorbereitet werden
Arbeitsaufwand: 15 Minuten

Für 4 Personen
300 g feines Schokoladenbiskuit (vom Konditor)
2 Eßl. Kirsch
¼ l Rahm (Sahne)
500 g Brombeeren
2 Eßl. Brombeerlikör
2 Eßl. Zucker

Knapp gekochte Birnen auf einer luftigen Creme mit Mandelmakronen, mit Schokoladensauce garniert, ein herrliches Dessert für alle, die Süßes besonders mögen.

Poires «Palais Royal»

**
V Kann weitgehend vorbereitet werden
Arbeitsaufwand: 35 Minuten
Kochzeit: 15 bis 20 Minuten

Für 4 Personen
4 frische Birnen oder 8 Birnenhälften aus der Dose
1 Eßl. Zitronensaft
150 g Zucker
100 g Mandelmakronen
2 Eßl. Birnenlikör oder -schnaps
⅛ l Rahm
3 Eiweiß
1 Prise Salz
3 Eigelb
5 Eßl. weißer Portwein
¼ Teel. Vanilleextrakt
50 g dunkle Schokolade (Crémant)

Bei Verwendung von rohen Birnen diese schälen, Stiel belassen, sofort mit Zitronensaft beträufeln und mit 2 Eßlöffeln Zucker und 2 Tassen Wasser weichkochen. Sie dürfen nicht zerfallen. Erkalten lassen. Makronen in einen Teller legen und mit dem Birnenlikör oder -schnaps beträufeln. Rahm sowie Eiweiß mit Salz steifschlagen und mit 1 Eßlöffel Zucker süßen. Eigelb, restlichen Zucker, Portwein und Vanilleextrakt zu einer dicken Creme schlagen. Unter gelegentlichem Umrühren leicht abkühlen lassen. Steifgeschlagenes Eiweiß und steifgeschlagenen Rahm darunterziehen.
Je 1 Makrone in hohe Gläser geben. Mit der Hälfte der Creme bedecken. Die restlichen Makronen daraufgeben, mit restlicher Creme bedecken. Die gekochten Birnen daraufsetzen (bei Verwendung von Dosenbirnen je 2 Hälften gegeneinanderstellen). Die Schokolade in Stücke brechen und mit 2 bis 3 Eßlöffeln Wasser auf kleinem Feuer oder im Wasserbad auflösen. Die Schokolade in einen Spritzsack mit kleinstem, glattem Einsatz oder in ein kleines Pergamentpapiertütchen (Blatt einrollen und Spitze abschneiden) füllen. Birnen und die Oberfläche der Creme mit der flüssigen Schokolade verzieren.

Bemerkungen Dieses Dessert sollte erst unmittelbar vor dem Essen zubereitet werden, da es sonst zusammenfällt. Man kann aber auch alles bereitstellen und erst im letzten Moment Eiweiß und Rahm unter die Creme ziehen.

Wein Muskat, Grenache, Moselwein.

Variationen
- Schokoladegarnitur durch warme Schokoladesauce ersetzen (dunkle Schokolade mit 2 bis 3 Eßlöffeln Wasser im Wasserbad auflösen).

Ein warmer Pudding aus Eiern, Milch, Zucker und Rahm zubereitet, wegen der Bananen nach Joséphine Baker benannt. Zu empfehlen nach einem leichten Essen.

Flan «Joséphine Baker»

Bananen schälen und in 2 bis 3 cm lange Stücke schneiden. Backofen auf 200° einstellen.
Eier verquirlen, Milch beigeben und mit Zukker, Salz, Vanilleextrakt und Zitronenschale mischen. Eine flache Gratinplatte ausbuttern. Die Eiermasse hineingießen. Die Bananenstücke senkrecht in die Eiermasse stellen. Im Ofen überbacken, bis die Masse gallertartig wird (ca. 20 bis 30 Minuten bei 180 bis 200°). Den Flan rechtzeitig aus dem Ofen nehmen, bevor er zu fest wird.
In der Form auftragen und nach Belieben warm oder kalt servieren.

Bemerkungen Man kann den Flan 10 Minuten vor Ende der Backzeit mit Puderzucker bestreuen, damit die Oberfläche leicht karamelisiert wird. – Die Bananen können auch in Rädchen geschnitten werden.

*
V Kann vorbereitet werden
Arbeitsaufwand: 20 Minuten
Backzeit: 20 bis 30 Minuten

Für 4 Personen
4 Bananen
6 frische Eier
½ l Milch
2 Eßl. Zucker
1 Prise Salz
½ Teel. Vanilleextrakt
½ Teel. abgeriebene Zitronenschale
1 Teel. Butter

Ein aromatischer Gugelhupf aus selbstgemachtem Rahmeis. Sieht gut aus und gibt nicht viel Arbeit.

Gougelhopf glacé

(Eisgugelhupf)

Rosinen waschen, abtropfen und in Kirsch oder Rum einlegen. Eigelb und Zucker zu einer sämigen, weißlichen Creme rühren. Eiweiß und Rahm steifschlagen. ¾ des Rahms unter die Eicreme mischen. Sorgfältig auf den Eischnee gießen und locker vermengen. Rosi-

**
V Kann im voraus zubereitet werden
Arbeitsaufwand: 30 Minuten, zusätzlich 4 Stunden Gefrierzeit

Für 8 Personen
4 Teel. Rosinen
4 Eßl. Kirsch oder Rum
4 Eigelb
100 g Zucker
2 Eiweiß
7 dl Rahm
½ Teel. Zitronenessenz
1 Eßl. gesüßtes Schokoladenpulver

nen mit Kirsch oder Rum und Zitronenessenz zufügen. In eine Gugelhupfform einfüllen. 4 Stunden in der Tiefkühltruhe oder im Gefrierfach des Kühlschrankes gefrieren lassen. Den Gugelhupf umgekehrt einen Augenblick unter den kalten Wasserstrahl halten und auf eine mit Tortenpapier belegte Platte stürzen. Durch ein Kaffeesiebchen mit Schokoladepulver bestreuen. Mit Rosetten aus dem restlichen Schlagrahm garnieren. Sofort servieren.

Bemerkungen Ein ideales Dessert für Gäste. 20 Minuten vor dem Servieren aus der Tiefkühltruhe nehmen.

Beilagen Sablés (s. d.) oder Teegebäck.

Ein kühles, dekoratives Dessert aus Löffelbiskuits, Vanille-Rahmeis und Sauerkirschen – ein würdiger Abschluß für ein festliches Mahl.

Kirschen-Charlotte

**
V Kann vorbereitet werden
Arbeitsaufwand: 25 Minuten, zusätzlich Gefrierzeit: 3 Stunden

Für 8 Personen
1 kg rote Kirschen oder 1 Kilogrammdose Sauerkirschen, entsteint
2 Eßl. Zucker (für frische Kirschen)
150 g Johannisbeergelee
200 g Löffelbiskuits
2 Eßl. Kirsch
500 g Vanille-Rahmeis (-Sahneeis)
1 dl Rahm
2 Eßl. Puderzucker

Zucker mit 2 dl Wasser aufkochen. Entstielte und entsteinte Kirschen knapp gar kochen. Abgießen. Gelee auf kleinem Feuer erwärmen. Gut abgetropfte Kirschen zugeben. Einige für die Dekoration zurückbehalten. Mit Kirsch parfümieren. Erkalten lassen. Eine runde Platte mit einem Tortenpapier belegen. Den Ring einer Springform (22 cm) daraufstellen. Den Rand mit Löffelbiskuits auskleiden (damit sie besser stehen, auf der unteren Seite die Rundung wegschneiden). Die Form lagenweise mit Rahmeis und Kirschen füllen. Mit Rahmeis abschließen. Mit Löffelbiskuits abdecken. 3 Stunden gefrieren lassen. 10 Minuten vor dem Servieren herausnehmen. Rahm mit Puderzucker schlagen. In einen Dressiersack (Spritze) geben. Die Charlotte mit Rahm und einigen Kirschen garnieren. Nach Belieben Kirschsaft oder Fruchtnektar dazu servieren.

Bemerkungen Das Rahmeis ungefähr 20 Minuten vor Verwendung aus dem Tiefkühler nehmen, damit es zum Einfüllen etwas weich wird. Die Charlotte vor dem Servieren 10 Minuten bei Raumtemperatur stehen lassen, damit beim Aufteilen kein Eispickel verwendet werden muß! Überhaupt schmeckt Rahmeis besser, wenn es nicht allzu kalt serviert wird.

Beilagen Sablés (s. d.) oder Mandelbögen (s. d.).

Wein Portwein «tawny», wenn es besonders festlich sein soll.

Eine Art Reis nach Kaiserinnenart, aber mit frischen Beeren bereichert und mit einer aromatischen Himbeersauce übergossen.

Reispudding mit Früchten

Milch salzen und aufkochen. Reis zufügen und auf kleinem Feuer ziehen lassen, bis die Milch aufgesogen ist. Nach und nach unter ständigem Rühren 2½ dl Rahm und 100 g Zucker beigeben. Auf schwachem Feuer weiterkochen, bis der Reis gar ist (ca. 40 Minuten). Beeren waschen, entstielen, in eine Schüssel geben. 50 g beiseite stellen. Die übrigen mit Zukker, Vanilleextrakt und Kirsch oder Grand Marnier mischen. Gelatine in kaltes Wasser legen. Nach einigen Minuten Gelatine ausdrücken, in 2 bis 3 Eßlöffeln heißem Wasser auflösen und unter den gekochten, noch warmen Reis mischen. Fast ganz abkühlen lassen. Restlichen Rahm steifschlagen. Zuerst die Beeren, dann ⅔ des Rahms unter den Reis ziehen. Eine Puddingform mit glatten Wänden mit Butter bestreichen, den Reis einfüllen und kalt stellen. Den Reis stürzen und mit dem restlichen Rahm und den zurückbehaltenen Beeren garnieren. Sauce dazu servieren.

Bemerkungen Aufpassen beim Reiskochen! Er brennt gerne an.

*
V Kann vorbereitet werden
Arbeitsaufwand: 35 Minuten
Kochzeit: 40 Minuten, zusätzlich Kühlzeit

Für 4 Personen
¼ l Milch
Salz
100 g Reis (Vialone)
½ Liter Rahm
160 g Zucker
200 g Beeren (Himbeeren, Erdbeeren, Johannisbeeren, Brombeeren, Heidelbeeren, je nach Saison, auch gemischt)
1 Teel. Vanilleextrakt
4 Eßl. Kirsch oder Grand Marnier
2 Blatt weiße Gelatine
1 Teel. Butter für die Form
3 dl Himbeersauce (s. d.)

Ein ganz hervorragendes Eisbiskuit, das in Ruhe im voraus bereitet werden kann: feines Himbeereis auf getränkten Löffelbiskuits und nach Belieben mit Rahm (Sahne) garniert.

Gefrorenes Himbeerbiskuit

**

V Kann vorbereitet werden
Arbeitsaufwand: 20 Minuten, zusätzlich 4 Stunden Gefrierzeit

Für 4 bis 6 Personen
4 Eigelb
250 g Zucker
200 g Himbeeren, frisch, tiefgekühlt oder aus der Dose
2 Zitronen
¼ l Rahm zum Garnieren
¼ l Himbeergeist oder Kirsch
¼ l Rahm
200 g Löffelbiskuits

Eigelb und 130 g Zucker zu einer sämigen Creme schlagen. Himbeeren (wenn aus der Dose, ohne Saft) durch ein Sieb streichen und mit dem Saft der beiden Zitronen mischen. Rahm sehr steif schlagen. Himbeerpüree und Eicreme darunterziehen. Restlichen Zucker mit dem Himbeergeist erwärmen. Die Löffelbiskuits damit tränken.
Nicht zu hohe Puddingform bis zu ⅓ Höhe mit der Himbeercreme füllen. Mit getränkten Löffelbiskuits bedecken. Mit Creme auffüllen und mit Folie zugedeckt in der Tiefkühltruhe oder im Tiefkühlfach des Kühlschrankes gefrieren lassen. Sobald die Creme gefroren ist, das Dessert aus der Form stürzen, mit Aluminiumfolie bedecken und bis zum Verzehr im Tiefkühler belassen.

Bemerkungen Die Beigabe von Himbeergeist kann nach Belieben dosiert werden oder, wenn Kinder mitessen, ganz entfallen. In diesem Fall die Biskuits mit verdünntem Himbeersirup tränken. ¼ Stunde vor dem Servieren das Biskuit auf eine Platte legen. Mit dem steifgeschlagenen Rahm garnieren.

Variationen
- Andere Beeren verwenden.
- Löffelbiskuits durch Biskuitreste (Cake, Rouladenbiskuit, s. d., usw.) ersetzen.
- In herzförmige Form füllen.

FEINES KLEINES GEBÄCK

Zu einem Kompott, einem leichten Dessert oder als Beilage zum anschließenden Kaffee gehört ab und zu ein feines, delikates Gebäck. Eine kleine Auswahl habe ich hier für Sie notiert. In diesem Kapitel finden Sie aber auch Teigrezepte für Torten und Gerichte, die in diesem Buch enthalten sind.

GUTER TEIG AUF VORRAT

Ich liebe hausgemachtes Gebäck. Früchtekuchen zum Beispiel schätze ich nur, wenn die Teigunterlage nicht aus «aufgeweichtem Karton», sondern aus einem geriebenen Teig oder Mürbeteig besteht. Nicht immer aber hat man Zeit und Lust, sich in die Küche zu stellen. Deshalb bereite ich meistens größere Portionen auf einmal zu, die ich – schön in Aluminiumfolie abgepackt – tiefkühlen kann. Kuchenteig läßt sich auch bereits ausgerollt tiefkühlen: Kuchenblech mit Folie belegen, den Teig in der gewünschten Dicke daraufgeben, anfrieren, wieder aus der Form nehmen, einpacken und in der Tiefkühltruhe bis zum Gebrauch aufbewahren. Auch kleine Tarteletten, z. B. für «Quiches» (s. S. 93), lassen sich auf diese Art vorbereiten.

Delikates Mandelgebäck, schnell zubereitet, rasch gebacken und empfehlenswert als knuspriges Teegebäck oder als Beilage zu feinen Desserts.

Mandelbögen

Mandeln, Zucker, Maispuder, Vanillezucker und 1 Eiweiß mischen und glattrühren. Eigelb und restliches Eiweiß dazugeben und alles nochmals gut mischen. Kuchenblech ausbuttern und mit einem Kaffeelöffel in einem Abstand von 5 bis 6 cm haselnußgroße Häufchen auf das Blech setzen. Mit wenig Mandelsplittern bestreuen und bei 160 bis 170 °ca. 6 Minuten backen. Sofort vom Blech lösen und über ein Rundholz von 3 cm Durchmesser oder Nudelholz legen.

Bemerkungen Man sollte nicht mehr als ca. 8 Biskuits gleichzeitig backen.
Wichtig für das gute Gelingen: die Mandeln müssen fein gemahlen sein, damit die Mandelbögen nach dem Backen beim Biegen nicht brechen. Die benötigte Eiweißmenge kann unterschiedlich sein (je nach Größe der Eier oder nach Saugfähigkeit der Mandeln).

**
V Kann vorbereitet werden
Arbeitsaufwand: 20 Minuten
Backzeit: 6 bis 8 Minuten pro Blech

Für ca. 30 Stück
130 g geschälte, geriebene Mandeln
140 g Zucker
1 Teel. Maispuder
½ Teel. Vanillezucker
2 bis 3 Eiweiß
1 Eigelb
Butter für das Blech
30 g feine Mandelsplitter

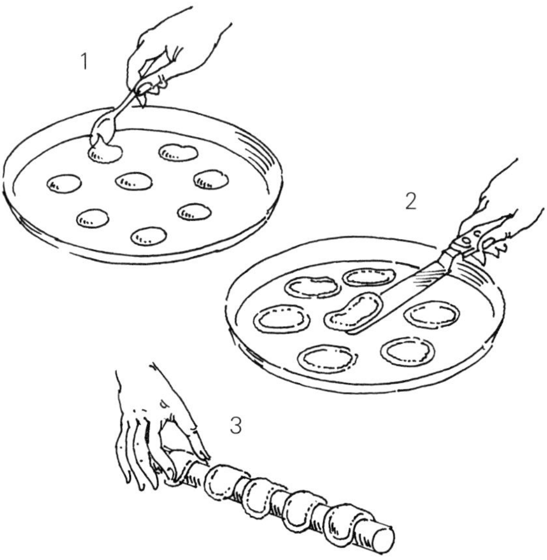

1
Vom Teig, der gerade so weich sein darf, daß er leicht zerläuft, kleine Häufchen auf das Blech setzen. Es sollen flache Plätzchen von ca. 5 cm Durchmesser entstehen

2
Nach dem Backen die Plätzchen sofort mit einem Spatel vom Blech lösen

3
Auf ein Rund- oder Wallholz legen, biegen und erkalten lassen

Ein Schnellrezept für delikates Blätterteiggebäck mit Mandeln, das besonders dekorativ aussieht.

Süße Blätterteigspiralen

*

V Kann vorbereitet werden
Arbeitsaufwand: 30 Minuten
Backzeit: 20 bis 25 Minuten

Für ca. 30 Stück
250 g Blätterteig
5 Eßl. Rohzucker
80 g geschälte Mandeln
1 Ei

Mandeln mit dem Wiegemesser hacken. Blätterteig 2 mm dick ausrollen. Zwei Rechtecke zurechtschneiden, die in der Größe auf ein rechteckiges Blech passen. Mit verquirltem Ei bestreichen. Zuerst mit Zucker, dann mit Mandeln bestreuen. Die Garnitur mit dem Wallholz leicht andrücken.
Den Tisch mit einer Aluminiumfolie belegen. Den Teig mit der bestrichenen Seite darauflegen. Die Oberseite ebenfalls mit Ei bestreichen und mit Zucker und Mandeln bestreuen. Wieder mit dem Holz andrücken. Kleine Streifen von ca. 8 cm Länge und 2 cm Breite schneiden. Diese Streifen an beiden Enden anfassen und zweimal spiralförmig drehen. Auf das kalt abgespülte Blech legen. 8 Minuten bei 210 °backen. Dann Temperatur auf 160 °reduzieren und weiterbacken, bis die Spiralen goldbraun sind (ca. 10 bis 15 Minuten).

Bemerkungen Dieses Gebäck ist frisch am besten. Man kann es hellgelb vorbacken und vor dem Servieren wieder kurz aufbacken.

Zartes Blätterteiggebäck, mit einem Zitronenguß überzogen – eine Kleinigkeit zu Kompott oder Kaffee.

Zitronenstangen

Blätterteig 3 mm dick auswallen. Mit einem Lineal Streifen von 2½ cm Breite vorzeichnen. Mit einem Messer schneiden. Rechteckiges Kuchenblech mit kaltem Wasser ausspülen. Streifen in der Länge des Bleches darauflegen. In den Kühlschrank stellen. Restliche Teigstreifen zusammenfalten und ebenfalls kühl aufbewahren. Eiweiß und Puderzucker mit einem

Schneebesen gut verrühren. Zitronensaft zugeben. Diese Glasur auf die Streifen ca. 1 mm dick auftragen. Mit einem Messer die Streifen auf dem Blech in ca. 5 cm lange Stücke schneiden. 8 bis 10 Minuten bei 200° backen. Das Blech aus dem Ofen nehmen, die Stäbchen trennen, ablösen und auf einem Kuchengitter erkalten lassen.

Bemerkungen Die Backofentüre einen Spaltbreit während des Backens offen lassen. Da der Blätterteig sich während des Backens zusammenzieht, sollten sich die Stäbchen voneinander trennen. Sollte dies nicht geschehen, mit dem Spatel nachhelfen. Das Gebäck geht gleichmäßiger auf, wenn man den Gitterrost über dem Backblech einschiebt und eine Aluminiumfolie darüberlegt. Die Zitronenstangen schmecken nur gut, wenn sie frisch gebacken sind.

*
V Kann vorbereitet werden
Arbeitsaufwand:
20 Minuten
Backzeit:
10 Minuten

Für ca. 30 Stück
200 g Blätterteig
150 g Puderzucker
1 Eiweiß
1 Teel. Zitronensaft

Zartes Buttergebäck mit Mandeln, Rosinen und Rum – etwas, das man auf Vorrat backen kann.

Rosinenbiskuits

Rosinen in Rum einlegen. Butter und Puderzucker in einer vorgewärmten Schüssel schaumig rühren. Ei verquirlen und zusammen mit Vanille-Extrakt beifügen. Den Teig ungefähr 2 Minuten rühren. Mehl sieben, zugeben, gut vermischen. Mandeln, Rosinen und Rum zufügen. Nochmals gut mischen. Ein Kuchenblech mit Butter bestreichen (am besten eignet sich ein Blech mit Teflonbelag). Teig in einen Spritzsack mit glatter Tülle einfüllen. Kleine nußgroße Portionen in Abständen von ca. 3 cm auf das Blech dressieren. Der Teig sollte so weich sein, daß die Häufchen leicht verlaufen. 10 Minuten bei 180° backen. Die Plätzchen dürfen hellgelb werden (mit einem hellbraunen Rand). Diese Biskuits lassen sich in einer Blechdose ungefähr 1 Woche aufbewahren.

*
V Kann vorbereitet werden
Arbeitsaufwand:
30 Minuten
Backzeit:
10 Minuten

Für ca. 50 Stück
80 g Rosinen
6 Eßl. Rum
100 g Butter
80 g Puderzucker
1 Ei
½ Teel. Vanille-Extrakt
160 g Mehl
50 g Mandeln, geschält und gemahlen
Butter für das Blech

1
Backblech mit Aluminiumfolie belegen. Aus der Masse nußgroße Kugeln formen, plattdrücken und auf das Blech verteilen

2
Die Plätzchen mit Daumen und Zeigefinger seitlich leicht eindrücken

3
Nach dem Backen den Boden der Amaretti mit Schokoladecreme bestreichen und je zwei zusammenfügen

4
Zwei Ecken der zusammengesetzten Amaretti in die Schokoladencreme tauchen. Auf einem Kuchengitter erkalten lassen

Gefüllte Amaretti, ein anspruchsvolles Mandelgebäck zum Kaffee nach einem festlichen Essen oder, hübsch verpackt, als Mitbringsel, das mehr Freude bereiten kann als jede gekaufte Süßigkeit.

Gefüllte Amaretti

**
V Kann vorbereitet werden
Arbeitsaufwand: 35 Minuten
Backzeit: 40 Minuten

Für ca. 16 Stück
300 g süße geschälte Mandeln
2 Eßl. Rahm
70 g dunkle Schokolade (sehr gute Qualität)
¾ Teel. Mandelessenz

Rahm erwärmen. Schokolade in kleine Stücke brechen. Auf kleinem Feuer oder im Wasserbad mit dem Rahm verrühren, bis eine dicke Schokoladencreme entsteht.
Mandeln, Mandelessenz, Zucker und leicht verquirltes Eiweiß zu einer gleichmäßigen, festen Masse verarbeiten. Ein Backblech mit einer Aluminiumfolie belegen. Aus der Masse zwischen den Handballen nußgroße Kugeln formen, plattdrücken, auf das Blech verteilen und mit Daumen und Zeigefinger seitlich leicht eindrücken. Mit Puderzucker bestreuen und im Ofen bei ca. 100° 20 Minuten und bei ca. 80°

weitere 20 Minuten trocknen lassen. Die Amaretti einzeln von der Folie lösen und auf ein Kuchengitter legen. Den Boden je eines Amaretti mit Schokoladencreme bestreichen; ein zweites daran ankleben. Die zusammengesetzten Amaretti mit zwei Ecken in die Schokoladencreme tauchen. Die gefüllten und bestrichenen Amaretti auf dem Gitter erkalten lassen, bis die Glasur fest wird.

300 g Zucker
2 Eiweiß
2 Eßl. Puderzucker zum Bestreuen

Bemerkungen Diese selbstgemachten Amaretti sind hervorragend im Geschmack, sehen aber sehr hell aus. Man kann zu der Masse nach Belieben wenig Schokoladenpulver zufügen, damit sie dunkler werden. Raffiniert ist auch die Beigabe von 1 Eßlöffel Marsala. Allerdings muß man dann eventuell etwas weniger Eiweiß verwenden, damit die Masse nicht zu flüssig wird.

Die ideale Beilage zu Sorbets, leichten Obstdesserts oder ganz einfach zu einem guten Kaffee nach einer gekonnt zusammengestellten Mahlzeit. Diese Sablés sind auch als Weihnachtsgebäck beliebt und können mit einfachen Zutaten unendlich variiert werden.

Sablés

*
V Kann vorbereitet werden
Arbeitsaufwand: 10 Minuten, zusätzliche Ruhezeit und Kaltstellen des Teiges ca. 1¼ Stunde
Backzeit: 15 bis 20 Minuten pro Blech

300 g Butter
130 g Zucker
2 Prisen Salz
1 Teel. Vanille-Extrakt
400 g Mehl

Die Butter bei Küchentemperatur weich werden lassen. Schaumig rühren, Zucker, Salz, Vanilleextrakt und gesiebtes Mehl nach und nach unterrühren. Den Teig rasch zu einer Kugel formen. Zugedeckt 1 Stunde ruhen lassen. Die klassischen Sablés können auf zwei Arten geformt werden:

- Den Teig zu einer Rolle von 4 bis 5 cm Durchmesser formen, in Aluminiumfolie kalt stellen. Nach ungefähr einer Stunde mit einem großen Messer 4 bis 5 mm dicke Plätzchen schneiden.
- Den Teig ca. 4 mm dick ausrollen und runde, gezackte Plätzchen ausstechen (ca. 4 bis 5 cm Durchmesser).

Das Backen von Sablés

Dieser zarte Sandteig muß genügend Butter enthalten, damit er nach dem Backen richtig mürb ist. Deshalb sollte man die Plätzchen immer vor dem Backen mindestens 10 bis 15 Minuten kalt stellen. Das kann auf dem Blech geschehen. Gebacken werden die Sablés 15 bis 20 Minuten bei 160 bis 170°. Sie dürfen hellgelb werden.

Bemerkungen Sablés sollten auf der Zunge schmelzen, und es gibt kaum ein anderes Kleingebäck von so einmaliger Feinheit und leicht sandigem Korn.
Im Gegensatz zu vielen anderen Teegebäcksorten darf man dem Sabléteig eine Spur mehr Salz beifügen. Das Salz gehört einfach dazu.

Variationen

- Haselnußkerne unter den Teig mischen.
- Rosinen waschen, in wenig Rum einlegen und unter den Teig ziehen.
- Die Hälfte des Teiges mit 2 Eßlöffeln gesüßtem Schokoladenpulver verkneten. Die beiden Teige nach dem Ausrollen aufeinanderlegen, mit dem Nudelholz etwas beschweren, damit die beiden Teige gut zusammenkleben. Rolle formen und wie beschrieben schneiden und backen.

Klassische Zubereitungsarten

1
Den Teig zu einer Rolle von 4 bis 5 cm Durchmesser formen. In Aluminiumfolie wickeln und kalt stellen

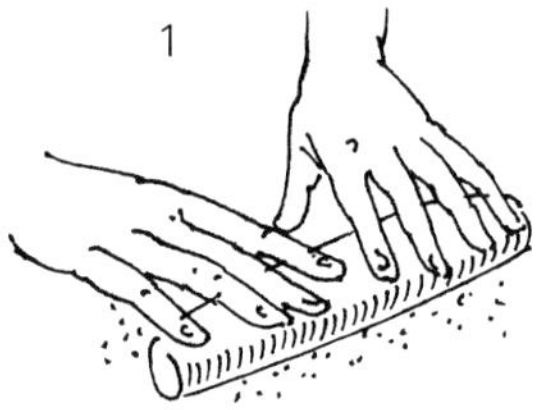

2
Vor dem Backen in 4 bis 5 mm dicke Plätzchen schneiden

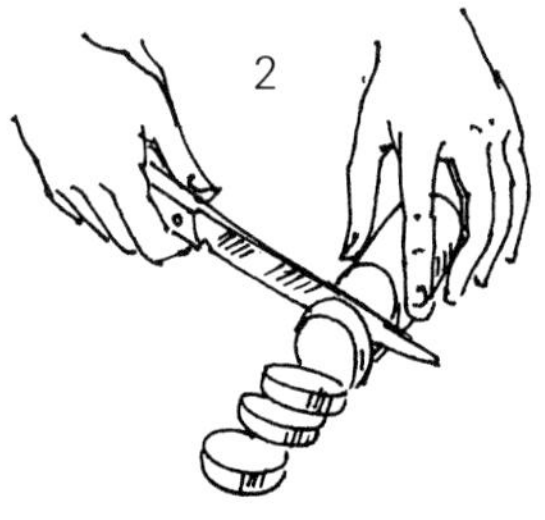

Ein ausgezeichnetes Pariser Gebäck, vielseitig verwendbar: als Beilage zu kleinen Vorspeisen, zum Frühstück oder gefüllt zum Aperitif. Allerdings ist die Zubereitung des Teiges etwas aufwendig, es liest sich zwar komplizierter, als es in Wirklichkeit ist.

Brioches

*
V Kann vorbereitet werden
Arbeitsaufwand: 50 Minuten, zusätzlich Ruhezeiten des Teiges
Backzeit: 20 bis 25 Minuten

Grundrezept für ca. 1 kg Teig (ca. 15 Stück)

20 g Hefe
1 Teel. Zucker
500 g Weißmehl
½ Eßl. Salz
4 kleine Eier
375 g Butter
1 Eigelb
Butter für die Formen

Die Hefe zerbröckeln und mit 2 bis 3 Eßlöffeln lauwarmem Wasser und Zucker auflösen. Mit wenig Mehl zu einem Teiglein anrühren. Zugedeckt an die Wärme stellen (ca. 30°). Mehl und Salz in eine große, vorgewärmte Schüssel sieben. Eine Vertiefung anbringen und die mit 1 Tasse Wasser verquirlten Eier hineingeben. Zu einem festen Teig verkneten. Teig wiederholt auf den Tisch schlagen und wieder zusammenfalten, damit viel Luft hineinkommt. Nach 10 Minuten plattdrücken und das Vorteiglein, welches inzwischen aufgegangen ist, darauflegen, einpacken und durchkneten. Gründlich durcharbeiten und den Teig nochmals auf den Tisch schlagen, bis der Vorteig sich mit dem Eierteig ganz vermischt hat. Zu einer Kugel formen, in eine Schüssel legen, mit einem Tüchlein decken und 15 Minuten warm stellen (ca. 30 bis 35°). Butter in Flocken schneiden, unter den Teig arbeiten. Kneten, bis der Teig glatt ist und nicht mehr klebt. Nochmals zum Aufgehen an die Wärme stellen und alle 15 Minuten, im ganzen dreimal, immer wieder aufziehen und zusammenfalten. Vor der Verarbeitung 2 bis 3 Stunden kühl ruhen lassen (Gemüsefach des Kühlschrankes). Den Teig vor dem Verarbeiten wieder zwei- bis dreimal aufziehen und zusammenfalten. In 50 bis 80 g schwere Stücke teilen. Dreiviertel von jedem Stück zu einer Kugel, das restliche Viertel oval formen. Die Kugeln dreiviertelhoch in bebutterte Förmchen setzen, in der Mitte etwas eindrücken und die ovalen «Köpfchen» aufsetzen. Den Teig ringsum vier- bis fünfmal einschneiden (Köpfchen nicht berühren), dann warm stellen und nochmals bis 1 cm unter den Rand aufgehen lassen. Mit verquirltem Eigelb bestreichen und bei 180° 20 bis 25 Minuten bakken.

Bemerkungen Die genaue Befolgung des Rezepts ist ausschlaggebend für das Resultat. Der Teig läßt sich auch tiefkühlen. Man kann auch bereits gebackene Brioches in die Tiefkühltruhe legen, sollte sie aber vor dem Servieren wieder aufbacken, denn frischgebacken schmecken sie am besten!

Variationen
- In Cakeform backen und in Scheiben geschnitten servieren (z. B. zu Foie gras).
- Riesenbrioche backen und nach Belieben wie eine Pastete füllen.
- Mini-Brioches mit verschiedenen Quarkfüllungen füllen (z. B. Avocado-Mousse (s. d.), Kräuterquark, Schinkenquark usw.).
- Saucisson (Schweinswurst) kurz vorkochen, häuten und in Briocheteig einbacken.
- Briocheteig als Pastetenteig verwenden.

Ein vielseitig verwendbares Biskuit, luftig, delikat und schnell gebacken.

Biskuitroulade

*
Arbeitsaufwand: 15 Minuten
Backzeit: 8 bis 10 Minuten

75 g Zucker
75 g Mehl
1 Prise Salz
25 g Butter
4 Eigelb
3 Eiweiß

Zucker und alle Eigelb mit dem Rührwerk oder dem Schwingbesen schlagen, bis eine dickflüssige Creme entsteht. Das mit Salz gemischte Mehl und das steifgeschlagene Eiweiß gleichzeitig sorgfältig untermischen. Die flüssig gemachte Butter unterziehen und die Masse sofort auf einem mit gebutterter Folie belegten Blech verteilen. Der Teig soll gleichmäßig auf eine Höhe von ca. 1½ cm verstrichen werden, damit keine dünnen Stellen entstehen, die beim Backen austrocknen könnten. Etwa 8 bis 10 Minuten im heißen Ofen (ca. 200°) goldgelb backen. Das Blech aus dem Ofen nehmen und sofort auf einen Marmor oder auf eine Folie stürzen. Das Blech so belassen, bis der Teig abgekühlt ist. Auf diese Art bleibt der Teig feucht. Die Roulade kann anschließend gefüllt und aufgerollt werden. Für Biskuittorten in einer Springform bakken (Backzeit ca. 15 Minuten).

Variationen
- Als gefüllte Biskuitroulade.
- Als Unterlage für Biskuittorten (z. B. für Erdbeer- und Himbeertorte).
- Für die Zubereitung einer Tourte Royale (s. d.).

Dieser Teig ist die Basis für unzählige einfache bis anspruchsvolle Gebäckarten oder Desserts. Vom simplen Windbeutel bis zur Torte St-Honoré. Gesalzen läßt er sich auch für pikante Vorspeisen und Aperitifgebäck verwenden.

Französischer Brühteig

*
V Kann vorbereitet werden
Arbeitsaufwand: 15 Minuten
Backzeit: siehe Verwendungsmöglichkeiten

⅛ l Milch
4 Eßl. Wasser
Salz
100 g Butter
150 g Mehl
5 Eier

Das Mehl auf ein Papier sieben. Milch, Wasser, Salz und Butter in eine Pfanne geben. Auf kleinem Feuer aufkochen. Sobald das Wasser kocht, die Pfanne vom Feuer nehmen und das Mehl im Sturz auf einmal zugeben. Mit einer Holzkelle zu einem gleichmäßigen Teigklumpen rühren. Die Pfanne wieder auf die warme Platte stellen und so lange auf kleiner Hitze rühren, bis sich der Teigkloß von den Pfannenwänden und dem Pfannenboden löst. Pfanne von der Herdplatte wegziehen. 4 Eier einzeln unter den warmen Teig arbeiten. Das fünfte Ei in einer Tasse verquirlen und nach Bedarf zugeben. Der Teig sollte mittelfest werden, damit man daraus Kugeln abstechen kann. Den Teig vor dem Gebrauch 15 Minuten kühl stellen. Für süßes Gebäck kann man zu Beginn 2 Teelöffel Zucker zufügen.

Bemerkungen Brühteig läßt sich eine Woche im Kühlschrank aufbewahren (locker in einen Plastiksack einfüllen). Tiefgekühlt hält er einen Monat. Vor dem Gebrauch 24 Stunden im Kühlschrank auftauen lassen.

Verwendungsmöglichkeiten Choux à la crème (Windbeutel), Eclairs, Profitéroles, Croquembouches (s. d.), Tourte St-Honoré (s. d.).

Französischer Brühteig

1
Milch, Wasser und Salz aufkochen

2
Das Mehl im Sturz auf einmal zugeben. Mit einer Holzkelle zu einer gleichmäßigen Masse rühren

3
So lange bei kleiner Hitze kochen, bis sich der Teigkloß von den Pfannenwänden und dem Pfannenboden löst

4
Die Pfanne von der Herdstelle wegziehen und die Eier einzeln unter den warmen Teig arbeiten

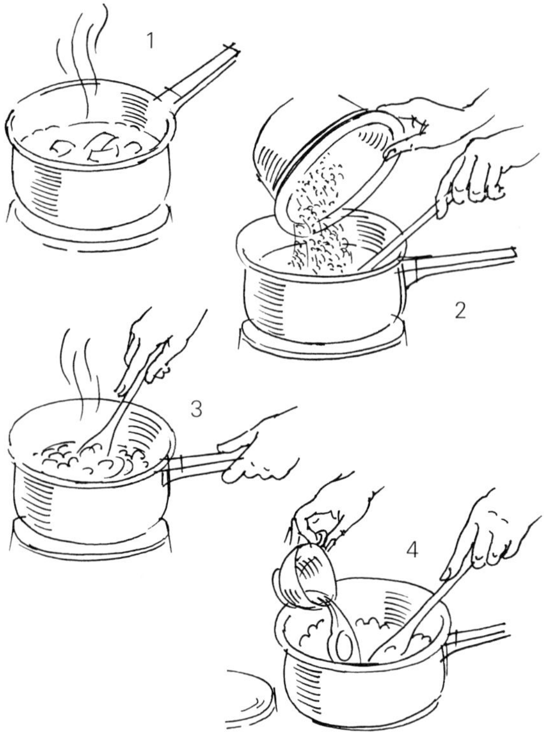

Geriebener Teig eignet sich für Obstkuchen, Quiches (s.d.) und andere Gebäcksorten, die mit Füllungen belegt werden.

Geriebener Teig

*
V Kann vorbereitet werden
Arbeitsaufwand: 20 Minuten, zusätzlich 2 bis 3 Stunden Ruhezeit)

250 g Mehl
½ Teel. Salz
125 g Butter
4 bis 5 Eßl. Wasser

Mehl auf das Teigbrett sieben. Butter in Flocken beigeben, Mehl und Butter von Hand miteinander zerreiben, bis sich eine feinkrümelige Masse bildet. Damit einen Kranz formen, das Wasser nach Bedarf mit Salz zugeben und von der Mitte aus rasch zu einem Teig verarbeiten. Vorsicht: nicht kneten, sonst wird der Teig zäh. Am Vorabend zubereiten oder mindestens 2 bis 3 Stunden kühl ruhen lassen.

Bemerkungen Der Teig wird nur sehr zart und mürbe, wenn man die Butter mit dem Mehl zu ganz feinen Bröseln zerreibt und alle Zutaten zum Schluß rasch zusammenfügt.

Ein Teig, der etwas Aufwand erfordert und deshalb selten zu Hause gemacht wird. Er ist aber qualitativ unübertroffen, und anspruchsvolle Gerichte, die damit zubereitet werden, wie z. B. Pasteten oder sogenannte «Feuilletés», werden um vieles besser. Denn was nützt ein Teig, der schmeckt wie ein matschig gewordener Karton?

Blätterteig

(Dies ist das gute klassische französische Rezept)

**
V Kann vorbereitet werden
Arbeitsaufwand: 40 Minuten, zusätzlich Kühlzeit des Teiges

250 g Mehl
225 g Butter
ca. ⅛ l Wasser
1 Teel. Salz

Das Mehl auf ein Teigbrett sieben. Einen Kranz formen und von der Mitte aus mit dem Wasser und Salz rasch mit den Fingerspitzen zu einem Teig verarbeiten. Der Teig darf nicht geknetet werden, sonst wird er zäh. Zu einer Kugel formen und kühl stellen. Nach ca. 15 Minuten den Teig zu einem Viereck auswallen und die etwas plattgedrückte Butter darin einpacken, indem man die vier Ecken des Teiges wie einen Briefumschlag einschlägt und die Teigränder etwas zusammendrückt, damit die Butter vollkommen eingeschlossen ist. Der Teig gelingt nicht, wenn die Butter austritt. Die Butter darf nicht zu weich sein, sie sollte ungefähr die Konsistenz des Teiges haben. Dann den Teig sorgfältig und gleichmäßig zu einem langen Rechteck ausrollen, wobei man am Anfang mit dem Teigroller etwas klopft, damit sich die Butter gleichmäßig verteilt. Die Dicke des ausgerollten Rechteckes soll etwa 1½ cm betragen. Das eine Ende bis zu ⅓ des Teigstreifens zurücklegen und das andere Ende darüberschlagen. Leicht andrücken und ca. 20 Minuten kühl stellen. Diese Prozedur in entgegengesetzter Richtung dreimal wiederholen. Nach jedem Auswallen 20 Minuten kühl ruhen lassen. Den fertigen Blätterteig in eine Plastikfolie legen und kühl lagern.

Bemerkungen

- Die Herstellung des Blätterteiges erfordert genaue Kenntnisse des Zweckes der einzelnen Vorgänge, wenn er sicher gelingen soll.

- Qualität und Konsistenz der Butter müssen den Vorschriften entsprechen.
- Vorgeschriebene «Tourenzahl», wie man das wiederholte Ausrollen und Einschlagen nennt, genau beachten, damit die Butter gleichmäßig im Teig verteilt und Luft hineingebracht wird. Beim Ausrollen den Teigroller nicht zu fest andrücken und nicht über die Ränder des Teiges hinabrollen.
- Den Teig zwischen Einschlag und Wiederausrollen lange genug kühl ruhen lassen, damit die durch das Ausrollen warm gewordene Butter, die einen großen Bestandteil des Teiges bildet, wieder fest wird.
- Beim Auswallen des Teiges das Brett stets nur mit wenig Mehl bestreuen, sonst wird das Mengenverhältnis gestört. Am besten schüttelt oder pinselt man das Mehl nach dem Ausrollen wieder ab.

  Blätterteig läßt sich gut tiefkühlen. Man kann ihn vorher bereits in die gewünschte Form bringen, einfrieren und gefroren backen.

Variationen

- Leichter Schnellblätterteig

  (nur für Kuchenböden geeignet)

  250g Mehl in eine Schüssel sieben, 1 Eßlöffel Salz, 200 g Rahmquark und 180 g Butterflocken dazugeben und rasch zu einem glatten Teig verarbeiten. 1 Stunde ruhen lassen. Evtl. 2 bis 3 Touren geben (s. konventionelles Blätterteigrezept).

MENÜS KOMPONIEREN
eine Kunst

Ein perfekt zusammengestelltes Menü ist wie eine Symphonie. Alle darin aufgeführten Gerichte und Beilagen sollen harmonieren oder so kontrastieren, daß sie nicht nur das Auge, sondern auch den Gaumen erfreuen. Im Privathaushalt kommt dazu, daß man keine große Palette von Beilagen zur Verfügung hat und praktische Erwägungen eine Rolle spielen. Diesem Umstand kommt entgegen, daß man heute bei der Wahl der Beilagen eine gewisse Zurückhaltung übt, was dem Hauptgericht geschmacklich meistens förderlich sein kann. Immerhin gilt es bei der Zusammenstellung von Menüs einige Grundregeln zu beachten, die ich hier nach meiner Auffassung in der Folge zusammengestellt habe.

Die richtige Zusammenstellung eines Menüs

Wiederholungen innerhalb eines Menüs vermeiden. Dies gilt für die Zubereitungsart, die Farben, das Aussehen und auch für die Zutaten. Wie man es nicht machen sollte:

- Currysauce und zum Dessert Vanillecreme
- Gebackene Fische im Teig und zum Dessert Apfelküchlein
- Braunes Saucengericht und zuletzt Schokoladecreme
- Hauptgericht mit Früchten garniert und Fruchtsalat als Nachspeise
- Tomatengericht als Vorspeise und im Hauptgericht Tomatensauce
- Käsegericht mit Käseplatte zum Dessert

Es ließen sich noch viele andere Beispiele aufzählen. Allerdings gibt es auch Ausnahmen, z. B.:

- ein Menü ganz in Weiß (mit Snob appeal)
- eine Speisefolge aus derselben Grundzutat, z. B. ein Fischmenü
- die Kontraste in der Zubereitung zwischen den einzelnen Gängen sollen möglichst groß sein. So serviert man kein gekochtes Huhn nach einem pochierten Fisch, besonders nicht, wenn beides an einer hellen Sauce zubereitet wird.

Die richtige Reihenfolge der Gerichte

Nach den klassischen Regeln der Kochkunst, die heute nicht mehr ganz so streng befolgt werden, gelten gewisse Richtlinien:

- Kalte vor warmen Speisen
- Leichte vor schweren Gerichten
- Helles vor dunklem Fleisch
- Geschmacklich fein nuancierte Gerichte vor intensiv gewürzten Speisen (z. B. Knoblauch!)

Der Umfang des Menüs

Heute ist man viel weniger konventionell. Man kann auch bei Besuch ohne weiteres die Vorspeise oder das süße Dessert weglassen und eventuell als Abschluß nur Käse servieren. Überladene Menüs sind nicht mehr gefragt. Komplette Menüs mit verschiedenen Gängen erwartet man privat höchstens zu einem ganz festlichen Anlaß oder von einem ganz fanatischen Hobbykoch. Als Regel gilt heute ein dreiteiliges Menü, bestehend aus einer kleinen Vorspeise oder einem Salat, einem Hauptgericht, das nicht unbedingt aus Fleisch, sondern

ebensogut aus Fisch oder einer fleischlosen Speise bestehen kann, und, je nach Art der vorangegangenen Gerichte, einem süßen Dessert.
Die festlichen Menükompositionen der folgenden Seiten enthalten pro Person ungefähr 4600 bis 5230 kJ. Rund ein Drittel davon entfallen auf das Dessert! Das Total entspricht der Hälfte des Tagesbedarfes an k Joule für einen Erwachsenen mit sitzender Beschäftigung. Für besonders leichte Menüs deshalb das Dessert weglassen oder durch ein Kompott oder frische Früchte ersetzen. Denken Sie daran, daß es die Kleinigkeiten sind, die in dieser Beziehung am meisten zählen, zum Beispiel zusätzliches Brot, Butter, kohlehydrathaltige Beilagen, Gebäck usw. Auch sind die Getränke nicht zu unterschätzen. Ein Glas Rotwein (ca. 1 dl) zum Beispiel enthält ungefähr 335 Joule. Diese Details nur als Richtlinien.

Das Wichtigste

Überfüttern Sie Ihre Gäste nicht. Ihre wirkliche Kunst können Sie unter Beweis stellen, wenn Sie ein Menü so zusammenstellen, daß man sich trotz aller Genüsse nach Tisch so leicht fühlt, als hätte man fast nichts gegessen. Dies erreicht man mit dem Servieren von vernünftigen Portionen, dem Verzicht auf zu üppige Beilagen und richtiger, sinnvoller Zusammenstellung der Menüfolge.
Ich wähle jeweils zuerst das Hauptgericht aus und baue Vorspeise und Dessert mit Verstand dazu. Ist das Hauptgericht besonders leicht, ergänze ich es eventuell durch eine kleine «Dessert-Sünde». Die Vorspeise hingegen versuche ich immer leicht und knapp zu halten. Ist das Hauptgericht hingegen etwas üppig oder verlangt es nach währschaften Beilagen, ersetze ich die Vorspeise durch einen kleinen Salat. Das Dessert wird dann besonders leicht oder darf eventuell ganz wegfallen.

Unkonventionelle Menüs

Bei Gourmets ganz besonders beliebt sind attraktive Menüs «à la chinoise» mit mehreren kleinen Speisefolgen. Für Freunde stelle ich jeweils eine Serie Mini-Gerichte zusammen. Mein Mann nennt sie «Müsterchen-Essen» und ist, seit er sie kennengelernt hat, immer enttäuscht, wenn es bei Besuch nicht jedes-

mal eine solche Auswahl aus meiner Küche gibt. Die sieben- oder mehrteiligen Menüs stellen zwar einige Anforderungen an die Gastgeberin, sind aber mit etwas Organisationstalent, genügend Geschirr und mit der richtigen Wahl der Speisefolge auch im Privathaushalt zu bewältigen (s. Beispiele S. 406ff.). Ich möchte aber doch darauf hinweisen, daß diese Art, Menüs zu präsentieren, aufwendig ist und Geduld und Arbeit verlangt. Allerdings sind sie so erfolgreich, daß man der Versuchung nicht widerstehen kann, diese Übungen zu wiederholen.
Bei der Zusammenstellung halte man sich an die bereits aufgezählten Grundregeln. Gerade bei solchen vielteiligen Menüs sollten die verschiedenen Gänge zueinander einen Kontrast bilden. Dadurch kommt jedes einzelne Gericht zur Geltung.
Und nun noch ein persönlicher Tip, falls Sie sich einmal an ein solches Essen wagen wollen: Servieren Sie vor allem Gerichte, die man vorbereiten kann. Nachdem nur kleine Portionen davon auf den Tisch kommen, stimmen Sie Ihren Menüplan für die nächsten Tage so ab, daß Sie davon profitieren können. Eine Terrine zum Beispiel ist mehrere Tage haltbar und kann den Mittelpunkt einer weiteren Mahlzeit bilden. Dasselbe gilt für Geflügel, das Sie einkaufen, usw. So entsteht kein Verlust, und der Aufwand verteilt sich auf mehrere Mahlzeiten.

Weine und andere Getränke

Zu einem gut zusammengestellten Menü gehören auch die passenden Getränke. Für Weine gibt es gewisse Grundregeln, die aber nicht immer befolgt werden müssen.
Üblicherweise serviert man zu Fisch und Meeresfrüchten weißen Wein oder bestenfalls Rosé, auch etwa zu Vorspeisen, hellen Fleisch- oder Geflügelgerichten.
Die ganze Skala der Rotweine wählt man nach Art des Fleisches, wobei folgende Faustregeln gelten können:
- Trockener Weißwein vor Rotwein
- Leichter Wein vor schwerem Wein

Was ich persönlich nicht mag, sind süße Getränke, die zum Essen gerichtet werden (einige Ausnahmen ausgenommen, z. B. Sauternes, etwa einen alten Portwein zu Gänseleber oder einer passenden Vorspeise und Dessertwein zu einer festlichen Süßspeise). Dies gilt auch für Mineralwasser. Ein süßes Getränk verhindert den Genuß eines gekonnt zubereiteten Gerichtes. Gegen Bier ist nichts einzuwenden, wenn es auf das Gericht abgestimmt ist (z. B. Curry, gewisse rustikale Gerichte usw.). Bier sollte immer vor Wein serviert werden.

Zu den Menüs

Eingangs dieses Buches habe ich Sie darum gebeten, die Rezepte jeweils vor dem Kochen durchzulesen. Das ist für die Zusammenstellung eines Menüs und die Organisation in der Küche besonders wichtig. Als Beispiel habe ich einige Menüvorschläge zusammengestellt und dann in verschiedene Arbeitsphasen zerlegt. Übrigens etwas, was Ungeübte machen sollten, bis sie eine gewisse Sicherheit erreicht haben. Denn es ist nicht immer einfach, alles auf den gewünschten Zeitpunkt servierbereit zu haben. Wer vor dem Anrichten gar keine Arbeit mehr verrichten will, wähle Gerichte, die alle im voraus zubereitet werden können.
Die Menüs auf den folgenden Seiten enthalten
- Seitenhinweise für die Rezepte
- einen Zeitplan für die Zubereitung
- Tips für die letzten Handreichungen vor dem Servieren
- Variationen zum Austauschen von Vorspeise oder Dessert (allerdings müssen die Änderungen sinnvoll aufeinander abgestimmt werden). Siehe richtige Menüzusammenstellung S. 401.

Ein Wort für Anfänger

Vielleicht sind Sie noch etwas ungeübt und haben Mühe, alles zum richtigen Zeitpunkt servierbereit zu halten. Verzweifeln Sie deshalb nicht und wählen Sie für den Anfang Gerichte aus, die man in Ruhe vorbereiten kann. Als nächsten Schritt konzentrieren Sie sich vielleicht einmal auf die Vorspeise oder das Hauptgericht, das im letzten Moment noch Handreichungen verlangt. Jedenfalls sollten Sie nichts dem Zufall überlassen, damit Sie nie improvisieren müssen.

Arbeit und Zeit sparen mit der Mikrowelle

Wer über ein Mikrowellengerät verfügt, möchte es auch sinnvoll einsetzen. Mag es auch als Zusatzgerät eine wertvolle Hilfe sein, so wird es doch weder den Herd noch den Backofen ersetzen können. Die Mikrowelle soll nur da zum Einsatz kommen, wo sie wirkliche Vorteile bringt. Es hat zum Beispiel keinen Sinn, damit Spaghetti für vier Personen zu kochen, da jene auf dem Herd genauso schnell, wenn nicht schneller, gegart sind. Auch ein größeres Fleischstück wird im Backofen ansehnlicher und besser. Hingegen gelingen delikate Fischgerichte oder Gemüse in Kleinportionen ganz hervorragend. Selbst heikle Saucen können mit Hilfe der Mikrowelle mühelos zubereitet werden, auch von Ungeübten. Aber besonders wertvoll sind die unzähligen kleinen Hilfestellungen, die das Kochen erleichtern und Zeit sparen helfen.

Bei den folgenden Menüs wurde das Mikrowellengerät als Ergänzung zu den konventionellen Kochmethoden mit einbezogen, wo es sich als sinnvoll erwies. Die entsprechenden Gerichte wurden mit dem Symbol * bezeichnet. Nicht in jedem Fall ist damit ein Zeitgewinn verbunden, aber es erleichtert das Kochen und das Anrichten. Die Mikrowellenhinweise sollen vor allem jenen als Anregung dienen, die ihr Gerät noch nicht sehr lange in der Küche haben. Mit der Zeit entdecken Sie immer mehr Möglichkeiten der Anwendung und lernen, auch dieses moderne Küchengerät in den normalen Kochprozeß einzugliedern. So können Sie auch in bezug auf andere Rezepte dieses Buches von der Mikrowelle profitieren.

MENÜ

Cocktail de féra
(Felchencocktail)
Seite 31

*

Filet mit Lebern und Rosinen
Brokkoli
Seite 145

*

Tartes chaudes
(warme Apfelkuchen)
Seite 358

ZEITPLAN	Vorbereitungen
am Vortag	Evtl. Blätterteig zubereiten
2 bis 3 Stunden vor dem Essen	Apfelkuchen zubereiten und vorbacken Felchencocktail zubereiten und kühl stellen Zutaten für Hauptgericht bereitstellen Rosinen einlegen Schalotten dünsten, Sauce zubereiten und einkochen Brokkoli putzen
	Zubereitung
19.40	Brokkoli kochen
19.45	Filets anbraten
19.50	Fleisch warm stellen
19.55	Felchencocktail servieren
Essenszeit 20.00	
im allerletzten Moment vor dem Servieren	Lebern anbraten Sauce fertigmachen und mit Butter aufmontieren Fleisch anrichten Brokkoli abgießen und evtl. mit wenig Butter verfeinern Apfelkuchen im Backofen erwärmen

Variationen
Vorspeise:
Assiette exotique S. 17
Cassolette d'œufs au poireau S. 22
Avocados mit Jakobsmuscheln S. 25

Dessert:
Charlotte russe S. 353
Birnen in Wein S. 343
Tulipe glacée S. 330

*

*** Cocktail de féra**
Die Fischfilets für diesen Cocktail lassen sich im Mikrowellengerät garen.
Die Fischstreifen mit wenig Salz und Pfeffer und 3 bis 4 Eßlöffeln Wasser in eine flache Schale geben. Zugedeckt 3 Minuten bei 490 (500) Watt garen. 2 bis 3 Minuten nachziehen lassen, dann wie beschrieben weiterverwenden.

*** Filet mit Lebern und Rosinen**
Die Saucenbasis läßt sich im Mikrowellengerät mühelos zubereiten:
Die Schalotten mit wenig Butter eine Minute bei 600 (500) Watt offen dünsten. Bouillon, Madeira und Lorbeerblatt zugeben. 3 (3½) Minuten bei 600 (500) Watt offen einkochen. Verwenden wie im Rezept beschrieben.

*** Brokkoli**
500 g Brokkoli säubern, waschen und in Röschen teilen. Mit 8 Eßlöffeln Wasser, Salz und Pfeffer in eine Glasform geben und geschlossen 5 (5½) Minuten bei 600 (500) Watt garen. Nach Belieben einen Eßlöffel Pinienkerne oder gehackte Walnüsse mit einem Eßlöffel Butter in eine kleine Schale geben und 1 (1¼) Minute bei 600 (500) Watt erhitzen. Das Wasser von den Brokkoli abgießen. Die Nüsse mit der Butter über das Gemüse verteilen.

*** Tarte chaude**
Das Apfel- oder Quittengelee läßt sich am besten im Mikrowellengerät flüssig machen, damit der Kuchen gut bestrichen werden kann (2 [2½] Minuten bei 600 [500] Watt).
Das Garen von Fischen gelingt mit der Mikrowelle besonders gut, weshalb man auch die Filets für den Cocktail so zubereiten sollte. Der Brokkoli wird in diesem Gerät in 6 bis 7 Minuten servierbereit.
Die Saucenbasis für das Fleisch läßt sich nebenbei mit der Mikrowelle reduzieren.

MENÜ

* Spargelsalat «Mayola»
Seite 40
*
* Nouilles panachées
Seite 307
*
Sorbet aux fruits
Seite 326
Sablés
Seite 389

ZEITPLAN	Vorbereitungen
am Vortag	Sorbet zubereiten und einfrieren Sablés backen
2 bis 3 Stunden vor dem Essen	* Spargel putzen und vorkochen Gemüse putzen, Salat vorbereiten Nudeln vorkochen Scampi kochen, schälen und kleinschneiden * Kalbsmilke vorkochen und häuten Gläser vorkühlen für Sorbet Zutaten für Sauce bereitstellen
	Zubereitung
19.40	Spinat dünsten
19.45	Salat anrichten
19.50	Nudeln langsam erwärmen
19.55	Rahmsauce zubereiten
Essenszeit 20.00	Salat servieren
im allerletzten Moment vor dem Servieren	Nudeln, Spinat, Milken und Scampi mischen Sauce darunterziehen Früchtesorbet in vorgekühlte Gläser anrichten

Variationen
Vorspeise
Schinkenmousse S. 24
Grapefruitsalat «Haifa» S. 41
Terrine de bœuf S. 59

Dessert
Kühles Weichselgelee S. 318
Délice norvégien S. 323
Frische Ananas mit Pfeffer S. 334

* Spargelsalat «Mayola»
Die Spargelstangen schälen, von den Enden befreien, waschen und in eine Schale legen. Mit wenig Salz und einer Prise Zucker bestreuen. 1/8 l Wasser zufügen. Zugedeckt bei 600 (500) Watt 8 (9) Minuten garen. Zur Halbzeit die Spargel wenden. Zugedeckt erkalten lassen und wie im Rezept beschrieben weiterverwenden.

* Nouilles panachées
Die Nudeln nach konventioneller Art kochen und die Kalbsmilken vorkochen und säubern. Die weiteren Zutaten werden mit Vorteil im Mikrowellengerät gegart, und zwar während der Kochzeit der Nudeln.
Die Spinatblätter waschen und in Streifen schneiden. Die Scampi roh schälen, den Darm entfernen und in Scheiben schneiden. Die Kalbsmilken kleinwürfeln. Die Butter in einer großen, flachen Schale eine Minute bei 600 (500) Watt erhitzen. Die gehackten Schalotten, den durchgepreßten Knoblauch und den Spinat zufügen. 2 Minuten bei 600 (500) Watt zugedeckt garen. Danach Milken und Scampi zufügen und 3 Minuten bei 490 (500) Watt zugedeckt weitergaren. 2 bis 3 Minuten nachziehen lassen.
Den Rahm mit Käse, Cognac und Krebsbutter mischen. 3 Minuten offen bei 600 (500) Watt einkochen. Die Mischung abschmecken, mit Spinat, Scampi, Milken und abgetropften Nudeln mischen.

Die Spargeln für den Salat sind in 8 bis 9 Minuten gar, wenn sie im Mikrowellengerät zubereitet werden. Parallel zu den Nudeln, die auf dem Herd gekocht werden, können die Zutaten dieses Gerichtes mit der Mikrowelle gegart werden. So entsteht eine Spezialität, die in rund 15 Minuten servierbereit ist.

MENÜ

Überbackene Bouillon
Seite 70

*

*Coq au Riesling «à ma façon»
(Hähnchen in Riesling «auf meine Art»)
Seite 182

*

Butternudeln
* Blattspinat

*

Rahmeis mit heißer*Himbeersauce
Seite 334

ZEITPLAN	**Vorbereitungen**
am Vortag	Bouillon kochen
2 bis 3 Stunden vor dem Essen	Bouillon in Tassen füllen, Teigdeckel anbringen
	Hähnchen häuten und vorbereiten, Gemüse putzen
	* Himbeersauce kochen
	Spinat vordünsten
	* Zutaten für Hauptgericht bereitstellen
	Dessert vorbereiten
	Zubereitung
19.20	* Hähnchen zubereiten
19.30	Nudeln vorkochen
19.35	Backofen vorheizen
19.45	Bouillontassen in den Ofen geben
19.50	Nudeln und Spinat erwärmen
19.55	Hähnchen warm stellen
Essenszeit 20.00	Bouillon servieren
im allerletzten Moment vor dem Servieren	Sauce fertigstellen, über das Fleisch geben
	Nudeln und Spinat anrichten
	Rahmeis aus der Kälte nehmen
	* Himbeersauce erwärmen

Variationen
Vorspeise
Gefüllte Eier mit Räucherlachs S. 13
Ei mit Crevetten S. 20
Avocadosalat «Planters Fashion» (bei Hauptgericht evtl. weglassen) S. 39

Dessert
Ananas aux fraises S. 319
Pfirsich in Wein S. 321
Frische Feigen mit Kümmel S. 320

* Coq au Riesling «à ma façon»
Wenn alles gut vorbereitet wird, kann dieses Gericht im Mikrowellengerät zu einem Schnellgericht werden. Wichtig ist, daß man nach dem Zerteilen des Poulets die Haut und die Knochen entfernt. Geflügelgerichte in der Mikrowelle schmecken ohne Knochen besser:
Pouletstücke mit der Butter und den Schalotten in eine passende Schale geben und 4 (4½) Minuten bei 600 (500) Watt zugedeckt dünsten. Mit Salz und Pfeffer bestreuen. ¼ l Riesling darübergießen und die Champignons zugeben. 4 (4½) Minuten bei 360 (330) Watt zugedeckt garen. Die Pouletstücke und die Champignons herausnehmen und warm stellen. Den Kochsaft offen 3 (3½) Minuten bei 600 (500) Watt einkochen lassen. Kalte, kleingeschnittene Butterstückchen zugeben und gut verrühren. Nochmals ½ Minute bei 600 (500) Watt erwärmen. Die Traubenbeeren mit Butter eine Minute bei 600 (500) Watt erwärmen.

* Blattspinat
750 g Spinat verlesen, gut waschen, abtropfen lassen und mit wenig Salz, Muskatnuß und wenig Salbeipulver in eine Glasschüssel geben. Geschlossen zuerst 2 Minuten bei 600 (500) Watt, dann 5 (5½) Minuten bei 490 (500) Watt garen. Nach dieser Zeit den Saft abgießen. Eine angeschnittene Knoblauchzehe an eine Gabel stecken, den Spinat mit 20 g kleingeschnittener Butter damit umrühren und anrichten. Nach Belieben 2 bis 3 Eßlöffel Rahm zufügen und noch eine Minute offen bei 600 (500) Watt erhitzen.

*** Butternudeln**
Sollten nach konventioneller Art gekocht werden. Hier bringt die Mikrowelle nichts. Höchstens zum Aufwärmen praktisch, falls sie im voraus gekocht werden.

*** Rahmeis mit heißer Himbeersauce**
Wie im Rezept beschrieben, alle Zutaten für die Sauce mischen. Unmittelbar vor dem Servieren 3 (3¼) Minuten bei 600 (500) Watt erhitzen.
Tiefgekühlte Beeren mit Vorteil vorher auftauen: 4 (4½) Minuten bei Auftaustufe.

In 12 bis 13 Minuten ist der «Coq au Riesling» dank Mikrowelle fertig, und zwar so mühelos, daß es sich lohnt. Allerdings muß man ungefähr alle 4 Minuten ganz schnell den Kochvorgang unterbrechen, um etwas zuzugeben. Der Spinat läßt sich bereits im voraus (auch mit der Mikrowelle) garen und vor dem Servieren kurz erwärmen. Die Zubereitung der Dessertsauce dauert 3 Minuten!

MENÜ

Endiviensalat mit Roquefortsauce
Seite 42

*

Lammschulter mit Kräutern
Seite 140

Rosmarinkartoffeln
Seite 238

* Zucchetti
Seite 249

*

* Tulipe glacée
(Sorbet-Tulpe)
Seite 330

Vorbereitungen	ZEITPLAN
* Sorbet zubereiten und einfrieren Biskuittulpen backen (in Dose aufbewahren) Evtl. Kalbsjus (Fond) S. 264 zubereiten	am Vortag
Lammschulter füllen und einrollen Zutaten bereitstellen Salat und Gemüse putzen Roquefortsauce zubereiten Kartoffeln schälen	2 bis 3 Stunden vor dem Essen
Zubereitung	
Backofen einschalten	19.10
Kartoffeln in Scheiben schneiden	
Fleisch in den Ofen geben	19.20
Kartoffeln anbraten	19.25
Ofentemperatur zurückschalten	19.30
Fleisch würzen und mit Folie abdecken	19.40
* Zucchetti zubereiten (Basilikum weglassen)	19.45
Backofen abstellen	
Fleischsauce vorbereiten und einreduzieren	19.50
Salat mit Sauce mischen	19.55
Salat servieren	Essenszeit 20.00
Kartoffeln und Zucchetti anrichten Fleisch am Tisch tranchieren Sorbet in Biskuittulpen einfüllen	im allerletzten Moment vor dem Servieren

Variationen

Vorspeise

Lachssalat mit Avocados S. 45
Fischsalat mit Erbschen S. 47
Seezungenfilets mit Grapefruits (½ Portion) S. 105

Dessert

Rêve aux Kiwis S. 328
Ballon rose S. 328
Pfirsichkompott «Barsac» S. 341

*** Lammschulter mit Kräutern**

Man kann diesen Rollbraten auf der Bräunungsplatte im Mikrowellengerät anbraten und schmoren; allerdings resultiert daraus keine Zeitersparnis und kein Vorteil. Nachdem aber für dieses Rezept viele Kräuter benötigt und diese büschelweise eingekauft werden, bleibt davon sicher etwas übrig. Die restlichen Kräuter lassen sich im Mikrowellenofen im Nu trocknen und behalten dabei eine besonders schöne Farbe. So wird es gemacht:
Die Kräuter kurz waschen und die groben Stengel entfernen. Danach auf Küchenpapier legen und trockentupfen. Auf einen Teller geben und bei 200 (180) Watt (30 % der Leistung) 8 bis 12 Minuten trocknen. Die Trockenzeit ist unterschiedlich, da sie von der Feuchtigkeit der Kräuter abhängt. Deshalb den Zustand der Blättchen nach 8 Minuten prüfen. Sie sind genügend getrocknet, wenn sie sich zwischen den Fingern zerreiben lassen. Man kann die Kräuter vor dem Trocknen auch — nicht allzu fein — hacken.

*** Zucchetti**

500 g kleine Zucchetti in feine Scheiben schneiden. In eine flache Schale legen und mit etwas Salz, Pfeffer und einem Eßlöffel Olivenöl mischen. Zugedeckt 6 Minuten bei 490 (500) Watt garen. 2 Eßlöffel gehacktes Basilikum und eine durchgepreßte Knoblauchzehe unter das Gemüse mischen und nochmals eine halbe Minute offen bei 600 (500) Watt dünsten.

*** Tulipe glacée**
Bei Verwendung von tiefgekühlten Beeren für das Sorbet kann man sie im Mikrowellengerät auftauen:
Die Beeren lose in eine große Schale legen. Bei Auftaustufe rund 3½ Minuten erwärmen, danach wenden und noch 3½ Minuten auftauen. 5 bis 10 Minuten ruhen lassen. Lose gefrorene Beeren bleiben schön und können auch als Garnitur verwendet werden.

Hier kommt die Mikrowelle beim Auftauen, Gemüsegaren und Trocknen von Kräutern zum Zug. Die Lammschulter wird im Ofen gebraten besser, es sei denn, man verfüge über ein kombiniertes Mikrowellengerät.

MENÜ

* Terrine de poisson
(Fischterrine)
Seite 62

Cocktailsauce
Seite 62

Schnittlauchsauce
Seite 159

*

Porterhouse-Steak mit
* Provencebutter
Seite 154

* Gratin Dauphinois
Seite 241

* Grüne Erbsen
Seite 252

*

* Gefrorenes Himbeerbiskuit
Seite 382

ZEITPLAN	Vorbereitungen
am Vortag	* Fischterrine zubereiten und kühl stellen Himbeerbiskuit zubereiten und einfrieren Provencebutter mischen
2 bis 3 Stunden vor dem Essen	Kartoffeln schälen Erbsen vorbereiten und vorkochen Zutaten bereitstellen Sauce zu Fischterrine zubereiten
	Zubereitung
18.40	Backofen einschalten * Gratin vorbereiten
18.50	Gratin in den Ofen schieben
19.20	Rahm zugießen
19.45	Fleisch braten
19.50	* Erbsen langsam erwärmen * Provencebutter aus dem Kühlschrank nehmen, in Scheiben schneiden
19.55	Fleisch mit Aluminiumfolie abdecken und warm stellen

Fischterrine servieren | Essenszeit 20.00

Gemüse anrichten
Fleisch am Tisch tranchieren
* Gefrorenes Himbeerbiskuit garnieren
(20 Minuten vor dem Servieren)

im allerletzten Moment vor dem Servieren

Variationen

Vorspeise
Salade «Caprice» S. 48
Geflügelterrine S. 57
Überbackene Bouillon S. 70

Dessert
Melonentraum S. 316
Vanillesoufflé S. 347
Sabayon S. 370

*** Fischterrine**
Die Terrine in ein heißes Wasserbad stellen. Zugedeckt 3 (3½) Minuten bei 600 (500) Watt garen. 4 Minuten ruhen lassen, dann nochmals 3 (3½) Minuten bei 600 (500) Watt garen. Nadelprobe machen, um zu sehen, ob die Fischmasse fest geworden ist. Wenn nicht, noch ½ bis 1 Minute nachgaren.

*** Grüne Erbsen**
Die Erbsen lassen sich unmittelbar vor dem Servieren, mit Klarsichtfolie zugedeckt, bei 600 (500) Watt 2 (2½) Minuten im Mikrowellengerät erwärmen.

*** Provencebutter**
Die Butter vor dem Servieren ¼ Minute bei 360 (330) Watt etwas aufweichen, damit sie am Tisch sofort auf dem heißen Fleisch schmilzt.

*** Gratin Dauphinois**
Nur für 4 Personen zubereitet, läßt sich dieser Gratin in der Mikrowelle vorgaren: 600 g Kartoffeln wie beschrieben in die Form einschichten und nur etwa 3 bis 3½ dl Rahm darübergeben. 12 Minuten zugedeckt bei 600 (500) Watt garen. Nach Halbzeit etwas umrühren. Bei Oberhitze im Backofen oder im Mikrowellen-Kombigerät überbacken.

Tip
Kartoffeln nur 3 cm hoch einfüllen und Form mit rund 6 cm hohem Rand verwenden, damit der Rahm nicht überschwappt.

* Himbeerbiskuit
Damit Ihre Gäste keinen Eispickel benötigen, um das gefrorene Biskuit essen zu können, müssen Sie es mindestens 20 bis 25 Minuten vor dem Servieren aus der Tiefkühltruhe nehmen. Sollten Sie dies vergessen haben, stellen Sie es einfach bei Auftaustufe für eine Minute in den Mikrowellenofen und lassen es danach noch einige Minuten stehen.

Dank der Mikrowelle kann man bei der Zubereitung des Gratins eine Stunde später mit dem Kochen beginnen.

MENÜ

*Terrine au poivre vert
(Terrine mit grünem Pfeffer)
Seite 53

*

*Poularde auf Lauchgemüse mit Pilzen
Seite 185

*

*Pfirsiche in Wein
Seite 321

Vorbereitungen	ZEITPLAN
* Terrine zubereiten	**am Vortag** (oder 2 bis 3 Tage zuvor)
Pfirsich-Dessert zubereiten und kühl stellen Lauch putzen Pilze einweichen Poularde vorbereiten Zutaten bereitstellen Terrine servierbereit machen	**2 bis 3 Stunden vor dem Essen**
Zubereitung	
Backofen einschalten	18.50
Poularde in den Ofen geben	19.00
* Lauch und Steinpilze zubereiten, beiseite stellen	19.10
Gemüse erwärmen, mit Bratensaft mischen und mit Rahm verfeinern Auf Platte anrichten, Poulardenstücke daraufgeben Mit Aluminiumfolie abdecken und im abgestellten Ofen warm stellen	19.50
Terrine servieren	Essenszeit 20.00
Folie entfernen und auftragen	**im allerletzten Moment vor dem Servieren**

Variationen
Vorspeise
Terrine de Truite (1 Stück pro Person) S. 64
Soufflé en tomates S. 30
Fischsalat «La Table du Baron» S. 46

Dessert
Galette aux pêches S. 324
Pavlova S. 332
Dreifrüchtekompott S. 339

*** Terrine au poivre vert**
Die Terrine wie beschrieben zubereiten, in ein passendes Gefäß einfüllen. Zuerst 3 (3½) Minuten bei 600 (500) Watt zugedeckt garen, dann bei 360 (330) Watt 18 (20) Minuten zugedeckt weitergaren.

*** Poularde auf Lauchgemüse mit Pilzen**
Poularde wie beschrieben im Ofen oder im Mikrowellen-Kombigerät braten. Inzwischen die Zwiebeln im Mikrowellenofen eine Minute bei 600 (500) Watt anziehen lassen, Lauch zufügen, mit Weißwein begießen und 10 (11½) Minuten bei 600 (500) Watt zugedeckt garen. Die Steinpilze nicht einlegen, sondern scheibeln und separat in wenig Butter 3 (3½) Minuten bei 600 (500) Watt offen dünsten. Wie beschrieben Lauch und Pilze mit der Sauce mischen.

*** Pfirsiche in Wein**
Je 3 Pfirsiche für 3 Minuten bei 600 (500) Watt in einer zugedeckten Glasschale in den Mikrowellenofen geben. Dadurch lassen sie sich nach dem Erkalten besser in Schnitze schneiden, d. h. der Stein löst sich besser.

Bei der Terrine für dieses Menü läßt sich die Garzeit erheblich verkürzen. Dabei kann man Energie sparen und muß das Wasserbad nicht installieren und überwachen. Bei der Poularde lassen sich Lauch und Pilze während der Bratzeit mühelos parallel garen.

MENÜ

* L'assiette du jardinier
(Salate nach provenzalischer Art)
Seite 35

*

Marinierter Hohrückenbraten
Seite 133

* Pommes de terre à la lyonnaise
(Kartoffeln nach Lyoner Art)
Seite 238

*

* Gougelhopf glacé
(Eisgugelhopf)
Seite 377

Vorbereitungen	ZEITPLAN
Fleisch marinieren Gougelhopf glacé zubereiten und einfrieren * Kartoffeln vorkochen	am Vortag
* Salate zubereiten und anrichten Kartoffeln schälen und schneiden Zwiebeln vorbraten Zutaten für Hauptgericht bereitstellen Fleisch abtropfen	2 bis 3 Stunden vor dem Essen
Zubereitung	
Backofen einschalten	19.10
Fleisch in den Ofen schieben	19.20
Fleisch würzen, mit Senf bestreichen, ab und zu begießen	19.35
Kartoffeln anbraten	19.40
Backofen abstellen, Fleisch mit Folie abdecken, im Ofen warm halten	19.55
Salate servieren	Essenszeit 20.00
Kartoffeln auf eine warme Platte stürzen Fleisch am Tisch tranchieren * Gougelhopf glacé 10 Minuten vor dem Servieren aus der Tiefkühltruhe nehmen	im allerletzten Moment vor dem Servieren

Variationen

Vorspeisen

Leberterrine mit Orangen S. 54
Spinatgratin mit Champignons S. 290
Feuilletés aux asperges S. 28

Desserts

Gefrorenes Himbeerbiskuit S. 382
Fraises à la fraise S. 320
Gratin aux petits fruits S. 322

*** L'assiette du jardinier**
Je nach Wahl der Salate (s. S. 35 bis 37), können die Gemüse, z. B. Zucchetti oder Brokkoli, im Mikrowellengerät gedünstet werden. Sie bleiben dabei leicht knackig und verlieren die Farbe nicht. (Garzeiten: Brokkoli 12 Minuten bei 490 (500) Watt, Zucchetti 6 Minuten bei 490 (500) Watt.

*** Pommes de terre à la lyonnaise**
Die Kartoffeln können während der Bratzeit des Fleisches im Mikrowellengerät vorgekocht werden (s. Rezept S. 238). Sie sollten nicht ganz weich werden (nur 10–11 Minuten garen). Noch warm schälen und wie beschrieben mit den Zwiebeln braten.

*** Gougelhopf glacé**
Den Eisgugelhopf 3 Minuten bei Auftaustufe erwärmen, danach 10 bis 15 Minuten stehen lassen, damit auch der innere, gefrorene Kern etwas weicher wird.

Bei der «Assiette du jardinier» ist es besonders reizvoll, wenn man mehrere Provencesalate auf den Tisch bringen kann. Das Garen kleiner Portionen gelingt im Mikrowellengerät besonders gut und schnell. Daneben wird das Gerät bei diesem Menü zum Kartoffelkochen eingesetzt.

MENÜ

*Spargelgratin «Marianne»
Seite 25

*

*Schweinsfilet mit Jerez
Seite 128

Riz créole à la pistache
(Pistazienreis)
Seite 245

*

*Blanc Manger aux framboises
(Mandelpudding mit Himbeeren)
Seite 356

Vorbereitungen	ZEITPLAN
Pudding vorbereiten und kühl stellen	am Vortag
* Spargelgratin vorbereiten, damit er nur noch gebacken werden muß	2 bis 3 Stunden vor dem Essen
Champignons waschen	
Zwiebeln schneiden und braten, Butter passieren	
* Pudding garnieren und wieder kühl stellen	
Pistazien schälen und hacken	
Alle Zutaten für Fleisch bereitstellen	
Zubereitung	
Reis kochen	19.30
Champignons in Scheiben schneiden	19.35
Reis abgießen, mit Butter und Pistazien mischen. Warm stellen	19.45
Gratin in den Ofen schieben	19.50
* Fleisch zubereiten und warm stellen	
Sauce fertigmachen	
Beiseite stellen	
Gratin servieren	Essenszeit 20.00
* Fleischsauce nochmals kurz erwärmen	im allerletzten Moment vor dem Servieren

Variationen
Vorspeise
Hähnchenterrine S. 61

Croûtes dorées (½ Portion) S. 86
Endives au porto S. 289

Desserts
Orangenköpfchen nach spanischer Art S. 362
Tourte Royale S. 364
Poires «Palais Royal» S. 376

*** Spargelgratin**
Wenn dieses Menü für 2 Personen zubereitet wird, lohnt es sich, den Spargel im Mikrowellenofen vorzugaren:
500 g Spargel mit ⅛ l Wasser, wenig Salz und einer Prise Zucker zugedeckt bei 600 (500) Watt 8 (9) Minuten garen. Zur Halbzeit kurz unterbrechen und wenden. Danach abgießen, den Guß darübergeben und im Backofen oder im Mikro-Kombigerät überbacken.

*** Schweinsfilet mit Jerez**
Eine Bräunungsschale 4 (4½) Minuten bei 600 (500) Watt vorheizen. Butter und Zwiebeln zufügen und 1 (1¼) Minute bei 600 (500) Watt erhitzen. Zwiebeln entfernen. Schweinsfiletscheiben auf die eine Seite der Platte legen und 2 (2½) Minuten bei 600 (500) Watt braten, dann auf die noch unbenutzte Seite der Platte wenden und 2 (2½) Minuten bei 600 (500) Watt weiterbraten. Mit 2 Eßlöffeln Sherry ablöschen. 2 bis 3 Minuten auf der noch heißen Platte nachziehen lassen, dann das Fleisch herausnehmen und warm stellen.
Die Champignons in die Platte geben und 3 (3½) Minuten bei 600 (500) Watt zugedeckt garen.
Den aus dem Fleisch ausgetretenen Saft und die Kochflüssigkeit der Champignons mit dem restlichen Sherry 2 (2½) Minuten bei 600 (500) Watt ungedeckt einkochen. Abschmecken, mit Champignons mischen und zum Fleisch anrichten.
Man kann das Filet auch in Scheiben schneiden, auf Teller anrichten und diese nochmals für 1 (1¼) Minute zugedeckt in den Mikrowellenofen bei 600 (500) Watt schieben.

(Bei Verwendung von Mikrowellenhauben lassen sich gleichzeitig 2 Teller übereinander erwärmen.)

*** Mandelpudding mit Himbeeren**
Bei Verwendung von tiefgekühlten Himbeeren kann man diese im Mikrowellenofen auftauen.
500 g Beeren möglichst flach ausbreiten und etwa 8 (9) Minuten bei Auftaustufe in den Mikrowellenofen geben. Zur Halbzeit vorsichtig wenden. Nach Ablauf der Auftauzeit noch 5 Minuten liegenlassen.

Bei diesem Menü lassen sich nur beim Spargelkochen 15 bis 20 Minuten Zeit sparen. Praktisch ist, daß man das Fleisch nochmals kurz erwärmen kann.

MENÜ
in Kleinportionen «à la chinoise»

Grapefruitsalat «Haifa»
Seite 41

*

*Terrine de truite
(Forellenmousse)
Seite 64

*

* Feuilleté aux asperges
(Spargel auf Blätterteig)
Seite 28

*

*Rindsbouillon mit Gemüsestreifen
Seite 69

*

Poulet au vinaigre
Seite 181

*

Camembertkäse
Pariser Brot und Butter

*

Sorbet mit frischen Beeren
Seite 326

Mandelbögen
Seite 385

ZEITPLAN	Vorbereitungen
am Vortag	Rindsbouillon kochen Sorbet zubereiten und einfrieren Mandelbögen backen (in Blechdose aufbewahren)
2 bis 3 Stunden vor dem Essen	Grapefruitsalat zubereiten und anrichten Feuilletés backen Spargel vorkochen (im Sud belassen) Spargelsauce zubereiten Terrine de truite und Wasserbad vorbereiten Sauce zu Terrine zubereiten Poulet häuten und teilen Alle Zutaten für die Sauce bereitstellen

Zubereitung

Poulet au vinaigre zubereiten bis zum Warmstellen (s. Rezept)	19.35
* Terrine de truite ins Wasserbad stellen	
Bouillon erwärmen	19.50
Backofen einschalten	19.55
Grapefruitsalat servieren	Essenszeit 20.00
Terrine de truite stürzen und mit Sauce umgießen	**im allerletzten Moment vor dem Servieren**
Blätterteigrechtecke im Backofen erhitzen (Achtung, geht sehr schnell)	
Spargelsauce vorsichtig erwärmen (evtl. im Wasserbad)	
* Spargel erwärmen	
Anrichten	
Sauce des Pouletgerichtes mit Butter schlagen	
Sorbet und Beeren anrichten	

Bemerkungen

Wichtig ist, daß man alles minuziös vorbereitet, damit man sich zum Schluß nur noch der Fertigstellung der beiden warmen Gerichte widmen kann.
Nur sehr kleine Portionen servieren (Reste für andere Mahlzeiten verwenden) und hübsches Anrichtegeschirr für Einzelportionen verwenden.

* Terrine de truite

Diese kleinen Terrinen lassen sich im Mikrowellengerät garen. Allerdings sollte man nur 4 Förmchen auf einmal in das Gerät geben. Da die Terrinen kalt serviert werden, ist dies gut durchführbar.
Die Förmchen nach dem Einfüllen mit Klarsichtfolie abdecken und die Fischmasse $2\frac{1}{2}$ Minuten bei 490 (500) Watt garen. 3 bis 5 Minuten ruhen lassen. Erst vor dem Servieren stürzen.

* Feuilleté aux asperges

Die Spargel in eine Schale legen. $\frac{1}{4}$ l Wasser, wenig Salz und 1 Prise Zucker zugeben. Zugedeckt bei 600 (500) Watt 8 bis 9 Minuten garen. Nach der Hälfte der Garzeit wenden. Zugedeckt bis zur weiteren Verwendung stehenlassen. 1 dl Sud entnehmen und als Basis für die Sauce

2 (2½) Minuten ungedeckt bei 600 (500) Watt einreduzieren lassen. Vor dem Anrichten die Spargel 2 (2½) Minuten bei 600 (500) Watt erhitzen.

*** Rindsbouillon (für 4 Bouillontassen)**
Als Einlage lassen sich die Gemüsestreifen in 2 bis 3 Eßlöffeln Bouillon im Mikrowellengerät 2 (2½) Minuten bei 600 (500) Watt knackig garen.
Die Bouillon läßt sich sehr rasch in 2 (2½) Minuten bei 600 (500) Watt erwärmen.

Hier bringt die Mikrowelle bei den Vorbereitungen große Vorteile. Praktisch ist auch das Garen der kleinen Terrinen, die auch so eingeplant werden können, daß man sie warm servieren kann. Auch die Suppe läßt sich fixfertig zubereiten. Man kann sie unmittelbar vor dem Servieren in Portionen erwärmen.

MENÜ

in Kleinportionen

Assiette exotique
Seite 17

*

*Gedämpfte Fischfilets
mit grüner Sauce
Seite 108

*

Soufflé en tomates
(Käsesoufflé in Tomaten)
Seite 30

*

* Essence de canard
(Entenconsommé)
Seite 72

*

* Filet de veau «Eve»
Seite 165

*

Brie
Roggenbrot mit Butter

*

Charlotte russe
Seite 353

Vorbereitungen	ZEITPLAN
Essence de canard zubereiten (Entenbrüste für anderes Gericht aufheben) Charlotte russe zubereiten und kühl stellen	am Vortag
* Dampfbad für Fischfilets vorbereiten * grüne Sauce zubereiten Soufflémasse kochen, in Tomaten einfüllen	2 bis 3 Stunden vor dem Essen
Zubereitung	
Assiette exotique anrichten	19.20
* Kalbsfilets und Äpfel braten und warm stellen. *Sauce einreduzieren	19.40
Backofen einschalten	19.50
* Entenessenz wärmen, Tassen bereitstellen	

Essenszeit 20.00	Tomaten in den Backofen schieben Vorspeise servieren
im allerletzten Moment vor dem Servieren	Fischfilets auf den Siebeinsatz legen, 2 bis 3 Minuten im Dampf garen und auf warme Teller anrichten. Sauce darübergeben Essence de canard in Tassen verteilen Sauce für Kalbsfilets mit Butter aufmontieren

Bemerkungen
Beim Kalbsfilet auf Beilagen verzichten oder nur ganz wenig Reis beilegen.
Tomatensoufflés in kleinen, individuellen, feuerfesten Plättchen zubereiten, die man auf den Tisch bringen kann.

*** Gedämpfte Fischfilets mit grüner Sauce**
Den vorbereiteten Kräuterrahm (s. Rezept S. 108) 3 (3½) Minuten bei 600 (500) Watt sämig kochen und würzen.
Dieses Gericht läßt sich, in etwas abgeänderter Form, auch im Mikrowellengerät zubereiten:
4 Eßlöffel Weißwein, 3 Eßlöffel Wasser und einen Eßlöffel gehackte Schalotten bei 600 (500) Watt 1 (1¼) Minute erhitzen. Die Fischfilets in eine flache Schale geben, mit Salz und Pfeffer bestreuen und mit der passierten Flüssigkeit begießen. 3 (3½) Minuten bei 360 (330) Watt zugedeckt garen. Die Fischfilets herausnehmen und warm halten. Die Kochflüssigkeit 1 (1¼) Minute bei 600 (500) Watt auf etwa einen Eßlöffel einkochen lassen. Mit dem eingekochten Kräuterrahm mischen und kurz erwärmen, 1 (1¼) Minute bei 600 (500) Watt. Über die Fischfilets anrichten.

*** Essence de canard**
Dieses Consommé kann im voraus in Tassen gefüllt und vor dem Servieren rasch im Mikrowellengerät erhitzt werden:
2 (2½) Minuten bei 600 (500) Watt (je nach Größe der Suppentassen).

*** Filet de veau «Eve»**
Während das Fleisch gegart wird, lassen sich die Apfelringe im Mikrowellenofen garen:

2 Eßlöffel Butter 1 (1 ¼) Minute bei 600 (500) Watt erhitzen. Die Apfelringe in der heißen Butter wenden, dann dachziegelartig anordnen und zugedeckt 4 (4 ½) Minuten bei 600 (500) Watt garen. Auch die Fleischsauce läßt sich vor dem Anrichten reduzieren (4 [4 ½] Minuten bei 600 [500] Watt).

Bei diesem etwas heiklen, mehrgängigen Menü ist es besonders praktisch, wenn es nach Programm zubereitet werden kann. Man muß sich dafür ungefähr 5 Minuten freimachen, und schon kann angerichtet werden. Inzwischen wird das Soufflé im Ofen gebacken. Danach kann die Suppe im Gerät schnell erwärmt werden.

MENÜ

in Kleinportionen

*Geflügelsalat in Tomatenkörbchen
Seite 14
*
Quiche mit frischen Pilzen
Seite 96
*
* Fricassée de poisson
(Fischfrikassee)
Seite 115
*
Avocadosüppchen
Seite 75
*
* Wildschweinkotelett
mit Birnen
Seite 207
*
Käseplatte

*
Mousse aux marrons
Seite 315

ZEITPLAN	**Vorbereitungen**
am Vortag	Teig für Quiches zubereiten Wildfond mit Sauce miracle zubereiten
2 bis 3 Stunden vor dem Essen	* Geflügelsalat zubereiten Quiches bereitstellen (noch nicht füllen) Avocadosüppchen zubereiten Zutaten bereitstellen für Wildschweinkoteletts und Fischgericht Mousse aux marrons zubereiten, anrichten und kühl stellen
	Zubereitung
19.30	Backofen einschalten
19.40	Quiches füllen und in den Backofen schieben

* Koteletts braten und mit Birnen warm stellen. Sauce einreduzieren. Suppe erwärmen Geflügelsalat servieren	19.45 Essenszeit 20.00
* Fricassée de poisson zubereiten Quiches aus dem Ofen nehmen Suppe in Tassen geben Sauce der Koteletts mit Butter aufschwingen	**im allerletzten Moment vor dem Servieren**

Bemerkungen
Pro Person eine kleine Quiche von ca. 6 cm Durchmesser backen. Avocadosuppe in kleine Tassen oder Souffléförmchen einfüllen.
Fricassée in kleinem Stiel- oder Eierpfännchen servieren.
Die Sauce der Wildschweinkoteletts nicht mit Rahm verfeinern, sondern mit Butter aufschlagen.

*** Geflügelsalat im Tomatenkörbchen**
Man kann Pouletbrüstchen ohne Haut und Knochen verwenden und diese mit 1 bis 2 dl Hühnerbouillon zugedeckt bei 600 (500) Watt 5 (5½) Minuten garen.

*** Fricassée de poisson**
Wenn man ein Menü mit mehreren Gängen servieren will, kann die Mikrowelle besonders nützlich sein. Alles vorher bereitstellen für dieses «A-la-minute»-Gericht und den Fischfond im voraus zubereiten, wie im Rezept beschrieben, oder auch im Mikrowellengerät (600 [500] Watt zugedeckt 3 [3½] Minuten). Die Fischstücke mit 3 bis 4 Eßlöffeln Sud und wenig Salz und Pfeffer 3 Minuten bei 490 (500) Watt garen. Die Flüssigkeit absieben und in einem kleinen Gefäß mit dem Rahm 3 (3½) Minuten bei 600 (500) Watt einkochen. Die Sauce miracle zufügen und die Fischstücke beigeben und nochmals ½ Minute bei 490 (500) Watt erwärmen.

Tip
Man kann dieses Gericht auch ohne Fischfond zubereiten. In diesem Fall den Fond durch Weißwein ersetzen.

*** Wildschweinkoteletts mit Birnen**
Die Birnen können im Mikrowellengerät gegart werden (bei 600 [500] Watt zugedeckt 3 [3½] Minuten). Vor dem Servieren kann man sie rasch erwärmen (1 [1¼] Minute bei 600 [500] Watt).
Oft sind Wildschweinkoteletts etwas hart. In diesem Fall nach dem Anbraten rasch im Mikrowellenofen nachgaren. 5 (5½) Minuten zugedeckt bei 600 (500) Watt.

Der Einsatz der Mikrowelle ist bei diesem Menü besonders nützlich, weil das Fischfrikassée — ein heikles «A-la-minute»-Gericht — ohne Probleme nebenbei zubereitet werden kann.

MENÜ

*Quiche Lorraine «à ma façon»
(Speckkuchen nach Lothringer Art)
Seite 95

*

*Kalbfleisch mit zwei Saucen
Seite 159

*Baked potatoes
(Kartoffeln in Silberfolie)
Seite 240

Salat

*

Orangen nach Sevilla-Art
Seite 342

Vorbereitungen	ZEITPLAN
Teig für Quiche vorbereiten Orangen-Dessert kochen	am Vortag
Saucen zubereiten Kartoffeln in Folie einpacken Salat und Gemüse putzen * Füllung für Quiche vorbereiten Blech mit Teig auslegen und vorbacken * Fleisch vorkochen, falls es kalt serviert werden soll	2 bis 3 Stunden vor dem Essen
Zubereitung	
Fleisch aufstellen (wenn es warm serviert wird)	19.00
Backofen einschalten	19.20
* Kartoffeln in den Ofen legen (Platz belassen für Quiches)	19.30
Quiches füllen	19.35
Quiches in den Ofen schieben	19.40
Fleisch kontrollieren, evtl. von der Herdplatte wegziehen, im Sud belassen	19.45
Quiches servieren	Essenszeit 20.00
Salat mit Salatsauce mischen Baked potatoes kreuzweise einschneiden Fleisch aus dem Sud nehmen und am Tisch aufschneiden	im allerletzten Moment vor dem Servieren

Variationen

Vorspeise

Omelette «Mayola» S. 15
Gefüllte Artischocken (mit Räucherlachs) S. 18
Avocado-Toast S. 21

Dessert

Fraises «Côte d'Yvoire» S. 318
Coupe glacée aux pruneaux S. 327
Pfirsich-Brombeer-Becher S. 331

* Quiche Lorraine «à ma façon»

Die Vorbereitungen für die Füllung lassen sich im Mikrowellengerät durchführen. Butter 1 (1¼) Minute bei 600 (500) Watt erhitzen. Speckscheiben und Zwiebeln zufügen. 2 (2½) Minuten ungedeckt bei 600 (500) Watt dünsten. Kräuter zufügen und alles gut mischen.

* Kalbfleisch mit zwei Saucen

Wenn dieses Gericht nur für 2 bis 3 Personen zubereitet wird (etwa 500 g Kalbfleisch), ist der Einsatz des Mikrowellengerätes für die Zubereitung sinnvoll. Alle Zutaten in eine Schale legen. Mit Weißwein und Salzwasser begießen und 8 (9) Minuten bei 600 (500) Watt zugedeckt garen. Das Fleisch wenden und 7 (8) Minuten bei 600 (500) Watt fertiggaren. 5 bis 10 Minuten abgedeckt im Sud ruhen lassen.

* Baked Potatoes

Anstelle dieser Kartoffeln kann man auch Kartoffeln in der Schale im Mikrowellenofen zubereiten.
Die gut gewaschenen Kartoffeln mehrmals mit einer Gabel einstechen. In eine Glasform mit 2 bis 3 Eßlöffeln Wasser geben und zugedeckt bei 600 (500) Watt 12 (15) Minuten garen. Sofort die Flüssigkeit abgießen und noch 2 bis 3 Minuten geschlossen stehenlassen.

Außer für kleine Handreichungen kann das Mikrowellengerät auch zum Garen der Kartoffeln eingesetzt werden. Ein kleineres Kalbfleischstück kann darin in 15 Minuten gekocht werden. Bei großen Stücken lohnt es sich weniger.

MENÜ

* Grüne Eier
Seite 14

*

* Schweinsschnitzel «Trois Epis»
Seite 168

* Crêpes parmentier
(kleine Kartoffelpfannkuchen)
Seite 243

*

Kalter Sabayon
Seite 372

Vorbereitungen	ZEITPLAN
Sabayon zubereiten und kühl stellen	am Vortag
* Grüne Eier vorbereiten * Zwiebelpüree kochen Reineclaudes oder Mirabellen entsteinen, wenn nötig vorkochen Teig für die Crêpes zubereiten	2 bis 3 Stunden vor dem Essen
Zubereitung	
Rahm steifschlagen und Sabayon damit garnieren Wieder kühl stellen	19.10
Wasserbad für Eier erhitzen	19.25
* Pfannkuchen backen, auf warmer Platte anordnen, mit Folie abdecken und im Backofen (50 °C) warm halten Schnitzel braten Eiertöpfchen ins Wasserbad stellen Schnitzel warm stellen (im Backofen mit den Pfannkuchen) Grüne Eier servieren	19.30
Reineclaudes oder Mirabellen anziehen lassen * Zwiebelpüree erwärmen Beides über das Fleisch anrichten	

Variationen
Vorspeise
Schnecken «Francis» S. 16

Frischer Salm auf Spinat (½ Portion) S. 107
Pilzterrine «Marianne» S. 65

Dessert
Crème au pralin S. 352
Flambiertes Vanille-Eis S. 336
Schokoladesoufflé S. 348

*** Grüne Eier**
Souffléförmchen ausbuttern. Die Eier in die Formen geben. Mit Salz, Pfeffer, Schnittlauch und Schinken bestreuen und mit Rahm begießen. Die Förmchen gleichmäßig verteilt in den Mikrowellenofen stellen. Bei 490 (500) Watt 3 Minuten zugedeckt garen. Danach 2 Minuten stehenlassen. Wie im Rezept beschrieben anrichten.

*** Schweineschnitzel «Trois Epis»**
Das Zwiebelpüree läßt sich mühelos mit der Mikrowelle vorkochen:
Die Zwiebeln mit der Butter in ein passendes Gefäß geben und ungedeckt 1 (1¼) Minute bei 600 (500) Watt anziehen lassen. Danach die Bouillon zugießen und zugedeckt bei 600 (500) Watt 3 (3½) Minuten garen. Anschließend pürieren. Das Püree kann im Mikrowellengerät schnell wieder erwärmt werden, zugedeckt 1 (1½) Minute bei 600 (500) Watt.

*** Crêpes parmentier**
Die Crêpes lassen sich in Ruhe vorbacken und können unmittelbar vor dem Servieren im Mikrowellenofen erwärmt werden, zugedeckt bei 600 (500) Watt ½ (¾) Minute. Das Warmhalten im Ofen entfällt damit.

Bei diesem Menü erleichtert die Mikrowelle die Vorbereitungen. Die Eier im Töpfchen können unmittelbar vor dem Essen in das Gerät geschoben und deshalb genau zeitlich eingeplant werden. Dabei entfallen die Installation und die Kontrolle des Wasserbades.

SUBTIL WÜRZEN

Zu den althergebrachten Kräutern, die in unseren Gärten oder auf dem Balkon wachsen, gesellen sich immer mehr exotische Gewürze und Mischungen. Das Angebot ist beinahe verwirrend. Dies mag der Grund sein, warum immer noch viele Hausfrauen nur zu den bekannten Gewürzen wie Pfeffer, Muskatnuß, Rosmarin, Majoran und Thymian greifen. Sie würzen einseitig und wagen keine Experimente. Daß Rosmarin zum Bratgüggeli gehört, Tomatensauce durch Basilikum eine italienische Note bekommt, Safran den Risotto gelb macht, ist vielen bekannt, hat aber nichts mit der Kunst des Würzens zu tun.
Ein bißchen Phantasie gehört dazu, denn Würzen erhöht den Genuß und hilft außerdem sparsam mit Salz umzugehen. Doch subtiles Würzen muß beherrscht sein.
Wie lernt man das?
Durch Erfahrung, denn es braucht Fingerspitzengefühl, das man sich erst aneignen muß. Immerhin gibt es zu diesem Thema einige Regeln und Tips, die dabei behilflich sein können. Auf was es ankommt, können Sie auf den nächsten Seiten nachlesen.

KRÄUTER UND GEWÜRZE

Die Qualität

Wenn Sie zu den Glücklichen gehören, die ein Kräutergärtchen oder eine kleine Plantage auf dem Balkon besitzen, wird das Würzen zum besonderen Spaß. Haben Sie gar Kräuter im Überfluß, so reicht es auch noch für den Winter, wenn man sich im Tiefkühlen etwas auskennt. Auch wer regelmäßig den Markt besucht, kann zum Kräuterfan werden.
Getrocknete Kräuter findet man in hundert Variationen beinahe im kleinsten Laden. Wichtig ist bei getrockneten Kräutern und auch bei Gewürzen die Qualität und die Frische. Sie sollten nicht länger als ein Jahr aufbewahrt werden. Mit der Zeit verlieren sie den Geschmack und die Farbe. Beim Einkauf ist ein guter Markenname eine gewisse Garantie, denn ein namhafter Gewürzmühlenbesitzer ist so stolz auf die Provenienz und Reinheit seiner Gewürze wie ein Weinproduzent auf seine Spitzenweine oder ein Kaffeehändler auf seine auserlesenen Sorten.

Ganz oder gemahlen

Je feiner ein frisches Kräutlein gehackt wird, desto mehr kann es sein Aroma entfalten. Bei getrockneten Kräutern sind die gerebelten am besten, das Pulver hat meistens sein ganzes Aroma schon verloren. Gewürze, z. B. Pfeffer und Muskatnuß, sollten immer frisch gemahlen werden. Am besten legt man sich verschiedene Pfeffermühlen zu, damit immer die richtige zur Hand ist.

Dosierung

Nie sollte man ein Gericht überwürzen. Gut gewürzt heißt nicht unbedingt scharf gewürzt. Sparsam verwendet geben Gewürze ihr feines Aroma ab, ohne den Eigengeschmack der Hauptzutat zu übertönen.

Kreativ würzen Mischen Sie die Gewürze für ein Gericht nicht wahllos. Ein einziges Kräutlein oder Gewürz soll den Hauptakzent geben. Für das konventionelle Würzen gibt es viele Tabellen. Weichen Sie mit der Zeit aber davon ab, sobald Sie sich sicherer fühlen. Versuchen Sie mit Ihrer Phantasie einem braven Süppchen oder einer herkömmlichen Sauce ein gewisses Etwas zu geben. Zuerst mit einem Kräutchen, dann mit der Zeit mit subtilen Mischungen. Sie werden Freude daran bekommen und immer wieder neue Varianten entdecken.

Kleine Gewürz-Geheimnisse

- Will man verhüten, daß einzelne Gewürze im Sud, in der Sauce oder anderen Gerichten herumschwimmen, kann man sie in ein Tee-Ei oder in ein Mullsäcklein geben und so mitkochen.
- Paprika und Currypulver entfalten ihr Aroma besser, wenn sie kurz gedünstet werden. (Achtung: Paprika erträgt keine große Hitze, er karamelisiert sehr leicht und wird bitter.)
- Wenn das Gewürzfläschchen einmal ausrutscht, können überwürzte Speisen eventuell mit etwas Bouillon, Milch, Rahm oder Joghurt gerettet werden.
- Ist ein Gericht zu sauer oder bitter, eine Prise Zucker beifügen.
- Wenn eine Sauce trotz Würzen keinen Pfiff hat, ein bis zwei Tropfen Zitronensaft zufügen (Achtung, ja nicht zuviel!).

WERDEN KRÄUTER MITGEKOCHT?

Das ist oft eine Streitfrage. Ich möchte generell aus Erfahrung sagen: «Das eine tun und das andere nicht lassen.»
Die Kräuter verdanken ihr Aroma den ätherischen Ölen, die sie enthalten. Deshalb werden sie auch meistens gehackt, damit es austreten kann, oder, wenn man das Aroma riechen will, zwischen den Fingern zerrieben.
Sie geben also frisch gehackt ihre Würze an die Gerichte besser ab, als wenn man sie ganz beifügt. Andererseits werden die Kräuter durch das Kochen ausgelaugt. Bei zarten Kräutern, wie z. B. Kerbel, koche ich einen Teil in den letzten Minuten und bestreue das Gericht, wenn es den typischen Geschmack des gewählten Krautes haben soll, mit dem frischgehackten Rest. Sollen zum Beispiel kalte Saucen mit Kräutern aromatisiert werden, ist es von Vorteil, die Mischung (Quark, Mayonnaise usw.) vor dem Servieren einige Zeit stehenzulassen. So können die Aromastoffe ausgelöst und in die Sauce aufgenommen werden. Kräftige Blätter wie großblätteriges Basilikum, Rosmarin oder Salbei ertragen das Kochen etwas besser, und das Aroma wird durch den Kochprozeß gut ausgenützt. Aber auch hier verzichte ich je nach Gericht nicht auf die frischen Blätter. Wie herrlich ist doch Basilikum, wenn er über einen südlichen Salat gestreut wird!

KRÄUTER- UND GEWÜRZ-MISCHUNGEN

Es gibt klassische Kräuter- und Gewürzmischungen, die man ohne weiteres als Basis für gewisse Gerichte verwenden kann. Der Akzent wird je nach Art des Gerichtes individuell aufgesetzt. Einige gute Mischungen gibt es im Handel, z. B.

Geflügelgewürz Als Grundgewürz für Brathähnchen und Saucengerichte.

Fischgewürz Sie verleihen einem Sud oder einem gebratenen Fisch einen guten Grundgeschmack.

Bouquet garni Ein Sträußchen aus Petersilie, Lorbeerblatt und Thymian oder, wie in der Provence zum Beispiel, ergänzt durch Majoran und Rosmarin. (Lorbeer und Thymian sparsam verwenden, sonst herrschen sie vor.) Ist im Handel als Mischung erhältlich.

All Spice In Frankreich 4 épices genannt, besteht aus schwarzem Pfeffer, Cayennepfeffer oder Piment, Ingwer und Nelke.

Herbes provençales Diese Mischungen sind in Gläsern und Tontöpfchen erhältlich. Leider sind sie meistens (1 bis 2 Marken ausgenommen) bereits zu trocken und ihr Geschmack ähnelt mehr feingeschnittenem Heu als der ursprünglich überaus aromatischen Komposition, die aus Basilikum, Thymian, Origano oder Majoran, Rosmarin, Bohnenkraut, wenig Salbei und Fenchel besteht. Ich mische mir diese Kräuter selbst.

Italienische Kräutermischung Hier gilt dasselbe wie bereits bei den Herbes provençales erwähnt. Diese Mischung enthält Origano, Basilikum und Rosmarin, oft etwas Salbei und eine Spur Thymian. Bei der italienischen Küche ziehe ich es vor, die aufgezählten Kräuter einzeln zu verwenden.

Fines herbes Die einfachste Formel für diese typisch französische Mischung besteht aus

Petersilie, Schnittlauch und Kerbel (ideal für eine Kräuteromelette). Je nachdem ergänze ich sie durch Rosmarin, Majoran oder Thymian. Fines herbes sind auch als Mischung erhältlich.

MODEGEWÜRZE

Zitronenpfeffer
Ein neues Gewürz, das gewisse Saucen, z. B. Orangen- oder Zitronensaucen, angenehm verstärkt.

Grüner Pfeffer
Ein Modegewürz, das vor allem in Fleischsaucen sehr beliebt ist. Man sollte damit nicht übertreiben, sonst verleidet dieser Pfeffer sehr rasch. Beste Provenienz (Madagaskar, in Dosen). Wichtig: ganz gelassen würzt er gerade richtig. Zerdrückt wirkt er sehr schnell scharf oder gar bitter. Nie im voraus in ein Gericht geben, sonst wird es zu scharf.

Knoblauchpfeffer
Gibt Fleischgerichten einen pikanten Knoblauchgeschmack, ohne aufdringlich zu sein. Ich ziehe zwar frischen Knoblauch (durchgepreßt) vor, verwende dieses Gewürz aber ab und zu für Grillfleisch.

Gewürzter Pfeffer
Eine aromatische Pfeffermischung, die zum Bestreuen von Grillfleisch sehr angenehm ist.

MEINE HAUSMISCHUNGEN

Mit den Jahren habe ich mir eigene Mischungen für besondere Gerichte zusammengestellt. Einige davon werde ich Ihnen hier verraten:

Pfeffermischung Marianne Kaltenbach
(für Fleischgerichte und außergewöhnliche Desserts wie Ananas au poivre, Burgunderbirnen usw.)
Schwarzer Pfeffer, weißer Pfeffer und Piment zu gleichen Teilen gemischt

Gewürz für Hackfleisch-Füllungen
30 g schwarzer Pfeffer, 15 g Paprika, 5 g Macis, je eine Prise Muskatnuß, Nelkenpulver, Zimt, Thymian, Lorbeerpulver, Salbei, Majoran und Rosmarin

Gewürz für Kräuteressig 1 Knoblauchzehe, 2 Schalotten, 1 Lorbeerblatt, 2 Nelken, 1 Eßlöffel Bibernell, 2 bis 3 Pfefferminzblätter, wenig Melissenkraut, ½ Teelöffel grobgemahlener schwarzer Pfeffer, 2 Liter Weinessig

Gewürzmarinade für Grillgüggeli 2 dl Olivenöl, je ½ Mokkalöffel Rosmarin, Basilikum und Origano, 2 durchgepreßte Knoblauchzehen, 1 Prise Cayennepfeffer, 1 Mokkalöffel grobgemahlener schwarzer Pfeffer (frisch aus der Mühle). Alle Zutaten mischen, in eine Flasche füllen und nach Bedarf durch ein Sieb passieren und das Geflügel damit vor dem Grillieren bestreichen.

Frische Kräuter für den Winter Wer viel frische Kräuter im Garten hat oder oft auf den Markt geht, kann im Sommer großzügig einkaufen und alles frisch für den Winter einfrieren. Das ist meiner Ansicht nach die beste Aufbewahrungsmethode. Dies kann man auf zwei Arten tun:

- Kräuter hacken, in Eiswürfelbehälter geben, mit Wasser bedecken, einfrieren, dann herauslösen und die einzelnen Würfel in Plastiksäcklein geben und gut verschließen. So sind die Kräuter jederzeit portionenweise griffbereit und bleiben herrlich im Aroma.
- Kräuter ganz oder gehackt portionenweise in kleine Plastiksäcklein verschweißen. Einmal geöffnet, muß der Inhalt sofort verbraucht werden, weil die Kräuter sonst naß und schwarz werden.
- Portionenweise in Aluminiumfolie einpacken (etwas kompliziert wegen der Beschriftung).

Schnittlauch und Petersilie friere ich nicht ein, weil sie im Winter erhältlich sind.

Lohnt sich das Trocknen von Kräutern? Wenn Sie einen guten, trockenen Estrich haben, können Sie Kräuterbündel aufhängen. Auch auf einem gedeckten Balkon ist dies ohne weiteres möglich. Versorgt werden die getrockneten Kräuter in Stoffsäcklein oder Gläsern. Wegen der vielen Sorten, die ich im Winter verwende, verzichte ich auf diese Arbeit und ziehe das Tiefkühlen vor, weil die Kräuter frisch bleiben, und kaufe, wenn nötig, gerebelte Kräuter einer guten Gewürzfirma.

KÄSE ALS DESSERT?

Wir vergessen oft, daß der Käse ein süßes Dessert aufs beste ersetzen kann und daß ein Menü besonders gepflegt und großzügig wird durch das Servieren von Käse vor der Nachspeise. Käse kann ein sehr einfach gehaltenes Menü auch ideal ergänzen und aufwerten. Eine ältere Dame, die ein großes Haus führte und die ich wegen ihrer Gastfreundlichkeit schon als junges Mädchen bewunderte, schenkte mir zur Verlobung einen handgemalten Käseteller aus Porzellan und sagte dazu:
«Mademoiselle, n'oubliez jamais cela: le fromage complète un bon repas et compense un mauvais», was soviel heißt, daß Käse eine gute Mahlzeit ideal ergänzt und eine schlechte kompensieren kann. Nun, in der Zwischenzeit habe ich aber zusätzlich gelernt, daß es nicht irgendein Käse ist, der dieses «Wunder» vollbringt, sondern nur einer von hervorragender Qualität und richtigem Reifegrad.
Der Einkauf und das Wissen darum sind wichtiger als etwa der Preis, der dafür ausgelegt wird.

Die Beilagen Zu gutem Käse gehört auch gutes Brot. Ob Butter dazugehört, ist Auffassungssache. Bei Hartkäsen serviere ich Butter mit, bei Weichkäse nie, außer bei Roquefort. Wird der Käse als Dessert serviert, kann man auf weitere Beilagen verzichten. Einige Trauben, eine Birne oder Nüsse sind für die Präsentation von Vorteil. Ist der Käse Mittelpunkt einer Mahlzeit, z. B. mit Kartoffeln in der Schale, auf einem rustikalen Buffet usw., kann er ohne weiteres mit Radieschen, Tomaten usw. ergänzt werden.

Käse-Grundregeln Im Handel hat man aus begreiflichen Gründen die Tendenz, unreifen Käse zu verkaufen. Einerseits wird der Käse wegen großer Nachfrage zu jung verkauft, andererseits, und das gilt vor allem für Weichkäse, befürchtet man Verluste. Dazu kommt noch, daß viele nicht wissen, in welchem Reifegrad der Käse am besten ist. Wichtig ist deshalb der Einkauf beim Fachmann, der beratend zur Seite stehen kann.

Die Behandlung und die Aufbewahrung zu Hause ist ein Kapitel für sich. Meistens wandert der Käse, wie er gekauft wurde, direkt in den Kühlschrank. An der Kälte können sich gewisse Käse nicht bis zu ihrem idealen Reifegrad entfalten. Dies gilt vor allem für Camembert, Brie, Vacherin und andere Weichkäse, die man bei Keller- oder Küchentemperatur aufbewahren sollte, bis sie die richtige Konsistenz haben. Hartkäse kann man im Einwickelpapier im Kühlschrank halten.

Käse immer 2 bis 3 Stunden vor dem Servieren aus dem Kühlschrank nehmen.

Bei Besuch ist ein Zwischengang mit Käse die ideale Lösung für Gäste, die kein süßes Dessert mögen. Ich mache immer alle darauf aufmerksam, daß ich nicht beleidigt bin, wenn sie nachher auf das Dessert verzichten wollen (viele tun es wegen der Linie, vergessen aber, daß Käse in dieser Beziehung auch nicht «ohne» ist!).

Wenn wenig Gäste da sind, kann man ohne weiteres nur eine Käsesorte servieren. Wichtig ist nur, daß dieser eine Käse hervorragend und eben reif ist.

WAS BEDEUTET...

Die Rezepte enthalten verschiedene Ausdrücke und Zutaten, die vielleicht nicht allen bekannt sind. Auch wurden zum Teil französische Bezeichnungen für Titel und Zutaten verwendet, die erklärt werden müssen.

A

ablöschen Flüssigkeit an angebratenes Fleisch, Gemüse usw. gießen

abschäumen Eiweißschaum von Suppen (z. B. Fleischsuppe) nach dem Aufkochen mit dem Schaumlöffel abnehmen

al dente körnig gekocht, z. B. Risotto, Teigwaren al dente (mit Biß)

anziehen lassen unter Wenden leicht anbraten, ohne Farbe annehmen zu lassen

Auberginen Eierfrüchte

Auflaufform feuerfeste Form für den Backofen

auswallen ausrollen, auswalzen

B

Bain-marie Wasserbad (s. d.)

Baked potatoes in Aluminiumfolie gegarte Kartoffeln

Baudroie Seeteufel

Baumnüsse Walnüsse

Beurre manié Mehlbutter: halbweiche frische Butter, verknetet mit Mehl zum Binden von Saucen

binden eine Sauce oder Suppe durch Einrühren von Speisestärke, Mehlbutter (s. d.), Eigelb oder Rahm legieren

blind backen Torten- oder Kuchenböden leer backen (das Gebäck wird mit Aluminiumfolie ausgelegt und mit weißen Bohnen beschwert)

Bouchées kleine, gefüllte Blätterteigpastetchen

Bouillon Brühe von Fleisch, Geflügel, Fisch oder Gemüse

Butter, eingesottene Butter, klarifizierte

C **Cakeform** Königskuchenform

Cicorino roter oder grüner italienischer Blattsalat

Colin Seehecht

Consommé besonders kräftige, klare Fleischbrühe

Coquilles St-Jacques Jakobsmuscheln

Cornichons Essiggürkchen

Crêpes hauchdünne Pfannkuchen

Croûtes getoastete oder in Butter gebackene Brotschnitten mit Ragoutbelag

Croûtons Weißbrotscheiben in beliebiger Form, in Butter gebacken. Zum Garnieren von Gerichten und als Unterlage von Filets, Tournedos, Eiern, Ragoûts usw.

D **dämpfen** Fleisch oder Gemüse mit wenig Flüssigkeit garen, z. B. Lauch im Dampfkochtopf oder im Wasserdampf auf einem Siebeinsatz

Deziliter (dl) 1 dl = 1/10 Liter

Doppelrahm Dickflüssige Sahne mit einem Fettgehalt von 45% (crème fraîche, double crème)

Dressiersack Spritzsack (Spritzbeutel) für Sahnegarnitur

dünsten unter Wenden anziehen lassen (s. d.) oder bei gut schließendem Deckel in wenig Butter oder nur im eigenen Saft schmoren

Duxelles Mischung aus gehackten Zwiebeln oder Schalotten, eventuell Schinken (für Füllungen), s. Rezept

E **Eierschwämme** Pfifferlinge

entfetten nach dem Braten von Fleisch überschüssiges Fett abgießen oder Fleischbrühe erkalten lassen und Fettschicht abheben

Entrecôte Zwischenrippenstück

F **flambieren** ein Gericht mit Alkohol übergießen und anzünden

Fleurons kleines Blätterteiggebäck zum Garnieren von Saucengerichten

Foie gras (d'oie et de canard) Gänse- oder Entenleber

Fond der zurückbleibende Saft (Jus) beim Anbraten von Fleisch oder Knochen. Ebenfalls Bezeichnung von Grundsaucen wie Kalbsfond, Fischfond als Saucenbasis (s. Rezepte)

fritieren im heißen Öl schwimmend ausbacken

Fumet de poisson Konzentrierte Fischbrühe als Saucenbasis (s. Rezepte)

G

Galantine runde, längliche Pastete, in Haut gehüllt, z. B. Poulardenform, kalt als Vorspeise

garnieren Gerichte mit kleinen Beigaben hübsch herrichten

Geschnetzeltes fein geschnittenes Fleisch

Gigot Keule (Wild, Schaf, Lamm)

Glace Gefrorenes, z. B. Sahneeis

Glace de viande konzentrierter Fleischfond (s. d.) zum Verstärken von Saucen

Grapefruit Pampelmuse

glasieren ein Gericht überziehen mit Sulze, konzentriertem Fleischsaft oder einen Kuchen durch Zuckerguß glänzend machen

Gratin überkrustetes Gericht

Gratinform Ofenbackform

gratinieren im Backofen oder im Grill bei Oberhitze überkrusten lassen

Gugelhupf (Gougelhopf) Napfkuchen

H

Halbrahm halbfette Sahne, 25% Fettgehalt frisch oder sauer

Hohrücken Hochrippe

Hors-d'œuvres zusammengestellte Vorspeise

I

Instant sofort löslich, z. B. Suppen- oder Saucenkonzentrat

J

Julienne in feine Streifen geschnittenes Gemüse, Fleisch oder Zitrusschalen

Jus nicht gebundener Bratensaft, der nach dem Erkalten geliert

K

Kabis Kohl

Kalbsmilken Kalbsbries, Kalbsmilch

karamelisieren Zucker bei großer Hitze (250 bis 300°) schmelzen und bräunen

Kartoffelstock Kartoffelpüree

Kastanien Maronen

Kefen Schnee-Erbsen, Kiefelerbsen

klären Brühe durch Aufkochen mit Eiweiß oder durch Filtrieren klären

köcheln bei schwacher Hitze kochen

Konfekt Kleingebäck

Köpfchen kleiner Pudding

Kutteln Kaldaunen

L **Lauch** Porree

M **Marinade** Beize

marinieren Fleisch, Fisch oder Gemüse in eine Beize einlegen

Mehlbutter Beurre manié (s. d.)

Meringuemasse Baisermasse (Eiweiß und Zucker steif geschlagen)

Metzger Fleischer

Mirepoix kleingeschnittenes Gemüse, welches als Röstgemüse verwendet wird (s. Rezept)

Moules Miesmuscheln

Mousse Schaum

N **Nüßlisalat** Feldsalat

O **Omelette** Eierkuchen

Orange Apfelsine

P **parfümieren** einem Gericht durch Zugabe von Likör- oder Branntwein einen bestimmten Geschmack verleihen

Pariser Brot weißes Stangenbrot

passieren Durchstreichen von Saucen, Suppen, Gemüse, Beeren usw. durch ein Sieb

Paupiettes Paprikaschoten

Peperoni Paprikaschoten

pikant scharf

Plätzchen kleines Schnitzel, Teigstück

Polenta Maisbrei

Porterhouse-Steak ein Stück Roastbeef mit Knochen und großem Filet

poschieren aufgeschlagene Eier in kochendes Essigwasser gleiten lassen. Fische im Sud langsam garen

Pot-au-feu Suppentopf (gekochtes Rindfleisch mit Gemüse)

Poulet Brathühnchen

Poularde Masthuhn

Q

Quiches große oder kleine Kuchen mit pikanter Füllung

R

Rahm Sahne (ca. 35% Fettgehalt)

Rahmeis Sahneeis

raffeln, Raffel schaben oder reiben, Reibeisen

Randen rote Beete, rote Rüben

reduzieren, einreduzieren auf die gewünschte Konzentration einkochen (eindicken)

Rindsfilet Lendenbraten

Risotto italienisches Reisgericht

Riz créole Trockenreis

Roulade große oder kleine Fleischplätzchen mit Füllung belegen und einlegen

rüsten Putzen von Gemüse

S

Sabayon Weinschaumcreme oder -sauce

Sauerrahm saure Sahne

Schalotten kleine Zwiebelart

scheibeln in kleine Scheiben schneiden

schmoren angebratenes Fleisch oder Fisch, Gemüse, Obst mit wenig Flüssigkeit im geschlossenen Topf bei kleiner Hitze garen

Schnitze Obstschnittchen

Schwingbesen Schneebesen, Schneeschläger

schwingen mit dem Schneeschläger schlagen

Selle d'agneau Lammsattel (Lammrücken)

Semmel Weißbrötchen

Siedfleisch Rindfleisch zum Kochen (Suppentopf) oder bereits gekochtes Rindfleisch

Sole Seezunge

Sorbet Scherbet, Eisart aus Fruchtsaft oder -mark, Zucker und Zitronensaft oder Wein, Likör, Champagner oder Sekt

Soufflé delikater Auflauf

spicken Fleisch mit Speckstreifen durchziehen (mit Spezialnadel)

Springform Tortenform mit Ring

Sud Kochwasser für Fleisch oder Fisch

Suprême de poulet Hühnerbrüstchen

T **Terrine** Pastete ohne Teigkruste, in Terrineform im Wasserbad gegart

Traiteur Feinkostgeschäft

Tranche Scheibe, Schnitte

Tranchieren das kunstgerechte Zerlegen von Geflügel, Fleisch oder Fisch

Trauben Weintrauben

Truthahn Puter

Turbot Steinbutt

V **verklopfen** verrühren durch leichtes Schlagen

verquirlen verrühren

Vol-au-vent Blätterteigpastete mit Ragout gefüllt

W **Wallholz** Teigroller, Nudelholz

Z **ziehen lassen** in Flüssigkeit auf sehr kleinem Feuer gar werden lassen (z. B. Würste, Gnocchi, Klöße)

Zucchetti Zucchini

INHALTSVERZEICHNIS

WAS IST QUALITÄT?

Karoly Gundel, ein bekannter ungarischer Gastronom, hat einmal gesagt: «Es ist leicht, aus guten Zutaten etwas Schlechtes zu machen, aber unmöglich, aus schlechten Zutaten etwas Gutes zu kochen.» Nun so kraß möchte ich es nicht ausdrücken, aber viel Wahres ist in diesem Ausspruch enthalten. Durch unsachgemäßes Kochen, Überwürzen oder schlechte Komposition eines Gerichtes können die besten Zutaten verdorben werden. Nie aber gelingt etwas wirklich Feines, wenn die Produkte nicht einwandfrei sind. Auf Qualität achten heißt nicht unbedingt immer das Teuerste einkaufen, sondern das Beste. Das können Früchte oder Gemüse sein, die man zum saisonal richtigen Zeitpunkt einkauft. Das heißt dann, wenn sie reif sind und das beste Aroma haben.
Beim Fleisch heißt Qualität nicht, daß sich nur mit dem teuren Fleisch des Hinterviertels gute Gerichte zubereiten lassen. Billigere Fleischstücke können im Gegenteil kräftiger sein, wenn das Richtige daraus zubereitet wird. Was nützt aber besonders billiges Fleisch mit viel Fett und Sehnen, wenn man es nachher abschneiden muß? Wichtig ist dabei, daß man den richtigen Metzger wählt und an seine Berufsehre appelliert, wenn man ein besonderes Stück will.
Qualität ist auch bei Brot oder Wurst meistens nicht teurer. Aber man muß herausfinden, wo das beste Brot und die beste Wurst angeboten werden.
So wird auch das einfachste Essen zu etwas Besonderem.
Lieber ausgezeichneter Käse, knuspriges Brot und ein gutes Glas Wein als ein mittelmäßiges Essen, auch wenn es mit viel Aufwand zubereitet wurde.
Wichtig ist vor allem die Frische der Produkte. Auch hier ist es nicht eine Sache des Preises, sondern des richtigen Einkaufs.

GEWUSST WIE...

ALPHABETISCHES VERZEICHNIS DER REZEPTE

D

E

F

G

H

Sch

T